U0917905

走出王权主义藩篱

中国传统政治文化研究

葛荃◎著

天津出版传媒集团
天津人民出版社

图书在版编目(CIP)数据

走出王权主义藩篱：中国传统政治文化研究 / 葛荃著. -- 天津：天津人民出版社, 2017.3
ISBN 978-7-201-11608-2

Ⅰ.①走… Ⅱ.①葛… Ⅲ.①政治文化—研究—中国
Ⅳ.①D6

中国版本图书馆CIP数据核字(2017)第071238号

走出王权主义藩篱：中国传统政治文化研究
ZOUCHU WANGQUAN ZHUYI FANLI ZHONGGUO CHUANTONG ZHENGZHI WENHUA YANJIU

出　　版　天津人民出版社
出 版 人　黄　沛
地　　址　天津市和平区西康路35号康岳大厦
邮政编码　300051
邮购电话　(022)23332469
网　　址　http://www.tjrmcbs.com
电子信箱　tjrmcbs@126.com

策划编辑　王　康
责任编辑　郑　玥
特约编辑　王　倩
装帧设计　汤　磊

印　　刷　天津新华二印刷有限公司
经　　销　新华书店
开　　本　710×1000毫米　1/16
印　　张　27.5
插　　页　2
字　　数　370千字
版次印次　2017年3月第1版　2017年3月第1次印刷
定　　价　89.00元

目　录

目录

绪 说

人类社会的文明史已然表明，民族文化的发展历程大都经过了域外民族文化的冲击、交流与融合。域外文化与本土文化的冲撞和交流，往往会启迪一代人的认识更新，会促进民族文化的发展。完全封闭的民族文化，常常会局限于僵锢的地域性而长期滞后。譬如延续至今的极少的原始部落文化。①

人类社会的文明史业已证明，18世纪欧洲的启蒙思想家们正是从中国文化中找到了批判欧洲中世纪传统的思想武器，东方的孔孟儒学、老子道家以及中国的文物典章，等等，为启蒙思想家们各种学说的形成提供了思想的借鉴。例如，伏尔泰借鉴了儒学的恕道，所谓“己所不欲，勿施于人”，形成了自然神论的思想基础；莱布尼茨的“单子论”则得到了儒学经典《周易》和宋儒“理气观”的启发；宋明理学的“天理”学说和儒学的理性精神为启蒙学者们冲破宗教神学的精神束缚，高扬理性权威提供了动力。正如伏尔泰所言：“欧洲王公及商人们发现东方，追求的只是财富，而哲学家在东方发现了一个新的精神和物质的世界。”②时至今日，这种现象依然存在。据约瑟夫·奈讲，他提出的“软实力”概念是受到了中国孔子思想的启发。

无独有偶，19世纪中国的先进人士们也正是从西方文化中找到了打开君主政治的精神枷锁，开启中国近代文明的工具。《富国论》《物种起源》《法意》《独立宣言》的东渐，在封闭的东方唤起和造就了一代新型知识分子，他们高擎起科学与民主的旗帜，呐喊、奋进，成为中华民族为摆脱专制而跋涉百年的开路先锋。显见，人类的文明史已经表明，文化的交融所形成的推力能冲垮思想禁锢的壁垒，开拓出一片新天地。正是在这个意义上，我们借助于现代政治学理论的“它山之石”，重新研磨中国的传统文化与政治。

---

① 例如中非的俾格米人、澳大利亚的塔斯马尼亚人、新几内亚的法尤人等。参见刘梦熊：《俾格米人原始部落行》，《资源与人居环境》，2005年第12期。贾雷德·戴蒙德：《枪炮、病菌与钢铁——人类社会的命运》，上海世纪出版集团，2006年，第259、274页。

② ［德］科奇温：《十八世纪中国与欧洲文化的接触》，商务印书馆，1962年，第79页。

一、现代政治文化研究概说

政治文化(Plitical Culture)是现代政治学的一个研究领域,作为一个特定的学术论域,政治文化引起人们的关注和兴趣不过是近五十年的事情。一般认为,美国政治学家 G.A.阿尔蒙德(Gabriel A. Almond)在 1956 年发表的《比较政治系统》一文中率先使用了这个概念;嗣后,政治文化逐渐被政治学界广泛接受,成了一个令人兴趣日增的研究课题,迄今已有数十种专著问世。

政治文化生成晚近的特点表明了这个领域无非是现代科学主义的产物,准确地说,是伴随着人们称之为"行为主义革命"的学术思潮而生成的。

如果我们稍稍追溯一下政治学研究的发展史,就会清楚地了解到,在欧洲中世纪之前,政治学基本是哲学和伦理学的附庸,许多颇负盛名的政治学理论家首先是哲学家。这一时期的政治学研究主要是从宏观的角度对一些理论命题进行论证,政治思维有着强烈的伦理色彩。例如,西哲柏拉图对于政治的认识就贯穿着道德性,他以道德标准将人划分为三等。其中治国者代表着智慧,卫国者代表着勇敢,劳动者表现为贪婪。他认为只有哲学家才有资格成为国家的最高政治领袖,因为只有哲学家才具有完美的德行,他的智慧使他足以洞解正义,从而得以依照"正义"的最高道德准则去治理国家,而正义的实现恰恰是政治的最终目的。再如,被称为"政治学之父"的亚里士多德也以"善业"的普遍实现作为他的政治目的,又以"正义"作为最基本的政治原则。他说:"城邦以正义为原则,由正义衍生的礼法,可凭以判断(人间的)是非曲直,正义恰是树立社会秩序的基础。"①显然这一时期的政治认识尚没有超出价值哲学的视域。

欧洲文艺复兴之后,随着近代文明的崛起,政治学研究的坐标从道德价值转向了国家、政府、制度和政治权力本身,诸如国家与法、政治体制、政治权力结构及基本人权等,成了人们思考的热点。这就是人们常说的所谓"传统政治学"。这一时期的研究主要采用演绎的方法,关注的是政治的规范、标准和价值,亦即政治的"应然"方面;至于政治的"实然"方面,亦即实际政治运作过程和在这一过程中活动着的具体的人,却还没有引起人们的兴趣。

20 世纪初叶兴起的科学主义思潮把政治学研究推向了现代社会科学的

---

① [古希腊]亚里士多德:《政治学》,商务印书馆,1965 年,第 9 页。

行列。基于科学主义的思维方法[①],有人提出政治学不仅仅是思辨的理论阐释,而且应该是为了发现真理,阐释并证明实际存在着的基本政治规律与规则。1908年,英国政治学家格雷厄姆·沃拉斯(Graham Wallas)出版了《政治中的人性》一书,他批评说:"政治学的研究目前正处于非常令人不满的境地。"他认为,"目前差不多所有研究政治的人都分析体制而避免分析人"[②],这实在是一种误解。在他看来,人的理智是有限度的,在政治生活中,人常常不是凭借理智,而是在情感或某种心理的作用下作出反应或选择。因此他主张研究政治中的人,把人性、人的心理、人的行为和人的政治活动的规则、规律作为政治学的主要研究对象。沃拉斯的主张在政治学界引起了广泛的关注和回应[③],人的活动和行为日益得到学者们的重视,这一学术发展趋势正是人们所说的"行为主义革命"。

行为主义革命本质上是方法论的革命,它意味着人们在思维上突破了哲学的束缚,转向了科学;学者们走出了文书档案,开始面向丰富而鲜活的政治现象。这种方法将传统的静态研究变为动态研究,主张采用社会学、心理学、人类学、统计学等学科的研究成果及其方法论来推动政治学研究,提倡运用定量分析的方法来研究人的实际行为。在行为主义的影响下,政治学走出了以往的国家、权力、法制领域,研究的热点集中在选民行为、公众舆论、利益集团、政治心理、政治人格等方面,力图使政治学成为一门对于政治现象更具解释能力的现代学科。

政治文化就是在这样的学术背景下生成的。

(一)现代政治文化的一般理论

从一般意义上的文化发展来看,政治文化的源起甚早,几乎与欧洲文明的发展是同步的。[④]然而作为政治学的政治文化概念则是由美国学者G.A.阿尔蒙德提出来的,他用这个概念来概括人们的"政治态度""政治价值""政治

---

① [哥]门罗·史密斯(Munrot Smith)提出,任何一门能称为科学的学科都必须实现两个目标:其一,目的在于发现真理;其二,能够证明其基本规则。

② [英]格雷厄姆·沃拉斯:《政治中的人性》,商务印书馆,1995年,第9页。

③ 与沃拉斯相呼应的学者有美国的 Arthur Bentley、Charles E. Merriam、William B. Munro、G. Catlin 等。

④ 据M. 布林特在《政治文化的谱系》一书中的分析,政治文化研究的文化源头可以追溯到柏拉图和亚里士多德。

意识"以及"政治行为的选择倾向",等等,以此说明隐藏在宏观政治现象背后的微观因素,希望借此能对人的政治选择和政治行为作出更为深入的揭示。也就是说,在通常人们已经注意到的宏观政治现象和人的政治行为背后,还存在着不为人知的内在文化因素,阿尔蒙德认为这是一种特殊的文化,虽然不能说与广义上的文化没有关联,但是毫无疑问,政治文化具有相对独立的学术论域,具有鲜明的民族性。

1. 概念界定

关于政治文化的概念界定,迄今已有数十种,学者聚讼不已,尚无定论。我们且举出三种以为例。

其一,G.A.阿尔蒙德认为:"政治文化是一个民族在特定时期流行的一套政治态度、信仰和感情。这个政治文化是由本民族的历史和现在社会、经济、政治活动进程所形成。人们在过去的经历中形成的态度类型对未来的政治行为有着重要的强制作用。政治文化影响各个担任政治角色者的行为、他们的政治要求内容和对法律的反应。"①

其二,L.W.派伊(Lucian W. Pye,中文名:白鲁恂)认为:"政治文化乃由人们对政治过程之累积性的取向所构成,它包括社会权力与权威结构的现状,计算与估量因果关系的规范,价值群和情感反应的模式所形成的限制。""政治文化乃由界定政治行动所发生的环境的经验信念、表征符号与价值所组成。""政治文化乃由赋予政治过程以秩序和形式(order and forms)的特殊取向模式所组成。"②

其三,W.A.罗森邦(Walter A. Rosenbaum,一译罗森堡)认为:"政治文化可以从两方面加以界定。假如我们着重个人,则政治文化基本上是以心理为焦点。它包括个人主观上对政治系统之基本要素的态度取向的所有重要的表达方式。我们想知道他对构成社会的基本政治秩序的符号、机构和规则的感觉和想法,以及他如何加以反应……政治文化的第二个定义,指人民对于政治系统的基本要素的集体态度取向。这是一个'系统层次'的研究途径。我们的兴趣在探讨一大群公民如何评价他们的政治制度和官员。"③

以上的征引代表了以美国为主的西方政治学界的认识,总的来看,他们

① [美]阿尔蒙德等:《比较政治学》,上海译文出版社,1987年,第29页。

② 唐光华:《政治文化的沉思者——白鲁恂》,允晨文化实业股份有限公司,1982年,第84、85页。

③ [美]罗森邦:《政治文化》,桂冠图书股份有限公司,1984年,第2页。

把政治文化看作是政治中的主观因素，涵指政治活动中的人的主观意识领域，包括人们的政治态度、价值观念、信仰、情感、认识、评估，等等。这种界定的着眼点是个人的心理取向(orientation)，与前苏联学者的认识大相径庭。这里我们以前苏联学者H.M. 凯泽罗夫的观点为例。

凯泽罗夫认为："政治文化是一种上层建筑、意识形态现象，一种特殊的文化，是精神实践活动与某种关系的一定的质和方式，这种关系保证根本的阶级利益得以反映、巩固和实现，其途径是建立一定的政治观点、价值、知识和素养体系，是通过公民参加社会政治生活、保证社会政治设制、规范、传统体系的实行、发展与继承。"①从凯氏的有关表述来看，他主要坚持了两点。其一，政治文化的上层建筑属性："政治文化无论具有什么形式，无论它与物质的关系即经济基础关系看上去如何交错复杂，它主要的决定性的特点是上层建筑属性。"②其二，阶级本质："政治文化是阶级的根本利益的反映和实现的特殊形式，这种利益是人在社会中的地位、在社会生产体系中的地位和由这种地位所规定的需求的直接反映，是客观存在的现象。"③显而易见，凯氏的政治文化更像是一种政治意识形态，而不是现代政治学意义上的狭义的政治文化。

另外，旅美政治学家邹谠认为文化"不仅包括最高深的思想、意识形态，而且还包括日常生活中的行为方式，包括存在于社会最底层的习俗、迷信、仪式——特别是在研究中国的问题时，尤其应该注意这一点"④。基于这样的理解，他认为政治文化"首先就表明政治和文化不可分割。这里的culture已不是过去人们所讲的高层文化，它更接近于我们所讲的日常生活方式……Political culture不是political ideology，它和政治思想、意识形态不是一码事"⑤。

吕元礼评论认为，邹谠讲的文化主要指的是观念文化，他之所以特别注重习俗、迷信和仪式等所谓日常生活方式，"是因为中国传统社会不同于西方现代社会。西方现代社会是法治社会，中国传统社会则是礼治社会。即使在强调法治的当今中国，礼俗及礼治传统仍然发挥着实际的、重大的作用"⑥。邹谠认为"政治文化中的文化是指接近于我们所讲的日常生活方式，是因为

---

①② (前苏联)H.M.凯泽罗夫：《"政治文化"这一术语的含义》，《社会学研究》，1981年第4期。

③ 《苏联国家与法》，1984年第2期。

④ 邹谠：《二十世纪中国政治：从宏观历史与微观行动的角度看》，香港牛津出版社，1994年，第49页。

⑤ 同上，第50页。

⑥ 吕元礼：《政治文化：传统与现代的会通》，人民出版社，2004年，第11页。

这种日常生活方式才是真正为一定范围的社会成员普遍认可的价值观念、共同信守的行为模式和广泛流传的态度作风。"[①]我以为，邹说将政治文化与所谓高层文化及政治思想、意识形态区分开来，或有偏颇，但他突出了作为政治文化规定性的特别之处。

综合上述，我认为，在政治学意义上研究政治文化，当然应该以阿尔蒙德、派伊等人的界定为基准。同时也要参照邹谠之论，注重政治文化与国家政治意识形态的区分。据此界定如下：

一般而言，政治文化是政治中的主观因素，指的是一个政治系统赖以生成和运作的文化背景与条件，包括政治价值、政治观念、政治信仰、政治态度、政治情感，等等；当政治文化对政治主体形成影响，表现为某种政治取向(orientation)即选择倾向时，它可能是个人的，也可能是群体的、集团的；政治文化与政治系统互为因果，是政治权力结构与制度的内在机制，是宏观政治现象背后的微观因素；如果说，人作为政治的主体具有某种恒定性，那么政治文化的研究就总会是有意义的，因为政治文化的研究视域正是人的内心世界。

2. 构成要素

既然政治文化是政治中的主观因素，那么它的构成就不能不带有思想认识的特点。撮其大要，则主要包括四个方面。

一是政治认知成分，指的是人们对于政治系统、政治领袖、政治活动及政策的认识。人们运用判断、推理、想象、联想等方法形成对于各种政治现象的了解和理解，构成了政治主体的政治选择与政治行为的主观性依据。政治认识的差异性是必然的、不可避免的。这是由多种原因促成的，包括经济、历史、政治、社会结构、文化传统、生产方式、生活方式，以及政治主体的具体条件，等等。

政治认知的理性程度与人的政治行为有着直接的关系，模糊的政治认识往往导致政治参与意识的弱化和不确定，明确的政治认识是促成明确政治行为的前提。

二是政治情感成分。即人们对于政治领袖、政治权威及政治系统的好恶、憎恨、忠心、淡漠等感情。政治情感的形成取决于多种条件，诸如社会政治地位、人生际遇、政治交往，或是理性认知、价值追求、道德理想、政治信

---

① 吕元礼：《政治文化：传统与现代的会通》，人民出版社，2004年，第12页。

仰,甚至某一突发事件的影响,等等。政治情感有着明显的非理性色彩,受到政治情感制约的行为选择也大多带有非理性的特点。

政治情感的形成和表达可以是个人,也可以是某一群体或集团,有时也会形成全社会的政治情感倾向。

三是政治价值观念。简言之,政治价值是一种评价标准,是政治主体借以认识政治现象,评估政治问题的依据尺度。政治价值一般通过人们的政治观念表达出来。

政治价值可能普遍地存在于某一共同体的政治文化之中，也可能是某一政治主体个人所独具的。对于一个民族的政治文化而言,政治价值的形成是一个复杂而长期的过程,通常需要数代人甚或千百年的传承积淀。对于个人来说,政治价值观念的形成无非是一个政治社会化(political socialization)过程。

四是政治理想与信仰。政治理想是对政治前景的设计,是对未来政治局面的憧憬。在民族的政治文化体系中，政治理想是人们进行政治活动的目标,也是激发人们积极参与政治的精神动力。对个人而言,政治理想是促使其作出选择的重要根据。

政治理想转化为政治信仰，则会形成一种坚定的、笃信不疑的政治信念,对于个人或群体的行为选择都会形成极大的强制力。

3. 政治文化的结构

政治文化具有结构性，一个民族的政治文化常常是由不同的亚文化层次构成的。

一般来说,任何一个政治共同体内都可以区分为统治与被统治、管理与被管理两大阶层,与之相应,也就形成了两种政治文化的分野,可以称之为统治政治文化和民众政治文化。前者指的是统治或管理者阶层对于自身在政治系统中的位置及作用的认识,以及相应的政治态度、观念、情感和信仰,等等。后者指的是社会一般成员的政治自我意识,以及对于诸般政治现象的认识、态度、信仰等。

在政治权力私有即专制政治条件下，统治政治文化对于民众政治文化具有一定的引导和控制作用,表现为某种文化上的强制和主宰。据此,我们把那些对于全社会具有控制力的政治文化称为主体文化;其他的文化层次,譬如民众文化则是亚政治文化。

由于人们在社会经济结构中的位置不同,从事的具体职业不同,人们往往从各自的特定角度形成了对于政治现象的认知和评估标准、政治态度及表达方式,从而形成了不同的职业亚文化。这种文化现象不只是近现代社会才有的,事实上,由于古代社会的职业常常与等级身份相连,由此而形成的亚文化特点往往更加凸显。

同辈集团由于年龄相近,他们往往具有相近或相同的政治价值观念、政治态度和政治取向即选择倾向,从而形成了特色鲜明的亚文化层次。这种亚文化常常可以超越种族、职业和经济政治地位的局限,构成一代人的文化特色,对同一代人的政治选择和政治行为有着强力的影响。

此外,还有种族、地域亚政治文化,等等。

4. 政治文化的类型

依据划分类型标准不同,可以区分出各种政治文化类型。

例如,根据主体政治文化与亚文化之间,以及诸种亚文化之间的关系,可以划分出以下三种类型:

冲突型政治文化。一方面是主体政治文化及各亚文化均得以充分发展;另一方面是政治系统受到某一个或少数几个利益集团的控制，不能代表多数人的利益。常常是在这种情况下,各文化层次之间会形成激烈的冲突。发生冲突的具体原因是多方面的，诸如经济或政治利益分配、种族或民族观念、政治立场或信念信仰,等等。

协调型政治文化。主体政治文化与各亚文化之间有差异,但不存在基本价值、政治原则和政治信仰之间的冲突。文化差异则可以通过某种途径相互适应,也可以通过政治系统或其他方式进行协调。这是理想的现代主权国家的理想政治文化局面。

混同型政治文化。亚文化的发展不很充分,各亚文化之间的界限不甚分明,基本上处于主体政治文化的控制和主宰之下。政治关系与血缘关系、种族关系、宗教关系等交缠在一起,政治冲突表现为单一的权力及利益冲突,这样的政治文化类型显然是比较早期的和传统的。

再如,依据社会一般成员对政治的认知程度,可以列出以下三种类型。

地方型政治文化。社会成员的大多数缺乏必要的政治认知,对于政治系统、决策过程以及自身的政治地位、政治能力等茫然无知;或是仅仅对国家、政府(官府)有一般性的了解,但对于具体的政治过程是完全无知的。人们缺乏对于国家的政治情感,不具备对政治的评估能力。他们往往对本地区的公共事务表现出浓厚的兴趣和积极的参与取向,但是对于超出本地区的事务却没有热情,对国家政治系统没有什么希求,也感觉不到政治过程对自己的生活有什么影响。人们遵循的是传统习俗或宗教法规,对国家政治是不参与的。

臣民型政治文化。社会成员对于政治系统和政治输出(export)有着明确的认知,能切实感受到政治统治对于自身生活的影响,同时也具有一定的政治评估能力。但是人们对于自己在政治系统所处的位置和政治参与能力几乎没有认知,对于政治输入(import)即政策制定的运作过程很生疏。这种类型的政治文化使人们长期处于被动的政治地位, 没能形成积极参与政治的自觉性。

参与型政治文化。社会成员普遍具有明确的政治认知,对于政治系统、政策制定过程以及自身的政治地位、政治能力等,都有比较清楚的了解,因而人们多半具有较强的政治参与能力和政治评估能力。当然也有人对政治采取了不参与的态度,但这不是由于茫然无知,而是出于一种明确的选择。他们对于自我的政治角色认识得很清晰,尽管他们很可能拒绝承担角色。

事实上, 政治文化类型是政治学家们为了研究的方便而采用的认识方式,如果区分的标准是无限的,那么政治文化的类型也是没有穷尽的。譬如,以政治文化的内在一致性为标准,可以分出:同质性政治文化、异质性质文化。以社会成员的政治信念性质为标准,可以分出:意识形态型政治文化、实践型政治文化。

如果具体到某一个民族的政治文化, 其实际的文化类型并不是单一发展的,而是常常处于混合并存的状态。因而所谓政治文化类型只是为了方便研究而已。

5. 政治文化的功能

就广义而言,政治文化是政治系统的文化基础。一方面,政治文化的形成受到政治系统的影响;另一方面,政治文化又影响着政治系统的运行。政治文化对于实际政治生活有着巨大的作用,主要表现在三个方面。

其一,变革政治系统,促成改朝换代。从世界范围的历史过程来看,一般而言,每一次政治上的变革,亦即所谓改朝换代、政权更迭,都将伴随着政治文化的变革;而且文化的变革往往是政治革命的前奏。政治价值、政治信仰以及意识、情感等方面的彻底改换是促成改朝换代的前提条件。

其二,维系政治关系,维护政治秩序。对于一个政治共同体来说,相对稳定的政治价值观念,及信仰、情感,等等,无疑会给政治系统和政治的运行提供稳定的文化保障,维持各种政治关系之间的相对和谐与稳固,从而起到维护政治秩序的作用。这一方面取决于具体的政治和历史条件;另一方面也取决于政治文化本身的结构与特性，取决于政治文化与政治系统的适应及协调的程度。

其三,评估政治现象,指导政治行为。政治主体置身于一定的社会政治环境之中,经由某种方式摄取政治文化,形成了各自的政治观念、政治信仰和政治心态,表现为不同的政治态度、情感和选择。在一般情况下,政治主体的行为与选择无不受到政治文化的强制作用,也就是说,政治主体对于自身在政治系统中的位置和作用的认识,他的政治意识与政治价值观念,对于政治领袖及政治系统的政治情感,以及他的政治信仰等,决定着政治主体对国家、政府、领袖及政策等方面评估和认同,影响着政治主体的国家归属感和政治忠诚的程度;同时,也影响着政治主体的行止反应和政治行为模式。

6. 影响政治文化诸条件

所谓文化都是具体的，每个民族的政治文化的形成与发展总是要受到一定的条件或某些特定因素的制约,大体而言,以下七种条件是必不可免的。

一是社会即民族的总体文化。政治文化的学术归属固然属于政治学领域,但广义而言,政治文化仍然是一个民族的文化的组成部分,是社会大文化的一个亚文化层次。每一个民族的文化都有自己的个性特征,包括伦理观念、民俗民风、语言文字、宗教信仰、思维方式、生活方式,等等。政治文化的形成及发展必然会受到这些条件的影响和制约，正是社会总体文化与政治文化之间的相互渗透和影响,促成了各个民族政治文化的个性与差异。

二是社会经济结构。社会生产的形式和社会经济的基本结构对于政治文化的类型与特征有着深层的制约作用。譬如在农业生产条件下,社会经济基本处于自给自足和相对封闭的状态,在这样的经济基础上,政治文化的发展多半会导向地方型或臣民型,我们很难想象参与型的政治文化会在这样的经济条件下形成。经济结构对政治文化的影响已经被人类的文明史所证明。

三是政治历史沿革。政治文化具有的民族性意味着该文化是伴随着民族的成长历程逐渐形成的,这样就必然会受到政治传统的影响,政治文化的形成和发展必然会与民族的政治历史沿革相呼应。我们只要对中国、美国及英、法等欧洲国家的君主政治和革命的历史略加比较,就会明白中、美、英、法的政治文化何以如此的不同。

四是政治系统及其政治运作方式。从政治实践的角度来看,任何一个政治系统都有其各自的结构特点和运作方式，政治文化当然会受到政治系统的影响。君主政治的专制政治系统、军事独裁的极权政治系统以及共和政体的民主政治系统之间不仅仅是政治体制或政治运作的差别，而且会影响到各自政治文化的异同。事实上正是不同政治系统以及相应的政治生活方式创造了各自的政治文化。

五是社会文化环境。在一个民族的成长历程中，经常会与其他民族的文化发生接触、碰撞、融合或影响，形成不同文化之间的涵化（acculturation）。由于各民族的社会文化环境有异，不同的文化组合必然会影响到政治文化的特点。在现代社会，本土文化与域外文化的冲突或交融极为普遍，这也会影响到本民族政治文化的持续、变革和冲突。

六是地理条件。地理条件对于古代民族的影响是显而易见的。这种影响不只存留在科技知识落后、人们驾驭自然能力低下的古代社会，事实上地理环境对于一种文明的影响是深远而持久的，可以一直延续下来。这当然会影响到政治文化，尤其是在一个民族政治文化的类型特征上，地理环境常常会有直接的影响。

七是重大政治事件。战争、政变、政治运动等重大政治事件会对全社会形成巨大的震撼，会影响到政治秩序运行的正常化；同时，也会给人们的政治价值、政治意识、政治态度、政治情感、政治信仰，等等，带来严重的影响，从而导致了政治文化的变革，甚至会促动政治系统的调整和变化。

政治文化的理论内容很丰富，以上的列举只是其中最一般的规定，以使读者能对“政治文化”形成最起码的了解，以便给以下问题的逐步展开提供认识基础。

（二）当代中国的政治文化研究

政治文化研究在中国学术界的兴起大约始于20世纪80年代中期。自20世纪80年代初以来，随着政治学科在高等院校和研究部门的恢复，西方现代政治学理论姗姗东渐，其中即包括政治文化理论。迄今三十余年来，政治文化作为一个相对独立的研究领域已被学术界广泛认同，研究成果灿然可睹。

1. 研究的一般状况

政治文化引进之初，关于“政治文化”的学术归属曾经争讼不已。有人从政治学的角度界定，有人从文化学的层面进行解释，也有人混而言之。20世纪80年代末，政治文化研究形成高潮，论著迭出，其中绝大多数是在政治学意义上使用这一概念的。从研究涉及的问题看，主要分布在以下三个方面。

(1)关于政治文化的界定和基本理论

界定概念是科学研究的前提,对于舶来的政治文化尤需如此。从有关的论著看,大体可以分为两类。一是借鉴欧美学者的理论给出定义。G.A.阿尔蒙德、L.W.派伊等人的理论界定方式直接影响着中国学者的理论选择,引起人们的效法。例如有学者提出,政治文化是一个政治取向模式,包括政治认知取向、政治情感取向、政治价值取向,等等。①另有学者认为,政治文化分析包括四个变量:政治认知性成分、政治情感性成分、政治价值性成分、政治理想性成分。②这类界定的表述形式各有特色,但在理论上显然是直接继承了欧美学者的研究成果,基本上把政治文化视为"政治体系的心理方面"。

另一类在借鉴了西方学者有关理论的基础上,参考了前苏联学者的观点和文化研究的一般理论,又结合中国学术的传统理论,略作调整变通,概念界定亦有特色。例如认为政治文化的构成除了政治心理的内容,还包括政治思想和政治制度。有人把政治思想和政治心理称作观念性政治文化,把政治制度称为实体性政治文化。③这一观点显然参考了文化研究的界定方法,即将文化分为观念的、制度的、物质的三层次文化观。有人则坚持认为,在心理、思想和制度的三层次中,政治思想是核心。④也有人不讲制度文化,但坚持认为政治文化除了心理层面,必须包括政治思想,在结构上分别表现为政治意识形态层次和政治价值层次;其中,政治意识形态是核心。⑤这一类认识带有某种理论综合的特点,为政治文化理论的广泛研究打开了思路。

在探讨和辨析政治文化概念的过程中,关于政治文化的一般理论也都有所涉及。如政治文化的功能、结构、形成要素,政治文化类型理论,政治文化危机理论以及政治社会化理论,等等。事实上,正是关于概念的辨析带动了理论研究的深入,有关政治文化一般理论的认识才得以逐渐扩展开来。这些认识基本上限于介绍或复述欧美学术的"它山之石",尚且谈不上什么理论性的创见。在落后国际学术研究30年的情况下,介绍新学是开展研究的第一步,其筚路蓝缕之功不可没。

---

① 参见俞可平:《政治文化概要》,《人文杂志》,1989年第2期。

② 参见王沪宁:《比较政治分析》,上海人民出版社,1987年,第159、160页。

③ 参见万高:《简论政治文化》,《政治学》,1995年第2期。

④ 参见朱日耀:《中国传统政治文化的结构及其特点》,《政治学研究》,1987年第6期。

⑤ 参见戚珩:《政治文化结构剖析》,《政治学研究》,1988年第4期。

(2)关于当代中国政治文化研究

运用现代政治文化理论，采用其行为主义实证方法来研究当代中国的政治文化问题,无疑是最具时代感的学术成就之一。自20世纪80年代后期至90年代初,这一领域成果数量有限,但成果的学术价值值得赞许。其中最有代表性的是闵琦著《中国政治文化——民主政治难产的社会心理因素》(云南人民出版社,1989年)和张明澍著《中国"政治人"——中国公民政治素质调查报告》(中国社会科学出版社,1994年)。他们的研究最为鲜明的特点是,一改中国学术的传统研究方法,不再是哲学思辨的或历史的、归纳或演绎的逻辑推导,而是采用了经验的实证研究方法,通过问卷调查、统计分析,依据具体数据得出结论。闵琦说,由于中国政治学的落后,关于分析框架"我不得不老老实实采取了'拿来主义'的态度,细心的读者会从字里行间看出阿尔蒙德、费巴、白鲁恂这些政治文化研究宗师以及罗森邦等学者的影响"①。然而他们所做的毕竟是对现代西方社会科学研究方法在中国政治文化研究领域的尝试,也是中国学术与国际水平的一次"接轨",目的在于促进中国学术的发展。正如作者所言,在运用"拿来"的理论分析资料数据时,首先是基于自己的"理解和发展"②。他们的研究脚踏实地,结论颇具说服力。

例如闵琦在分析中国民主政治难产的原因时指出：首先中国公民虽然有75.06 %表示需要民主,"但其适应民主政治的心理准备并不成熟"。人们在认知上并不真正理解民主的内涵,在情感上排拒西方的多元和间接民主制,倾向于一元和直接民主制。其次,中国公民对"自由权的法理学意义认识较少……不善于从制度的深层认识自由问题，也不善于从公民权角度认识问题。尤其可悲的是,不少公民在情感上畏惧自由,逃避自由"。再次,中国公民的法制意识十分淡薄，公民权意识淡薄,57.1%的公民对从事政治活动应遵守规则缺乏认识。闵琦认为:"以上三个方面构成了中国公民对政治游戏的规则的基本心理取向。这一心理取向又成为中国民主政治难产的重要社会心理因素。"③

又如张明澍通过对比分析,提出"一个现代的参与式民主政体,从对公民素质的要求而言,大概是5.5 分左右。这当然是一个平均数"。而中国公民政治素质的平均得分只有3.3分。这个分值作为中国公民政治素质的总评价

①② 闵琦:《中国政治文化》,云南人民出版社,1989年,第4页。

③ 同上,第177、178页。

说明了什么呢？张明澍认为："假设我们国家宪法中规定的社会主义民主政治制度要真正发挥作用，它的优越性要比较 充分地显示出来，也跟国外的情况相似，需要公民有5.5分左右的政治素质，那么现在已经达到的水平充其量也才刚刚过半。因此我们面前的路还很长，还很艰难。"①

他们的努力是中国现代政治文化研究的起步，充满了勃勃生机。

2013年，张明澍出版了又一专著《中国人想要什么样民主——中国"政治人"2012》（社会科学文献出版社），这部著述依然采用计量研究方法，通过与1994年出版的《中国"政治人"——中国公民政治素质调查报告》做比较，指出当代中国政治文化在过去二十年间的某些变化。如其书名所示，作者认为中国人想要的民主是德治优先于法治、对于实质与内容的重视程度优先于形式和程序、解决反腐败和群众监督政府问题优先于保障公民权利和自由、协商优先于表决等。

张明澍在研究方法方面的坚持确乎难能可贵，在当代中国政治文化研究中并不多见，对于推动学科的现代化发展是很有助益的。

（3）关于近代和传统政治文化研究

这些方面的研究从技术手段来看固然少有新气象，但在理论框架方面，由于借鉴了现代政治文化理论，故而在研究角度和研究层面上为之一变，时有新颖之论。例如有学者运用G.A. 阿尔蒙德的理论方法，分析近代中国1904—1930年间，资本家阶级的政治参与意识、政治能力感、党派意识、政治行为方式，等等，描述了资本家阶级在20世纪初的政治启蒙时期，从政治冷漠向政治参与过渡的历程。指出其政治不成熟的政治文化缘由。②这一研究走出了仅仅以经济根源说明近代中国资产阶级"革命二重性"的传统认识，展示的新视角颇能给人以启迪。

不过，这些方面的研究涉及的专题既广泛又零散，包括人物、命题、观念意识，以及某一个时期的政治文化，等等。大体言之，研究相对比较集中的问题主要有：

其一，中国近代或中国传统政治文化的性质、结构、特点等总体性研究；

其二，从政治角度分析儒家文化与中国现代化的关系；

① 张明澍：《中国"政治人"——中国公民政治素质调查报告》，中国社会科学出版社，1994年，第190页。

② 参见张亦工等：《20世纪初期资本家阶级的政治文化与政治行为方式初探》，《近代史研究》，1992年第2期。

其三，古代士人或近代知识分子的政治文化观研究；

其四，传统政治伦理的政治文化分析；

其五，中国政治文化从传统向现代，或是从近代向现代的转型问题。

这些研究的论点相当分散，这里难以一一列举。研究者们的理论深度则参差不齐，在许多问题的认识上常常会截然相反。例如1993年在南开大学召开的“中国政治文化学术研讨会”上，与会专家就在中国传统政治文化与现代化的关系问题上，形成了针锋相对的两种观点。一种观点认为，现代化的基本任务是使传统政治文化自身实现现代化，如果“从中国近代社会的历史事实来看，传统的民本思想是中国人在观念上走向民主的起点”。如若参照日本或“亚洲四小龙”的现代化道路，则传统政治文化（例如民本主义）完全可以成为从传统到现代转型的中间环节，或曰过渡阶段。另一种观点则认为，中国传统政治文化不具备现代民主政治的基本规范（如法制规范、个体规范）和宪政精神，也不具备公共权力的概念，民本与民主是两件事，彼此间不存在逻辑关系。因之，传统政治文化不可能向现代化转化。中国政治发展的基本导向不是与传统结盟，而是向传统告别。①

究其实，这样的学术探讨只是提出问题，论者所提出的观点与足以服人的科学论断相距尚远，意味着中国学人的政治文化之旅还要继续跋涉，还要付出更多的艰辛。

21世纪以来，有关中国政治文化的研究专著问世已达二十多种。②可见作为当代中国政治学学科的一个研究论阈，研究气候已然逐渐酿成。本书作者集30年之功力（1986年　2016年）探究中国传统政治文化，颇有体悟与收获。虽是一孔之见，但自忖对于中国政治文化研究论阈的成型或当有所助益。

2. 借鉴的限度

正如前面所述，政治学的行为主义化是政治文化研究的催生剂。从这一

---

① 参见王琳：《中国政治文化讨论会综述》，《中国社会科学》，1993年第4期。

② 主要有马庆钰：《告别西西弗斯——中国政治文化分析与展望》，中国社会科学出版社，2001年。吕元礼：《政治文化：传统与现代的会通》，人民出版社，2004年。张明澍：《中国人想要什么样民主——中国“政治人”2012》，社会科学文献出版社，2013年。柏维春：《政治文化传统：中国和西方对比分析》，东北师范大学出版社，2001年。韩星：《儒法整合：秦汉政治文化论》，中国社会科学出版社，2005年。金太军、王庆五：《中国传统政治文化新论》，社会科学文献出版社，2006年。成臻铭：《中国古代政治文化传统研究》，群言出版社，2007年。沈传亮：《公务员群体的政治文化研究》，郑州大学出版社，2007年。陈镇苏：《中国古代政治文化研究》，北京大学出版社，2009年，等等。

角度看,政治文化是一个完全意义上的现代学科,它一般地只适用于研究当下的、现时的政治文化现象。20世纪70年代兴起的后行为主义并没有这一研究的当代(时下)性质,后行为主义不过是提醒人们努力纠正由于过分强调事实精确和技术手段而导致的视野短浅偏狭,以及忽视政治价值的学术偏差。由此看来,虽说西方政治文化研究门派众多,但是在理论关注的基点上具有一致性。政治文化研究的当代品性影响着祖国大陆和港台地区的学术界。

中国学术界由于在较长的时期内与西方学术处于某种隔绝状态,20世纪80年代之前,绝大多数中国学人并不了解行为主义,人们普遍采用的是哲学和历史学的方法论,并且形成了一种学术传统。社会科学研究关注的是意义和价值判断。文书档案、典籍资料和理论论著是人们广泛使用的研究依据。由于归纳、演绎等逻辑认知方式的主观色彩,使得学术研究带有明显的选择性与可塑性。是与非、对与错、善与恶、进步与落后、前进与倒退、先进与保守、积极与消极,乃至革命与反革命的价值判定几乎可以于瞬间转换。因而当社会科学研究的实证方法东渐之后,即给国内学术界注入了清新之风。现代政治文化理论连同着行为主义的思维方式打开了人们的眼界,从新奇到模仿,中国学者借鉴之,试用之,成果不菲,令人瞩目。

然而任何一个民族都不能与她的文化传统一刀两断。当一个古老的民族走向现代社会之际,如何甄别和调节本民族传统文化与发展现代化需求之间的关系,将会直接影响到现代化的进程。这里至少有两个变量不可忽视:

其一,本民族传统文化的积淀程度;

其二,这一民族现阶段的现代化实现程度。

一般说来,民族文化传统的积淀越深厚,现阶段的现代化实现程度越低,那么本民族传统文化的社会及文化影响力就越大,波及的层面就越宽广,传统与现代的冲突就越彰显。中华民族正是如此。

现代政治学的政治文化理论形成于当代美国,美国民族文化传统的渊源当然会溯及欧洲文明,但是美国的本民族文化传统主要来自于西部开发的历史和一部宪法。作为一个摆脱了封建文化困扰的新兴民族和第二次世界大战以后发达国家之首富,其文化关注的焦点自然在当代,绝少有来自于传统文化的困惑。与现代政治文化的发祥地美国相对照,中华民族经历了漫长的东方式"前资本主义社会",儒家文化作为华夏文明的主流文化形成了极其丰厚的文化传统,其影响力辐射到思想、精神、信仰、观念、心理、制度、习俗以及思维方式、生活方式等各个层面。与此同时,正如我们所看到的,当代中国的政治、经济、社会总体发展的现代化程度依然处于初级阶段。这种对照意味着传统文化对当代中国社会发展的影响力是不可低估的，理应得到研究者的重视。

现代政治文化研究不论其技术手段如何繁复，中国学人仍然尝试着用之于当代社会的相关研究。然而问题是，当代中国的政治文化现象是在一个厚重宽广的文化背景上形成和存在着的，对此切不可视而不见。一般的调查、测量、统计可以解释并描述现象，通过质性研究亦能对这些现象的喻义进行深入分析，但是却难以说明形成这些政治文化现象的文化与政治根源。现代政治文化主要以个人心理取向作为基本的分析单位。那么一方面，个体的人是文化和政治的载体："文明的任何成分归根结底都是个体的贡献。离开了一个个男女老少的行为，哪还能有什么特性？"[①]另一方面，传统文化的积淀和养育又是每一个个体形成的条件：事实上"每一个男女的每一种个人兴趣都是由他所处的文明的丰厚的传统积淀所培养的"[②]。R.本尼迪克特从文化学角度提出的认识具有普遍意义。虽然后现代主义不承认有什么"传统"的政治文化，但是具体到中国，不研究传统，便不能将分析的触角伸向政治文化与政治的内部深层结构，结果是许多问题的解释势必会似是而非，致使人们有可能长期满足于浅层次的答案而逡巡不前。

例如政治伦理与政治秩序的关系问题。闵琦通过测量分析，得出结论："在中国人日常行为中，伦理规范的作用大于法律的规范作用"[③]，并且以这一点作为影响中国政治民主化进程的政治文化原因之一。然而这一论断只是说明了现象，却没有告诉人们为什么伦理的规范作用如此巨大。假如说这一现象的成因有多种，那么其中最重要的一条就要到传统政治文化中去搜寻。我们看到，中国传统政治文化的一个基本特点是，伦理道德与政治规范联系紧密、相互作用而合为一体。在实际政治生活中，政治伦理具有制约人们政治行为与政治选择的实际功能，于是在传统政治文化的规范下，恪守道德规范就是遵守政治法规，提倡和宣扬道德价值观念就是维护、巩固政治秩序。事实上，揭示伦理与政治的关系本身就是一个亟待研究的课题，需要解析伦理与政治互化的中间环节，弄清这样的政治文化传统是通过何种途径、运用何种方式作用于当代政治文化的。类似这样的问题，只有深入传统，追

① ［美］R.本尼迪克特：《文化模式》，生活·读书·新知三联书店，1988年，第231页。

② 同上，第233页。

③ 闵琦：《中国政治文化》，云南人民出版社，1989年，第177页。

根溯源，方能说得清楚。

又如关于政治人格问题。当代政治文化研究的成果表明，中国人的权威人格的存在比率比较高，“几千年权威主义政治结构的影响和权威主义政治观念的社会化作用恰恰培育了中华民族的这一深层人格结构”[①]。如果我们进一步追问，几千年的“权威主义政治”怎样培育了民族化的权威人格？这显然又进入了“传统政治文化”的研究范围。这将涉及王权主义政治传统的价值分析、权威崇拜的政治意识、“尽人皆奴仆”的政治心态以及传统政治社会化过程等层面的研究；同时，还要考察传统的权威主义政治文化对中国近现代政治文化转型过程的影响，然后才有可能得出相应的结论，回答“中华民族的这一深层人格结构”是怎样炼成的。显然，这样的问题是难以脱离传统文化泛泛而论的。

正是基于上述考虑，倘若我们只是全盘照抄西方的政治文化理论，仅仅用于观照当代现象，只是关注现代人的心理取向，以致与传统政治文化形成某种疏离之势，这样的借鉴只能是一种有限的借鉴，正所谓胶柱鼓瑟，殊为通达之士所不取。

3. 本书的立场：从“拿来”到创新

20世纪30年代，鲁迅便疾呼过“拿来主义”，认为对于西方文化，“我们要运用脑髓，放出眼光，自己来拿！”[②]这意思很明白，就是对于域外文化应当持有一种选择的主动性：“我们要或使用，或存放，或毁灭”[③]，要根据自己的需要来吸取、借鉴外来文化。

及至20世纪80 年代，在长期的“文化闭关主义”之后，中国学术界终于开启门户，心理学、社会学、政治学等现代学科的种种新论蜂拥而至，致使中国的学术发展进入了真正意义上的新时期。那么，面对这些“拿来”的域外文化，又当如何应对呢？

英国科学哲学家伊姆雷·拉卡托斯（Imre Lakatos）认为：“科学行为的标志是甚至对自己最珍爱的理论也持某种怀疑态度。盲目虔信一个理论不是理智的美德，而是理智的罪过。”[④]这就是说，以理解、钻研与批评相结合的态度来对待一种陌生的学术理论，可以有效地避免由于一味排斥或盲目虔信

① 闵琦：《中国政治文化》，云南人民出版社，1989年，第170页。

② 《鲁迅全集》（第6册），人民文学出版社，1981年，第39页。

③ 同上，第40页。

④ ［英］伊姆雷·拉卡托斯：《科学研究纲领方法论》，上海译文出版社，1986年，第1页。

而造成的思维偏狭。于是当我们“拿来”西方的现代政治文化理论用于中国政治文化研究之时,理论创新和研究领域的相对扩展自是题中应有之义。基于这样的思考,以下两个问题似乎应当予以特别的关注。

其一,关于政治文化的研究论域。从现代政治学的角度提出并使用政治文化的概念,学术界一般公认始于G.A.阿尔蒙德。但是如果从政治文化的文化传统考察,阿氏的理论不过是其中之一,代表了第二次世界大战之后美国政治学的传统。有学者指出,近代以来,西方学术对于政治文化的认识和关心至少可以追溯到启蒙运动时期,至少还有两条线索可以参考。一是法国文化传统,包括从孟德斯鸠(J. F. Montesquieu)到托克维尔(C.A. de. Tocqueville)的社会学研究;另一是德国文化传统,包括康德(I. Kant)的哲学、韦伯(M. Weber)的宗教社会学等文化哲学研究。[①]以G.A.阿尔蒙德为代表的美国政治学理论并不是唯一的理论形式。

事实上,第二次世界大战以后美国政治文化的理论内涵有着特定的内容,这既是一种学术上的推进,同时也意味着这一研究论域的边界。以阿尔蒙德为代表的政治文化理论关注的是个人的政治心理取向,他们把个人对于自身在政治系统中的认知、信仰、情感、态度和评估,等等,作为分析的对象,这种理论带有鲜明的人文特点。与此前的政治学研究相比较,从偏重研究制度、政党、法制和权力结构等政治形式转向了政治中的人;在方法上从偏重文献转向了实证研究,这当然是一种研究的推进。然而,以阿氏为代表的政治文化研究模式过分强调了文化的现代性,过分依赖于实证方法,以至于在认知逻辑上形成了现代与传统的某种对立和割裂。只承认文化现代性的文化视域显然是过于偏狭了,在忽视文化传统的前提下分析政治中的个人,其得出的结论难免在一定程度上失之肤浅和表面化。事实上,现代的政治文化现象与民族的文化传统不无干系,个人的某些政治价值观念、政治信仰或心理取向常常是基于民族的文化传统而形成的。

一般而言,一种理论内涵的确定不能不带有认识者的主观性影响,这种影响往往来自于本民族的文化与政治特质的作用和制约;而且给出定义的主观性判断又常常是为了适合于研究者的某些需要。因之,具体到中国政治文化研究,其理论内涵应当结合中国文化与政治的实际状况和特质而有所

---

① 以上观念借鉴了M. 勃林特的理论,See Michael Brint, *A Genealogy of Political Culture*, Boulder, CO: Westview, 1991. 转引自http://www.cc.org.cn/old/ziliaoku/xuben/xuben06.htm

创新。譬如,鉴于中国文化与政治的道德色彩以及历史积淀,中国政治文化的理论内涵理应含有政治伦理的层面,以及历史形态的政治观念、政治心态和政治信仰,等等。判定一种人文社会科学理论的科学性不宜简单地等同于学术研究的客观性,因为任何一种学术理论的建构都必然会介入立论者的主体性。

在学术研究上,无论何种形式的理论迷信都是教条主义的桎梏,譬如学界前辈徐大同教授概括的"马教条""洋教条""古教条"等。打破迷信,抛开教条即意味着认识上的创新。

其二,关于政治文化研究的方法与方法论。方法是指政治文化研究的技术手段。现代政治文化研究将量化分析作为主要的研究方法,使中国学者惯于推理定性的传统方法受到挑战。一般认为,调查测量、统计分析的对象是现实社会政治中的活生生的人,用民意调查的方法可以清楚地展示公民的具体政治理念、态度、价值观,等等,得出的结论真实可信,从而使政治文化研究更"接近真理"。不过,人们通常认为量化方法不适于传统政治文化研究,进而认为政治文化研究只能研究当代,并不适用于研究传统社会的政治与文化。为此就需要我们对研究方法和研究的"方法论"有所区分,进而搞清楚什么是政治文化的研究方法,什么是作为"方法论"的政治文化理论。

所谓方法论指的是"关于研究过程的哲学,其中包括作为研究的基本原理的理论假设和价值观念,还包括研究者用来解释资料、引出结论的标准或准则"[①]。作为方法论的政治文化,其理论观照将涉及政治价值、意识、观念、情感、认知、信仰、心态等诸多层面。运用这样的方法论来分析中国的文化与政治现象,就会形成新的视角,并且能为提出理论假说和选择论据提供令人耳目一新的参照系。现代政治学的技术手段或许并不适于历史文献的甄别淘选;但是作为方法论的政治文化理论却完全适用于中国传统政治文化的研究,而且势必会开辟出一个颇具创意的学术天地。

就现有的研究状况来看,学术界关于传统文化与政治的研究基本局限于精英文化,人们关注的对象主要是史鉴传载的历史人物,包括帝王将相、学者名士等;依据的资料主要是正史、子书、儒家经典和文集等,鲜及其他。使用的方法论主要是历史进化论、阶级论和伦理学理论等,其结论常常是大而化之的定性裁断。如果我们采用政治文化作为方法论用于中国传统政治

① 余炳辉:《社会研究的方法》,浙江人民出版社,1986年,第18页。

与文化的研究,其关注的层面必然会超出文化与政治的精英阶层,扩展至社会一般成员和各种类型的政治角色,“用来解释资料、引出结论的标准”是人们的价值观念、意识、信仰和心态,等等,而这些文化现象的载体则多种多样。研究主体所依据的文献资料的范围将会扩大至野史、笔记、日记、族谱、家训、政书、官箴、方志、小说、戏曲、曲艺、诗词、话本、谣谚、蒙养之书以及民间传说、神话、笑话、俚语,等等。研究者通过对这些历史的遗迹进行辨析释义,未必不能就某一时期人们的价值观念、信仰理念和心态特征作出深入的剖析和展示;这时,如果能将测量统计分析的技术手段用于文献资料所能提供的数据分析,以探究政治共同体的某一时期、某一阶层的政治参与观念或政治心态,亦未必不能得出近真的结论。

方法论的更新将拓宽人们的学术视野,激发出新思维,这一点正是学术发展不可或缺的前提之一。

质言之,离开传统文化来研究中国政治文化是不可想象的。数千年的文化积淀不可能在一夜之间消弭。事实上,君主政治时代的观念、意识、理念、心态仍然滞留在当代中国文化的传承之内,仍然盘踞在当代中国人的灵魂之中,仍然左右着人们的认知、甄别和选择。因之,研究中国政治文化宜从多角度着眼,从细密处入手,通览古今中外。其中的关键是对于现代政治文化理论的方法论领悟,以及操作过程中念兹在兹的创新意识。

这正是本书赖以立论的认识前提。

二、传统中国“道”的专制

中国传统文化具有鲜明的政治性,大凡对中国历史和文化稍有涉猎,都会很清楚地看到这一点。我们看到,在古代中国,在数千年长期延续连绵不断的君主政治的统治之下,政治权力和政治权威的影响是极为广泛的,表现为一种强烈的政治弥散性,渗入传统文化的各个层面,使得中国文化呈现出明显的总体性政治价值取向。也就是说,在那些看起来似乎远离政治的文化层面,诸如宗教、家庭伦理、学校教育以及物质文化和民间习俗,等等,全然无一例外地带有明显的政治印痕,呈现出某种政治性的价值特征。在中国传统文化中,我们很难找到独立于政治之外的文化层次,以致在人们的观念中,读书做官、权威崇拜和“人人都有皇帝梦”的普遍存在亦是公认的事实。这种文化现象的形成当然具有极为复杂的原因,不过总的来看,统而言之,应当与中国古代君主政治的统治特点有关。

(一)道的基本内涵

自古以来,帝王统治天下乃是天经地义的事。那么这些帝王依靠什么来治理天下呢?答案似乎很明确,靠的是至高无上的地位和手中的权力。可是有的思想家不这么看,他们认为,自古以来治国平天下均与"道"有关。我们且看古人的论说。

先秦时,荀子有言:"道存则国存,道亡则国亡。"[1]《管子·君臣上》亦曰:"君一国者,其道君之也。王天下者,其道王之也。大王天下,小君一国,其道临之也。"

南宋时,叶适认为:"人君必以其道服天下,而不以名位临天下。"[2]

明末清初的王夫之讲得更明确:"君天下者,道也,非势也。"[3]

上面随手举出几则,亦即足以表明这样一个道理:其一,自先秦以至明清,始终有思想家明确指出"道"是治天下的重要手段,这显然不是个人的偶然感悟,亦非俗儒鄙夫的一孔之见,而是儒家文化的一个传统认识。其二,道是治理天下的原则、方法,也是关乎天下治乱兴衰的缘由。这倒应了汉初名臣陆贾的一个著名政见,"天下"可以于"马上"得之,却不可以于"马上"治之。据《汉书》本传,陆子的原话是:"马上得之,宁可以马上治乎?且汤武逆取而顺守之,文武并用,长久之术也。"[4]陆贾的意思是说,依仗武力可以扫灭群雄,占有天下,令江山有主;然而单凭武力却难以让江山稳固,令天下长治久安。治天下需要儒家倡导的礼义道德等文治之术,如若进而言之,则治平天下需要"道"的指引和主宰。

那么何谓"道"?

道最初是一个具体名词,本义为道路。许慎《说文》解作:"道,所行道也……一达之谓道。"道也可用作动词,有开通疏导之义。如《尚书·禹贡》:"九河既道。"一般说来,人的认识的发展过程总是由经验而理性,从具体到抽象的。因之随着人们认识的日渐宽展深入和抽象化,道被逐渐引申为某种事物的法则、规律和道理。至迟到西周末年,道已经从一个实性名词衍变成

① 《荀子·君道》。
② 《水心别集·君德一》。
③ 《读通鉴论·宋武帝》。
④ 《汉书·陆贾传》。

广泛使用的抽象概念。就其内容而言,主要有如下三方面的含义。

其一,把宇宙天地之本源和规律概括为道。例如先秦道家学派说:"道生一,一生二,二生三,三生万物"[①],"道者,万物之奥"[②]。"夫道,覆载万物者也"[③],"万物以生,万物以成,命之曰道"[④]。持这种说法的当然不只限于道家学派,其他诸家在不同程度上也具有这样的观念。例如法家学派的韩非就认为,"道者,万物之所以成也"[⑤]。后世儒家也有承此说者,如宋儒邵雍说:"道为天地之本,天地为万物之本。"[⑥]

道不仅被用来指称万物的本源,思想家们又普遍把自然的规律或宇宙法则总括为道,称为"天之道""天之常"。如荀子:"天有常道矣,地有常数矣。"[⑦]《管子·形势解》:"天覆万物,制寒暑,行日月,次星辰,天之常也。"《经法·四度》:"极而反,盛而衰,天地之道也。"《吕氏春秋·大乐》:"太一出两仪,两仪出阴阳……离则复合,合则复离,是谓天常。"

这些认识大同小异,基本集中在先秦时期。春秋战国是中国古代文明的理性突破时期,人们利用"道"的概念来把握宇宙本源与自然规律,这背后蕴含着的冥思与探索,标志着中国先民的理性认识水准的提高。

其二,把社会领域人们应当共同遵守的原则与规范,人与人之间的关系准则,人的情性与本能等统称之为"人道"。例如,春秋时,郑国大夫子产把自然与社会的规律分别称为"天道"与"人道",说:"天道远,人道迩"。晋国尹铎说:"思乐而喜,思难而惧,人之道也。"[⑧]道在这里指的是人之常情,亦即人的情性。

其三,如果具体到政治领域,道则被用来指称政治原则、政治法规和某种政策选择。例如,鲁僖公十三年(公元前647年),晋国因连年饥荒,向秦国求援,"使乞籴于秦"。秦国君主向群臣问计,大夫百里奚认为:"天灾流行,国家代有。救灾、恤邻,道也。行道,有福。"[⑨]百里奚说的道,指的就是合理的政

---

① 《老子·四二章》。
② 《老子·六二章》。
③ 《庄子·天地》。
④ 《管子·内业》。
⑤ 《韩非子·解老》。
⑥ 《皇极经世·观物内篇》。
⑦ 《荀子·天论》。
⑧ 《国语·晋语九》。
⑨ 《左传·僖公十三年》。

策原则。另外,西周的礼乐法规被先秦诸子称作“王道”,这正是从政治原则的角度定义的,合乎那个时代的思维习惯。礼乐法规是周统治者据以治理国家和规范社会的主要工具。

从历史的发展来看,西周末年,“周室衰而王道废”[①],出现了所谓“王纲解纽,礼崩乐坏”现象,“道术将为天下裂”[②],继之而来的是思想巨人竞相崛起的百家争鸣时代。先秦诸子从不同的立场和角度为如何来治平天下而立论,基本是从政治思维的层面对传统的“道”作了不同层次的选择和发展。于是我们看到,先秦诸子各家各派都崇尚“道”,宣扬“道”,但各家之道又各有其独到的内涵,而显得各有特色。大体而言,诸子百家所谓的政治之道虽然富于理论个性,但在认识的本质上又有共同之处。他们崇尚的道基本属于政治领域,都是从具体的政策或统治方式中抽象出来的一般政治理性原则。诸子用他们那个时代的语言表述得十分清楚。如韩非说:“道也者,生于所以有国之术。”[③]荀子也说:“道也者,治之经理也。”[④]诸子关于政治理性原则的认识的形成,表明思想家们已经从纯粹的政治经验实践中走了出来,过渡到了理性政治的层面。他们通过对具体政治事务的归纳和概括,增强了对于政治现象的宏观把握和深入理解,同时也相应地提高了政治评估和政治预测的能力。道的理论形成意味着统治阶级的政治主动性与自觉性得以有所提升,道的政治实践则必将促进政治运行的秩序化和规范化。荀子曰:“水行者表深,表不明则陷,治民者表道,表不明则乱。”[⑤]表者,标志、标准。显而易见,所谓道就是治理天下的基本标准和规范,古代帝王用以治平天下的正是这样的“道”。

当人们用道来概括自然规律的时候,所谓“天道”“地道”的道之本身即体现着一种必然性权威,道所表现出来的规律性和强制性辖制着世间万物即一切事物的生成衰死,“道者,扶持众物,使得生育而终其性命者也”[⑥]。那么当思想家们用道来概括政治原则之时,道就成为人们必须遵行的社会必然法则,道所内涵的必然性权威则是不言而喻的。

---

① 《淮南子·俶真训》。

② 《庄子·天下》。

③ 《韩非子·解老》。

④ 《荀子·正名》。

⑤ 《荀子·天论》。

⑥ 《管子·形势解》。

(二)孔儒之道

孔子儒家一派认同的道,在学术传承上继承了西周的礼乐法规。孔子即自称"郁郁乎文哉,吾从周"。史家司马迁也曾明确指出,孔儒一派是"以六艺为法"[①],"六艺"正是周代礼乐文明的统称。后世士人也认为"周室衰,诸侯畔(叛),道大坏也,孔子存之"[②]。汉代以后,儒学升为官学,孔儒之道成为具有政治权威性的理想政治原则,得到历代帝王和士人们的普遍尊崇。从政治文化的角度看,孔儒之道主要具有以下特点。

其一,道既是政治原则,又是统治手段,天下的治与乱常常取决于道。按照孔子儒家的理解,道的核心内容是以维护王权为目的的伦理及政治原则,以及相关的政治体系。从理论的概括来看,道的内涵颇抽象,比较典型的表述如汉儒董仲舒说:"道者,所由适于治之路也,仁义礼乐皆其具也。"[③]如若就道的具体规定而言,则道的文化覆盖极宽泛,包括人们的社会与家庭生活的各个方面。故而儒家文化一贯认为,伦理即是政治,人道即是王道。《礼记·丧服小记》曰:"亲亲,尊尊,长长,男女之有别,人道之大者也。"这里说的"人道之大者"与董子"适于治之路"的道,在价值系统上是同一的,都是被用来作为建构君主政治的统治秩序的工具的。从这个意义上说,天下治乱当然要取决于道的存在及其相应的控制力。思想家们对此有着充分的认识。《管子·君臣上》说:"道也者,上所以导民也。"南宋叶适说:"盖世之治,道之行,而事之合乎道。世之乱,道之废,而事之悖乎道,皆其理之固然。"[④]在政治实践的层面上,儒家文化崇尚的道既是原则,又是手段。如果统治者背离或放弃了道,那便意味着放弃了统治的原则和手段,天下焉能不乱呢?

其二,道的价值规定具有永恒性。先秦儒家就已经明确提出了道的价值具有恒定性,道的政治原则体系是永恒不变的。孔子曾说:"吾道一以贯之。"[⑤]这种"一以贯之"不只是逻辑上的恒定贯通,而且还涵指着"道"在历史的行进过程中是绵延不绝,万世一系的。关于这一点,儒家宗师们都曾有过明确的表述。如孔子曰:"殷因于夏礼,所损益,可知也;周因于殷礼,所损益,可知

① 《史记·太史公自序》。

② 《徂徕石先生文集·八救说》。

③ 《汉书·董仲舒传》。

④ 《习学记言序目》卷九。

⑤ 《论语·里仁》。

也;其或继周者,虽百世,可知也。"[①]荀子说:"百王之无变,足以为道贯。一废一起,应之以贯,理贯不乱。"[②]孔子通过"因革损益",使得君主政治的基本原则和制度体系代代相延;荀子则以"道贯"对应"废起"治乱。故而在儒家文化看来,"以道观尽,古今一也。类不悖,虽久同理"[③]。

道的永恒性到了汉代士人的理论设计中,又与天的永恒性结合为一体。汉代儒学的"天"具有至上神的性质,按照公羊学大师董仲舒的说法,天是百神之"大君",又有喜、怒、哀、乐之性,通过四季流转、风雨雷电表达出来,因而天的权威是超乎人世、至高无上的。董仲舒认为,人间的道也是天的权威的某种显现;或者说,统治者统治天下引以为据的道是与天的权威相通的。董仲舒的名言"道之大源出于天,天不变,道亦不变",为道的永恒性做了最具权威性的说明。在汉儒们看来,道在实际政治中免不了要根据统治的需要和具体情况的变化而有所变动、调节,但那只是枝节、局部的调理顺应,道的原则是不可动摇的。董仲舒论曰:

> 今所谓新王必改制者,非改其道,非变其理。受命于天,易姓更王,非继前王而王也……故必徙居处,更称号,改正朔,易服色者,无他焉,不敢不顺天志而明自显也。若夫大纲、人伦、道理、政治、教化、习俗、文义,尽如故,亦何改哉?故王者有改制之名,无易道之实。[④]

董仲舒的认识得到了统治者及其他思想家们的广泛认可,所谓"天不变,道亦不变",上至朝廷、下及民间,在承认道的恒定性方面达成了共识。

例如《淮南子》成书于汉武帝之世,出自淮南王刘安众门客之手,代表着贵族官僚们的政治认识。其中《氾论训》曰:"道犹金石,一调不更;事犹琴瑟,每终改调。故法制礼义者,治人之具也,而非所以为治也。故仁以为经,义以为纪。此万世不更者也。"

又如西汉昭帝时召开"盐铁会议",讨论盐、铁官卖政策,参与会议的有来自郡国地方的"贤良文学",他们就认为:"圣王之治世,不离仁义,故有改制之名,无变道之实。上自黄帝,下及三王,莫不明德教,谨庠序,崇仁义,立

① 《论语·为政》。

② 《荀子·天论》。

③ 《荀子·非相》。

④ 《春秋繁露·楚庄王》。

教化。此百世不易之道也。”[①]

再如东汉章帝时召开“白虎观会议”，由皇帝亲自主持会议，讨论“五经”异同，在号称“国宪”的会议纪要《白虎通》里，也有相同的记述：“王者有改道之文，无改道之实。如君南面，臣北面……百王不易之道也。”[②]

以上征引的文献代表着古代统治者及其思想家们对于道的政治定位的认识，充分表明了道在政治生活中的至上性和权威性。

自汉代以降，这一认识传延下来，成为无须思考、不可怀疑的绝对真理。孔儒之道如天道，如日月，令人们敬仰不已。例如明儒方孝孺说：

> 斯道之在天下，犹日月之在天也。淫风怪雨弥时而止，日月未尝不行乎其间；乱臣贼子恣横乎世，而天理之在人心者终不少变。[③]

以忠贞而闻名于史的明臣于谦也说：

> 夫子之道，天之道也。天之道，亘万古而不息；夫子之道，历万世而无弊。删述六经，昭揭宇宙，日月之照临也；教化之泽，洽于人心，雨露之沾被也……三代以降，君天下者未有不循此而能治者也。[④]

既然道的特性非同一般，那么道就不是普通人所能知晓和掌握的。在儒家文化看来，天人原本相合，唯有圣王才能体道。儒家在天道与人道的关系上虽然有分而论之的认识，例如荀子就提出过天人相分的观点[⑤]，但总的来看，在儒家的文化体系中，“天人合一”是主流，始终居于主导地位。从儒家文化的发展来看，有关认识大体可以分为三个阶段。

第一个阶段，先秦时期，从孔子起始，就试图通过圣人作中介点，把天道与人道、王道统一起来。例如孔子说：“唯天为大，唯尧则之。”[⑥]《易传》说：“夫

---

① 《盐铁论·遵道》。

② 《白虎通·论百王不易之道》。

③ 《逊志斋集·卷五·司马孚》。

④ 《于忠肃公集·卷四·开封府重修庙学记》。

⑤ 《荀子·天论》：“大天而思之，孰与物畜而制之！从天而颂之，孰与制天命而用之！望时而待之，孰与应时而使之。”“唯圣人为不求知天。”

⑥ 《论语·泰伯》。

大人者，与天地合其德，与日月合其明，与四时合其序。”孟子认为圣人能做到“上下与天地同流”[①]。帛书《五行篇》云：“圣，天道也。”

第二个阶段，到了汉代，以董仲舒为代表，通过神秘主义目的论把天道与人道统一起来。如前所述，天既是“百神之大君”，又是君主的父家长，君主是“天之子”，道的本源亦“出于天”。

第三个阶段，到了宋代，宋儒眼中的天道和人道成为本质同一的不同表象。他们提出了“道一分殊”或“理一分殊”说。这种理论认为：“生成覆寿，天之道也；仁义理智，人之道也；损益盈虚，天之理也，寿夭贫贱，人之理也……道得之同，理得之异。”[②]又：“道未始有天人之别，但在天则为天道，在地则为地道。”[③]“理一分殊”说的提出，使得儒家的人道在认识上越出了社会范围，与宇宙的总法则完全契合为一，极其圆满：“夫天地日月山岳河洛皆气也，气浮且动，所以有裂，有缺，有崩，有竭。吾圣人之道，大中至正万世常行不可易之道也，故无有亏焉。”[④]

这样一来，孔儒之道既是政治理性原则，同时又是宇宙本体在人间的再现，因而拥有无限的权威性和绝对的真理性，成为最高价值准则，被统治者奉为“万代之法”。所以从理论上讲，儒家文化所崇尚的道具有永恒性和至上性。所有的人，包括天下的最高主宰——君主在内，都只能充当道的载体而从属于道。而且从这个意义来讲，也只有圣王才有可能去体道、制道和用道。

(三)圣王以“道”治天下

在儒家文化塑造的人格形象里，圣人无疑是层次最高的一种。圣人人格凝聚着人类所有的优长和美德，完美无缺。例如，人类社会的物质文明和精神文明是圣人创造出来的。《易·系辞下》说：“上古穴居而野处，后世圣人易之以书契。”荀子说：“礼义法度者，圣人之所生也。”[⑤]再如，圣人是人类全部智慧的体现。荀子说：“所谓大圣者，知通乎大道，应变而不穷，辨乎万物之情性者也。”[⑥]宋儒胡宏说：“惟圣人既生而知之，又学以审之，尽人之性，尽物之

---

① 《孟子·尽心上》。

② 《语录》。

③ 《二程语录》卷二上。

④ 《徂徕石先生文集·宋城县夫子庙记》。

⑤ 《荀子·性恶》。

⑥ 《荀子·哀公》。

性,德合天地,心统万物,故与造化相参。"[1]圣人生而聪慧,无所不知,能洞悉过去未来,是人类理应具有的一切道德的终极表现。孟子说:"圣人,人伦之至也"[2]。北宋的王安石亦有言:"凡古之所谓圣人者,于道德无所不尽也。于道德无所不尽,故其明之于日月,尊之于上帝,莫之或加矣。"[3]

正是由于圣人绝对完美的人格构成,使得圣人成了唯一能沟通天地并宰制天下的特殊人物。圣人可以仿效天道而成治道,这在儒家文化中已是不证自明的真理,所谓"法象莫大乎天地"[4],"天垂象,圣人则之"[5]。故而在儒家文化看来,唯有圣人才具备统治天下的资格:

> 天下者,至重也,非至强莫之能任;至大也,非至辨莫之能分;至众也,非至明莫之能和;此三至者,非圣人莫之能尽,故非圣人莫之能王。[6]

这就是说,圣人有德而且行道是其身居权要的必备条件,正如南朝梁沈约做的《辨圣论》所言:"圣人遗情忘己,常以兼济为念,若不登九五之位,则其道不行,非以黄金玉玺为尊贵也。"[7]这最后一句,显然有些故作清高,但却正中了历代帝王之下怀。

总之,儒家文化的"圣王"是理想中的君主,按照儒家文化的设计,圣王必须是德、智、功业集于一身的杰出人物。自古以来,这样的人物屈指可数,不外乎尧、舜、禹、汤、文王、武王诸位。周公最受儒家文化推崇,但只能算是圣人,算不得圣王,在政治上属于"圣臣"的档位;孔子当然被后世尊为圣人,可也只能是"素王",而且这一名号到了明代还被撤销。据《明史·吴沉传》载,吴沉认为孔子封王是"非礼",提出更改圣号。其后有布政使夏寅、祭酒丘濬等多次申明这一主张。至嘉靖九年(1530年),终于得到了皇帝的首肯,诏令"更定祀典",改称孔子为"至圣先师"。所以说到底,反而是那些人间的帝王,那些最高政治权力的所有者能把自己封为"圣王"。

---

① 《知言》。
② 《孟子·离娄上》。
③ 《王文公文集·二八·夫子贤于尧舜》。
④ 《易·系辞上》。
⑤ 《礼记·郊特牲》。
⑥ 《荀子·正论》。
⑦ 《全梁文》卷二九。

至于群臣百官，他们的财富官爵是由帝王恩赐的，他们当然迫不及待地要阿谀逢迎帝王是“圣王”。如东汉班彪所说：“帝王之祚（祚通阼），必有明圣显懿之德。”[①]这样一来，理论上的圣人与理想中的圣王合而为一，成为统治天下最适宜的人选。而且唯有这样的圣王才能制礼作乐，成为道的制用者。正如《礼记·中庸》说：“虽有其位，苟无其德，不敢作礼乐焉；虽有其德，苟无其位，亦不敢作礼乐焉。”郑玄注曰：“言作礼乐者，必圣人在天子之位。”

这一认识把理想的政治原则和实际最高政治权力紧密联在一起，使道与圣王互为论证。一方面，道之所以具有神圣性和权威性，就在于它是圣人（王）制定的；另一方面，圣王（人）的权威性在于他能制用道。圣王与道共同构成了传统政治蓝图中的权威性根源，成为历代士人向往中的盛世标准，“圣王以道治天下”既是最符合儒家文化设计的政治实施模式，又是形成太平盛世的必要条件和盛世标志。

正是在这样的文化背景下，道成为中国历代统治者用以形成政治权威和进行统治的工具，它的权威性高于并超越具体的王。正如《管子·君臣上》所言：

> 君失其道，无以有其国；
>
> 明君之重道法，而轻其国也。故君一国者，其道君之也。王天下者，其道王之也。大王天下，小君一国，其道临之也。

亦如《吕氏春秋·恃君览》指出的那样：

> 自上世以来，天下亡国多矣，而君道不废者，天下之利也。故废其非君，而立其行君道者。

在这里，道是君的主宰和指导。也正是在这个意义上，王夫之方敢倡言“君天下者，道也，非势也”[②]。

如果我们将“圣王以道治天下”以及王夫之的倡言转换为现代话语，其无非是说，在中国传统社会，以儒家文化为表征的传统政治文化体系对于政

---

① 《王命论》。

② 《读通鉴论·宋武帝》。

治运作和政治发展具有强劲的统摄力，儒家文化内含着的政治价值、观念和信仰，等等，不仅在维护君主政治秩序方面实际发挥着难以估量的作用，而且还渗透充盈在社会文化之中，演化为一般社会成员的普遍政治选择，所谓“荡诸四海，变习易俗”[1]，对于整个民族文化形成了深远的影响。道的权威性的泛化可以从下面的征引中得到佐证。晋人挚虞作《门铭》曰：

禄无常家，福无定门；人谋鬼谋，道在则尊。

如果说“道”是中国文化所特有的概念，那么“道”所涵盖的政治文化在实际政治生活中的统摄与主宰作用恰恰体现了传统中国的文化与政治的重要特点。准此，对以儒家文化为主体的传统文化进行政治文化研究，应当是深入分析中国传统政治与文化的一大捷径。换言之，或许只有当我们真的弄清了道的政治文化结构、分清了道与王的关系、理清了“道治”的文化内涵，我们才有足够的信心与资格去分析当代中国政治文化的来龙去脉，并对当代中国的政治文化现象作出更为“近真”的解释。

这一点正是本书据以成文的理论前提。

---

① 《春秋繁露·基义》。

第一讲　政治价值(一)：传统中国的君权至上政治价值结构

剖析中国传统政治文化从哪里入手？本书选择的切入点是中国传统政治文化的价值系统。为此，我们需要先弄清楚什么是价值和政治价值。

一、价值与政治价值

“价值”一词最初是古典经济学的概念，一般认为是17世纪下半叶，英国古典经济学创始人、统计学家威廉·配第(William Petty，1623年—1687年)最早提出的。他在1662年撰写的《赋税论》(全名《关于税收与捐献的论文》)中阐述了劳动价值论，提出了劳动时间决定商品价值的原理。其后亚当·斯密(Adam Smith)、大卫·李嘉图(David Ricardo)等相继研究，19世纪初叶，法国经济学家让·巴蒂斯特·萨伊(Jean Baptiste Say)提出了以效用为基础的价值论，英国的约翰·斯图尔特·密尔(John Stuart Mill)提出了供求价值论和生产费用价值论，价值成为经济学研究的核心概念。

随着人类知识的扩展，人们认识到价值问题不只限于经济领域，而是可以广泛地存在于哲学、伦理学等各种社会科学学科。18世纪，英国功利主义哲学家边沁(Jeremy Bentham)及约翰·密尔(John Stuart Mill)等人提出了“效用原则”，用来作为道德价值判断的标准。所谓“效用”就是指在主体与客体相互作用的过程中，客体对于主体需要的满足程度。对于客体而言，其满足主体需要的程度越大，其价值就越高；反之就越低。这一原则经过现代实用主义的引用阐发，成为判断人的行为与选择价值的一般标准。

强调价值的效用在认识上突出了主客体关系的主体性特质，从而明确了价值所含有的社会性，价值无非是作为世界主体的人对于置身其间的客体世界的关系性把握。人作为世界的主体，其对客体的需要体现在各个方面,因之关于价值的认识也是极为广泛和普遍的。由于人的社会存在既是个体的,又是群体的,与之相应,价值的表现也将分为社会即群体价值和个人价值,等等。

那么具体到政治价值,鉴于人的政治活动的社会性特征,政治价值主要表现为一系列政治准则,这些准则具有广泛的认同性,是政治主体进行政治活动、制定政治法规、设置政治制度、维护政治秩序的合理性依据和指导性原则。诚如前文所述,就一般意义而言,政治价值成为政治主体的一种评价标准,是政治主体借以认识政治现象,评估政治问题的依据尺度。如若具体言之,所谓政治价值是一个意义系统,具有明确的主体性,体现着人与外部世界的某种关系。同时,政治价值亦是一个政治系统赖以建立的根本依据,以及人们全部政治活动的终极目的。政治价值一般通过人们的政治观念表达出来。

政治价值的表现形式亦如前文所述,它"可能普遍地存在于某一共同体的政治文化之中,也可能是某一政治主体个人所独具的。对于一个民族的政治文化而言,政治价值的形成是一个复杂而长期的过程,通常需要数代人甚或千百年的承传积淀。对于个人来说,政治价值观念的形成无非是一个政治社会化(Political Socialization)过程"。

研究中国传统政治文化之所以要从"政治价值系统"入手,主要是基于下面的考虑:

从文化现象来看,中国传统文化历史悠久,史籍传载极为丰富,可谓汗牛充栋,浩如烟海。从上古传闻、先秦诸子、汉唐经学、宋明理学直至清代朴学,思想家、政论家、文人士子多如牛毛,他们留给后人的"经史子集"数不胜数。然而,这些文化现象的话语结构,历代传承下来的种种文本中使用的概念,提出的命题,思考者和叙事者们所表达的认识与观念,均表现出明显的文化传承性。后代一再重复着前代的话语,代代相沿,人们表达的认知与理念则惊人的相似、相近和相同。据此我们断定,从政治文化的角度看,这种现象意味着中国传统文化内含着的政治价值准则具有一致性与贯通性。也就是说,政治价值是建构传统政治文化体系的"内在结构",在中国文化的传承过程中,正是这一政治价值系统的相对稳定才达成了传统文化的源远流长,绵延不绝。对传统政治文化进行价值分析,使我们可以透过异彩纷呈的诸多文化现象来体味一个民族的文化真质,并对中国历史上君主政治体制何以长期延续的文化缘由进行深刻反省，从而对王权主义政治意识形态[1]以及所谓"道"的专制形成深入肌里的认知、洞察与领悟。

二、传统政治价值结构

中国传统政治文化的价值结构可以分为五个层次，依次为：①君权至上；②父权至尊；③伦常神圣；④均平理想；⑤明哲保身。下面分而述之。

（一）君权至上

作为一种政治价值准则，君权至上指的是在社会政治生活中，君主的权威具有压倒一切的至上性，神圣不可侵犯。这一价值准则的形成有着特定的条件和过程。

君权至上的思想渊源可以追溯到殷商时代，殷商帝王自称"余一人"，就已经表达了这样的政治观念。到了春秋战国时代，关于这方面的认识逐渐丰富起来。从先秦诸子之学来看，除了极个别的，如农家许行、道家杨朱等，诸子中的绝大多数都是尊君的典范或准尊君论者，只是他们在具体的表述和尊君的方式上有所不同。例如法家的表达最简洁、最明快："国者，君之车也"[2]；"事在四方，要在中央；圣人执要，四方来效"[3]。他们多么理直气壮！法家没有一丝拐弯抹角，而是直截了当地要尊君。

与法家相比较，墨家的表达就另有特色。他们一方面爱心充溢，摩顶放踵，"兼相爱，交相利"，闹得满城风雨，以至于孟子疾呼，凡是能以"言距"之者，即为"圣人之徒"。然而这只是墨家学派的人生憧憬。一回到现实社会，墨者们就要脚踏实地，"同一天下之义"，从里长、乡长做起，层级"上同"，最后由诸侯国君"有率其国之万民，以尚乎天子"[4]。墨家设计的"尚同"社会是集权式的君主政治，"凡国之万民上同乎天子，而不敢下比。天子之所是，必亦是之，天子之所非，比亦非之"[5]。在实际政治选择上，墨家毫不含糊地奉行尊君主义。

---

① 关于"王权主义"问题，请参阅刘泽华主编：《中国政治思想通史（九卷本）·综论卷》，中国人民大学出版社，2014年。

② 《韩非子·外储说右上》。

③ 《韩非子·扬权》。

④⑤ 《墨子閒诂·尚同中》。

道家的阵营里有些例外,有人对君主政治采取了某种疏离的态度。譬如庄子把圣人和“治世”批得一塌糊涂,坚持要在精神上和行为上全面回归自然。但是,道家学派的创始者老子是力主由圣人来治天下的;庄子后学也有积极主治的一面;黄老派当然就更不在话下了。即使是成为道家通识的“无为之治”,其大旨仍然是对君主权威的肯定。只不过依照老子的设计,君主要遵循“道”的法则治天下,绝圣弃智,用弱用柔,以柔克刚。道家学派不像法家那样旗帜鲜明,但其入世主治的一脉仍然坚定地聚在了君主的龙旗下。

至于儒家学派,其尊君的心思最深刻,计虑最长远。有些学者执“儒学民主”论,他们常常以孟子说的“民为贵,社稷次之,君为轻”;“诛一夫”以及“君臣平等”论作为依据。例如新儒家学者贺麟就认为,“民贵君轻”与西方近代民主一致,儒学实为“民治主义”。熊十力则提出,民治思想之“端绪”[①]在《六经》。殊不知这些认识其实似是而非,下面逐一释之。

其一,所谓“民为贵”云云正是儒家为了尊君而殚思极虑之杰作。孟子在战乱频仍的时局中,清醒地认识到了“得乎丘民而为天子”的秘诀,确信“得民心”才能“得天下”。于是他告诫为君者:“民为贵”。其中的思维逻辑是:民是君主及其政权得以存在的必然前提,故而君民一体。民本坚固,则君主的宝座必将安如磐石,孟子之论无非是中国古训“民为邦本,本固邦宁”[②]的进而言之。民本与君本相比较,民本是手段,君本是归宿。

其二,孟子对于夏桀、殷纣等昏淫暴虐之君祸乱天下、致使王朝倾覆的事实看得极真切,又极担忧,于是对汤、武征伐暴君大唱赞歌,声称夏桀、殷纣是“一夫”,商汤、周武是“圣王”。“诛一夫”的正命题是“尊明君”,表达了孟子积极尊君的政治态度。

其三,战国时代,政治多元,有心干政的士人们大多在秦、楚、齐、鲁之间游走不定,游说不已,向那些有意图谋霸业的君主讨价还价,为的是谋得高官厚禄。孟子自学成才,自视极高,以为“平治”天下,舍我其谁!他从不甘心做“妾妇”,于是给君主开药方:君以手足待臣,臣当尽心竭力,视君为腹心;君若以犬马、土芥待臣,臣必以国人、寇仇报之。此正所谓“良禽择木而栖”,“士为知己者死”。说是体现了君臣之间的“对等”关系,未为不可;说是体现了君臣“平等”关系,则显然有些穿凿。其实这种“对等”充其量不过是

① 熊十力:《读经示要》,南方印书馆,1945年,第149页。

② 《尚书·五子之歌》。

“对换”，不过是韩非说的“臣尽死力以与君市，君垂爵禄以与臣市”[①]的另一种表现形式，体现了战国时代政治多元的某种政治精神，与非君思想和政治民主无干。

其实说到底，除了孟子和荀子的个别之论[②]，孔孟儒学大讲特讲的并不是“民贵”和“诛一夫”，而是礼制等级、德治仁政、爱有差等、克己寡欲、教化修身，等等。这些命题无一不是在维护和巩固君主政治的制度、政策、道德和社会基础上做文章。与法家政治学说的长于进取相比较，儒家学派的特点是“益于守成”，而“进取”和“守成”都是君主政治的需要，所以司马谈《论六家要旨》认定儒家的礼制“虽百家弗能易也”。

事实上，儒家早就高举起君权至上的旗帜，孟子曾经引述孔子之言：“天无二日，民无二王。”[③]类似的表述三见于《礼记》：

> 孔子曰：天无二日，土无二王。尝、禘、郊、社，尊无二上。[④]
>
> 子云：天无二日，土无二王。家无二主，尊无二上，示民有君臣之别也。[⑤]
>
> 资于事父以事母而爱同，天无二日，土无二王，国无二君，家无二尊，以一治之也。[⑥]

虽然《论语》无载，所谓“天无二日，民无二王”是否出于孔子之口难以确证，但是这句名言显然是儒家思想之成说，代表了孔孟儒学的政治认识，清楚地表明了儒家学派的价值选择：他们给君权的独占性、一统性和至上性投了赞成票。由此可知儒家不仅尊君，而且尊得深切和绵长。

在先秦诸子此起彼伏的尊君呼声中，君权至上的政治价值准则渐次形成。汉代以后，儒学与政治紧密地结合起来，完成了儒学的政治意识形态化的演变，形成了以儒学为核心的传统政治文化体系。在随后的历史进程中，即便诚如现代新儒家所言，宋明时期尚有儒学的“第二期发展”，但是，以儒家文化为中轴的传统政治文化内含的君权至上价值准则却是一以贯之的，

---

① 《韩非子·难一》。

② 《荀子·正论》：“诸诛暴国之君若诛独夫。”与孟子之论相类。

③ 《孟子·万章上》。

④ 《礼记·曾子问》。

⑤ 《礼记·坊记》。

⑥ 《礼记·丧服四制》。

主要表现在以下四个方面。

1. 政治权力层面,君主的权威具有绝对性

君主作为中国古代社会的国家首脑,是全社会的最高政治首领和实际主宰者,这一点基本得到了所有社会成员的公认。有关的认识最早可以在殷商帝王的称谓"余一人"中得以体味。晚出的《礼记》解释说:"凡自称,天子曰'予一人'。"[①]"君天下曰天子。朝诸侯,分职授政任功,曰:予一人。"[②]很显然,这种称谓内含着某种至高无上的权威性,体现着君主的特殊政治地位。殷商以后,这一称谓并没有随着改朝换代而消亡,除了保存在儒家的典籍里,后世帝王也有使用这种称谓的。例如西汉孝文帝、东汉光武帝的诏令里就自称"余一人"。这一现象典型地说明了君权至上意识的历史承载过程。

一般而论,中国古代的君主政治具有官僚政治的特点,政治参与和政治录用具有一定的广泛性和社会流动性;加之官制中的监察系统相对完备,因而从某种角度看,君主的"个人独裁"在实际政治运行过程中的表现似乎并不彰显。然而,在儒家文化极力张扬的政治理念中,关于君主个人拥有并执掌最高政治权力的认识是由来久远而且是根深蒂固的,在官僚化君主政治的表象内里,赫然是对于君主口含天宪、一言九鼎而独断乾纲的普遍认同。这在春秋时期已经有了明确的认识,谓之"国不堪贰"。

据《左传·隐公元年》载,郑庄公之弟共叔段依仗母后势力,欲夺君位,公子吕告诫郑庄公说:"国不堪贰,君将若之何?"要求郑庄公当机立断。"国不堪贰"内含的价值要求是,在政治权力方面,君主的至上权威必须保持绝对性,表现为杜绝任何与君主的权势地位相并行的政治势力,以保持君权的一元化。这一认识的缘起一时难以确论,不过在古代文献中保留了相近的政治观念。如《尚书·洪范》载:

> 惟辟作福,惟辟作威,惟辟玉食;臣无有作威作福玉食。臣之有作威作福玉食,其害于而家,凶于而国。

从春秋时代的政治观念来看,强调君主权威的至上性和唯一性已经成了统治者们公认的政治原则,具有普遍性。正如晋大夫狐突所说:

---

① 《礼记·玉藻》。

② 《礼记·曲礼下》。

> 内宠并后，外宠二政，嬖子配嫡，大都耦国，乱之本也。[①]

亦如齐悼公的体悟：

> 君异于器，不可以二。器二不匮，君二多难。[②]

先秦诸子坐而论道，他们的政治选择各有特点，观点多有歧义，然而在坚持君主权威一元化的问题上却表现得团结一致：

《慎子·德立》："两则争，杂则相伤害。"在君主政治的权力关系中，"两贵不相事，两贱不相使"，必须保持一而不二的最高权力中心，才能建成统治秩序。故而"多贤不可以多君，无贤不可以无君"。

《管子·霸言》："使天下两天子，天下不可理也。"

《吕氏春秋·执一》："王者执一，而为万物正……国必有君，所以一之也；天下必有天子，所以一之也；天子必执一，所以抟之也。一则治，两则乱。"

黄老帛书《称》："立天子者，不使诸侯疑（拟）焉。立正敌（嫡）者，不使庶孽疑焉。立正妻者，不使婢妾疑焉。疑则相伤，杂则相方。"疑即拟，相匹相比之意。

以上这些认识的立意全无分别：君权有匹，其危立见。

由于法家一派主张君利中心和君主绝对专权，儒家则倡导德治教化，于是有人认为强调君权的绝对化和一元化是申、韩之士的事，与儒家无涉，其实不然。我们在前引儒家有关"天无二日，民无二王"的论述中，已经清楚地了解到儒家一派的政治态度。此外，孔子亦明确表示：

> 惟器与名，不可以假人，君之所司也。名以出信，信以守器，器以藏礼，礼以行义，义以生利，利以平民，政之大节也。若以假人，与人政也。政亡，则国家从之，弗可止也已。[③]

孔子说的器指礼器，名是名位。古代帝王"铸鼎象物"，据传说，大禹将天下划

① 《左传·闵公二年》。

② 《左传·哀公六年》。

③ 《左传·成公二年》。

为九州，铸造九鼎以为象征，于是鼎作为礼器就成了最高政治权力的代名词,所谓“器与名”是权力的同义语,孔子的意思是,天下最高权力应该由君主个人亲自执掌。

如果我们将孔子的认识与法家之论相对照,如《管子·七臣七主》说:“权势者,人主之所独守也。”韩非说:凡政令、财务、人事等权力“此人主之所以独擅也”[①]。《商君书·修权》:“权者,君之所独制也。”显而易见,在强化君权方面,儒家与法家及其他各派并无二致,他们在君主独自执掌最高政治权力方面是没有异议的。正如荀子的表述:“君者,国之隆也……隆一而治,二而乱。自古及今,未有二隆争重而能长久者。”[②]历史上的所谓儒法相争固然不谬,但他们争来争去其实都是问题的枝节,诸如治国方略、用人标准,等等。至于君主政治的一元化体制等原则问题,他们不谋而合,都是欣然首肯的。

秦汉以后,这一认识更具有了普遍性,如汉儒董仲舒说:“君也者,掌令者也,令行而禁止也。”[③]宋代陈亮说:人主之职是“辨邪正,专委任,明政之大体,总权之大纲”[④]。叶适也主张“权归于上。一兵之籍,一财之源,一地之守,皆人主自为之也”[⑤]。再如明人王用汲说:“夫威福者,陛下(指明神宗——引者注)所当自出;乾纲者,陛下所当独揽。寄之于人,不谓之旁落,则谓之倒持。政柄一移,积重难返”[⑥]。这些论说的具体表述各有特点,或从君主的权责讲,或就君权的独占说,但他们执着的价值观念与先秦诸子无别,与儒学宗师的认识是一脉相承的。

在政治决策过程中,君主同样拥有绝对的权威性。不过作为一种政治认识,君主的决策权威有其特定的历史过程。大体而言,早期的君主政治曾经实行过“三占从二”的决策方式。《尚书·洪范》有载:“立时人作卜筮,三人占,则从二人之言。汝则有大疑,谋及乃心,谋及卿士,谋及庶人,谋及卜筮。”另外《周礼》也记述了“询国人”的决策形式。见《周礼·秋官司寇·小司寇之职》:“掌外朝之政,以致万民而询焉。一曰询国危,二曰询国迁,三曰询立君。”这种决策方式备载典册,显然带有一定的上古氏族制的遗留成分。

---

① 《韩非子·主道》。

② 《荀子·致士》。

③ 《春秋繁露·尧舜不擅移汤武不专杀》。

④ 《龙川集·论执要之道》。

⑤ 《水心别集·君德二》。

⑥ 《明史·王用汲传》。

到了春秋战国时代，随着君主政治政体形式的发展变化，决策方式逐渐演变成为“兼听独断”。《管子·明法解》：“明主者，兼听独断，多其门户。”这种决策方式将君主的政治决策分成两个步骤。第一步，君主应当广泛听取臣僚百官的各种政见，谓之“兼听”。如荀子说：“曷谓贤？明君臣，上能尊主下爱民。主诚听之，天下为一海内宾。”①第二步，君主自己作出最终裁决，谓之“独断”。在这样的决策过程中，第二步才是问题的关键。无论臣僚百官提出什么样的意见，最终的决断权掌握在君主个人手里，这才是君主至上权威的真实体现。事实上，臣的意见越多，倾向性越明显，君主越要专断裁决，不能优柔寡断。孔子深知此中意涵，故而叮嘱君主：“众恶之，必察焉；众好之，必察焉。”②

延至后世，“兼听独断” 成了儒家文化为理想中的明君设计的最佳决策模式，得到历代帝王及思想家们的一再提倡。例如明儒王夫之就指出：“不淫听于辨言，而不塞听于偏听……乃若听之之道，群言竞奏，而忠佞相淆，存乎君之辨之，不徒在言者也。”③这一决策模式表明了独断始终是君主所特有的权力内涵，宋儒司马光唯恐世人不得参详，或许会痴迷于儒家的“忠谏”“直谏”而对君主的至上权威有所误解，于是详论曰：

> 国家凡举一事，朝野之人，必或以为是，或以为非。凡用一人，必或以为贤，或以为不肖。此固人情之常，自古而然，不足怪也。要在人主审其是非而取舍之，取是而舍非则安荣；取非而舍是则危辱……故博谋群臣，下及庶人，然而终决之者，要在人君也。古人有言曰：“谋之在多，断之在独。”谋之多，故可以观利害之极致；断之独，故可以定天下之是非。若知谋而不知断，则群下人人各欲逞其私志，斯衰乱之政也。④

司马光的表述极为明白晓畅，他说得再清楚不过了，君主要将审断是非以决定取舍的权力牢牢掌握在自己的手中。

如果我们将政治权力具体划分为参政权、议政权、行政权、裁决权，即立法权、司法权、监督权等，那么其中居于核心地位的显然是裁决权即立法权。

---

① 《荀子·成相》。

② 《论语·卫灵公》。

③ 《读通鉴论·晋》。

④ （宋）司马光撰，李之亮笺注：《司马温公文集编年笺注》（第四册），巴蜀书社，2009年，第15页。

这一权力由谁来执掌,是一人还是多人,经由什么样的程序达成,无疑是决定政体的专制或民主性质的重要标识之一。从司马光们的认识来看,毫无疑问,兼听独断属于专制政治的范畴,是君权至上政治价值的典型体现。

2. 在社会政治关系方面,君主有着绝对的统属和占有权

在政治关系方面,君权至上的价值覆盖极其宽广,遍及社会政治的各个层面和所有领域,有关的认识也是源远流长和普遍认同的。一个耳熟能详的依据就是《诗·小雅·北山》:

> 溥天之下,莫非王土;
> 率土之滨,莫非王臣。

《北山》的吟诵很有代表性,相类的认识在西周人的铜器铭文和其他诗篇、文献中并非少见。例如:

《大盂鼎》:"在武王……匍有四方,畯正华民。"

《诗·大雅·江汉》:"江汉汤汤,武夫洸洸;经营四方,告成于王。"

《尚书·洛诰》:"曰其自时中乂,万邦咸休,惟王有成绩。"

在古人的这些记述中,君主的权力范围是一个极为广阔的"地缘"概念,其边界是含混不清的。所谓"溥天之下""四方""万邦"都是虚指,体现着中国先民的空间意识,同时也意味着人们对于君主权力的认定:帝王的统辖疆域极言其广,没有边界,因而帝王的权力也是无限的。

自上古三代及后世,君主权力的无限性逐渐形成了普遍的政治观念,上至王公贵族,下至黎民百姓,由模糊到清晰,形成了遍在的政治认同。公元前219年,秦始皇巡游至"琅邪",登山所立的石刻铭文便是这一普遍认同的官方告白:

> 六合之内,皇帝之土。西涉流沙,南尽北户。
> 东有东海,北有大夏。人迹所至,无不臣者。①

秦始皇虽说被后世视为暴君的典型,恶名传世而至万劫不复;强秦"二世而亡"的政治经验也只是给后人留下了"失道寡助"的教训,别无其他。然

① 《史记·秦始皇本纪》。

而,秦朝的帝国建制及其帝王观念却长期传延下来,“六合之内皆臣民”的政治宣言并没有随着秦世暴政而一并受到批判，而是成为后世历代帝王们的共同精神财富。汉儒韩婴的《韩诗外传》记有这样一件事：

孔子侍坐于季孙,季孙之宰通曰:“君使人假马,其与之乎?”孔子曰:“吾闻君取于臣谓之取,不曰假。”季孙悟,告宰通,曰:“自今以往,君有取谓之取,无曰假。”故孔子正假马之名,而君臣之义定矣。①

假者,借也。孔子“正假马之名”正是要传布这样一个信息:天下臣民及其财物无不为君主所有，君主对全社会的占有至少在理念上是具有绝对性的。《韩诗外传》的记述是否确有其事,另当别论,但至少体现了汉儒的认知。再如,宋儒程颐也说：

天子居天下之尊,率土之滨,莫非王臣……凡土地之富,人民之众,皆王者之有也。②

这些记述和表述都很有代表性,表明在政治关系的权力覆盖方面,君权的无限性认识已经纳入了儒家主流文化，构成了君权至上政治价值的认识基础之一。

根据君权至上的要求，天下臣民无不统属于君主，具体表现在两个方面。一是唯有君主的社会政治地位最高;二是君主对于其治下的群臣百官、黎民百姓拥有绝对的占有权,生杀予夺但凭君主之一念。

从社会政治地位来看,世人分尊卑,身份有贵贱是中国古代君主政治的原生形态,可谓与生俱来,自古已然。据《左传》,公元前535年,楚国芋尹无宇曾追述“人有十等”曰：

下所以事上,上所以共神也。故王臣公,公臣大夫,大夫臣士,士臣皂,皂臣舆,舆臣隶,隶臣僚,僚臣仆,仆臣台。马有圉,牛有牧,以待百事。③

---

① 《韩诗外传·卷五·第三十四章》。

② 《周易程氏传·大有》。

③ 《左传·昭公七年》。

芋尹无宇说的是“古之制也”,由此我们可以清楚地看到,殷商以来的政治制度或政治惯例已经表明,在遍布的社会政治等级身份之中,唯有王即君主的地位最高,身份最尊。

如果说“人有十等”描述的是社会事实,那么进入春秋战国时代,争鸣的诸子们又为这一事实注入了理性内涵,在认识上强化了君主的至尊身份和对于天下臣民的统属地位。例如:

《管子·明法解》:“君臣之间明别,则主尊臣卑。”

韩非指出:“臣事君,子事父,妻事夫”是“天下之常道也”[①]。

孔子学承周礼,思路明快,以八个字概括之:“君君,臣臣,父父,子子。”齐景公闻之而一点即透,深以为然:“善哉!信如君不君,臣不臣,父不父,子不子,虽有粟,吾得而食诸?”[②]

再如孟子也指出:“人伦明于上,小民亲于下,有王者来,必来取法。”他说的“人伦”就是等级规范,所谓“父子有亲,君臣有义”[③],等等。在孟子的政治意识中,强化等级规范是确保君主统属天下臣民必要条件,因为“未有义而后其君者也”[④]。

与孟子相比较,荀子的认识最为直截了当:“天子无妻(齐),告人无匹也”;“天子也者,执(同‘势’)至重,形至佚……尊无上矣”。[⑤]

以上征引无非表明先秦诸子普遍认识到了君主的社会政治地位是至高无上的,这一认识到了汉代遂成定论。贾谊是汉初诸子中的佼佼者,他的表述可以作代表:

> 礼者,臣下所以承其上也;
>
> 主主臣臣,礼之正也;威德在君,礼之分也。[⑥]
>
> 尊卑已著,上下已分,则人伦法矣。于是主之与臣,若日之与星……下不凌等,则上位尊;臣不逾级,则主位安。[⑦]

---

① 《韩非子·忠孝》。

② 《论语·颜渊》。

③ 《孟子·滕文公上》。

④ 《孟子·梁惠王上》。

⑤ 《荀子·君子》。

⑥ 《贾子新书·礼》。

⑦ 《贾子新书·服疑》。

天子如堂，群臣如陛，众庶如地。[①]

贾子讲得很清楚，在社会政治关系中，唯有君主的地位最高，因而唯有君主是臣僚众庶的主宰者。

传统政治文化强调并突出了等级观念，使得君主处于一种独一无二的位置。在实际社会政治关系中，唯有君主的地位至高无上，全社会所有成员，包括所有的王公贵族和平头百姓无一不是君主的从属。在秦汉以后的思想传延和政治实践中，尊卑等级始终构成了君主政治的权力基础，这不仅得到了一系列政治制度和政治惯例的维护，而且一般说来，还得到了全体社会成员的认可和拥戴。从政治文化角度看，正是等级观念及其制度化，使得“溥天之下，莫非王土；率土之滨，莫非王臣”变得具体和具有了可操作性，从而使得君权至上的价值准则得以经由这样的途径而融贯于社会政治关系之中，并且使得君主的至上权威在社会政治关系中的全面覆盖成为可能。

君权在社会政治关系之中的至上性还体现在对于所有社会成员的全面占有，表现为人们普遍认可君主有权肆意生杀予夺。不过，有许多研究者将这一类认识归之于法家，从思想的实际发展来看，不无道理。先秦法家学派确乎在这方面最有发言权，如《管子·任法》：“明王之所操者六：生之，杀之，富之，贫之，贵之，贱之。此六柄者，主之所操也。”不过，就春秋战国的时代特点来看，掌握生杀予夺的权柄不仅关涉君主的地位和权势，而且直接关系到某家社稷的生死存亡，因而这一认识不可避免地带有了普遍性。如《吕氏春秋·义赏》：“赏罚之柄，此上之所以使也。”《管子·君臣下》：“君之所以为君者，赏罚以为君。”

至于儒家学派，他们从来没有反对过政治暴力，只不过在具体的政治策略上，比较而言，他们主张将德治教化放在第一位。如孔子所言：“不教而杀谓之虐。”[②]荀子也说：“不教而诛，则刑繁而邪不胜；教而不诛，则奸民不惩；诛而不赏，则勤励之民不劝；诛赏而不类，则下疑、俗俭（俭通险）而百姓不一。”[③]他们选择的是一种两手并重的政治策略，他们不但赋予君主以刑赏诛罚的最高权力，而且还教给君主以“胡萝卜加大棒”的政治智慧。如若就其根

---

① 《贾子新书·阶级》。

② 《论语·尧曰》。

③ 《荀子·富国》。

本而言,无论儒家与法家,他们在德刑选择上没有什么不同。他们实际上都绝对肯认这样的政治理念:唯有君主拥有对天下臣民的生杀予夺大权。

进入汉代,这一认识逐渐形成了一种政策模式,谓之“德主刑辅”“杂用王霸”。我们还以贾谊为例。他说:“仁义恩厚,此人主之芒刃也;权势法制,此人主之斤斧也。势已定,权已足矣,乃以仁义恩厚因而泽之,故德布而天下有慕志。”[①]贾谊的立意很明确,政治暴力与道德教化一样,都是君主的手中利器;而且按照他的说法,权势法制是实行德治教化的前提。至如汉宣帝说:“汉家自有制度,本以霸王道杂之,奈何纯任德教,用周政乎!”[②]则是统治者从实际政治需要作出的明智选择。

拥有权力和在什么情况下行使权力是两回事,拥有权力意味着君权对于全体社会成员的全面占有;行使权力则是这种占有的实际操练。在政治权力私有的条件下,统治者及其思想家、政论家们并不真正关心权力的具体行使和操作,政治权力的实际归属和占有才是问题的实质和人们关注的焦点。中国古代的士人们清楚地认识到了这一点。例如,以“论议深博,廉正守道”而闻名于史的汉臣师丹就曾向汉哀帝明确表示:“天下者,陛下之家也。”[③]历史上忠臣的典范——明臣海瑞则向明神宗说过完全相同的话。[④]由此可知,在古人的政治视野中,君主对全社会的占有和覆盖是不言而喻的,君主理所当然地拥有政治暴力已是朝野上下的共识。明太祖朱元璋说:“率土之滨,莫非王臣。寰中士大夫不为君用,是外其教者,诛其身而没其家,不为过也。”[⑤]明儒胡翰亦言:“人君兼天下之所有,以贵则天下莫与侔其势也,以富则天下莫与较其利也,以权则天下生杀之所由悬也。”[⑥]兹举二例,足以为证。

3. 在人与自然的关系方面,君主处于独特的崇高地位

依照君权至上的价值准则,君主的权威不只表现在人际关系方面,同时也体现在人与自然的关系方面。在古人的观念中,自然世界与人类社会的关系是密不可分的,君主则是调节天人关系,亦即自然与社会关系的最高仲裁人,因而它拥有无可比拟的特殊权威。法国社会学家莫里斯·迪韦

① 《贾子新书·制不定》。

② 《汉书·元帝纪》。

③ 《汉书·师丹传》。

④ 《海忠介公集·卷一·治安疏》:“夫天下者,陛下之家也。”

⑤ 《御制大诰三编·苏州人才》。

⑥ 《胡仲子集·卷一·尚贤》。

尔热(Maurice Duverger)认为,在古代社会,权力是在社会的各种复杂的调解、妥协、协商、居间调停程序中形成的。那么中国古代的帝王亦无例外。他们作为"负责强制实行妥协和惩罚的公共权威人士"①,不仅仲裁人间事务,而且是人与自然关系的仲裁权威。

据史载,中国上古之世"民神不杂",人的社会与外部世界的交往均由带有神权性质的专职人员掌管,称为巫或觋。至少昊衰世,这种人神交往的秩序一度被打乱,出现了"九黎乱德,民神杂糅"的现象。于是圣王颛顼"乃命南正重司天以属神,命火正黎司地以属民……是谓绝天地通"②。这一事例见载于《国语·楚语》,是楚大夫观射父讲述的上古神话。美籍人类学家张光直认为:"这个神话的实质是巫术与政治的结合,表明通天地的手段逐渐成为一种独占的现象。就是说,以往经过巫术、动物和各种法器的帮助,人们都可以与神相见。但在社会发展到一定程度之后,通天地的手段便为少数人所独占。"③他还征引了史学家杨向奎的观点,指出:"这样是巫的职责专业化……国王们断绝了天人的交通,垄断了交通上帝的大权。"④这些见解极为精到。

从中国古代的文化发展来看,统治者始终把人与神,亦即社会与外部世界的交往看作政治生活的首要事务,所谓"国之大事在祀与戎",人与天神相交往,这一事实本身体现的恰恰是一种政治上的特权。随着君主政治的发展,君主的个人权威不断增强,沟通和调节天人关系便成了君主至上权威的内容之一,关于这一点在传统文化中形成了系统的理性认识。

传统文化认为,天、地、人是构成世界的三要素,"天、地、人,万物之本也"⑤。在这个三位一体的结构中,君主是核心。汉儒董仲舒的论说最有代表性:

> 古之造文者,三画而连其中谓之王。三画者,天、地与人也。而连其中者,通其道也。取天、地与人之中以为贯而参通之,非王者孰能当是!⑥

① [法]莫里斯·迪韦尔热:《政治社会学》,华夏出版社,1987年,第110页。

② 《国语·楚语下》。

③ 张光直:《考古学专题六讲》,文物出版社,1986年,第10页。

④ 同上,第11页。

⑤ 《春秋繁露·立元神》。

⑥ 《春秋繁露·王道通三》。

这种认识把君主置放在一个特殊的位置上，他成了人类社会与外部世界的联系枢纽，他是仅次于上天神道的人间主宰。他可以代表人类与天对话,也可以代表天意治理人间。这个位置是无人能够取代的,从而构成了君权至上的坚固础石。

在实际社会政治生活中,君主凭借着中介于天人之间的特殊身份,可以通晓并效法以天道为名的自然法则,这样的认识亦由来久远。如孔子说:"巍巍乎,唯天为大,唯尧则之。"[①]《易·系辞上》:"夫大人者,与天地合其德,与日月合其明,与四时合其序。"《礼记·礼运》:"圣人参于天地,并于鬼神,以致政也。"这些认识强调了君主是人世间唯一能代表芸芸众生与天"相参"的特殊权威,同时也暗示着君主的地位和权威具有了某种超越性。

在古代社会,人们对外部世界的认识总是带有某种神秘主义的敬畏。君主能交通天地,即足以显示了其身份地位的与众不同,于是就在与天道的沟通过程中，使得天的神秘权威投射到了自己的身上，分享了天的权威与神性。这一方面加强了社会一般成员对君权的畏服心态,从而促使君主的世俗权威进一步向着神权跃升，成了天地间的最高主宰。正像宋儒石介说的那样:"人君,统治天地阴阳者也。"[②]同时,另一方面,既然天对人间事务的关注必须假手于君主,那么天对君的特别眷顾便再次强化了君权的合法性依据,"唯天子受命于天",在认识上增强了君权的神圣不可侵犯性。

在实际历史过程中,君主的这一特殊身份和权威还得到了制度的保障。封禅、郊、社等祭典受到了历代帝王的重视,这种现象的长期存在绝不是简单的"封建迷信",而是通过制度典章化了的政治信仰对于君主至上权威一再确认。

4. 在权力与思想文化的层面,君主意味着终极真理

在古人的政治视野中,君主的权威不只统治着生命与物质的世界,而且还统辖着人的思想、道德即文化与精神的世界。君主成为人的认识上的终极裁决者。

从人们的政治观念来看,以儒家文化为代表,始终认为圣人是礼乐文明的缔造者。这就是说,儒家文化的"道"是由圣人制定的。"道也者何也? 曰:礼义辞让忠信是也。"[③]在儒家文化的政治语言里,礼乐文明与道是同一个概

① 《论语·泰伯》。

② 《徂徕石先生文集·水旱责三公论》。

③ 《荀子·强国》。

念的不同表达，因而所谓圣人制礼作乐的含义就是圣人制定了道。这在中国传统文化中已是普遍观念，如荀子说："礼义者，圣人之所生也。"[①]宋儒张载说："礼者，圣人之成法也。除了礼，天下更无道矣。"[②]那么，圣人是谁？圣人就是君主吗？

中国传统文化中的"圣人"有多种面相，其中之一是理想的帝王。荀子即曾明确指出，天下的特点是"至重""至大""至众"，故而非"至强""至辨""至明"者不能胜任。荀子认为，能够达到"至强""至辨""至明"的只有圣人，"故非圣人莫之能王"[③]。荀子的这一认识是很有代表性的。在儒家的某些文献中，曾经制礼作乐的圣人特指周公。然而随着君主政治的发展，这样的圣人逐渐指向了在位的君主，据《中庸》的解释："虽有其位，苟无其德，不敢作礼乐焉；虽有其德，苟无其位，亦不敢作礼乐焉。"显然，既有德又在位者，只能是当今圣上。

中国历史上的帝王绝大多数是昏庸暴虐之徒，少有雄才大略的英明之主，但这并不妨碍他们自诩自家为圣王，更不影响群臣百官们齐声颂扬"皇上圣明"。而且，无论英明也罢，昏庸也罢，帝王们在文化裁断认识上却是当仁不让的。众所周知的例证有：秦始皇焚书坑儒，禁绝百家，诏令天下以吏为师；汉武帝罢黜百家，独崇儒术，等等。假如学术传延出现争端，各个门派之间攻讦不已，甚而出现了某种思想混乱，这时就要由君主出面协调，作出最终裁决。比较典型的例证有：

西汉甘露三年（公元前51年），汉宣帝"诏诸儒讲《五经》同异，太子太傅萧望之等平奏其议，上（即汉宣帝——引者注）亲称制临决焉。乃立梁丘《易》、大小夏侯《尚书》、谷梁《春秋》博士"[④]。这就是著名的石渠阁会议。

无独有偶，130年后，东汉建初四年（公元79年），汉章帝下诏曰：

> 盖三代导人，教学为本。汉承暴秦，褒显儒术，建立《五经》，为置博士。其后学者精进，虽曰承师，亦别名家。孝宣皇帝以为去圣久远，学不厌博，故遂立大、小夏侯《尚书》，后又立京氏《易》……中元元年诏书，《五经》章句烦多，议欲减省……

---

① 《荀子·性恶》。

② 《礼窟·礼乐》。

③ 《荀子·正论》。

④ 《汉书·宣帝纪》。

汉章帝在诏书中还援引孔子的教导:“学之不讲,是吾忧也。”于是“下太常,将、大夫、博士、议郎、郎官及诸生、诸儒会白虎观,讲议《五经》同异,使五官中郎将魏应承制问,侍中淳于恭奏,帝(**即汉章帝——引者注**)亲称制临决,如孝宣甘露石渠故事,作《白虎议奏》”①。这是继汉宣帝之后的又一次重要会议,会议记录《白虎议奏》后经史家班固整理,是为《白虎通义》,一名《白虎通德论》,流传至今。

这两次会议极为典型地展示了君主在思想文化领域的至上权威,充分说明了在君主政治条件下,政治权力对于文化的介入和对思想的占有,毫无疑问,这是君权至上的重要表现。这些事例也充分表明,在思想文化领域出现了纷争之时,唯一能昭示真理的不是经验、逻辑或别的什么事物,而是君主所代表着的最高政治权力。

此外,君权的终极真理性还表现在君主可以任意“钦定”标准读本,任意裁定思想异端、判定思想犯罪。关于这些方面的例证,历朝历代俯拾即是。且不说那些以诗文犯险的文字狱,就连我们今天引以为荣的古代大型类书,譬如《四库全书》,亦无不是帝王无上权力的证明。《四库全书禁毁书目》更是这一权力的暴虐与无限的集中展现。

综上所述,君权至上价值准则的政治文化内涵是极为宽泛的,囊括了政治、社会 、自然、思想文化等各个层面。这既是君主政治的实际权力运作在政治文化方面的体现;同时又是中国传统政治文化基本特点的表现。政治权力的泛化促使“君权至上”价值准则成为统治者制定政策、实施统治的主要依据;并且对于传统政治文化价值结构的形成具有决定性的影响力。

(二)父权至尊

父权至尊的价值规定是,在社会与家庭生活的层面,父家长的权威具有至上性和绝对性,受到人们甚至官府的普遍尊崇。

从历史的源流来看,父权至尊的价值准则在先秦诸子学中不具有普遍性,崇敬父权的观念主要是由孔、孟儒家学派提倡的。时至今日,包括现代新儒家在内的众多学者都把儒学的学科秉性定位为“人生哲学”,这一看法显然有些偏颇。如果从儒学的历史存在特征看,儒学的根本属性是政治哲学。不过,在孔、孟儒家的思维视野中,社会人生是其致思逻辑的一个重要环节;

① 《后汉书·章帝纪》。

在他们的思维视野中，人生与政治是不可两分的。儒家文化认为，最合理的人生是由学而仕，即从一般的社会生活向着政治领域发展。入仕参政是人生价值最重要的体现，"修身齐家"作为由学而仕的准备阶段，则是人生的必然经历，正是在这一过程中，父家长的权威起到了至关重要的作用。

父权至尊作为一种价值观念，主要涵盖了三个方面。

1. 在家庭—社会生活中，父家长的权威独尊

在儒家文化的人生设计中，父家长是人们的"家庭—社会生活"的主宰。如果从宗法制的社会组织结构看，父权的强化具有一定的必然性，表现在观念意识上，尊崇父权得到了儒家文化的全面支持。典型者如荀子说："父者家之隆也，隆一而治，二而乱，自古及今，未有二隆争重而能长久者。"[①]学界普遍认为荀子是先秦儒学的集大成者，虽然其著述未能列入《十三经》，但是荀学在先秦乃至汉以后思想文化领域的影响是不容忽视的。所谓"汉家自有制度，本以霸王道杂之"的统治方略正是荀学的某种折射。

如果从文化的传承发展角度看，儒家文化显然是继承了周文化以男权与父权为中心的文化传统。《诗·小雅·斯干》："乃生男子，载寝之床，载衣之裳，载弄之璋……室家君王。乃生女子，载寝之地，载衣之裼，载弄之瓦……惟酒食是议，无父母诒罹。"在这样的文化承载下，父权当然会成为男权社会的集中表现。

历经了先秦时代的百家争鸣，进入汉代，三代以来尊崇男权—父权的观念得到当时理论家们的重视，而且得以重新塑造。主要代表人物是董仲舒。被班固誉为"始推阴阳，儒者宗"的董仲舒，足不出户闭门修炼，终于推出了以"天人合一"为主要理论特征的董氏公羊学。董仲舒的学说以重塑天的至上权威为起点，以论证君主政治的权力合法性和相对制约为目的。其中，为了说明政治等级秩序的合法性，董仲舒提出了"阴阳合分论"。他说："凡物必有合"，世间任何事物或现象都不是单一或孤立的，都必然有其相对的方面，事与物都会形成相互对应的关系。诸如上下、左右、寒暑、昼夜、君臣、父子、夫妻，等等。董仲舒断言，这些关系实际上都受到阴阳之道的支配，所谓"物莫无合，而合各有阴阳"[②]。例如，"君为阳，臣为阴；父为阳，子为阴；夫为阳，妻为阴"。阴阳之道的内在秩序为"阴兼于阳"，阳制约阴。在具体的社会政治

---

① 《荀子·致士》。

② 《春秋繁露·基义》。

关系中,"妻者夫之合,子者父之合,臣者君之合"。"君臣父子夫妇之义,皆与诸阴阳之道"[①]。"阴阳合分论"将整个社会一分为二,又合而为一,形成了相互区别又相关联的二方:一方是君、父、夫,为天生的主宰;另一方是臣、子、妻,是天生的从属。这三对关系是最基本的社会政治关系,又称为"三纲","君为臣纲,父为子纲,夫为妻纲"[②]。"王道之三纲,可求于天。"人类社会就由无数这样的主从关系叠垒而成,君主则居于顶端。

在这样的理论建构中,父家长与君、夫一道成为社会的当然主宰。一方面,父家长的绝对权威性具有普遍意义,如董仲舒所言:"此其父子之序,相受而布,是故木受水,而火受木,土受火,而金受土,水受金也。诸授之者皆其父也,受之者皆其子也。常因其父,以使其子,天之道也。"[③]另一方面,父家长在世俗社会生活中的统治地位和权威性就有了绝对的合法性保障。汉代以后的社会发展,在政治哲学的理念上,天始终是最高的权威,以天为其权力合法性依据的父家长,在家庭—家族的范围内,其拥有的地位和统治权力也是无可比拟的。正如《孝经·圣治章》所言:"人之行,莫大于孝,孝莫大于严父。严父莫大于配天。"[④]

2. 父家长拥有管理家庭(族)的绝对权力

在家庭生活中,父家长的权力具有绝对性,在宗法制度的维系下,父家长对家庭事务、家族财产和家庭成员的人身等,均有强大和绝对的支配权。关于这一方面,比较早的记述见诸《礼记·内则篇》:

> 父母怒,不说而挞之流血,不敢疾怨,起敬起孝。
>
> 子甚宜其妻,父母不说,出。子不宜其妻,父母曰"是善事我",子行夫妇之礼焉,没身不衰。
>
> 子妇无私货,无私畜,无私器,不敢私假,不敢私与。
>
> 孝子之养老也,乐其心,不违其志……孝子之身终,终身也者,非终父母之身,终其身也。是故父母之所爱亦爱之,父母之所敬亦敬之。至于犬马尽然,而况于人乎!

---

① 《春秋繁露·基义》。

② 《汉书·董仲舒传》。

③ 《春秋繁露·五行之义》。

④ 严父之严,读如尊。

这里，父家长的权力体现在以下三个方面。

其一，父家长拥有暴力惩戒权。对于家庭成员来说，违逆家长的意志，违犯了家规家法，或是有了什么过失，都会受到父家长的惩戒。这种惩戒常常是暴力的，但是受惩戒者非但不能抗拒、不许怨恨，甚而连一丝违逆之心都不能有，"不敢疾怨"，而是要从心底里越发敬服父家长，"起敬起孝"。至今盛名不衰的《颜氏家训》也说："笞怒废于家，则竖子之过立见。"[①]"竖子"在父家长的棍棒下无路可逃，只能生杀由之。这是何等的顺从，父家长的权威又何其强大！惩戒权的合法性与服从的绝对化意味着父家长对于一般家庭成员的人身的强制支配权和实际占有。从某种角度来看，这种状况不过是君主政治国家暴力的局部表现或曰缩小化，父家长的暴力惩戒权与专制帝王的政治暴力在泯灭人性、遏制人的主体与独立性等方面是一脉相承的。

人类社会的文明史已经证明，任何形式的绝对化权力主旋律都会伴以非人化的暴力合奏。

其二，父家长的意志具有绝对的权威性和覆盖面，在世俗的家庭（族）生活中，父家长掌控着所有成员的意志、精神和心智。因而一般家庭成员没有个人的生活选择，而且连爱憎、敬鄙都要以父家长的趋向为标准，"父母之所爱亦爱之，父母之所敬亦敬之"。人们要绝对服从家长，"不违其志"。甚至父家长去世后，其精神、意志、主张、规矩仍然具有绝对的权威性。所谓"三年无改于父之道"[②]。在父家长的掌控之下，一般家庭成员没有独立意志和思想自由，被培养成为遍在的精神奴仆。

其三，父家长掌控着家庭的经济大权，家庭成员没有经济上的自主性。在任何形式的专制统治下，拥有权力者必然占有财富、资源和利益。父家长是关起门来做皇帝，在家庭（族）范围内拥有绝对的支配权和管理权，那么，在资源及财富的占有上，也是具有绝对性的。因而，一般家庭成员的私货、私畜、私器和私与都在严禁之列，这也是维系父家长权威的保障之一。

3. 父权与君权相通。君权是父权的政治保障，普遍的父权是君权的社会基础

在传统政治观念中，君主就具有天下最大的父家长身份。《尚书·洪范》："曰：天子作民父母，以为天下王。"《礼记·大传》："君有合族之道，族人不得

① 《颜氏家训·治家》。

② 《论语·学而》。

以其戚戚君,位也。"这里所谓"作民父母""合族之道"一方面体现了君主身份特殊,在社会政治生活中超越族制的至高无上地位;另一方面也说明了君主具有最大的父家长的身份,具有统领所有家族的权力。这样的最高政治权威正是以遍在的父权作为其社会基础的。

对于一般社会成员来说,遵从君权和父权是同一个过程,表现为一以贯之的人生历练。如《孝经·士章》:"资于事父以事君,而敬同。故母取其爱,而君取其敬。兼之者父也。"《广扬名章》:"君子之事亲孝,故忠可移于君。"《忠经·天地神明章》:"夫忠,兴于身,著于家,成于国,其行一也。"人们在这样的人生历练中,在尊父即尊君的教诲与操练中,学会了服从权威,体味到了父家长在家庭—社会生活中的权威性和君主权威对于全部社会政治生活的覆盖。

父权与君权的相通,还特别体现在君权对于父权的维护。有时父家长会得到帝王的特别恩宠。例如东汉明帝刚一即位,即诏令"其赐天下男子爵,人二级"[①]。注引《前书音义》曰:"男子者,谓户内之长也。"这里指的就是父家长。此外更为重要的是,君权对父家长的维护还被录入了法典,父权得到了历代律法的偏袒与保护,如《唐律疏议》:"诸告祖父母、父母者,绞。(谓非缘坐之罪及谋反以上而故告者)""【疏】议曰:父为子天,有隐无犯。如有违失,理须谏诤,起敬起孝,无令陷罪。若有忘情弃礼而故告者,绞。"[②]又如《唐明律合编》:"凡骂人者,笞一十;互相骂者,各笞一十。"但是,"诸詈祖父母、父母者,绞;殴者,斩";"凡骂祖父母、父母,及妻、妾骂夫之祖父母、父母者,并绞"。[③]凡属子女对父母的"不孝"犯上之罪,称为"忤逆",被归入"十恶不赦"的重罪,要受到严惩。这些法律规定的直接政治效益是巩固了君主政治的社会基础,同时也强化了父家长在家庭—社会生活中的主宰地位。

显然,父家长的权威得到了君权的全力维护。从尊为经典的《礼记》,到晚出的《孝经》,直至清儒李毓秀编撰的《弟子规》,父权至尊的价值观念通过各种媒体传播弥散,终至妇孺皆晓,尽人皆知。

综上所议,可知父权至尊作为一条政治价值准则,与君权至上是相辅相成的。事实上成为人们在家庭—社会生活中的行为选择的主要依据。

---

① 《后汉书·明帝纪》。

② 《唐律疏议》。

③ 《唐明律合编》。

(三)伦常神圣

人类社会的文明史已经表明,伦理道德是普遍存在着的一种文化现象,中国亦无例外。不过,在中国传统文化中,伦理道德的文化表现最有特色。主要一点是,中国传统文化中的伦理道德不仅仅是人们的社会行为和社会关系等方面的规范,而是无论在理论上还是在实际社会政治生活中,伦理道德与政治行为、政治关系和政治活动具有密不可分的联系,是传统政治文化中的一个重要组成部分。儒家文化作为中国传统政治文化的主体已经得到学术界的公认,伦理道德与政治的互化则是儒家文化最为显著的理论特色。伦理道德是构筑儒学学术体系的立足点之一,儒学本体论则明显带有道德本体论的特征。"伦常神圣"即成为中国传统政治文化的又一个价值准则。

作为政治价值准则,伦常神圣意味着儒家文化目光所及的任何权威都要遵循道德规范,儒家文化通过伦理道德为人类社会提供了从政治到人生的最基本和最全面的规定性。主要体现在以下五个方面。

其一,人的本质是道德。"凡人之所以为人者,礼义也。"[①]在人类的自我认识方面,中国的先民成熟较早,至迟在春秋战国时代,儒学宗师们就宣布了"天地之性人为贵",并且规定了人的本质是伦理道德。按照传统政治文化的理解,仅只血肉之躯,七情六欲备具,是算不得人的。"孝弟忠顺之行立,而后可以为人"[②],而后构成了人的文明世界。反之,如果人们稍稍偏离自身的道德本质,都会导致从人的文明世界跌落,堕为禽兽。如果社会上出现普遍的道德沦丧,结果必然是"国将不国"。可知在中国传统政治文化看来,道德本质既是人的本质规定,同时又实际构成了人类社会的本质规定。

其二,尽人皆有"道"。儒家文化为君臣、父子、夫妇、兄弟、朋友等各种角色都规定了相应的伦常道德规范和行为守则,谓之"道"。例如,"欲为君,尽君道",君主不能遵循相应的规范和守则,是为"无道昏君",很可能会成为有道者或"替天行道"者诛伐的对象。其他角色也是如此。荀子曾专门著有《君道》《臣道》《子道》诸篇章,讲论颇详尽。总之,恪守道的规定便是自身存在的合理性依据,甚至包括"盗亦有道"。

其三,儒学的主要道德条目,如忠、孝、仁、义等,都具有宽泛的涵盖性,适用于包括君主在内的所有社会成员,因而具有普遍的权威性。《孝经》《忠

---

①② 《礼记·冠义》。

经》中的有关规定最典型。如孝道有"天子之孝":"爱敬尽于事亲,而德教加于百姓,刑于四海。盖天子之孝也"。贵族之孝:"在上不骄,高而不危。制节谨度,满而不溢……然后能保其社稷。而和其民人。盖诸侯之孝也。"平民百姓之孝:"用天之道,分地之利,谨身节用,以养父母,此庶人之孝也。"[①]又如《忠经》有《圣君》《冢宰》《百工》《守宰》《兆人》诸章,其中百工即百官,分述明确。如君主之忠:"故得皇猷丕丕,行与四方。扬于后代,以保社稷,以光祖考,盖圣君之忠也。"平民之忠:"是故祇承君之法度,行孝悌于其家,服勤稼穑,以供王赋,此兆人之忠也。"[②]自两汉始,这些德目汇聚为"三纲五常",标志着中国传统伦理纲常理论体系的成型。

据汉儒董仲舒的倡言,"王道之三纲可求于天,天不变,道亦不变"[③]。这即宣告了伦理道德的权威具有至上性,同时君权、父权、夫权组成的男权秩序也为建构君主政治下的基本政治秩序提供了理论依据和模式。三纲五常是儒学伦理道德的精粹,体现着伦常神圣的典型性。

其四,道德规范与政治法则具有同一性。儒学不大讲权势法治,专一醉心于德治仁政,以致认为道德规范用于行政就是政治法则。如孔子曰:"'孝乎惟孝,友于兄弟,施于有政。'是亦为政,奚其为为政?"[④]汉以孝治天下的摹本原来就是孔子描绘的。于是在传统政治文化看来,道德与政治是密不可分的,譬如获得最高政治权力而君临天下的重要条件之一是有德,"以德行仁者王,王不待大——汤以七十里,文王以百里"[⑤]。故而孟子肆言"仁者无敌"。有德即有位,有德即可拥有天下的认识集中体现了德与政的同一。再如,人们参与政治、介入体制的主要条件是道德。《论语·为政》:"言寡尤,行寡悔,禄在其中矣。"汉代实行察举制,主要条目是"孝廉"。汉代以降,在政治录用方面基本保持着道德上的"一票否决"[⑥]。又如,政治评估的标准是道德。这种政治评估标准形成于先秦,儒学宗师们评估三代政治,或是给君、臣分类,选用的标准都是伦理道德的。后世统治者继承了这个传统。所以桀、纣和秦始皇成为暴君的典型而永世不得翻身,文景之治、贞观之治等治世的帝王则成

① 以上引文见《孝经》之《天子章》《诸侯章》《庶人章》。

② 以上引文见《忠经》之《圣君章》《兆人章》。

③ 《汉书·董仲舒传》。

④ 《论语·为政》。

⑤ 《孟子·公孙丑上》。

⑥ 历史上也有例外,如汉末三国曹操的"唯才是举"。不过这是绝无仅有的特例。

为统治者的道德楷模。这种评估标准对于整个民族文化的影响是极为深远的。

最后，儒家文化倡导的人生目标和社会理想是同一个道德完善过程。儒家历来认为道德修身是人生必修课。《大学》有言："自天子以至于庶人，壹是皆以修身为本。"一味修身的人生目标就是要完善本性，下学而上达，做圣贤。与这一过程相伴行，理想的"王道"社会也将实现，孔子谓之"修己以安百姓"。这就是被儒家文化奉为人类社会终极价值的"内圣外王"。当然，真的实现这一崇高理想谈何容易，"尧舜其犹病诸"。不过，人们正是在朝向"内圣外王"的不懈追求中，才切实体察到道德权威制约人生的极致。

以上种种无非表明，在儒学设计的宇宙图式里，伦常道德才是普遍法则，具有绝对的真理性，而且充塞于宇宙人生的各个角落，神圣而无可抗拒。儒学原本就赞美人的主体性，"天地之性人为贵"，然而，生性高贵的人在社会中，只有切实遵行伦理道德，他们的存在才是有意义的；也只有在伦常道德的灵光普照之下，人们才可以立君称臣、为人父母、结成夫妇或是朋友相交。这就是说，伦常道德无处不在的规定性同时又是一种媒体，人我关系、社会关系和政治关系正是沿顺着伦常道德的规定而联结的。君权与父权分属于不同的生活层面，正是由于伦常道德的媒介，君与父才得以相互援手和呼应。我们将伦常神圣视为君权至上和父权至尊的价值中介，正是从这个意义上定位的。当人们遵循儒学的教诲，按照伦常道德安排人生，居家敬养父母尽孝道，入朝侍奉君主做忠臣，前者即体现了父权至尊的价值选择，后者则是尊奉君权至上的具体实践。对于当事之个人而言，由孝于父到忠于君是人生道路中的不同生活阶段，孝和忠体现着同一个生命过程中不同层面的人生历练。伦常道德使两种价值准则形成联系，也使得观念形态的君权至上、父权至尊具有了可操作性和价值实现的可能性。

综上，传统政治文化的价值系统的主体部分呈"三层次结构"。其中，君权至上是核心，亦是传统政治文化价值结构的价值中轴，君权至上决定着以儒学为主体的传统政治文化的理性思维和价值选择的主导方向；父权至尊是君权至上的社会保障机制，其与君权至上相呼应，为维护君权提供社会—心理基础，建构传统政治文化的社会基础。伦常神圣则居间沟通调停，除了五常之德，主要通过忠孝相互切换，促使君父之间形成价值互补。此三层次结构各据其位又互相依存彼此照应，故而不论从致思逻辑，还是从操作形式，传统政治文化价值系统的主体部分都显示出趋于成熟圆满的自我调节功能以及超强的稳定性。

(四)均平理想

中国传统政治文化价值系统调节机制的自觉性在价值准则的建构上有着独到的体现,亦生成了独特的选择标准,谓之均平理想。关于平均或均平的思想资源,主要有三个方面。

1. 儒家文化的平均思想

孔子当年就有明确的表述:“丘也闻有国有家者,不患寡而患不均,不患贫而患不安。盖均无贫,和无寡,安无倾。”[①]孔子的认识很有概括性。根据字面理解,“不患寡而患不均”主要指的是经济方面,更确切一点,指的是财富即资源分配方面的平均。这样理解似乎没错。不过,孔孟儒家的平均思想具有相当宽泛的覆盖面,主要体现在二个层面上。一是经济—社会层面的平均;二是道德修习层面的平均。

关于经济—社会层面,除了上述孔子之言,还有孟子关于土地分配的设想。孟子既然“私淑”于孔子,对于先生的平均思想当然是心领神会的。于是他以“性善论”作为立论的起点,演绎了四心、四德、由内及外、推己及人,提出了著名的“仁政”理想,所谓“置民以恒产”:

> 五亩之宅,树之以桑,五十者可以衣帛矣。鸡豚狗彘之畜,无失其时,七十者可以食肉矣。百亩之田,勿夺其时,数口之家可以无饥矣。谨庠序之教,申之以孝悌之义,颁白者不负戴于道路矣。七十者衣帛食肉,黎民不饥不寒,然而不王者,未之有也。[②]

孟子的认识极为精到,土地与农民的有效结合问题是困扰中国历代统治者的根本性政治问题,孟子设计的仁政则试想从根本上解决这个难题。他真切地认识到了“恒产”与“恒心”的关系,因而,在他看来,只要每一户农民都能分得“五亩之宅”“百亩之田”,则人人安居而乐业,“不饥不寒”,帝王可以高枕无忧矣。这里隐含的平均思想是极为明显的。

历史的实际发展过程证明,孟子之见可谓高瞻远瞩。自秦汉以降,凡王朝衰败,必然伴有土地高度集中,大量农民脱离土地而流离失所的状况,以

① 《论语·季氏》。

② 《孟子·梁惠王上》。

至于天灾人祸交织，终于导致农民暴动、诸侯蜂起，天下大乱。而凡属所谓"治世"，也必然是物阜民安、政通人和，而土地与农民的关系则是相对稳定而合理的。

正如孟子所论和人们所熟知的，平均土地是自古以来的社会理想，而儒家文化对于这样的理想早有表述：

> 大道之行也，天下为公，选贤与能，讲信修睦。故人不独亲其亲，不独子其子；使老有所终，壮有所用，幼有所长，矜寡、孤独、废疾者皆有所养；男有分，女有归。货，恶其弃于地也，不必藏于己。力，恶其不出于身也，不必为己。是故谋闭而不兴，盗窃乱贼而不作。故外户而不闭，是谓大同。①

毋庸赘言，在孔孟儒家的"大同"社会政治理想中，"平均"是其题中应有之义。虽然，先秦儒学宗师的平均思想有别于现代政治学意义上的平等思想，但是其中隐含的平均包括了土地、财富及社会救助，等等，是那个时代的思想家们在平均问题上的想象力的极限。

关于道德修习层面，儒家宗师们的主要观点是，在道德修习的起点上人人平等。如，孟子：

> 曹交问曰："人皆可以为尧舜，有诸？"
>
> 孟子曰："然。"②

又，荀子：

> 涂之人可以为禹。曷谓也？
>
> 曰：凡禹之所以为禹者，以其为仁义、法正也，然则仁义法正有可知可能之理，然而涂之人也，皆有可以知仁义、法正之质，皆有可以能仁义、法正之具；然则其可以为禹明矣。③

① 《礼记·礼运》。

② 《孟子·告子下》。

③ 《荀子·性恶》。

研究者们多数认为“人皆可以为尧舜”“涂(途)之人可以为禹”的命题是儒家思想中最为光辉灿烂之处,与现代政治哲学的平等思想相同。这实在是误读和误解。现代政治学意义的平等,指的是在法治条件下的身份、权利、人格以及政治主体性上的平等。先秦儒学宗师们的道德修习的平等则是在“道德修习的起点上”的平等,这里与人的存在形式、生活方式无关,并不涉及人的权利、人格和政治主体性。且看荀子是怎么说的:

> 小人君子者,未尝不可以相为也,然而不相为者,可以而不可使也。故涂之人可以为禹则然,涂之人能为禹,未必然也。虽不能为禹,无害可以为禹。足可以遍行天下,然而未尝有能遍行天下者也。①

这里,“足可以遍行天下,然而未尝有能遍行天下者也”的命题已经十分清楚地表达了儒家们的看法。固然,“圣人者,人之所积而致也”——可是,恰恰因为是圣人,才能“积而致”。凡人可以去“积”——在积的这一点上,凡人与圣人无别。但是,凡人是不可能成圣的。对于一般社会成员来说,道德修习的真正意义是使其耗用毕生精力而沉溺于“无害可以为禹”的无休无止的道德修习的过程之中,这才是孔儒们的真正愿望。

然而不管怎样,凡与圣道德修习起点的平等毕竟也是一种关于平均的表达,具有中国传统政治文化的特色,并且成为传统均平理想的思想资源之一。

2. 域外传入佛教文化对平等思想的影响

般认为佛教于汉代传入中土,南北朝时广泛传播,达于繁盛。这期间,经历了一个印度佛学中土化的转变过程。南朝时期的佛教已经具有了浓厚的中国文化色彩,这一转化过程伴随着佛性理论创新和发展。由晋宋之际的竺道生率先倡导,涅槃佛性思想逐渐流传开来,讲求一切众生皆有佛性。竺道生说:

> 良由众生,本有佛之见分,但为垢障不现耳。佛为开除,则得成之。
> 闻一切众生,皆当作佛。
> 一切众生,莫不是佛,亦皆泥洹。②

① 《荀子·性恶》。

② 参见赖永海:《中国佛性论》,上海人民出版社,1988年,第59页。

其时有“法显道人,远寻真本”,将《大般涅槃经》带回中土,此后“一阐提亦可成佛”“一切众生悉有佛性”的众生平等思想成为佛性论的主流,并成为隋唐时期天台宗、华严宗和禅宗三大宗派佛性思想的共同特点。[①]

中国传统文化受佛教的影响很深。在主流层面,隋代王通即倡导“三教可一”,宋代理学诸子也大都曾出入于佛老,并将佛教思想的方法论融入理学,由此遂有“理一分殊”的理学精论。在亚文化层面,民间的佛教信仰很是兴盛,寺院、信徒遍布全国,其遗风至今不衰。因而我们可以说,在佛教文化的影响下,“一切众生悉有佛性”的众生平等思想亦成为传统政治文化“均平理想”的思想资源之一。

3. 道教中的平均思想

道教可以说是中国本土的宗教,源起于汉代。先有太平道,后有五斗米道,嗣后五斗米道亦发展为天师道。关于太平道,最初的记载见于《后汉书·郎顗传附襄楷传》和《三国志·吴志·孙策传》注引《江表传》等,时有方士干吉(《三国志》作于吉)在曲阳泉水边得神书百七十卷,曰《太平清领书》,便以此书为经典,聚众传道,等等。这就是太平道的开端。《太平清领书》一称《太平经》[②],明英宗正统九年(1444年)编入《道藏》。今有王明编辑的《太平经合校》(中华书局1960年新排本),从中我们可以大体了解道教思想中的平均、平等观。

从政治文化的视角看,《太平经》主要宣讲“兴善止恶”“尊道重德”,其平等观主要体现在“太平”理想中。《太平经》作者提出,人类社会可以分为太平、中平和不平三种状况,其中太平是最为理想的完美社会。作者说:“逢其太平,则可安枕而治;逢其中平,则可力而行之;逢其不平,则可道自辅而备之。”[③]那么,什么是太平,作者理想社会是什么样子呢?作者有如下的描述:

> 太者,大也,乃言其积大行如天,凡事大也,无复大于天者也。平者,乃言其治太平均,凡事悉理,无复奸私也;平者,比若地居下,主执平也,地之执平也。
>
> 太平者,乃无一伤物,为太平气之为言也。凡事无一伤病者,悉得其处,故为平也。

---

① 参见赖永海:《中国佛性论》第二章、第三章,上海人民出版社,1988年,第26~88页。

② 关于《太平经》的作者和成书年代,论者纷纭。一说为干吉和宫崇等方士所作,成书于汉顺帝之前。

③ 王明:《太平经合校》,中华书局,1960年,第178页。

二人并力同心，图画古今旧法度，行圣人之言，明天地部界分理，万物使各得其所，积贤不止，因为帝王良辅，相与合策共理致太平。

是天使奉职之神，调和平均，使各从其愿，不夺其所安。①

可见，道教经典所向往的太平并不是人们的社会政治地位或财富占有的平等与平均，而是指天地之间，万物与人都在以自己应有的状态生存着，相互间发生联系，彼此和谐共存，协调发展。人们之间则公平相待，和睦相处，做到"凡事悉理""悉得其处"。这里体现的平等或平均思想指的是，要使不同地位的人们的合理要求都能得到满足，君臣民之间互不侵犯，"调和平均"，官不扰民，人们能安居乐业。

《太平经》体现的道教平均思想在社会政治的建构上也有其特殊的要求，主要有四点。

一是天下资源天下人共有："此财物乃天地中和所有，以共养人也。此家但遇得其聚处，比若仓中之鼠，常独足食，此大仓之粟，本非独鼠有也；少(疑为小)内之钱财，本非独以给一人也；其有不足者，悉当从其取也。"

二是人人都要通过劳动获取生活来源："天生人，幸使其人人自有筋力，可以自衣食者。而不肯力为之，反致饥寒，负其先人之体而轻休其力，不为力可得衣食，反常自言愁苦饥寒，但常仰多财家，须而后生，罪不除也。""天地乃生凡财物可以养人者，各当随力聚之，取足而不穷。反休力而不作之自轻，或所求索不和，皆为强取人物，与中和为仇，其罪当死明矣。"

三是人我之间互爱互助，不相侵争。《太平经》作者要求人们都要做到"爱之慎之念之，慎勿加所不当为而枉人，侵克非有"。富者财力充足，就应散其余财"周穷救急"；智者、强者则要相应地辅助愚、弱之人，所谓"智者当苞养愚者"，"力强当养力弱者"，"后生者当养老者"。人与人之间互相帮助，体现了某种有福同享，有难同当的和谐社会向往。

四是致政太平，免除刑罚。在《太平经》作者向往的太平盛世中，没有暴政，刑法则备而弗用，形同虚设，全社会"日兴太平，无有刑，无穷物，无冤民"；"人民相爱，万物各得其所，自有天法常格在不匿"；"常思太平，令刑格而不用也"。②

---

① 王明.《太平经合校》，中华书局，1960年，第148、398、217、616页。

② 同上，第80、206、216、242、243、247、576、695页。

道教的太平理想蕴含着平等和平均观念，这种观念并不涉及人的身份地位，但却关乎资源、财富、财富的获取方式、人我关系的协调与调节以及某些政治向往。这样的平均、平等观念与现代社会的政治哲学有相当的差距，但却有着鲜明的中国传统文化的特色。无论今人如何评价，传统道教的平等观念亦构成了传统政治文化的均平理想的思想资源之一。

在政治文化主体结构处于正常运作的情况下，均平理想的价值准则常常是隐而不显的。也就是说，这种价值准则存留在人们的观念中、意识里，但是没能对人的行为选择形成强制作用。事实上，一般在主体价值结构的作用下，君权至上、父权至尊和伦常神圣三位一体，相互支撑和补充，形成一个强有力的运作场，社会政治在这样的强力场范围内，保持着正常的秩序运作不已。这时的均平理想是隐匿的、零散的和寄生的。均平的观念意识在儒学、佛教及道教的传播中流散，被人们有意无意地理解和吸纳。这时的均平理想价值准则没有上升到支配的地位，处于边缘状态。

一旦一代王朝走到了末日，由于历史上常见的天灾人祸和急剧激化的社会政治冲突，招致了诸侯蜂起、天下大乱，这时，其基于主体价值结构建立的既有的政治秩序被颠覆被破坏，整个社会陷于无序状态。诸侯蜂起意味着政治权力的分配问题要重新洗牌，天下大乱意味着原来处于支配地位的价值准则已经丧失了它的权威性，不再被人们认同并作为行为选择的依据。这时，潜在的均平理想就会浮出水面，被人们拿来，在"替天行道"的杏黄旗下，被人们倚为行为选择的合理依据。

当然，政治价值准则的形成与历史的实际过程是相辅相成的，也就是说，均平理想价值权威的形成有一个历史过程。按照一般的历史记述，最初针对政治无序现象的选择依据是痛恨和反对暴政，例如"伐无道，诛暴秦""苍天已死，黄天当立"，等等。随着社会的发展和均平观念的传播积淀，唐宋时代，人们即以平均、均平相号召，大体上从这个时候起始，均平理想就成主体价值结构被颠覆以后的一种社会动员手段，实际上成为一种社会的即外在的价值调节机制发挥着作用。在均平理想的认同和驱动下，政治集团重新整合力量，建构秩序，按照前朝的模式组建帝国和恢复政治秩序。当传统的主体价值结构开始运作，政治秩序恢复以后，则均平理想复又退出主流位置，或恢复隐匿状态，或是在亚文化层面在民间结社中流传，成为传统政治文化的一支潜流。等待着再次升腾，再次发挥引导社会整合的作用。均平理想的社会政治作用是深层的和悠长的，并且一直延续到近代。

(五)明哲保身

最后一个价值调节机制是明哲保身，这种价值准则的认识根源主要在孔儒之道。先秦儒家要求士人既尊奉孔子的教导,能入仕为官;同时也需审时度势,不是一味地锐意仕进,而是可进则进,否则退之。这就是所谓的"出处论":"君子之道,或出或处,或默或语"[①];"是故居上不骄,为下不倍,国有道其言足以兴,国无道其默足以容。《诗》曰:'既明且哲,以保其身。'"[②]引文中的"诗"见诸《诗·大雅·烝民》:"既明且哲,以保其身,夙夜匪懈,以事一人。"可知这一认识源于西周,体现了孔儒一脉的政治智慧。孔、孟宗师们则是这样教导的:

> 笃信好学,守死善道,危邦不入,乱邦不居。天下有道则见,无道则隐。邦有道,贫且贱焉,耻也;邦无道,富且贵焉,耻也。
>
> 不在其位,不谋其政。[③]
>
> 邦有道,谷;邦无道,谷,耻也。[④]
>
> 邦有道,危言危行;邦无道,危行言孙。
>
> 直哉史鱼!邦有道,如矢;邦无道,如矢。君子哉蘧伯玉!邦有道,则仕;邦无道,则可卷而怀之。[⑤]
>
> 故士穷不失义,达不离道。穷不失义,故士得己焉;达不离道,故民不失望焉。古之人,得志,泽加于民;不得志,修身见于世。穷则独善其身,达则兼善天下。[⑥]

儒学宗师们在这里充分表达了他们的原则性与灵活性。原则是道,所以为了追寻道而一往无前,如卫国大夫子鱼,得到了孔子的赞许。同时,根据道的具体状况而选择进与退,在坚持原则性的前提下表现出一定的灵活性,如蘧伯玉,也得到孔子的称赞。孟子深得孔子思想之精髓,所以孟子指出,士人

---

① 《周易·系辞上》。

② 《礼记·中庸》。

③ 《论语·泰伯》。

④ 《论语·宪问》。

⑤ 《论语·卫灵公》。

⑥ 《孟子·尽心上》。

无论穷、达，都要以道义为原则，为依据。“穷则独善其身，达则兼善天下”成为出处论的最经典的表达。事实上，孟子对于夫子中庸权变之道的理解更为透彻，故而有“嫂溺援之以手”的著名譬喻。故而他在评价先贤圣人时，称道孔子为“圣之时者也”[①]。时至今日，曲阜孔庙仍然矗立着题有“圣时门”的牌楼。

孔儒一脉对于入仕的态度是很坚决的，孔子就曾以身作则，信誓旦旦：“苟有用我者，期月而已可也，三年有成。”[②]但是，追寻道毕竟是孔儒们的最高理想，违背不得。为此他们可以放弃名利、富贵和仕途。这些认识经由后世士人们的阐发，又与老庄道家的自然无为思想相结合，逐渐构成了一种政治价值准则，成为中国传统政治文化的一种调节机制。

出处论的思想一般为卿士大夫们所传承，在士人阶层中，亦即在统治集团内部或曰社会政治的上层流传。其作用的要点是调节个人与政治体制的关系，或者说是调节个人与统治集团的关系。出处论给统治集团成员们的进退取舍提供了选择的依据。因而我们把这种价值准则视为政治体制内的调节机制。

事实上，在任何一个政治系统内，统治集团以及被统治阶层都不可能是完全意义上的融洽、和谐、亲密无间。在统治集团内部，尤其是在传统社会君主政治条件下，总会有政治上的失意者、失败者，想介入体制而未能者，曾经介入体制而被排挤出来者，等等。这些人，他们的人生出路何在？面对这样的打击、挫折将如何选择？传统政治文化给他们提供了最佳选择方案：既然入仕不成，那就退隐山林吧。儒学宗师早就告诉了：“天下有道则见，无道则隐。”非不能也，实不为也。这种归隐、退隐的念头，并不一定到了山穷水尽的时候才幡然醒悟，而是在入仕的过程中，在“春风得意马蹄疾”的一帆风顺中，也要有所存留。所谓“大隐隐于庙堂”，所谓“身在庙堂之上，心在山林之间”。这种调节就不仅仅是行为选择，还覆盖了士人们的政治心态。

需要着重指出的是，明哲保身政治价值准则作为一种政治调节机制，其政治功能又是颇为独到的：对于帝国来说，由于在明哲保身的指引下，那些君主政治的失意者、失败者选择了退隐、归隐，因而成功地化解了政治上的“异己分子”和反对派。

---

① 《孟子·万章下》。

② 《论语·子路》。

上述传统政治文化的价值结构既有其主体层面,又有调节的功能。五层次的政治价值系统深埋在传统政治文化的内部深层，形成了一个极为稳定的系统。因而不论改朝换代,无论域外文化的介入冲击,也不管学术、思想、文化伴随着历史怎样的发展变化,这一价值结构总是安如磐石,为人们的政治运作、政策制定和行为选择提供合理的依据。

第二讲　政治价值(二)：“人”的本质与“人”的价值实现

以儒家文化为主体的中国传统文化表现出一种“人本主义”倾向，特别是对于理想人格的虔诚修养和执着追求，在长达数千年的传统社会中，曾经成为汉族文化——心理结构的重要组成部分。现代新儒学认为中国传统文化里面有现代社会的文化因素，孔孟儒学倡导个性独立、人格尊严，传统文化具有现代民主政治的基础。然而，有一个巨大的历史现象令人困惑：为什么这样富于“人本”精神的学说却长期被君主专制统治者尊为“经典”，奉为圭臬，与儒学“人本主义”相伴而行的、相为表里的不是民主政治，而是君主政治。为了弄清这个问题，有必要从政治文化的角度对传统儒家思想文化中有关“人”的认识作一番考察，以便厘清传统文化关于“人”价值认知和主体性理念，确切把握儒家文化“人本主义”的内涵。

一、人性自觉与人的本质

人类的真正觉醒严格地说是从人把自我作为独立的认识对象开始的。

幼年时期的人类崇拜自然，自然力有着无限的权威，在意识中，自然力又表现为人格神。原始神秘主义束缚人们的思维和整个精神世界，人不是自我的主人，而是神的附属物。人类的觉醒首先要摆脱原始神秘主义的桎梏。

就中国历史来看，殷商时期基本是神的世界。然而，正当殷商帝王们虔诚地“率民以事神”[①]的时候，一股人文主义思潮伴随着殷周之际的社会动荡悄然萌发。继殷而起的周朝统治者从现实社会的政治动乱中觉察到人自身蕴聚着巨大的力量，人间事务不能仅仅求助于神的庇护。周公悟出了一个新

① 《礼记·表记》。

道理:“敬天保民”,“天听自我民听,天视自我民视”,以民情知天命。这不只是一条重要的统治经验,同时也是认识上的一大进步,意味着人和神灵世界某种程度的分离。人从神的附庸地位逐渐提升,人神之间形成了某种程度的相向制约关系。周初统治者对民的重视逐渐汇集成一股强大的社会政治思潮,有力地震撼和动摇了原始神秘主义的束缚,人们的认识从崇拜天神转向人自身迈出了有力的一步。

春秋战国时期的历史激变为人们认识的飞跃创造了新的条件。先进人们的目光进一步转向人自身。子产说:“天道远,人道迩”[①],孔子说:“未知生,焉知死”[②],他们显然没有否定神秘世界,但他们把它放在了遥远的地方。摆在他们认识日程上的是现实的人自身及其生活环境。

如果说理性认识的深化是古代文明赖以形成的内驱力之一,那么人类自我认识的演进程度则是衡量一个民族理性发展的标志。老子和庄子把人还给了自然,孔、孟们则把人还给了社会,他们关于人的自我认识的成就使得他们成为中国历史上文化转型的开拓者。其后,思想家们对于人自身的价值、人存在的地位及其意义进行了普遍反思,促进了人们理性的觉醒。

把人还给自然无疑是认识上的一大进步。然而,与之俱来的并不都是人的自信和自主的喜悦,有时反而唤起灵魂深处的原始恐惧和无限的苦恼。面对着无限广袤的自然天地和人自身极其渺小的强烈对比,老子,特别是庄子被这一对比猛烈地震动了。庄子感慨万分地说:“吾在天地之间,犹小石小木之在大山也。”[③]他为人的卑微而惶惑,认为人根本无从摆脱对自然的依赖:“夫大块载我以形,劳我以生,佚我以老,息我以死。”[④]在庄子看来,人是自然的造物,“天地者,万物之父母也。合则成体,散则成始”[⑤]。说到底,“吾身非吾有也”[⑥],人不过是自然的某种存在形式。人的生命注定要由自然来摆布,“生之来不能却,其去不能止”[⑦]。人根本不能把握自我,而不能主宰自我的人生注定是悲剧——人的存在还有什么意义呢!庄子一下子丧失了对于人生的信念,由此而走向消极遁世,幻想用一个永远没有开始的永恒来抵消对人生

① 《左传·昭公十八年》。

② 《论语·先进》。

③ 《庄子·秋水》。

④ 《庄子·大宗师》。

⑤⑦ 《庄子·达生》。

⑥ 《庄子·知北游》。

悲剧的恐惧。于是他“同物我”，“齐生死”，一头转回大自然的怀抱，在观念上否定了人自身的存在。

与老庄相反，以孔子为代表的儒家文化却表示了对人的极度重视，他们从不同角度和各个层面寻求“人是什么”的答案，企图发现人的价值和人存在的意义。自西周晚期以来，这种思想即渐至萌生，逮至春秋战国，即形成了关于人性以及有关人的种种认识的广泛讨论。其中以荀子的概括最为精练。他说：

> 水火有气而无生，草木有生而无知，禽兽有知而无义，人有气有生有知亦且有义，故最为天下贵也。[①]

在孔儒一脉看来，人与动物的区分可归纳为如下三方面：

其一，人、兽虽然都有知觉，但人的知觉具有审美意义。《礼记·礼运》说，人是“食味别声被色而生者也”。孟子、荀子都认为“食”与“色”是人之本性。宋儒邵雍也说：“人之所以能灵于万物者，谓其目能收万物之色，耳能收万物之声，鼻能收万物之气，口能收万物之味。”[②]这就直接把人置于认识客观世界的主体地位。这种知觉加审美认识的形成，从观念上自觉地把人和自然世界区分开来，推动了人的自我认识。

其二，人能通过劳动驾驭和改造自然物。汉儒董仲舒说，人能“生五谷以食桑麻以衣之，六畜以养之，服牛乘马，圈豹槛虎，是甚得天之灵，贵于物也”[③]。《易传》也提出，人类社会的物质文明和精神文明都是由人类中的杰出人物创造出来的[④]。进行“对象性活动”是人所特有的本质。

其三，区别人、兽的根本标志是人有伦理道德，汉儒董仲舒说：“物疢疾莫能为仁义，唯人独能为仁义。”[⑤]南宋理学大师朱熹也认为，人“入有父子兄弟之亲，出有君臣上下之谊，会聚相遇，则有耆老长幼之施，粲然有文以相接，欢然有恩以相爱，次人之所以贵也”[⑥]。人有伦理道德是区别人和动物的主要

① 《荀子·王制》。

② 《皇极经世·观物内篇》。

③ 《汉书·董仲舒传》。

④ 参见《易传·系辞下》。

⑤ 《春秋繁露·人副天数》。

⑥ 《朱熹文集·答余方书》。

界限,也是决定人之价值的基本标准。这个认识贯穿整个儒家文化,成为人们试图把握自身存在意义的根本立足点。

儒家在人类自我反思过程中概括出人具有感知功能、具有创造能力,并且有着独特的道德本质。因而人不仅能建立一个不同于自然本质的物质世界,而且能构筑一个主观理性世界。这就充分表明中国的先民已经明确地认识到,唯有人是宇宙间不同于任何其他事物的特殊的类存在物。于是,一股巨大的喜悦和自豪之感便油然而生,充溢于整个儒家文化之中。“人者,其天地之德,阴阳之交,鬼神之会,五行之秀气也。”[①]人是天地的造物,却又不同凡俗,他是天地秀气日月精华的结晶。“天地之性人为贵,明于天性,知贵于物”[②],儒家对于人在宇宙间地位之高贵有着充分和清醒的察觉。

但是我们必须看到,以儒家文化为主体的中国传统文化关于人之赞歌的主旋律是“凡人之所以为人者,礼义也”。[③]人的最本质的规定是道德,人不外乎是“有道德的动物”。这个认识既有不可低估的积极意义,又显露出儒家文化关于人的自我认识的根本弊端。

伦理道德是人的社会性表现之一,是人类文明理性的重要组成部分。伦理道德规范调节着人类社会的群体关系和内在秩序,是人类能够作为社会群体而存在的必要条件和心理保障。儒家文化强调伦理道德与人之社会存在的内在联系,为人们自觉地协调社会群体秩序,以及人的群体性存在奠定了认识基础。毋庸置疑,传统儒家文化把伦理道德视为人之本质,是有一定道理的。但是,这种认识又难以避免地把复杂的人简单化了。

我们认为,人作为社会存在物,他的活动遍及经济、政治、文化、家庭等各个层次和领域,并在这些活动中相互结成了各种社会关系。其中,人对外部自然世界的改造亦即生产活动是最基本的活动,人们在生产活动中结成的经济关系是人们最基本的社会关系之一。从人类社会的文明生成过程来看,人类“正是通过对对象世界的改造,人才实际上确证自己是类的存在物”[④]。这就是说,从人类社会自蒙昧到文明的发展过程来看,人的主体性首先要在人类社会初期的改造征服外部世界的过程中得到确立和体现。人类社会的理性文明在很大程度上也是伴随着人对自然世界的征服才得以萌生、发展

① 《礼记·礼运》。

② 《汉书·董仲舒传》。

③ 《礼记·冠义》。

④ 马克思:《1844年经济学哲学手稿》,人民出版社,1979年,第51页。

和不断丰富的。可是，中国传统的儒家文化却用伦理道德概括了人的最基本本质，在理念上以伦理关系取代并覆盖了人的其他社会关系。在他们看来，人存在的价值和意义就在于人对于自身道德本质的体认、修养和践行，他们关于人的反思的视野基本局限于人自身道德的完善。“人之所以为人者，礼义也”的命题，与其说是揭示了人的本质，不如说是在观念上或曰理念上宣布了一个限制人自身的根本律令。虽有益于维护人类社会的秩序性和整体性，却又在一定程度上阻碍了人们向着人性解放和个性自由迈进。

儒家关于人的自我认识的积极意义是有限度的。

二、“人道”原则与对个体人的压抑

当人的理性觉醒使之第一次认识到人和宇宙间其他物种的根本区别的时候，在理念上，人们就从“同一于自然世界”的野蛮人即本能的人，进化到自觉的人。在很大程度上，人们的“生命活动”本身成了自己的意志和意识的对象。这种能够将自身区别于动物亦即有别于整个自然界的人的自觉，就是人的“类主体意识”。也就是说，人们在观念上把外部世界视为可以认识的，不同一于自身的客体存在，人自身则是认识的主体。人的类主体意识的形成和发展有助于人的主体性逐渐成熟而越发自觉，使得人们能够自觉地作为一股巨大的能动的主体力量，在不懈地认识和征服外部世界的过程中，创建出人类社会的理性文明。

迄今为止，人类文明发展史向我们表明，人的全面发展包括不可分割的两个方面，即人的社会化和人的个体化。前者是说，任何个人的发展必然要通过社会化途径，通过人我之间的社会联系和交往；后者指的是，人的社会化须以作为独立个性存在的个体人为基点，即以人的个体化为条件。因之，人的个体性发展与人的社会化一样，同是人全面发展的必要条件。人的个性形成的一个重要前提是，人们须在观念上将自己与人群整体区分开来，个人须在意识上把自身视作既不能与人类群体分割，又有其独立意义的一种客体存在，认识到自己本身是一个不同于其他一切人的，与任何人不相重复的独特的个性存在。这种相对于人群整体的个人意识即是“个人主体意识”。

人的类主体意识和人的个人主体意识是人类自我认识发展必然经过的，依次相连的两个发展阶段。一般说来，在人类社会初期，人与自然的联系与冲突占据主导地位，与之相应，人的类主体意识是人类自我认识的主流。

这是人类自我认识发展的初级阶段。随着人类社会物质文明的发展和人类征服外部世界的能力及手段的进步、提升,人的社会化不断加深,个人与人群整体,即“个体与类”的冲突逐渐增多、上升,人的个人主体意识在人的自我认识中的地位日趋明确和重要,人的“自由个性”日趋丰富。当人类发展着的文明程度足以将人的社会提升到了高级阶段,并最终实现了以“每个人的自由发展”为条件的“一切人的自由发展”的联合体。当然,人类社会也只有发展到了这样的阶段,才有可能真的实现当年马克思所设想的“人和自然界之间”及“个体和类之间的抗争的真正解决”。①

现在我们回头检核中国传统政治文化关于人的自我认识,我们会发现,以儒家文化为主体的传统政治文化所能给出的仅仅是人的类主体意识的理性觉醒。儒学宗师们关于人之本质的抽象不是基于对个人与人群整体关系的考察,不是从社会关系的总和上把握人,而是基于人和动物的比较。《礼记·郊特性》说:“无别无义,禽兽之道也”;荀子则说:“人道莫不有辨。”②这里的“人道”相对“禽兽之道”而言,概括了人的道德本质,它的核心是“礼义”。《逸周书·礼顺》说“人道曰礼”;《礼记·丧服小记》有言:“亲亲、尊尊、长长,男女之有别,人道之大者也。”不言而喻,儒家文化关于人的类主体意识的觉醒实际上只限于伦理道德。毫无疑义的是,传统儒家文化这一觉醒应该说在一定意义上悟解到人之为人的价值。可是,接踵而来的却并非是人的个性的自由发展,恰好相反,依照传统儒学的思路,却最终导致了人的个性的泯灭。关于这一点我们从两个层面进行分析。

1. 从总体上看,“人道”体现着传统儒家文化关于人的社会性的基本认识

孔儒们理解的“人道”的核心是血缘人伦关系。《礼记·礼运》说:“何谓人义?父慈、子孝、兄良、夫义、妇听、长惠、幼顺、君仁、臣忠。十者谓之人义。”在儒家看来,人类社会不外乎是一个以血缘家庭为基本连接点的多层次人伦关系网络,人在社会生活中的其他关系都不过是血缘人伦关系的外化和延伸。譬如,君臣关系是人伦关系的延伸,“夫妇之道,不可不正也,君臣父子之本也”③。社会中的其他关系,如邻居、朋友,也必须向伦理关系认同。如孔子说,“里仁为美,择不处仁,焉得知”④,《礼记·中庸》说:“信乎朋友有道,不

① 马克思:《1844年经济学哲学手稿》,人民出版社,1979年,第73页。

② 《荀子·非相》。

③ 《荀子·大略》。

④ 《论语·里仁》。

顺乎亲，不信乎朋友矣。”从这样的角度看，儒家文化所理解的人的社会性，究其根本不过是人的“家庭性”或“家族性”。

人作为社会群体中的一员，他的社会性不只体现在血缘人伦关系之中，同时也体现在经济关系、政治关系、文化活动等种种社会联系交往之中。一般说来，人们结成的社会关系和社会交往越广泛、越普遍，个人的社会化程度就越高，他的道德义务感就越开阔，人的主体意识就越强。也就是说，当人们不仅作为血缘社会的成员，同时也作为社会经济和政治生活中的成员而有意识地活动着的时候，他的道德义务感就会超出血缘家庭(族)的范围，扩大到面向整个社会。他将逐渐摆脱对血缘家庭(族)的依附，在繁杂、多变和丰富的社会交往和联系中，体味他的个体价值和相对独立的个人尊严，他的个人主体意识就越发清晰和自觉。儒家的局限是用血缘人伦关系作为人的全部社会关系的枢纽，人们的自我认识被血缘人伦观念层层缠绕，致使本来应当享受丰富多彩的全部社会生活的人陷溺在人伦关系网络中。人们不是以相对独立的个人身份出现在社会舞台上，更不是作为社会整体中相对独立一员展现他的个性。儒家文化中没有相对独立的个人，只有形形色色的角色，只不过随着时间的推移和种种具体条件的变化，人们在人伦关系网络中所处的具体地位不同而扮演不同的角色罢了。

在“人道”观念的约束下，人的价值取决于对“亲亲、尊尊”等伦理道德的认同程度，个人只有在遍布整个社会的人伦关系网络中才能找到自己的位置。而且人们越是要证明自己是人，就越要沿着“人道”的轨迹，紧紧相互攀扶在人伦关系网络上，使其自身融合于社会群体之中。反之，如果有谁敢于背离儒家文化所规定的“人道”，他就失去了作为人的资格。正如孟子批评墨子所说，亵渎人伦关系就是禽兽。[①]因而儒家文化中的人并不涵指独立个体的人，而是指依照人伦关系网络组织起来的人类群体。

由此看来，儒学宗师们苦苦思索，试图揭示人自身的奥秘，不过是在追寻人群整体和谐与人的群体价值。“人道”本身就表现出一种内在秩序与整体和谐之美：“礼者，贵贱有等，长幼有差，贫富轻重皆有称者也。”[②]儒家文化从血缘人伦关系中概括出几对关系，通过“礼”的规定使之规范化。如《礼记·曲礼上》所言：“君臣、上下、父子、兄弟，非礼不定。”在每一对关系之中，都规

---

① 《孟子·滕文公下》：“杨氏为我，是无君也；墨氏兼爱，是无父也。无父无君，是禽兽也。”“能言距杨墨者，圣人之徒也。”

② 《荀子·富国》。

定着严格的隶属关系,按照汉儒董仲舒的“阴阳合分论”,谓之“妻者夫之合,子者父之合,臣者君之合”[①]。人们遵循儒家的“人道”,就被无情地固定在各自的等级地位上,无条件服从上下隶属关系。人们的衣着服饰、言谈举止、思想感情、无一不被等级格式化。所谓“非礼勿视,非礼勿听,非礼勿言,非礼勿动”[②],“君子思不出其位”[③]。任何个人都只能在适应“人道”的规定中寻找自我和实现自我。

由于“人道”的基本精神是个人向着人群整体的认同和皈依。因之,以“人道”为核心的儒家文化没有促使个人主体意识生长的土壤,儒家对人的赞誉充其量不过是肯定了类存在的人,体现了人的类主体意识的理性觉醒,但却抑制了人的个人主体意识的形成。

2. 从“人道”的具体内容来看,几乎每一项原则规定都是对人的个性的否定

“人道”的具体内容很多,要之,即“三纲五常”。“三纲五常”最基本的精神是绝对尊崇父家长的权威。儒家文化认为,相对臣、子、妻而言,君、父、夫都具有父家长的身份。其中,君主是全社会最大的父家长。“天子者,天下之父母也”[④];夫权则是父家长权威的另一种表现形式。各级父家长在其各自统辖范围内拥有独一无二的至上权威,如荀子说:“君者,国之隆也;父者,家之隆也。隆一而治,二而乱。”[⑤]《礼记》中的《坊记》《丧服四制》等篇也都强调了“天无二日,民无二王,国无二君,家无二尊,以一治之也”。这个认识被统治阶级奉为法典,《唐会要》中就有相同的记述。儒家文化在理论上赋予父家长的权威以专制的特质。父家长对其辖制下的家庭成员则拥有绝对的控制统属能力。“凡诸卑幼事无大小,必咨禀于家长”[⑥];父家长还直接主宰着家庭成员的肉体和命运。譬如,父家长有权对子女施以暴力制裁。早在《吕氏春秋》里就讲过,“家无怒笞,则竖子婴儿之有过也立见”[⑦]。《颜氏家训》里也有相同的记载。父家长有权依自己的意志处置子女,直至买卖挞杀。父家长的意志

① 《春秋繁露·基义》。

② 《论语·颜渊》。

③ 《论语·宪问》。

④ 《盐铁论·备胡》。

⑤ 《荀子·致士》。

⑥ 《温国文正司马公文集·书仪·四·居家杂议》。

⑦ 《吕氏春秋·荡兵》。

和行为则受到法律的保护。《清律例》卷二十八即规定,“父母控子,即照所控办理,不必审讯”。在父家长的绝对权威之下,哪里还有什么个人的自主性和独立性!

“三纲五常”在观念上强调“孝”。中国传统儒家文化认为,“孝,德之本也”①。子女对父家长要孝,臣对君主要忠,忠是孝的政治表现形式;妻对夫要顺,顺是孝的内在规定性之一。此外,五常之德,以仁为首,“仁之实,事亲是也”②,“君子务本,本立而道生。孝弟也者,其为仁之本与!”③“孝道”就成为人们行为的根本道德规定。

依照儒家文化关于孝道的规定:第一,任何个人都没有意志自由权,其爱憎要以父母的意志为转移。“父母之所爱亦爱之,父母之所敬亦敬之”④。第二,个人没有行为自主权,《礼记·曲礼上》的记述十分详细:“凡为人子之礼,冬而夏凊,昏定而晨省……见父之执,不谓之进,不敢进;不谓之退,不敢退;不问,不敢对”;“出必告,反必面,所游必有常”。第三,个人没有婚姻自主权,儒家文化认为男婚女嫁是做人的根本义务,如《礼记·昏义》所言:“上以事宗庙,下以继后世”,更是传延后代的手段,“不孝有三,无后为大”。⑤由于兹事体大,故而“父母之命”具有绝对的权威性。第四,个人不得藏有任何金钱财物,没有私有财产权。据《礼记·坊记》载:“父母在,不敢有其身,不敢私其财,示民有上下也。”人们在没有成为家长,占据家庭(族)主宰地位前,经济上从属于整个血缘家庭。第五,在孝道的规定下,人们连自已的身体也属父母所有。《孝经·开宗明义章》:“身体发肤,受之父母,不敢毁伤。”前引《礼记·坊记》:“不敢有其身。”人们保护自身就是遵行孝道,“父母全而生之,自全而归之,可谓孝矣。不亏其体,不辱其身,可谓全矣”⑥。于是儒家把任何有可能伤害自已身体的活动、言行都纳入禁止之列,计有“不登高、不临深、不苟訾、不苟笑”“不服暗,不登危”⑦,等等,还特地说明,这样并非怯懦,而是“惧辱亲也”。就这样,在孝道的规范下,人们连最起码的人权都没有,只剩下服从

① 《孝经·开宗明义章》。

②⑤ 《孟子·离娄上》。

③ 《论语·学而》。

④ 《礼记·内则》。

⑥ 《礼记·祭义》。

⑦ 《礼记·曲礼上》。

的义务。用温情的血缘关系剥夺人的基本权利,这是传统儒家文化的一大特点。

那么,父家长是否有其个人的意志和行为自主权呢?相对家庭成员而言,各级父家长拥有绝对的辖制权力,然而其本身也要受到孝道约束。在中国传统社会中,孝道被扩大到社会政治生活的各个角落,具有普遍法则的意义。儒家文化规定的孝道公式是:“夫孝始于事亲,中于事君,终于立身。”[①]孝无所不包,无处不在。曾子曰:“居处不庄,非孝也;事君不忠,非孝也;莅官不敬,非孝也;朋友不信,非孝也;战阵无勇,非孝也。”[②]父家长也要以孝道为守则,无条件地服从全社会的最大的父家长——君主。

倘若生之为女人,就更可悲了。女人的地位更低了一等,“男尊女卑,故以男为贵”[③],中国传统儒家文化给女人订立的戒条是“三从四德”,“女子者,顺男子之教而长其礼者也,是故无专制之义,有三从之道”[④]。按照《礼记·内则》的说法,就是“幼从父兄,嫁从夫,夫死从子”。服从更是女人的天职,“妇将有事,大小必请于舅姑”,妇女只能充当劳动和生育的工具。《清律例》就明载“盖夫为妻纲,妻当从夫”[⑤],对于儒家文化覆盖下的女人来说,所谓独立意志和个体人格等等更是无从谈起。

儒家的精神世界是一个群体的世界,其中没有个人的位置,不存在现代意义上的人权因素。

三、圣化:“人”的价值的实现

儒家文化不倡导个人主体价值,是不是就意味着这一文化的价值体系或是文化的基本规定性根本否定了伟大人格的存在呢?事情恐怕并不这么简单。我们看到,历史上有许多思想家反复吟咏着伟大人格的理想之歌;也有些思想家还身体力行,以追求人格自我完善作为人生目标。20世纪80年代以后的中国学术界,伴随着文化热的兴起,有不少学者高举起复兴儒学的旗帜,认为在以儒家思想为主体的中国传统文化中,含有现代社会政治的因

① 《孝经·开宗明义章》。

② 《礼记·祭义》。

③ 《晏子春秋·天瑞》。

④ 《孔子家语·本命论》。

⑤ 《清律例·妻妾殴夫》条后总论。

素。他们还反复论证儒家文化的真谛是倡导人格平等、人格独立,认为孔孟仁学“把个体独立人格,推衍到空前的高度”[①]。“孔子的‘仁’在内在方面突出了个体人格的主动性和独立性”[②],等等。平心而论,儒家著作中有些文字确有类似的含义,归纳起来大致可以分为五个方面。

其一,尊重个人的志气或志向。孔子曾允许他的门徒“各言其志”[③],他还说:“三军可夺帅也,匹夫不可夺志也。”[④]

其二,在某些外在的社会压力和政治权威面前,表现出某种独立性倾向。如孟子说:“富贵不能淫,贫贱不能移,威武不能屈,此之谓大丈夫。”[⑤]荀子也说:“是故权力不能倾也,群众不能移也,天下不能荡也……夫是之谓成人。”[⑥]

其三,在追求道德理想时,突出了个人的某种主体意识。“我欲仁,斯仁至矣”[⑦];“能循天理动者,造化在我也”[⑧]。

其四,在人生道路选择上,允许有一定的灵活性。譬如“通则一天下,穷则独立贵名”[⑨],“穷则独善其身,达则兼善天下”,等等。

其五,表现为一种宏大的人生抱负,肯于为了理想的实现而献身。如孟子立志“居天下之广居,立天下之正位,行天下之大道”[⑩];如宋初名儒胡宏“立身行道”,向往着“杰然自立,志气充塞乎天地……身虽死矣,而凛凛然长有生气如在人间者”[⑪]。

无可否认,以上这些表述确乎塑造出一种顶天立地的人格形象。他们志高而行洁,“夫贤人君子,以天下为己任者也”[⑫],有着强烈的社会责任心。在儒家文化的人格力量感召之下,也确实培养出一些仁人志士。其中不乏感天动地的壮举和悲剧式的英雄人物。他们的业绩流为口碑,传布民间,在一定

① 周继旨:《论孔子和先秦儒家思想中的独立人格觉醒问题》,《孔子研究》,1986年第1期。

② 李泽厚:《中国古代思想史论》,人民出版社,1985年,第25页。

③ 《论语·先进》。

④ 《论语·子罕》。

⑤⑩ 《孟子·滕文公下》。

⑥ 《荀子·劝学》。

⑦ 《论语·述而》。

⑧ 《皇极经世·观物外篇》。

⑨ 《荀子·儒效》。

⑪ 《五峰集》卷二。

⑫ 《盐铁论·散(聚)不足》。

程度上充实了我们的民族自尊心。

可是,如果我们不是纠结于孔儒们的只言片语,而是把他们的精彩话语放到儒家文化的思想体系中来看,我们将会看到,儒家崇尚的人格又无可挽回地否定了人的个性和独立性。

儒家文化关于人格的全部表述显示了一个共同的倾向:他们崇尚的人格并不包含对人的个人地位、个体尊严和基本权利的维护,而是体现着个人对儒家道德理想的强烈追求与献身精神。一般说来,对于人的地位平等,个人的尊严和基本权利的自觉是形成独立人格的基本条件。“大丈夫”们表现出来的“独立性”倾向,并非由于社会政治等外在压力而深感人的尊严和自身权利受到凌辱或剥夺,因而激起其人格的自觉;而是在践行儒家道德理想中,与社会现实的种种障碍相矛盾而形成的一种自觉的强烈的道德皈依精神。“大丈夫”体现的人格不是以追求人的个体价值、个人尊严、人的个性自由和人的全面自由发展为内涵的个体独立人格,而是以维护人群整体价值为基本内涵的理想化共性人格。“大丈夫”所表现的宏大抱负和强烈的社会责任感及使命感在心理上超越了个体自我,跃升为人群整体道德理想的代言人。就这一点而言,儒学宗师们曾经争相为表率。例如,孔子曾自诩“天生德于予”[①],“文王既殁,文不在兹乎”[②]。孟子以拯万民于水火的替天行道者自居。他借伊尹之口说:“予,天民之先觉者也,予将以斯道觉斯民也。非予觉之,而谁也?”[③]北宋理学家张载也自命要“为天地立心,为生民立命,为去圣继绝学,为万世开太平”[④]。他们追求道德理想的意志之坚决,抱负之宏大,精神之崇高,使他们远远高于芸芸世间的凡夫俗子和庸碌之辈,成为先知,成为当世的精神领袖。他们俨然将自己比作理想化共性人格的最高象征——圣人。

在儒家文化中,圣人君子是理想化抽象了的人,是人的类主体意识的集中表现。荀子说:“君子者,天地之参也,万物之总也,民之父母也。无君子则天地不理,礼义无统。”[⑤]《礼记·礼运》说:“圣人参于天地,并于鬼神,以致政

---

① 《论语·述而》。

② 《论语·子罕》。

③ 《孟子·万章上》。

④ 《近思录拾遗》卷三。

⑤ 《荀子·王制》。

也。"圣人君子代表人类与天地相参,体现的是人群整体价值,维护的是人群整体尊严,他们是人群整体的总代表。虽然儒家文化承认凡人和圣人有着共同的起点,"人皆可以为尧舜",但是真正能达到光辉顶点的毕竟只是圣人。因为"圣人者,人之至者也"[1],圣人身上汇聚着人类的全部智慧和美德,是人们修身养性的道德样板和做人的楷模。宇宙间唯有圣人在规划着凡人的精神生活,通过"化性起伪","以矫饰人之情性而正之,以扰化人之情性而导之,使皆出于治、合于道也"。[2]既然儒家把圣人推到人类道德的制高点,"人皆可以为尧舜"又向所有人洞开圣人宝殿的大门,那么通过修身之道向圣人皈依遂成为一切不甘沦为凡人的有识之士毕生的宏愿。然而,另一方面,圣人崇拜又极大地桎梏着人的才能向着多样化、多方面发展。凡人在圣人面前,没有任何个性和独立性可言,只有心悦诚服地崇拜和追随圣人,才能使自己的道德得以提升。

在儒家竭力倡导的圣化文化覆盖下,圣人是膜拜的精神偶像,个人则要全身心地皈依圣人。这样一来,在人们日复一日地膜拜圣人的过程中,人的个性自由被圣人的光华窒息了,人的个体独立人格在圣人博大的共性人格面前消失殆尽。因之,儒家的圣人崇拜本身即意味着对人的个性和独立性的剥夺。而且这种崇拜越虔诚、越神圣,对人的个性和独立性的剥夺就越彻底。正因为如此,君主政治的祭坛上才竖起了儒家文化的旗帜,迎风招展了近两千年。

圣人崇拜在儒家文化中占有特别重要的地位。依照儒学宗师们的理想人生设计,人生的最高理想就是实现个人自身道德的完善。人的其他发展道路或人生选择均属末流。道德修身实际成为每一个社会成员应尽的根本义务。正所谓"自天子以至于庶人,壹是皆以修身为本"[3]。上至帝王,下至黎民百姓,人人都要修身养性,修习儒家经典和道德条目,沿顺着儒家文化拟定的修身之道,不断地持续地向着圣人靠拢。凡人向着圣人皈依的成功标志就是在精神上达到了"天人合一"。

天在传统儒家文化中虽然不完全是神秘主义的绝对,但是它确实是支

① 《皇极经世·观物内篇》。

② 《荀子·性恶》。

③ 《礼记·大学》。

配人类的一种精神力量和本体，而儒家所主张的人伦道德等原则正是以天作为本原的。所谓"法象莫大乎天地"[①],"故圣人法天而立道"[②]。在儒家文化看来,人间的道德法规不是人类社会自身的产物,而是宇宙法则在人间的再现。结果是,一方面,道德法规的内涵无限扩张,"礼者,天地之序也"[③],它"合于天时,设于地财,顺于鬼神,合于人心"[④],涵盖了整个自然与社会,具有无限的适用性和最高权威。另一方面,自然世界的阴晴圆缺,四时流转也具有了道德意义,宇宙有了道德属性。这是一种宇宙法则社会化和道德法规宇宙本体化的互换过程。

如前所论,既然儒家文化认定道德性是人的本质,那么在宇宙本体与道德法规的互换过程中,人的本质就被无限地升华,以致等同于宇宙本体。人们对自我本质体认的同时就是对宇宙本体的认知;反之,对于宇宙本体的认同便意味着人们寻找自我本质的最后完成。孟子就此归纳出一个公式,他说:"尽其心者,知其性也,知其性,则知天矣。"[⑤]意思是,人只要尽力挖掘自身固有之德,就能体察自身本质,就能进而悟解宇宙的真谛。孟子的思想经历了汉唐儒学经典传授,到了北宋初年,伴随着孟子"升格"运动的兴起,宋儒回归原典,创新理学,对于孟子之说作了详尽的阐发,特别强调天和人本质上的内在同一。宋儒们认为,人的本质与天道不是并列的相似,而是同一事物的不同表现。如张载说:"所谓诚明者,性与天道不见乎大小之别也。"[⑥]程颐说:"道未始有天人之别,但在天则为天道,在地则为地道,在人则为人道。"朱熹也说:"合天地万物而言,只是一个理。"[⑦]由此,宋儒们认定,人对于宇宙的认识并不在于孜孜以求地探索天地自然本身的奥秘，而是在于对人自身的扪心检索。如程颐说:"只心便是天,尽之便知性,知性便知天,当处便认取,更不可外求。"[⑧]朱子的"格物致知",也不是要人们"存心于草木器用之间",而是要"穷天理,明人伦",所以他说:"如今说格物,只晨起开目时,便有

---

① 《易·系辞上》。

② 《汉书·董仲舒传》。

③ 《礼记·乐记》。

④ 《礼记·礼器》。

⑤ 《孟子·尽心上》。

⑥ 《张子正蒙·诚明》。

⑦ 《朱子语类》卷一。

⑧ 《二程语类》卷二上。

四件在这里,不用外寻,仁义礼智是也。”[①]正是基于这样的认识,在儒家文化的视野中,人被看作是一个微型宇宙,这就叫作“万物皆备于我”[②],“大则君臣父子,小则事物细微,其当然之理,无一不具于性分之内也”[③]。天道的永恒法则就根植于人的内心深处,这便是中国传统儒家文化“天人合一”论的要旨之所在。

“天人合一”的运动形式是天与人之间的相向互换,人的道德本质外化为宇宙本质,反之宇宙本质则内化为人的本质。正如陆象山所言:“宇宙便是吾心,吾心便是宇宙”[④],人们就是在这样的天人之间的双向运动中,通过“尽心、知性、知天”的程式,完成其向着道德化宇宙的精神回归,这也就是完成了自身道德本质和个人存在价值的实现。

同时,由于“圣人与理为一”[⑤],所以“惟圣人既生而知之,又学以审之,尽人之性,尽物之性,德合天地,心统万物,故与造化相参”[⑥]。当人们沿着“尽心知性知天”的阶梯实现了自我道德本质的时候,同时也就是向着圣人皈依的完成。

中国传统儒家文化强调天和人的内在同一,表明了这种文化对于人之主体性的认识是含混不清的,天与人的内在同一意味着社会存在着的人实际上兼具了主、客体双重性质。一个既是主体,又是客体的人,其视向必然是内化的。于是人自身遂成为儒家文化的认识焦点。《礼记·中庸》说:“君子不可以不修身,思修身不可以不事亲,思事亲不可以不知人,思知人不可以不知天。”《礼记·大学》说:“古之欲明明德于天下者,先正其国;欲正其国者,先齐其家;欲齐其家者,先修其身。”“改造自我”成了人们认识外部世界和人的所有社会政治行为及其活动的起点与归结点,其结果是整个儒家文化缺乏追求宇宙起源和探究自然法则的高层次思辨传统,难以形成科学的理性。这也是自传统到近代,中国文化的自然科学思维和方法论不能发达的重要原因之一。

“天人合一”的最高境界是“合外内之道”,使人在观念上与天地万物融

---

① 《朱子语录》卷十五。

② 《孟子·尽心上》。

③ 《孟子集注·尽心上》。

④ 《象山全集·年谱》。

⑤ 《二程语录》卷二十三。

⑥ 《知言》。

为一体,达到"人与天地一物也"[①]。既然天人无二,"物我一理"[②],人们在认识上便会达成"视天下无一非我"![③]我是万物,万物是我,诚如程颐所说:"大而化,则己与理为一,一则无己。"[④]人们也只有将自我融化在天地万物之中,才有可能将自身的道德本质升华到最高层次,亦如张载说言:"无我而后大,大成性而后圣。"[⑤]

"天人合一"在观念上否定了人的独立和个体存在,"圣人崇拜"桎梏着人们的精神世界。人们要么是儒家式的"君子",要么是无知无识的"小人"。不论是"小人"还是"君子",在他们的意识里都没有对自身价值的觉醒,因而难以形成对自身权利的自觉追求,于是也就无所谓"人的尊严"。在儒家文化的规范之下,人们生来就是君父的子民,实则成为君主专制治下的顺民。

圣人崇拜作为一种特有的文化机制,恰恰适应了君主专制政治统治的需要。

四、结语:主体意识的断层与民族精神

儒家文化是中国传统文化的主体,也是传统政治文化的主体构成。综观全部儒家文化,我们看到其中有关人的认识表现为一种理论上的二律背反。

一方面是关于人类的赞美诗,儒家文化自豪地宣告了人之为人的价值所在,肯定了人的类存在,他们推崇圣人,对圣人所象征的理想化共性人格给予了高度的称颂。他们注重人的群体价值,对于推进人类社会向着高度理想化道德社会的迈进抱有强烈的社会责任心。

另一方面,儒家文化又从各个方面对于人的个性和独立性进行了无情的剥夺,在观念上用一种普遍道德规范否定了人的个体存在。这种悖论实际蕴含在关于人的道德本质的规定中,儒家文化在解放人类的同时,又给人们戴上了枷锁。

人的个体化是人之全面发展的不可或缺的一个方面。儒家文化中的人却只有社会群体化单向发展途径,人们的精神归属于道德化的宇宙,他们的

① 《二程语录》卷十一。
② 《二程语录》卷十八。
③ 《张子正蒙·大心》。
④ 《二程语录》卷十五。
⑤ 《张子正蒙·神化》。

血肉之躯归属父母所有,他们的意志和行为被父家长和君权紧紧束缚住。人们越是要成为儒家文化称道的人,就越要泯灭个性,否定自我。沿着儒家的道路不可能导向个人尊严,个性解放、自由意志和独立人格,儒家文化造就了一个顺民社会,从而成为君主专制主义生存的最好的文化土壤。我们弄清了儒家文化中“人”的真实面目,所有关于儒家文化的“人道”“民主”“自由”“个人尊严”,等等论断,都只能是海市蜃楼。

基于这样的分析,我们当然不能说中国传统政治文化中没有主体认识,但是毫无疑义的是,这种主体认识又是残缺不整的。

如前所述,儒家文化关于人的自我觉醒停留在群体意识阶段,人的主体意识便自然而然地停滞在认识的浅层。当然,在中国社会的发展过程中,即便是这种浅层的主体意识,也足以面对外部世界而发挥出巨大创造性,从而创造出了炫目多彩的中华传统文化,至今被人们誉为“博大精深”。但是,我们难以否认的是,行至近代即19世纪,中国落后了。这个民族也曾经历了战争、革命、推翻帝制、建立共和,但是她毕竟走在了世界潮流的后面,被动、挨打、割地、求和,在第二次世界大战中被“一衣带水”的邻邦侵略,被奴役,被屈辱!政治的清明较之民族的独立来得更为迟缓和磨难重重。

从历史学和政治学的角度看,解释这样的历史事实是多角度和多方位的。不过,如若从政治文化的视角看,我们经历了共和却在政治民主的路程上走得如此的艰辛、曲折,其缘由尽可以罗列,但其中重要的一条是,我们的民族在政治文化上,在政治意识上,主体意识是有所缺失的。当我们面对异族入侵之时,我们不乏民族气节,“天下兴亡,匹夫有责”激励着一代又一代人奋起抗争。然而,当我们面对着权力私有、集权统治和政治独裁的时候,社会整体的反应迟钝和应对冷漠则造成了令人痛心的遗憾。

从19世纪中叶至今,中华民族的现代化探索行进了一个多世纪,人们向往中的政治现代化依然步履蹒跚。我们从政治文化的层面诊治,认为全社会整体主体意识的提升和健全是问题的要害。只有当每一个社会成员的个体主体意识得以明确、确认,并且能作用于实际社会政治的运作,这时,多少代人梦想的法制社会和政治现代化才是可望而不可即的。

第三讲　政治角色：士人的政治存在与政治心态

士人是中国传统文化的载体之一，也是中国传统政治文化的主要传承者。作为一个特殊的社会群体，中国古代的士人一般以学习和研究儒学经典和传播儒家文化作为基本生存方式；以求取功名，居官从政，封妻荫子并光宗耀祖，作为其人生道路的最佳设计。“学而优则仕”是孔子的训诫，被后世士人奉为人生法则，士人遂与君主政治结下了不解之缘。研究中国传统政治文化，不能不把士人设定为首选的研究课题之一。

从历史的进程看，士人既是以儒家文化为主体的传统政治文化的实际承载者，又是君主政治的主要参与者。随着汉代察举制、隋唐科举制等政治录用方式的完善，士人愈益深入地介入君主政治体制，成为官吏系统的主要成员，在政治运作中举足轻重。因此可以说，历史上的士人确乎处在文化与政治的中心地带，这是他们的历史定位。士人们的所思与所为，就不能不带有生而与俱的政治文化意义。换言之，士人是中国传统政治文化的凝聚，这是他们的历史宿命。从士人身上我们可以比较真切地体认到中国传统政治文化的特点和政治实质。

在今人看来，士人是一种历史的存在，他们与近代以来的“知识分子”[①]并不相同。士人身负的文化内涵，诸如道德品性、理想信仰、人格特质、思维定式等等在长期的历史遭递中，已经融入了文化传统而符码化，它们并没有随着士人的消亡而寂灭，而是偕裹于传统文化之中延传下来。士人身上曾经具备的所有优长与拙劣、胆识与怯懦、精湛与平庸，仍然以各种形式和各种

① 关于现代知识分子的内涵，学界颇多争论。一种主要观点是：现代意义的知识分子指的是作为“社会良心”的人文知识分子，他们把文化关注置于社会关注之上；怀有无偿无私的“终极关怀”精神；在行为选择上，他们义不容辞地站在了批评席上。

面目，不同程度地存留在当代中国知识分子身上。据此，我们有理由认为，认真剖析历史上士人们的思与行，将是当代中国知识分子反思和认识自我的起步，也是建构当代中国政治文化的一个认识起点。

一、道与王的同一和冲突

作为中国政治文化研究对象的士人，是一个历史概念，也就是说，士人的生成有一个历史过程。大体言之，上古三代的士主要是贵族，他们是分封贵族的最下一级。士一般有少量的财产、土地，同时也受到良好的贵族文化教育。学习"礼、乐、射、御、书、数"六艺使得他们能文能武，在当时的政治格局中，他们的主要政治角色是参与战争，充任武士。

进入东周，即春秋战国时代，士伴随着政治格局的变化而经历了从武士到文士的嬗变。至迟到了春秋晚期，即孔子生活的时代，士人的来源已经颇为复杂了。孔子办学，开门授徒，从学者"有教无类"，且弟子三千，于是乎纷纷然，诸子之学博兴，习文修道之士日众，士人渐渐成为一种特别的身份。他们不以武力或地位身份高下见长，而是以思想、理念、智力、智慧纵横于"王纲解纽、百家争鸣"的战乱之世。他们可以"朝秦暮楚"，周旋于醉心争霸和统一天下的诸侯国君之间。大约从这个时候起始，士人的社会定位便显露出与众不同。他们有知识文化和理想上的追求，同时他们又不能忘情于政治。这里便涉及一个理论问题：士人在精神上认可孔儒之道，在行为即实际人生的选择上，他们又钟情于王权——那么，道与王是一种什么样的关系呢？

以孔子为象征的儒家文化把道视为理想的政治原则和道德原则，如汉儒董仲舒所言："道者，所由适于治之路也，仁义礼乐皆其具也。"[①]其实质不过是西周以来的礼乐政治文明的理论概括。因而在理论上，道最尊。可是在实际社会政治生活中，君主的权力是至高无上的，"天子无妻(齐)，告人无匹也"[②]。这样一来，道与王的关系就成为一个微妙而复杂的问题。儒家的道不是超现实的，但又不是对现实的一味肯定。道与王的关系表现为：不即不离，若即若离，又即又离。王在这中间有许多文章可作，士人(主要指理论的追求者)也有许多文章可作，在具体的历史过程中呈现出十分复杂的局面。

① 《汉书·董仲舒传》。

② 《荀子·君子》。

道与王有一个基本的统一点,这就是对于君主专制政治体制的肯定。这种体制的理论形态是“道”的实际内容,凝聚为传统儒学的政治价值准则。在实际社会政治生活中,则得到专制统治者们的信奉和依赖。

儒学宗师们各自使用自己的语言表达了对于君主政治体制的肯认。孔子用礼来概括等级制君主政治,谓之“君君,臣臣,父父,子子”。这个认识得到了齐国君主的赞许,齐景公说:“善哉!信如君不君,臣不臣,父不父,子不子,虽有粟,吾得而食诸?”[①]孟子关注的是这种体制的政治道德层面,他说:“人伦明于上,小民亲于下;有王者起,必来取法。”他说的人伦就是“父子有亲,君臣有义,夫妇有别,长幼有叙,朋友有信”[②]。孟子认可的人伦与孔子之礼在政治的基本规定性上是相同的。荀子则指出:“国者天下之制(制:疑衍)利用也,人主者天下之利执也。得道以持之,则大安也……不得道以持之,则大危也。”[③]汉儒董仲舒也认为“未有贵贱无差,能全其位者也”[④],“故圣人之治国也”,必然要“立尊卑之制,以等贵贱之差”[⑤]。董仲舒与荀子一样,承继了孔儒的认识,强调以尊卑贵贱等级制度作为君主政治的基础。这样的认识对于后世影响很大,成为有关体制认识的主流。例如宋儒的理解就很有代表性:

> 夫仁礼乐,治世之本也,王道所由兴,人伦所由至;[⑥]
>
> 古者圣人之立制也,爵称有差,衣服有章,车旗有数,宫室有度。上不可以偪下,下不可以拟上,所以防夫僭夺而塞贫乱也。[⑦]

礼制仁义给予君主政治以制度保障,“所以制天下,垂万世而不可易,易则乱矣”。依照儒家文化的设想,政治的运作要沿着道的原则行进,称为“有道”。“有道”的政治要求“礼乐征伐自天子出”[⑧],“诸侯受国于天子,非国人所得而立也;诸侯土地受之天子,不可取也”;“城邑宫室,高下大小,皆有王制,

---

① 《论语·颜渊》。

② 《孟子·滕文公上》。

③ 《荀子·王霸》。

④ 《春秋繁露·王道》。

⑤ 《春秋繁露·保位权》。

⑥ 《睢阳子集·补》。

⑦ 《徂徕石先生文集·十 ·工爵论》。

⑧ 《论语·季氏》。

不可妄作”[1]。越是“有道”的政治,权力越要集中。但凡决策、立法、行政、司法、监察以及军权等等各种权力都要集于君主一身。不言而喻,道所维护和肯定的是君主专制政治体制。

道与王有着内在的联系,可谓休戚与共,密不可分。君主若无道作依托和保障,君的权位不得安稳;反之,如果没有君主的政治实践,在实际社会政治生活中实现统治,道的原则也形同虚设。北宋初年名儒石介说:“自夫伏羲、神农、黄帝、尧、舜、禹、汤、文、武、周公、孔子以至于今,天下一君也,中国一教,无他道焉。”[2]这里说得十分清楚,“天下一君——中国一教”,道和王从理念到行为,实际构成君主政治不可或缺的两个组成部分,如同土壤与枝干,相辅相成,互相依托。

然而理念与行为毕竟是不同状态的事物,儒家文化的道是抽象的政治理性原则,是统治阶级普遍利益的理性化和规范化。在儒家理论中,道与抽象化的理想君主——圣王明君是合而为一的。但是理论不能取代现实,抽象的理论概括和变动不居的实际政治运作之间常常出现间隙,在具体政治实践中,理想的道往往会与个别的君主行为表现形成某种程度的背离和冲突。

关于道与王的矛盾,孔子已作过明确的论述。此外曾子也说:“晋楚之富,不可得也;彼以其富,我以吾仁;彼以其爵,我以吾义;吾何慊乎哉!”其后,孟子把问题讲得更透彻,他说:“天下有达尊三:爵一,齿一,德一。”[3]孟子说的爵是权位,齿指血缘辈分,德代表着儒家的礼制仁义原则。他认为爵、齿和德作为不同类型的价值标准,适用于不同的领域。“朝廷莫如爵”,在政权系统里,亦即在政治体制内部,以权力高低为标准,爵位越大越高贵。“乡里莫如齿”,在社会生活中,以辈分年纪论尊:“辅业导民莫如德。”作为理国治民的政治原则,应当以德为本。在现实生活中,此三者缺一不可,“恶得有其一而慢其二哉”?孟子还认为,德与爵相比,德更重要。他把权势地位称作“人爵”,仁义道德称为“天爵”,说:“古之人修其天爵,而人爵从之。今之人修其天爵,以要人爵,既得人爵,而弃其天爵,则惑之甚者也,亦终必亡而已矣。”[4]显而易见,假如需要在道和权势财利之间作选择,理论上只能先道而后势。所以孟子又说:“古之贤王好善而忘势,古之贤士何独不然?乐其道而忘人之

① 《宋元学案·二·泰山学案》。
② 《徂徕石先生文集·十三·上刘邛书》。
③ 《孟子·公孙丑下》。
④ 《孟子·告子上》。

势。故王公不致敬尽礼,则不得亟见之。”[①]孟子的认识是有代表性的,先秦儒学宗师大抵如是。荀子就在这些认识基础上提出了“道高于君”,“从道不从君”的命题。

先秦儒学宗师的认识为后世儒家探讨道王关系定下了基调,明儒吕坤总结前人的认识,进一步明确了道与王的内在联系,说:

> 天地间惟理与势为最尊。虽然,理又尊之尊也。庙堂之上言理,则天子不得以势相夺。即相夺焉,而理常伸于天下万世,故势者,帝王之权也;理者,圣人之权也。帝王无圣人之理,则其权有时而屈;然则理也者,又势之所恃以存亡者也。[②]

吕坤的表述再清楚不过了:理即道是“圣人之权”,高于势,又是“帝王之权”得以存亡的依据。

总之,儒家文化在道与王关系上的共同认识大致有三点:

其一,君主享有权力的合法性需要以道来验证。如孟子说:“非其道,则一箪食不可以受于人;如其道,则舜受尧之天下,不以为泰。”[③]

其二,君主运用权力必须遵循道的准则。荀子说:“治之要在于知道。”[④]《吕氏春秋·知度》:“治天下之要,存乎除奸,除奸之要,存乎治官,治官之要,存乎治道。”《管子·君臣下》甚至提出:“明君重道德而轻其国。故君一国者,其道君之也;王天下者,其道王之也。”

其三,君主需要拜贤人君子为师、友,因为他们掌握道,是最好的政治顾问。“君子之事君也,务引其君以当道,志于仁而已。”[⑤]孟子称其中最优秀者为“不召之臣”。“将大有为之君,必有所不召之臣,欲有谋焉,则就之。”[⑥]君主能否觅及贤人君子为师友,是成就大业的重要条件。成汤的左相仲虺曾说过:“诸侯自为得师者王,得友者霸……自为谋而莫己若者亡。”[⑦]这个认识成

① 《孟子·尽心上》。
② 《呻吟语》卷一之四。
③ 《孟子·滕文公下》。
④ 《荀子·解蔽》。
⑤ 《孟子·告子下》。
⑥ 《孟子·公孙丑下》。
⑦ 《荀子·尧问》。

为“道高于君”的重要理论依据之一。

倘若君主真有背离道的倾向，贤人君子就要没法予以阻劝。通常采用的方式是“进谏”。孟子说：“唯大人为能格君心之非”[①]，贤人君子具有规劝君主的资格和义务。然而在“率土之滨，莫非主臣”的时代，君主一人大权在握，贤人君子并不具有制约君主的权力，儒家文化只得鼓励人们勇于冒死铮谏。荀子把这些人称为“争”“辅”“拂”之臣，为了国之大利而敢于“强君矫君”“抗君之命”，不惜一死。

假若通常手段不能奏效，儒家文化认为可以采用“非常手段”，叫作“有道伐无道”，就是要取消或曰剥夺无道之君的君主资格。具体方式有“诛一夫”“易位”，等等。儒家文化认为，以“有道伐无道”符合权力运作的历史过程。从王朝统治的轮转更迭来看，正是如此，“夏无道而殷代之，殷无道而周代之，周无道而秦代之，秦无道而汉代之”[②]。在董仲舒看来，有道与无道的交替是改朝换代的内驱力。当然，“伐无道”不是一般人能做的，必须有大德和受天命者方可行事。

儒家文化坚持用道对王权进行制约，在君臣关系上表现出一种不同凡俗的格调。他们认为，一味顺从君主是“妾妇”之所为，属于低层次的臣道。荀子就曾明确指出：“入孝出弟，人之小行也；上顺下笃，人之中行也；从道不从君，从义不从父，人之大行也。”[③]在道与王的冲突中，他们毫不犹豫地把道放在了第一位，“虽贵不苟为，虽听不自阿，必中理然后动，必当义然后举”[④]。当然，这绝不意味着以道否定君主，压制王权，儒家文化选择了道的真正目的是要从根本上维护君主的最大利益。正如董仲舒解释的那样：“出天王而不为不尊上，辞父命而不为不承亲，绝母属而不为不孝慈，义矣夫。”[⑤]这也属于忠君、孝亲，但不同于日常的普通的忠和孝，而是“大忠”“大孝”，其目的在于“以德覆君而化之”“逆命而利君”[⑥]。

然而儒家文化以道的原则约束王权，究其实不过是用思想或理念来约束政治权力。人类的文明史早就证明，只有权力才能制约权力。因此尽管儒

---

① 《孟子·离娄上》。

② 《春秋繁露·尧舜不擅移汤武不专杀》。

③ 《荀子·子道》。

④ 《吕氏春秋·不苟》。

⑤ 《春秋繁露·精华》。

⑥ 《荀子·臣道》。

学大师们反复论证“道高于君”，在现实生活中，他们孜孜以求奉为圭臬的道却最终难逃王权的控制。儒家们在高论之后，常常不得不认可现实，承认王权实际掌控着道。

首先，他们认可道是由圣王制定的。《中庸》说：“虽有其位，苟无其德，不敢作礼乐焉；虽有其德，苟无其位，亦不敢作礼乐焉”，只有圣君兼具德与位，才具有制定道的资格和能力。所以荀子说：“礼义者，圣人之所生也。”[①]张载也说：“礼者，圣人之成法也，除了礼，天下更无道矣。”[②]其次，儒家文化认可道的实践最终是系于君主一身的。《管子·君臣上》说：“夫道者虚设，其人在则通，其人亡则塞者也。”宋儒石介也说：“圣人存则道从而隆，圣人亡则道从而降。”[③]既然儒家把道的制定与践行的权力一并奉与圣王，那么圣王便理所当然成为道的最高主宰，正如荀子所言：“圣人者也，道之管也。”[④]

根据以上的论证，儒家思想家们得出结论：遵道与从王是统一的。《尚书·洪范》谓之“王道”：“无偏无陂，遵王之义；无有作好，遵王之道；无有作恶，遵王之路。”如果说“王道”是最高层次的行为准则和认识标准，那么道的主宰者——王就成为主宰人们认识的最高权威和终极裁判。正如董仲舒所说：“圣人之所命，天下以为正。正朝夕者视北辰，正嫌疑者视圣人。”[⑤]实际社会政治生活中的君主未必个个都是圣王，但是他们有权自封为“圣主”。帝王麾下的群臣百官也会讨好阿谀君主为“圣上”“圣王”，结果是历史上许多荒淫残暴的君主都被戴上了圣王的金冠，道与王的关系在实际历史过程中表现为：王实际上把握和控制着道。

从历史的过程来看，秦汉以后，伴随着封建帝国“一统”政治局面的形成，统治者依靠行政手段钦定了统一的思想准则。秦始皇“禁绝百家，以吏为师”“别黑白而定一尊”[⑥]，汉武帝“罢黜百家，独崇儒术”。他们尊崇的思想不同，但目的是一致的，无非是要统一人们的认识，实现道的标准化。在这个过程中，王权决定取舍予夺。儒家之所以被尊为官学，列为经典，在国家的政治意识形态中占据统治地位，实是得力于汉武帝的擢升和历代君主的确认。思

① 《荀子·性恶》。

② 《经学理窟·礼乐》。

③ 《徂徕石先生文集·十八·汉论下》。

④ 《荀子·儒效》。

⑤ 《春秋繁露·深察名号》。

⑥ 《史记·李斯列传》。

想准则既然是帝王所确认的，那么当思想理论界出现重大的理论分歧时，最终也要由君主来裁定。比如著名的后汉石渠阁会议和白虎观会议，都是在君主的主持下召开，按照君主的旨意作结论的。君主对士人们的要求就是作忠臣，唯君命是听。清朝雍正帝有言：“使孔孟当日得位行道，惟自尽其臣子之常经，岂有韦布儒生要自做皇帝之理？”[①]可谓一语道破儒家思想的真谛。君主拥有权势，又把持着道，自然总是处于“圣明”之位，所谓“人主无过举”[②]，是非裁定全凭君主一语定乾坤，人们的认识稍稍不合君主的心意，便会被冠上种种罪名，君主有权随心所欲判定思想犯罪。中国历史上层出不穷的文字狱，恰恰说明了权力高于原则，王主宰着道。

二、孔子的选择与士人的政治存在样态

孔子身为“万世师表”，他的言行对于后世儒生具有绝对的榜样效应。同时，孔子生活时代的政治条件及政治生态与后世并没有实质上的变化，这也为后世儒生接续孔儒一脉的文化传承提供了保障。

（一）在道与王的夹缝中求生存

道与王的冲突给士人们的选择提出了一个难题。孔子本人在道与王的选择上，采用兼及双方的中庸之道。简言之，孔子在行为上从王，观念上求道。

从总体上考察孔子的政治主张，我们可以认定孔子是坚定的尊君论者。“天无二日，民无二王”虽然不见载于《论语》，却见于《孟子》和《礼记》，参照《论语》《左传》的其他记述，应当是可信的，尊君是孔子尊奉的基本政治价值准则之一。

孔子的政治理想是实现“君君，臣臣，父父，子子”样式的尊卑等级井然有序的君主政治。据《论语》记述，他在行为上对君主的恭顺之情溢于言表：“入公门，鞠躬如也，如不容……过位，色勃如也，足躩如也，其言似不如者。摄齐升堂，鞠躬如也，屏气似不息者。”[③]在孔子的心目中，“唯天子受命于天，士受命于君”[④]。他也曾提出“以道事君”[⑤]，但是他的行为表现透露了内心深

---

① 《大义觉迷录》卷二。

② 《汉书·叔孙通传》。

③ 《论语·乡党》。

④ 《礼记·表记》。

⑤ 《论语·先进》。

处的焦虑:君主的权威是至高无上的,为人臣子者切切不可冒犯。

然而另一方面,孔子也诚挚地崇尚他的政治理想和政治原则,他把道作为自己和士人们的立命安身之本。他说:“志于道,据于德,依于仁,游于艺”[①],“朝闻道,夕死可矣”[②]。道好比一个大门,理想的人生必须从这里开始,“谁能出不由户?何莫由斯道也”[③]。孔子的人生理想就是追求道的实现,“君子谋道不谋食”[④]。不过他的内心十分清楚,在当时条件下,实现道的希望渺茫无着。但他仍然“知其不可而为之”。有时孔子也会感到过于疲惫,于是感慨而消极:“道不行,乘桴浮于海。”[⑤]有时候却又满怀信心和希望:“苟有用我者,期月而已可也,三年有成。”[⑥]

一方面是尊君;另一方面是宏大的人生抱负,这种现实与理想的冲突在孔子的精神上凝成一个巨大的难题。他竭力希望能将二者统一起来,但这很难做到。当二者无法统一时,孔子又想方设法要从二者的冲突中解脱出来,他采用的方式就是克己、节己、修己。也就是说,要通过道的原则约束自身,做到“非礼勿视,非礼勿听,非礼勿言,非礼勿动”[⑦],“不在其位,不谋其政”[⑧],“君子思不出其位”[⑨],使自身欲念与政治理想统一起来。这种方式是将外在的规定内化为自觉要求,以缓和道与王的冲突。就原则而言,士人应“笃信好学,守死善道”[⑩],为了道的践行应该具有不惜一切、不惧一死的无畏精神:“志士仁人,无求生以害仁,有杀身以成仁”[⑪]。但是在现实生活中,又要表现出一定的灵活性,行为有所节制,选择可进可退,“天下有道则见,无道则隐”[⑫]。

这种行为上的节制和精神上的“克己”最终促成了孔子精神上的双重人格。作为道的倡导者和理想政治的代言人,孔子表现出崇高的精神境界,有着“天生德于予”[⑬]的强烈使命感。可是,一旦面对人间的最高主宰者,孔子又回落为摧眉折腰、俯首称臣的低调状态,表现为深沉的敬畏和眷恋,对君主

---

①⑬ 《论语·述而》。

② 《论语·里仁》。

③ 《论语·雍也》。

④⑪ 《论语·卫灵公》。

⑤ 《论语·公冶长》。

⑥ 《论语·子路》。

⑦ 《论语·颜渊》。

⑧⑩⑫ 《论语·泰伯》。

⑨ 《论语·宪问》。

则毕恭毕敬，谨小慎微。孟子曾说，孔子“三月无君则皇皇如也”[1]，孔子力图求得道与王的统一，但实际上却导致了对王权的恭顺和服从。

后世士人祖述尧舜（圣王），尊师孔子（道圣），这就使他们中绝大多数成了道和王的从属物。

士人的精神世界受着“道统”的统属。所谓“道统”，是儒家构拟出来的一个“圣圣相传”的道的系列。最早是由孔子创拟出来的。孔子把尧、舜、禹、文王、武王、周公视为道的创造者，他则是圣人之道的承继者。其后孟子列出了尧、舜、禹、汤、文王、孔子的圣人谱系。孟子自称为孔门私淑弟子，以道统的当然继承者自居。唐宋时代，道统之说大盛，韩愈、石介、孔复、二程、朱熹等都曾延续道统说，各家的说法不尽一致。但不论具体说法的差异有多大，道统说在中国传统政治文化的延传上，却是意义重大的。简言之，道统说使得儒家的道成为既定的万世一系的总法则，构成了中国传统政治文化中的一条主线。

按照儒家文化的传统认识，道统的继承者都是数代儒宗。比如北宋孙复推崇董仲舒、扬雄、王通、韩愈，认为他们是“始终仁义不叛不杂者”。其中尤以董仲舒“推明孔子，抑黜百家……斯可谓尽心圣人之道者也。至秦以后，圣道晦而复明者，仲舒之力也”[2]。程伊川（颐）称赞明道（程颢）说：“孟轲死，圣人之学不传。道不行，百世无善治；学不张，千载无真儒。”明道则“得不传之学于遗经……使圣人之道焕然复明于世”[3]。道统与传道圣贤一起，构成了连续的思想文化权威体系，成为真理的化身。士人学子唯有拜圣贤为宗，以道统为法。在道统和圣贤的“真理”面前，容不得丝毫怀疑，只能笃信、领悟和皈依。不言而喻，这样的文化传统和宗师训诫必然对士人们形成巨大的思想桎梏。

儒家文化的最高人生理想是践行“内圣外王”。遵照“外王”逻辑，士人们在实际社会政治生活中必然要依赖王权。当然，历史上也颇有一些“苟全性命于乱世，不求闻达于诸侯”，高吟“归去来”，躬耕南亩的儒生。他们凭着自己“将芜”的“田园”作为守道的资本和藐视无道君主的手段。然而，士人们本身都是些“四体不勤，五谷不分”之人，“百工居肆以成其事，君子学以致其道”[4]，自孔子以来，摆在士人们面前的只有一条坦途：“学而优则仕”——依

① 《孟子·滕文公下》。

② 《睢阳子集·补》。

③ 《宋史·程颢传》。

④ 《论语·子张》。

附于王权。这条道路的选择实是身不由己,同时也来不得些许马虎和松懈。入仕的士人须尽力取得君主的亲信,才能在以君主为首的特殊政治利益集团里的权力与财富再分配中,谋得一张席位,分享相应的利益。在君主政治——政治权力私有的条件下,政治权力高于一切、宰制一切。参与权力分配是进而参与社会财富分配的捷径。因之,"学而优则仕"成为韦带布衣之士人们的最佳选择。他们大多禁不起地位、财富和利益的巨大诱惑,正如我们所看到的,绝大多数的士人匍匐在君主的脚下。

(二)士人的五种出路

在道与王的双重压制之下,士人究竟做何种选择,是追寻理想?还是讲求实际?这是摆在士人们面前难以回避的问题。综观整个古代社会,士人们在道与王的选择上或有侧重,他们的出路大致有以下五种。

1. 积极求道

这类士人笃信"士不可以不弘毅"[①]的信条,自知"任重而道远",因而他们热衷于道的践行。这类士人在道和王之间的选择是积极谋求道与王的统一,既不舍王而谋道,也不会无原则地依顺王权,而是"以道爱王",维护君主的利益。

就是说,当道与王发生冲突时,他们会自觉地本着道的原则,把维护道放在第一位。因而,求道之士有着强烈的社会责任心和义务感。他们志在"美国家,利百姓,功施当时,泽及后世"[②],所谓"思以其道易天下者也"[③]。这类士人能将个人荣辱甚至生命置之度外,"天下有道,以道殉身;天下无道,以身殉道"[④]。"是以天下之纪不息,文章不废也"[⑤],儒家文化的礼义纲纪有赖于他们代代传延。这些人入仕为臣,一般都能表现出很强的政治原则性,"亏义得尊,枉道取容,效死不为也"[⑥]。他们有理想中的道作为精神支柱,因而能够做到"当理不避其难,临患忘利,遗生行义,视死如归"[⑦]。并且敢于直言进谏,在

---

① 《论语·泰伯》。

② 《温国文正司马公集·七十四·士则》。

③ 《文史通义·原道》。

④ 《孟子·尽心上》。

⑤ 《荀子·大略》。

⑥ 《盐铁论·论儒》。

⑦ 《吕氏春秋·士节》。

一定条件下能对王权起到某种程度的制约作用。例如唐初名臣魏徵之对唐太宗,就是最典型的例证。可以说,在中国传统社会君主政治条件下,利用原则、理想形成对王权相对制约的有限事例,基本是由这类积极求道之士来实践的。

需要说明的是,积极求道之士不论与君主之间形成怎样的冲突,这种冲突激烈到何种程度,他们宁可不惜死给君主看,却绝对不会去反对或对抗王权。他们不过是在道的指引下,"欲为圣明除弊事"罢了,因而这类士人又是最忠诚的和最坚决的王权维护者。

2. 消极守道

这类士人对于道的原则有着坚定的信仰,"士穷不失义,达不失道"[①],"不为穷变节,不为贱易志。惟仁之处,惟义之行"[②]。在道和王发生冲突时,这类士人多半会采取灵活的态度。他们不敢义无反顾地以道来约束其君,或是不屑于为此而与君主冲突。他们似乎有着更为广阔的天地和更为高远的追求,于是他们退而守道,以道自慰。"心卑卿相,志小万乘"[③],"诸侯之骄我者,吾不为臣;大夫之骄我者,我不复见"[④]。这些人善于审时度势,对于社会政治环境和政治气候的变化十分敏感,他们的宗旨是"达者兼善天下,穷者独善其身"[⑤],决不勉为其难。

这类士人比起积极求道者的社会责任感和义务感显得大为逊色,他们一般只是专心于道的自我完善。其中较为上乘者退出体制归隐之后,尚能于诗酒之间冷嘲笑骂,表现出愤世嫉俗的情怀和一定的批判精神,多少能给后人以某种启迪。至于那些末流之辈,名为守道,实则保身,"有道难行不如醉,有口难开不如睡",流为消极遁世的隐士。当然,无论是遁世,还是愤世,他们的精神世界仍未脱出道的束缚。因之,面对当世朝廷,甚而面对昏君奸臣,他们选择了不合作,成为政治上的"异见者"。但是,这种不合作和政治异见不过是理想与现实不能契合的某种反映罢了。在道的掌控下,在这类士人之中不会产生反对君主政治体制的斗士和抗衡王权的"政治反对派"。

3. 替天行道

在调处道与王关系的多种选择中,替天行道无疑是比较特殊的一种。这

①⑤ 《孟子·尽心上》。

② 《盐铁论·地广》。

③ 《盐铁论·利议》。

④ 《荀子·大略》。

类士人在道与王发生矛盾时,往往持比较激烈的态度,赞同采用极端方式否定“无道之君”,表现出某种造反精神。

比较而言,这种士人为数不多,但往往代有其人。最早者莫如秦末战乱之时,就有士人参加,其中竟有孔子的后人。据史载:

> 陈涉之王也,而鲁诸儒持孔氏之礼器往归陈王。于是孔甲为陈涉博士,卒与涉俱死。陈涉起匹夫,驱瓦合适戍,旬月以王楚,不满半岁竟灭亡,其事至微浅,然而缙绅先生之徒负孔子礼器往委质为臣者,何也?以秦焚其业,积怨而发愤于陈王也。①

文中“孔甲”,据《集解》徐广曰:“孔子八世孙,名鲋字甲也。”此外,有些士人还成为反叛者的领袖。如隋末李密、唐末黄巢等。

替天行道之士多数有着忧国忧民的社会责任感,敢于与无道昏君公然对抗。当然也不能排除有些士人打着“替天行道”的旗号,目的是取得天下或通过造反的特殊途径谋取利益。总体而言,替天行道之士反对的是个别君主,他们并不反对君主政治。这类士人希望以“有道明君”取代暴君、昏君。他们的追求依然是道与王的统一。一般而论,在君主专制政治条件下,政治调节的形式大致可分为两种:一是统治集团内部进行主动的自我调节,通过“更化”或变法的方式,达到政治局面的相对平衡。这种调节方式的思想表达主要是汉儒董仲舒,具体的典型事例见诸历代的“新政”或“变法”。另一种是统治集团之外其他社会政治力量进行的外部调节。从中国历史的发展过程看,当一代王朝发展到了一定的阶段,统治阶级在朝派无法继续推动国家政治正常运转,社会矛盾日益激化的时候,统治阶级在野派和其他社会政治力量往往会运用激烈的方式,迫使当政集团下台,由新起的统治集团取而代之,重新实现整个社会政治局面的相对平衡。替天行道之士恰恰是这后一种调节的积极推动者和参与者。

4. 假道谋官

虽说儒家文化倡导的理想君子守则是“正其谊(义)不谋其利,明其道不计其功”,然而多数士人却摆脱不了利益的诱惑。他们看到依附王权随之而来的安车驷马,高官厚禄,便一心在学与仕上做文章。他们手捧着儒家经典

① 《史记·儒林列传》。

竞相奔走于仕宦途中,口头诵咏的是圣人之道,内心想着的却是捞取禄利。求取功名的真实目的是谋求富贵。这种状况肇源于先秦。到了汉武帝"独崇儒术"之后便越发热烈。汉武帝擢升治《春秋》的公孙弘为丞相,封平津侯,"食户六百五十","天下学士靡然乡风矣"①。至汉宣帝时,(韦)玄成,复以明经历位至丞相。故邹鲁谚曰:"遗子黄金满籝,不如一经。"②

到了隋唐之世,科举制兴起,士人入仕几近风靡,一发不可收拾。正如宋儒吕祖谦所指出的,科场考试"以一日之长决取终生之富贵"③。这类士人一旦科场得志,跻身于卿士大夫,便会专心致志地钻营官场,聚敛财富,"趣于求田问舍"④。因而,假道谋官的士人在道与王发生冲突时,会毫不犹豫地站到君主的一边。他们关心的不是是非曲直,而是利害得失。谋官之士充实了君主麾下的官僚队伍,成为统治集团的主要成员和王权的积极支持者。中国古代士人中的大多数走的是这一条路。

5. 传道谋生

在实际历史过程中,并非所有的士人都能进入体制,在王朝政权系统内获得一官半职。门第、才能和机遇把相当一部分士人排斥在帝王殿堂之外。这些人虽然皓首穷经,费尽心机,终归惘然。入仕既无门,又无他长技,只得设馆授学,得些"束脩"以糊口。更有等而下之者,连家馆也谋不得,只好临街摆摊,卖文测字、占卜算命,等等。"尧舜之道,孔子之术"成了他们维持生活的手段。这些人与王权的关系相对疏远些,也谈不上什么社会责任感。道与王对于这类士人来说,似乎是很遥远的事情。因而他们无须在道王之间做什么选择,他们不过是君主政治治下的顺民耳。

不过,这里需要特别指出的是,充当教书先生的士人们不仅自己作顺民,而且还要把作顺民的道理,诸如忠孝仁义等教给每一个前来求学的人。作为传统政治文化主体和国家政治意识形态的儒家思想及政治理念正是经由传道谋生之士们而撒播到全国各地,以致村落乡里,甚而穷乡僻壤。从这个意义上说,他们虽然是仕宦途中的落伍者,终生被王权冷落,却在传播传统文化,灌输和传播传统政治价值和政治理念等方面功不可没。

总括以上分析,我们看到传统社会里士人的出路是多渠道的。但是从总

---

① 《汉书·儒林传》。

② 《汉书·韦贤传》。

③ 《历代制度详说·举目详说》。

④ 《西园闻见录·谱系》。

体方面来看,士人们的本质特征又是共通的。

其一,不论其入仕还是归隐,士人们都以学习和传播儒家的思想学说作为自身的基本职能。在儒家政治思想特别是儒学之道的桎梏之下,他们的视野相对偏狭,思维方式单一,创造性思维羸弱,进取精神受到极大的制约。儒家文化的传统是“文以载道”。理学开山周敦颐就说过:“文辞,艺也;道德,实也”,“不知务道德,而第以文辞为能者,艺焉而已”。[①]在这种文风覆盖下,士人们固守师说成法,惯于寻章摘句,为儒家经典作注疏。不论是“我注六经”,抑或“六经注我”,其认识本身都未能摆脱儒家文化倡导的政治原则和价值观念的约束,难以形成认识上的批判与超越。因之,总体而言,士人们缺乏思想的独立性和创造性。

其二,由于士人本身没有独立的经济地位和稳定的生存方式,他们只能以所学的知识作媒介,与社会中其他的阶级、阶层或集团相结合。也就是说,士人们或是上升为卿士大夫、跻身贵族,凭借着权势而积累财富,成为君主政治体制中的一员;或是滞留在社会下层,以其所学混事谋生,否则他们难以立足于社会。这种社会定位选择的两极性,差距悬殊,从而促成了士人们介入君主政治体制的迫切感,表现为强烈的政治依附性和寄生性。在君主政治时代,他们不能形成社会的主体力量。他们是毛,只能附在别人的皮上。

其三,士人虽然没有特定的经济地位,却有着特定的阶层意识。在中国传统社会里,不论出身贵贱,种族差异,只要能习经尊孔,恪守儒家文化传统的价值标准和行为准则,即会被纳入孔门之中。因此中国传统社会的士人来源繁杂、出路不一,却始终作为一个特殊的群体而存在着。

以上这些特征决定了士人成为君主政治时代最为活跃的特殊阶层。他们围绕着王权上下浮动,随时准备按照统治者的需要来扮演角色,“人主用之,则执在本朝而宜;不用,则退编百姓而悫,必为顺下矣”[②],为巩固君主政治而竭尽其力。

两千年来,士人们在精神上追求道统,在现实生活中依从王权。不排除历史上确乎有个别特立独行之士,如曹魏时期的嵇康,明朝中后期的何心隐、李贽,明清之际的黄宗羲等等。这类士人富于个性,但其思想境界依然有所局限,与现代知识分子的独立与自由精神仍有相当的距离。故而总体上

① 《易通·文辞》。

② 《荀子·儒效》。

看，中国古代的士人缺乏现代意义上的独立人格和政治主体性，也缺乏独立的意识和批判精神。有些研究者想从中国传统儒家文化中发掘出这些精神，以资借鉴和充实现代知识分子，其用意或许无可厚非。但把这些精神说成是儒家文化的主旨，那就远离历史了。如果更进一步，想要以此为据，复活儒家文化，希冀儒学的再兴，那就更加悖谬了。

从历史与逻辑相统一的视角看，在古典的儒家文化传统覆盖下，不可能产生现代知识分子。中国现代知识分子虽然受到儒家文化造就的文化环境的熏陶，但从主流上看，他们是在另一种历史条件下，在吸纳西学和反思儒家文化传统中产生的。

三、士人阶层的从属参与型政治心态

士人周旋于道、王之间，无论何去何从，大体上总是承受着理想与现实相冲突的困扰。这种困扰在先秦时期表现得至为明显，在政治观念上形成了独特的"德权相匹"价值观念。孟子曾对之作过明确的阐述。

据载，有一次，鲁缪公问子思(孔伋)："古千乘之国以友士，何如？"子思很不高兴，说："古之人有言曰，事之云乎，岂曰友之云乎？"孟子评论道："子思之不悦，岂不曰：'以位，则子，君也；我，臣也，何敢与君友也。以德，则子事我者也，奚可以与我友？'"①

在这里，我们看到孟子把道德和政治分开来认识，他认为"天下有达尊者三，爵一、齿一、德一"。在政治领域，士人是臣属，要服从或依附于君主；在道德领域，士人却要高君主一筹，是君之师，反要君主来屈尊俯就，聆听教诲。孟子称这样的人为"不召之臣"。我们把这种以道德与权力相对应，相匹敌的观念称为"德权相匹"。这种观念在儒家思想家和士人之中具有普遍性，并成为士人政治心态形成的观念性前提。

在长期的历史过程中，士人们在"德权相匹"观念的作用下，在传统政治文化的熏陶和养育下，逐渐形成了士人特有的，主体性和依附性兼而有之的"从属参与型"政治心态。

士人的从属参与型政治心态有两个基本特点。

---

① 《孟子·万章下》。

第一,在理想价值的选择上,士人们重道义而轻利、权。表现为"笃信好学,守死善道"[①],"义之所在,不倾于权,不顾其利,举国而与之不为改视"[②]。他们的人格理想是"富贵不能淫,贫贱不能移,威武不能屈"的"大丈夫",他们的人生理想是"居天下之广居,立天下之正位,行天下之大道"[③]。因之他们大多能"以天下为己任",具有一定的社会责任感,"天下兴亡,匹夫有责",表现出某种宏大的志向和一定的主体精神,形成某种积极的政治参与心理取向。这种向往理想价值的政治心态以明儒顾宪成的流露最为真切:

> 官辇毂,念头不在君父上;官封疆,念头不在百姓上;至于水间林下,三三两两,相与讲求性命,切磨德义,念头不在世道上,即有他美,君子不齿也。[④]

顾宪成领袖东林,以他为首的晚明东林党人,正是在这样的理想追寻下,而横议朝政,抨击阉党,虽深陷囹圄终不悔,表现出堪为士人表率的铮铮铁骨与气节。

第二,在行为价值选择上,他们的基本倾向是,在坚持原则即坚守"道"的前提下,讲求变通。所谓"大德不逾闲,小德出入可也"[⑤],"言不必信,行不必果,唯义所在"[⑥]。奉行一种讲究进退取舍,审时度势的"入世之道"。在儒学宗师们的教导下,他们"可以仕则仕,可以止则止",仕则进于庙堂之上,止则归隐山林之中。要么就"兼善天下",名垂青史;不然便洁身自好,"独善其身"。决定他们进退取舍的主要因素是君主的态度和具体的政治环境。前者是说,士人崇拜王权,因而将能否参与政治的决定权奉献给君主,"用之则行,舍之则藏"[⑦]。在君主的权势面前,士人几乎没有什么选择的余地。虽说宗师传授的政治理想是王道政治,但在实际社会政治生活中,他们总是在听从君主的召唤。这正是坚守道的体现。后者是说,士人也要依据具体政治环境

① 《论语·泰伯》。
② 《荀子·荣辱》。
③ 《孟子·滕文公下》。
④ 《小心斋札记》卷十一。
⑤ 《论语·子张》。
⑥ 《孟子·离娄下》。
⑦ 《论语·述而》。

的治乱安危而进退。不可孟浪,不能畏葸,而是进退有据。孟子曾经评论,伊尹的态度是"治亦进,乱亦进",孔子奉行的是"可以仕则仕,可以止则止",他的选择是:"乃所愿,则学孔子也。"[①]这就是我们说的讲求变通。

士人之中虽然不乏伊尹之辈,但更多的是孔孟之徒。他们的行为准则是"危邦不入,乱邦不居","与时屈伸,柔从若蒲苇"[②],唯恐乱世暴政殃及自身。不言而喻,士人的行为价值选择内涵着根深蒂固的政治依附性或从属性。

士人们的理想价值与行为价值的内在冲突不可避免地造就了遍在的政治人格双重性。一般说来,在道德文化领域,他们的主体精神表现得比较明显,所谓"上善有立德",自视颇清高。一旦转入政治领域,他们的政治依附性或从属性便会占据上风,变得谨小慎微,循规蹈矩,沿顺着等级规范亦步亦趋,并不敢越雷池一步。他们即使表现出某种政治主动性,也绝不会超出道义原则的许可范围。他们是"精神上的巨人,行为上的侏儒",道德上的君子,政治上的忠臣,世俗中的顺民。对于专制统治者来说,他们很有可能成为君主的股肱,却不会成为朝廷的反叛,故此有益而无害。

从属参与型政治心态是古代士人政治心态的主流或曰基本模式。在这种心态模式的制约之下,士人们以掌握知识为手段,"以干世主"为目的,以忠君、治民、安天下为己任。他们若是步入仕途,便成为官僚队伍中的骨干。其中亦有少数出类拔萃之辈,表现出杰出的政治才能。这类士人的主体属于积极求道者,同时也包括那些一心一意做官谋仕途的正统官僚。他们的政治功能主要体现在两个方面。

其一,促进君主"政治角色"的政治社会化过程的完成。士人是传统文化的实际载体,社会的智力生产和知识传播主要由他们来承担。因此,通过文化和知识传授的形式来接续统治集团长期积累的政治经验及理论,就成为他们义不容辞的义务与责任。其中最为重要的是,他们有义务通过知识传授和行为指导,将那些凭借血缘或其他条件偶然登上君位者,塑造成符合道义标准的国君,使之能真正进入君主的"政治角色",成为合格的统治阶级最高政治代表。在政治实践中,士人这一功能通过"保(师)傅制"发挥作用。汉元帝说:"国之将兴,尊师重傅。"[③]唐太宗说:"明王圣帝,曷尝无师傅哉?……其

① 《孟子·公孙丑上》。

② 《荀子·不苟》。

③ 《汉书·元帝纪》。

无师傅,安可以临兆民哉?”[①]专制帝王对保傅制的重视,恰恰说明了士人这一特殊功能对于君主政治的重要意义。

其二,保障君主政治“统治形式”的传延。如果说官僚贵族系统是君权统治的延伸,那么士人阶层就是维护和再建君主政治的温床。在一般情况下,士人中的优秀人才通过征辟、察举、科举等途径源源不断地输入统治集团,辅佐君主治平天下。假如君主的决策和行为出现偏颇,这些优秀士人大多能本着道义原则予以规劝调节。如若调节整治无效,当政集团就会在激烈的社会矛盾和利益冲突中分崩离析,一代王朝大厦倾覆。当新兴的统治集团扫平群雄,平息战乱,准备在前朝的废墟上重建帝国的时候,这些士人亦能通过各种途径很快与新兴统治集团重新组合,为新一代的“受命之君”提供系统的政治经验及理论,奉上传统式样的政治蓝图,加速新王朝的重建。关于这一点,我们只要回顾一下历代开国之君身边的股肱谋臣,便可了然。

就中国古代社会的历史实践看,从属参与型政治心态制约着士人的政治选择。由于道义原则与君主政治的实质同一,因此他们的最终归宿是作了君权的积极维护者。而且,由于长期处在双重人格的困扰之中,士人们难以抵御君权的威慑和功名利禄的诱惑,“尊崇者士之愿也,富贵者士之期也”[②],结果是使得他们本来有限的那一点点道德文化主体精神在政治生活实践的消磨中褪色、风化而终至殆尽。于是,绝大多数士人转向热衷仕途和谋利禄,“学者为官不为道,仕者为身不为君”[③],真正志向宏伟,富于责任伦理精神者则寥若晨星。因而,尽管传统社会的士人之中不乏志高行洁、个性彰显之士,如魏晋时期的嵇康、明代李贽、清初黄宗羲,等等,但总体上士人阶层难以形成相对独立的政治力量,也不会成为引领社会变革的中坚。

四、从士人到知识分子

士人是不是知识分子?这个问题在学术界颇有争议。实际上很多人并没有细作区分,而是笼而统之地混用。我以为对于这一问题显然确有辨析之必要。

---

① 《贞观政要·尊敬师傅》。

② 《盐铁论·毁学》。

③ 《李觏集·懋节》。

(一)知识分子的规定性与士人精神

在西方学术界,关于知识分子的讨论由来已久,而且一般都认为批判精神和终极关怀是知识分子不可或缺的两个条件。我以为,当代社会的知识分子,其规定性应该包括三个层面。其一,以知识的创造与传播作为谋生手段,他们的社会存在和政治存在并不依附于任何势力或利益集团。这里说的知识是广义的。其二,具有一种无前提、无来由的社会政治批判精神。他们对社会存在着的既定的规则制度提出质疑,他们无情地拷问当下的被人们奉为圭臬、习以为常的价值标准以及相应的种种权威。其三,站在人类社会的立场上,关注人类社会得以存续和发展的基本价值,关注人类文明的基本问题,即具有所谓"终极关怀"精神。

这是一个狭义的界定,为的是给出"知识分子"的认知边界。显而易见的是,界定概念就是为了给出认知的边界,任何一种概念的界定如果不能给出认知的边界,那么实际上这个概念要么无所不包,要么边界含糊,结果是无法分析和难以论证的。采用狭义的方式界定知识分子,亦是为了区分有知识的、受过教育或受过高等教育的其他社会政治角色。有知识的商人我们称之为"儒商",受过高等教育的军人将领可以称之为"儒将",有文化有修养有知识背景的企业家、政治家、医生、律师、名流、明星等等都可以被誉为"儒雅"。然而,他们不过是某种类型的专家,专业人士或业内人士。他们不是我们所界定的知识分子。

令人不解的是,我们看到有不少学者在现代理论问题上讲得头头是道,甚至有时颇为超前。可是一涉及中国传统文化,他们的思绪便有些含混。"知识分子"(intellectual)明明是个近现代概念,可是偏偏有人认为中国传统社会的士人就是"人文知识分子"。我非常敬佩的著名学者余英时就曾引述迈克尔·康菲诺(Michzel Confino)所举的近代俄国知识阶层的五项特征,计有:"一,深切地关怀一切有关公共利益之事;二,对于国家及一切公益之事,知识分子都视之为他们个人的责任;三,倾向于把政治、社会问题视为道德问题;四,有一种义务感,要不顾一切代价追究终极的逻辑结论;五,深信事物不合理,须努力加以改正。"[①]余英时认为,除了第四项,"其余四项则在以天下国家为已任的中国传统知识分子的身上都同样找得到清楚的痕迹。由此

① 余英时:《士与中国文化》,上海人民出版社,1987年,第3页。

可见我们恐不易将知识阶层严格划分为传统型与近代型，或西方与中国型”。又如学者尤西林援引尼·亚·别尔嘉耶夫的观点,认为他所描述的俄国中世纪知识分子的“思想性、无依托性、价值立场与献身精神,却并非如别氏所强调的为俄国独有。事实上,中国先秦孟子所说的‘无恒产而有恒心’的志于道之‘士’——也属于这类知识分子”[①]。

这些认识的提出显然是基于这样一种判断：所谓知识分子的界定并没有什么严格的标准,大致相似,即为同类。这样的认识显然似是而非,其缘由恰如余氏自己所言:“只有个别的具体的文化,而无普遍的、抽象的文化。”[②]毫无疑问,我们所说的“士人”正是中国传统文化的个性的体现。作为一种特定的历史表象,“士人”的历史定位局限于中国近代社会之前。他们既是中国传统文化的实际载体,同时他们也在传统的承载下塑造着自身,形成了特色独具的存在方式和思维方式;而且,更为引人注目的是,他们作为学习、传播和创造知识的专门人员,在儒家文化传统的覆盖和整塑下,形成了他们所特有的一种士人精神,这更为世界其他民族文化所不具。

在这里,所谓“士人精神”指的是被士人们在理念上普遍认同的价值体系,主要包括有:极度崇拜以君、父为表征的社会政治权威,尊崇以孔子为宗师的知识传统及其内蕴的价值观念,认可伦理道德的绝对价值,热衷于介入政治体制,等等;这些价值准则蕴聚、积淀而形成精神,经由他们的观念、信仰,等等表露出来。作为一种“精神”,其表露的形式可能是理性认识,或是理想信念,也可能是某些行为选择。由于士人精神是一种最具普遍意义的价值凝聚,因而其文化及社会覆盖面极为宽广,实际体现着传统文化的价值主旨。

如果我们用一句话来概括这种士人精神,那就是“内圣外王”。即在个人的道德修为上“崇圣”,在社会行为上遵循“王道”理想。当然在实际历史过程中,士人的生活选择是多种多样的,入仕的士人也会有清浊忠奸之分。不过从士人总体的历史定位来看,他们注定要在“崇圣”和“尊王”的道路上踟蹰而行。因而与“知识分子”相比较,士人固然也是文化的承载者、传播者,也有崇高的社会政治理想和道德精神，也曾表现出强烈的社会责任感和献身精神,但是在他们的精神内里和灵魂深处,则浸透着中国传统文化的基因。在精神上,他们是“圣人之道”和“王道”理想的殉道者;在行为上,他们是专制

① 尤西林:《阐释并守护世界意义的人》,河南人民出版社,1996年,第26页。

② 余英时:《中国思想传统的现代注释》,联经出版事业公司,1987年,第3页。

王权的忠诚奴仆；也就是说，他们是君主政治及其文化的产物。从这个意义上看，士人属于贵贱有等、尊卑有别、男耕女织和“小桥流水人家”的时代。他们的理想和责任感等均与现代知识分子有着根本的区别，在他们的精神世界里并不具有现代性。因之所有对于“士人”的现代化认同都不能不令人感到不可思议。

而且更须一提的是，士人作为一种历史现象，如今虽已矣，可是其精神犹存。而今的文人学子多有崇拜和热衷于权力者，因而常常显得急功近利。虽则常常自嘲为“未能免俗”，我们从中却不难觉察到传统的“士人精神”的影子。自20世纪80年代以来，中国知识分子终于从没完没了的政治运动的梦魇中清醒，逃离了“资产阶级知识分子”的政治陷阱，他们重新有了自尊。然而从某种角度来看，这不过是社会政治地位的变化引起的心态反应，或者说是改革开放改变了知识分子的社会政治定位。其实在自诩为“知识分子”们的精神内里，非现代意识的钳制和奴役依然很浓重。有知识并不等于人格的独立，有文化并不等于具备批判精神、创造性思维和现代化理念。在极度的权威崇拜意识观照下，文凭与“功名”没有什么本质的不同。因而他们同他们的前辈师长们无二，也常常会陷入急于介入体制和切盼得到体制评价的生存焦虑。

据此我们断言，当代中国知识分子还需要另一种逃逸，即摆脱传统士人精神的宰制。他们并不是由于无奈而“走向边缘”，而是要自觉地走出非现代化精神的泥淖。换言之，如果说当代中国的知识分子如同每一位社会成员一样，都面临着精神及人格上的现代性转换问题；那么由于知识分子身负着厚重的文化承载，因而对于他们来说，更为重要的则是首先如何在精神上逃逸出传统“士人精神”的宰制，这其实正是知识分子精神与人格现代转换的必要前提。本节正是从这里立意，拟从政治文化的角度对“士人精神”的现代转换再做审视，并藉以为当代中国自诩为“知识分子”者用为参照。

(二)士人精神的现代转换

所谓“士人精神的现代转换”无非是一种理论上的推演，其理论预设的前提是儒家文化的价值认识主体和正面阐述。在下面的分析中，我们将传统士人的非主流部分暂且放到一边。据此，大体可以归纳出三个方面。

1. 士人精神“价值支点”的现代转换

如前所述，士人精神的主体部分可以概括为“内圣外王”，这里既包含着他们的道德价值、人生追求和理想社会,同时也是他们的全部知识的凝练。正是"内圣外王"的召唤令他们"以天下为己任",表露出鲜明的"社会"责任感。在他们看来,理想的人生设计是汲汲于道德的自我完善,检验的标准则是竭力践行、推进以致实现王道理想政治,所谓"学而优则仕"。在这一点上,孔、孟、荀等儒学宗师们早就为后世士人讲论清楚,并且作出了表率。准此,则构成士人精神的价值支点是对于政治权力和政治责任的认同。

正是基于对政治权力与责任的认同,士人们对于知识的索求,以及在他们介入社会、选择人生方向之时,都会毫不犹豫地把"政治性"和政治利益作为首选。于是正如我们所看到的,在中国传统社会里,士人站到了政治的中心地带,在介入体制和分享政治权力方面,他们拥有优先权。

士人们伴随着王朝的治与乱而起降浮沉,他们人生道路上的悲欢离合总是在政治的舞台上扮演。士人精神价值支点的政治性特征制约着他们的精神世界,入仕为臣、光宗耀祖和青史留名被他们视为最精彩的人生设计。正是基于这样的价值前提,士人们所表露出来的"社会"责任感无不是以遵循理想政治模式为基准的。其中内蕴着的是由衷的忠君情怀,说到底无非是他们的政治忠诚的一种表现。于是他们的思维再也离不开对于君主政治体制的认同,竭尽心力介入体制并得到体制的肯认和评价,是他们自身存在价值的最具权威性的认定。"三月无君,皇皇如也",离开政治他们将"无所措手足矣"。

士人精神的现代转换正是从这里开始,也就是说,要从对政治权力和政治责任的认同,转换为对于公众利益和社会责任的认同。

现代社会的政治体制和政治生活的特点与传统社会迥然不同。一方面,政治的现代化意味着政治成为一种高度专业化的行当,政治家和政治活动家成为政治生活的主角,他们具有专门的知识和能力使之能够成功地履行相应的职责。另一方面,政治现代化的根本标志之一是政治参与的广泛性和普遍化,政治不再是少数人的事,而是每一个社会成员理应享有的,并且得到法律保障的基本权利。基于这样的现代政治特点,现代知识分子在参与政治方面不再有传统社会的特权或特殊性,他们要么进而成为专职的政治家或政治活动家,要么与其他的一般社会成员一样,处于平等地位来看待政治和参与政治活动。因之,现代知识分子精神世界的价值支点不是政治的,而是社会的,他们不应是官僚的后备军。

现代知识分子所应具有的社会责任感是以人类的社会的普遍利益为基

准的，其中内蕴着的是对人类整体的忠诚感。正如美籍阿拉伯裔文化批评家艾德华·萨依德的认知：

> 我认为，对我来说中心的事实是，知识分子是具有能力“向”公众以及“为”公众来代表、具现、表明信息、观点、态度、哲学或意见的个人。在扮演这个角色时必须意识到其处境就是公开提出令人尴尬的问题，对抗（而不是产生）正统与教条，不能轻易被政府或集团收编，其存在的理由就是代表所有那些惯常被遗忘或弃之不顾的人和议题。知识分子这么做时根据的是普遍的原则：在涉及自由与正义时，全人类都有权期望从世间权势或国家中获得正当的行为标准；必须勇敢地指证、对抗任何有意或无意违犯这些标准的行为。[①]

质言之，对于社会责任的强烈认同是构成现代知识分子精神世界的价值支点，他们关心的是人类社会的整体命运和人的普遍利益，这是他们借以建立其全部价值体系的前提。否则，所谓人类的“终极关怀”便无从谈起。

2. 士人“人生目标”的现代转换

以“内圣外王”作为士人的人生目标是一种通常的看法，学界对此并无疑义。但这只是笼统言之，如果进一步推敲，则构成这一目标的本质规定是对于道德自我的无休止的追求。内圣是实现外王的前提，而达成内圣的唯一途径就是坚持不懈的道德修习；外王则是内圣的外化和证明，是用一种理想的政治局面来印证内圣的价值兑现；而所有这一切，无非是士人自身道德完善程度的体现。因之确切而言，士人的人生目标不在社会，不在自然，而是在于自身。判断这一目标之达成的程度，则是个人道德修为的完善程度。于是，在这样的人生目标的导引下，士人关注社会、政治与民众，目的在于检验自身的道德修为，他们的人生理想就是依照一个既定的传统模式来规划自己的一生，于是他们心甘情愿地沿着由圣人设定的“修、齐、治、平”的人生道路走下去。他们“先天下之忧而忧，后天下之乐而乐”，他们要通过“立心”“立命”，继承“中绝”已久了的圣人之学，“为万世开太平”。这些理想实现的场所是在社会、在政治，沐浴恩泽的是天下万民，似乎与个人德行无甚关联。然而，如若我们稍加翻检，就会发现这一人生抱负的伸张与政治理想的展现，

① ［美］艾德华·萨依德：《知识分子论》，麦田出版股份有限公司，1997年，第48页。

无不是以内涵着极其饱满的道德情怀的道德人格作根基的，也无不是通过这一过程来检示自身的道德修为的。作为人生目标的“内圣外王”促使士人们播撒济世的种子,收获至善的果实,这样的人生才可谓功德圆满。

关于这一目标最形象的表述则是孟子设计的“大丈夫”,内圣外王内涵着的全部理念最终归结为富贵不能淫、威武不能屈和贫贱不能移的“大丈夫”形象,这既是一种价值追循,也是一种操作过程,“大丈夫”正是在忧国忧民的情怀中完成了自我的道德回归。

现代知识分子的人生目标显然与之不同，他们的社会定位是以“社会性”为第一要义的,因而如前所述,他们有别于一般学有专长的专家、文人和学者。

凡能称为知识分子者,不论其跻身于何种行业和部门,或是致力于何种学术领域，其不可或缺的两个要素是关怀人类社会与彻底的批判精神。因而,现代知识分子的人生目标不是为了自身的道德完善,而是为了人类社会的道德理想的实现。公众利益和人类社会的普遍价值才是知识分子真正关心并真正值得为之努力争求的。现代知识分子不应也不会依附于某个政治利益集团,他们只尊重知识的权威和学理逻辑,因而对于那些被设定为不言自明的真理或准则表示疑虑、设问或批判,就是他们理应履行的义务。他们的设问和解答很可能并不是标准的,也不一定是完善的,甚或是有缺陷的。但是,导致他们推理失误或判断错误的只能是囿于智慧、能力或是他们的知识所限，而绝不应是利益的驱使，更不是为了某个特殊利益集团而故为曲说,泯灭良知。正是在这个意义上,知识分子被称为“社会的良心”。

事实上,这样的人生选择本身就是一个道德设定,因而知识分子并不一定需要刻意安排自己的伦理道德目标。一般意义的个人道德只是遵行既定的社会道德和伦理规范，而认识上的批判和反权威常常令知识分子与现行的既定伦理道德规范发生冲突,在理念和行为上表现出某种“非道德”倾向。也就是说,在一般情况下,个人的伦理行为和道德选择理应与社会共同认可的道德规范及道德理想相协调,可是在价值批判和超前思维的导引下,这种协调常常被打破。当然,我们并不是说,知识分子的个人道德表现一定是反权威和非道德的,而是说,现代知识分子个人与社会之间的道德和谐并不是必然的。这恰恰说明了现代知识分子所设定的人生目标并不是用社会责任和道德理想来验证自身的道德完善程度，他的个人道德只是其所设定的人生目标的前提。而且,知识分子的个人道德理应服从其社会责任与人生目标的最高选择。

由此我们可以认定,从自我道德完善的狭小天地中走出来,把个体的生命投射到人类社会生生不息的意义追问与价值追循之中,在没有终点的价值批判和无偿的社会关爱过程中建立自己的人生目标,这正是从传统士人向着现代知识分子转化的必由之路。

3. 士人"人格结构"的现代转换

关于人格的理论界定,我们采用最通常的说法:所谓人格是指个体人从心理到行为的基本特质(trail)的总合及其惯常的行为模式。从政治文化的角度看,传统士人的人格结构可以划分为三个层次。

(1)绝对化的权威人格成分

由于以孔孟之道为核心的传统文化把等级原则视为社会政治生活中的根本原则,又把道德规范树为人类社会的基本守则,于是士人人格内涵的所有道义规定都要求士人绝对服从权威和极度崇拜权威。在士人人格的形成过程中,在等级服从和道德服从的交互作用下,遍及社会政治各个领域的各种权威就都成了士人礼敬的对象。从读书伊始就熟悉了"非礼"不得视、听、言、动的祖师训诫,连思想或思考问题都必须合乎自己的身份和身处其中的等级地位,在这样的传统下,士人们除了学会"臣服"和"遵从"之外,再也没有其他的念头和选择。

当然,这并不是说在实际历史过程中,所有的士人都表现为一味地随声附和,而是说不论在何种领域或哪个层面上,士人们总是要向相应的权威表示效忠。他们在社会政治领域忠于君主,在私家生活层面遵从父家长,在道德文化领域则皈依圣人。这种人格成分意味着士人从来不曾想要自主地表达、要求和"展现自我",他们的表达和要求有时也很坚决,就是要坚定地紧紧跟在权威的身后,循序渐进。

如果没有权威,他们就会造出一个,然后顶礼膜拜,鱼贯而行。

(2)泛化的群体人格成分

依照儒家文化的设计,士人人格形成的基本路径是读圣贤书,走"圣化"路,做圣人之徒。在圣人人格理想的覆盖之下,士人人格的构成之中基本不存在什么个体自主和独立精神,他们的精神世界表现出明显的同质性。这不仅仅表现在所谓"士人"们的价值观和道德理想等方面具有一致性,而且在具体的行为选择上,他们注重的是群体评价和从众。

虽说在实际历史过程中,士人们的具体人生道路是多样的,他们之中也有分化,也有不同凡俗的特立独行。但是,不论士人的具体表现和选择是如何的高尚或鄙俗,他们的精神世界却始终受到圣人表征着的传统政治价值和道德价值体系的制约。他们的所作所为尽可以悖反圣人之道,淫浸于名利,然而,这时他们已经逸出了以儒家思想为主体的传统政治文化的正面评价体系,已经沦为小人甚至禽兽,谈不上什么"士人人格"。如果他们有志于沿着圣人规划的人生之路一意前行,那么他们就必须将可能具有的个性和自主精神竭力除去,在价值选择上与圣人保持高度一致,并且要持之以恒。

传统士人人格中的群体人格成分是极为浓重的,除了极个别[①],士人之中并没有真正意义上的思想异端和反传统精神。

人们司空见惯的朋党之争或君子小人之争,其实只不过是君主政治体制之内的士人们的利、权之争。士人对君主在政治行为上的种种抗争之举,诸如忠谏、强谏乃至以死相谏,则无非是遵照既定的政治价值和道德理想去评判政治,不过是用圣人的权威去校正背离了圣人之道的昏君罢了。这些作为正是士人人格之中的群体性的表现。他们以身作则,并要求社会上的每一个人,所谓"自天子以至于庶人",都要按照统一的圣人人格模式进行改造和整塑,而不是相反。同时在认识或理念上绝不允许有什么例外。

群体人格成分的泛化,决定了士人精神中的传统性格和保守倾向,这里很难生长出来现代性的人格独立和自主精神。

(3)深入肌理的政治人格成分

士人作为君主政治及其文化的产物,政治性是他们的根本属性,可谓与生俱来,根深蒂固。这一特点亦渗入他们的人格结构,表现在道德及社会理想与学理追循之中。

士人讲求的道德规范无不具有政治性,所谓忠、孝、仁、义、礼、智等道德条目的价值兑现正是"王道"理想政治事功的实现。士人理应怀有崇高的社会理想和抱负,所谓"士不可以不弘毅",然而他们理想中的"明君、贤臣、顺民"社会并不是"人文"的或平民化的,而是以理想中的"圣王之世"为蓝图的。在这样的理想社会中,凸显的是王权以及与王权相维系的种种政治特权,泯灭的是个人的价值和人的基本权利。儒家文化推出的最高社会理想"大同世界",其实正是"圣人之治"的标准版本。

---

① 魏晋时代的嵇康、明代李贽,思想最具有反传统性。嵇康口出狂言:"每非汤武以薄周孔。"李贽认为"凡圣无别",主张男女平等,又抨击圣人和经典,等等。他们可以视为例外,却凤毛麟角矣。

当然，中国古代士人之中确实有那么一些清醒正直之士，他们胸怀宽广、忧国忧民、能孜孜以求、奋不顾身、搏击豪强、为民请命。然而这些至今流为口碑的有道之士，他们的社会理想说到底不过是一种采用温和手段和注重利益调节的君主政治。这种君主政治的政治实质并没有因为手段的温和或调节取向而改变,依然是君主专制。他们的理想、抱负和由此而生成的社会责任感其实不过是忠君道德的某种表现而已。

在儒家文化的传统覆盖下,士人以读书循道为立足之本,当然具有他们的学理追循。不过至迟自汉代始,儒家文化的学术性即已臣服于政治性,士人的学理之中总要给政治权威留有足够的空间。在政治权威的阴霾下,政治价值评判制约着,甚或取代了学术价值评判。结果是学理让位于权势,政治性充溢于士人赖以存身的学理追循之中,"造次必于是,颠沛必于是"。这样一来，政治权威的至上性必然会导致士人人格之中可能具有的些许人文色彩与自主性受到挤压而变形,这样的人格整塑出来的只会是忠臣和顺民。

现代知识分子的人格内涵突出的是人格独立和自主精神，强调的是个体人格的道德自律和创造精神。如果从普遍认可的批判精神和社会责任着眼,现代知识分子的人格设计还应具备以下要点。

一是现代知识分子人格内涵的独立性并不表明他是绝对反权威的。但是,一般而言,除了学理的权威,现代知识分子其实并不认可其他权威的绝对约束力。

在行为选择上，现代知识分子保持着与一般政治及社会规范与道德的认同感,但是,这并不妨碍他们把任何一种既定的规范置放在认识的被告席上予以审视和批判。因之,在现代知识分子的独立人格面前,除了真理的神圣性和追循真理的绝对信念之外，任何其他权威头上的五彩光环都将黯然失色,晦而不彰。

二是现代知识分子人格内涵的自主性意味着对于社会及文化"非一致性"(inconsistency)的解读、选择与肯认,从而使得人类社会理应遍在的人格独立和自主精神得到普遍的鼓励和赞许。

现代社会的发展是在充分个性化的群体基础上形成的，认可社会与文化的非一致性不仅有助于消解缘于绝对同一而导致的社会狂热，而且有助于促进社会群体的充分个性化。当然,我们完全没有必要去担心,认可社会与文化的"非一致性"并不会导致社会的分裂或失序,而是在社会发展基本需求的前提下,个体间的相互制约和协作反而会有所增强。因而这同时又是社会成员之间的某种相互需要和依赖性的体现。

认可社会及文化的非一致性是对于自身和他人人格自主与独立性的最大尊重,这将不仅最大限度地激发知识分子自身的潜能与创造性,同时也使整个社会充满生机,实现长期而广泛的社会动员。

现代知识分子的人格独立性表明,他们在社会政治生活中总能保持着清醒与警觉,他们不为名利所诱惑,也不为其他压力所屈服,亦如艾德华·萨依德所言:"在意见与言论自由上毫不妥协,是世俗的知识分子的主要堡垒:弃守此一堡垒或容忍其基础被破坏,事实上就是背叛了知识分子的召唤。"[①]他们对于人类社会的反思、批判和关爱只是出于自身存在的需要,表现为一种绝对的道德自律,这更是中国传统文化整塑下的士人所不具备的。

美国社会学家丹尼尔·勒纳(Daniel Lerner)认为,所谓现代化说到底不过是一种特殊的"行为系统",因而推进现代化的困难除了"技术性的",还有"人的问题"[②]。这就需要全社会在"生活方式"上形成系统化的转变,而为了实现这一目标,社会成员个体的"人格"的转变就成为社会变迁的基点。诚如斯言,那么我们就可以断定,当代中国社会的现代化不只需要科学的发展、技术的更新和经济增长,更需要全社会的物质文明、精神文明及政治文明的提升和生活方式的转变。在这一过程中,当代中国知识分子自身"人格"的现代化则是不可或缺的条件之一。

然而在上下五千年文化传统的负载下,异域文化的借鉴和现代意识的生成其实举步维艰,将"士人"认同为"人文知识分子"的蕴意即是对传统负载的难以割舍,然而鄙陋不弃,精粹焉能生成,努力走出传统"士人精神"的宰制理应引起当代中国知识分子的反省。当然,理论的推演并不等于行为的践履,在实际社会政治生活中,从传统士人精神向着现代知识分子人格的转换是一个复杂的社会和文化发展过程,在这里,我们只是指出了这一转换的思绪或曰思考路径。从认识的角度看,也许,本章提出的问题正是这一转换的一个步骤,标志着当代中国知识分子在精神和人格上走出传统、跨入现代的一个端点。

---

① [美]艾德华·萨依德:《知识分子论》,麦田出版股份有限公司,1997年,第128页。

② [美]D. Leaner, The *Passing of Traditional Sociality*, N.Y. Free Press. 1958. Chapter 2.

第四讲 政治人格:从小人到圣人

“君子”“小人”“乡愿”“狂狷”以及“圣人”等等,都是传统中国特有的政治认识之一。这些认识既与等级制度相关联,又在一定程度上超出了具体身份的限定,上升为一种极富特色的政治人格理论。

人格(personality)是一个古老的理论。古今中外,在不同民族文化、不同历史时期和不同学科领域,关于人格的界定可谓五花八门,有的认识相距甚远,至今尚没有一种表述是被学术界共同认可的。只是在人格概念的字源上,似乎没有什么异议。人格一词源于拉丁文persona,意为面具。如果从哲学的视角看人格,可以给出的最为简明的一般性解释是:人格是个体人从心理到行为的诸般特点的总和,及其惯常行为模式。这里说的政治人格(political personality)则是从政治文化(political culture)的角度给出的界定,一般是指行为主体的政治性格特征的总和及其惯常行为模式。

在现实社会生活中,政治人格首先是个体的,其展现的是个人的政治特质(political trait);政治人格是决定或者影响行为主体的政治选择和行为趋向的内驱力。在认识上,人格观念是认识主体对于模式化的人格类型的理解和把握,表现为某种形式的文化现象,并且带有明显的群体或集团的共性特征。君子小人等人格理论作为中国传统政治文化的重要构成,直接影响着人们的政治观念和政治选择倾向。对君子小人的人格认同影响并决定着人们的政治认同与政治行为,进而又关系到君主政治的巩固和统治秩序的正常运作。

一、从等级身份到政治人格

关于“君子”称谓的内涵及其所指的变化,前人已有定论。据张岩著《从部落文明到礼乐制度》所述,梁启超、胡适、童书业、金景芳等人都曾不同程度地指出,“君子”最初是阶级社会中贵族的某种称谓,而孔子说的君子则是人格的名词。张著征引叶舒宪关于君子的解释最有特色:

最初的“君”与“尹”既是部落酋长,又是祭司长,这正符合人类学上所说的祭司王的双重条件。再细究之,“君”的含义不指君主,而是圣职和神权的标记。因此祭司王首先必须是神权的把持者……君子概念产生于“君”的世俗化之后,“子”为男性美称,“君”与“子”合成新词,本指脱胎于祭司王传统的上层统治者,主要应用于原始儒家的著述中,其后又经历了一个道德化的过程和宽泛化的过程。①

其后张著对君子称谓的历史源流做了详尽论述,很见功底,颇有创见,足以启迪后学。不过本节旨在从政治文化之政治人格视角辨析君子小人,故而无须深究,而是仅从一般意义上叙述君子概念的历史演变趋向,以备讲论耳。

古代中国是君主政治的一统天下, 统治者依赖严格的等级制度来维护其特殊的政治、经济权益,结成了以帝王为首的特殊政治利益集团。在实际社会政治生活中,出于切身利益的需要,在这个集团内部逐渐形成了高清晰度的集团自我意识。一般说来,集团成员的集团归属感和认同感的自觉程度越高,集团自身的向心力和凝聚力的强度就越大,就越能在权力和利益的角逐中有效地排斥异己分子与权力觊觎者, 加强本集团对全社会的占有和统治。所谓“君子小人辨”正是中国古代统治者的集团意识的表露。作为一种政治认识,它的形成有着一定的历史过程。

从历史的进程看,“君子”“小人”之称出现甚早。西周时已是十分普遍的称谓。《诗经》中多有论述。这时的“君子”“小人”主要是对某种身份的泛称,君子指贵族统治者,小人泛指平民或劳动者。如:

《诗·大雅·泂酌》:岂弟君子,民之父母。

《诗·小雅·大东》:周道如砥,其直如矢。君子所履,小人所视。

《诗·小雅·角弓》:君子有征猷,小人与属。

① 张岩:《从部落文明到礼乐制度》,上海三联书店,2004年,第308页。

《诗·小雅·采薇》:驾彼四牡,四牡骙骙。君子所依,小人所腓。

从这些记述中,我们可以确知君子小人的本初含义与社会政治等级密切相关。关于这一点,春秋时人仍有十分明确的表述。如《左传》:"君子小人,物有服章,贵有常尊,贱有等威。"[①]有时候君子又称为"大人",小人称作"野人"。如《论语·先进》:"先进于礼乐,野人也;后进于礼乐,君子也。"这里的君子指卿大夫之子弟,君子与野人相对,显然涵指身份地位的不同。一说野人是劳作于田野的农夫。

自三代以至春秋战国,君主政体历经了改朝换代的沧桑之变而日趋成熟,人们的政治视野也随之愈益宽广,君子小人遂从一种习惯性称谓逐渐提升为人们认识和讨论的课题。人们发现,君子小人之分与国家治乱紧密相连。据《左传·襄公十三年》载:

世之治也,君子尚能而让其下,小人农力以事其上,是以上下有礼……谓之懿德。及其乱也,君子称其功以加小人,小人伐其技以冯君子,是以上下无礼,乱虐并生……谓之昏德。国家之敝,恒必由之。

既然事关治乱兴衰,于是有人又进一步探讨了君子小人的社会政治关系。孟子总结诸人之说,指出他们是一种治与养的关系:

无君子,莫治野人;无野人,莫养君子。

有大人之事,有小人之事……故曰:或劳心,或劳力;劳心者治人,劳力者治于人;治于人者食人,治人者食于人。天下之通义也。[②]

在先秦时人看来,保持这种治与养的关系恒久不变,是维系社会政治稳定的根本条件,否则难免发生祸乱。《易·解卦·六三爻辞》说:"负且乘,致寇至。"《系辞》解释曰:"负也者,小人之事也;乘也者,君子之器也。小人而乘君之器,盗思夺之矣。"中国古代社会的等级身份十分繁复,所谓"天有十日,人有十等,下所以事上,上所以共神也"[③]。君子小人之分在认识上超出了具体

---

① 《左传·宣公十二年》。

② 《孟子·滕文公上》。

③ 《左传·昭公七年》。

而琐细的各种身份规定,把全体社会成员综括为“治人”者和“治于人”者两大层次。“治人”者之间则以“君子”相认同,使得集团内部成员具有了共通的价值准则、政治意识和心态,从而促使统治集团的政治向心力得以不断增强。

君子小人概念的成熟和使用,能在认识上将复杂的社会分层简明化,这是中国的先民政治思维深化的表现。

儒家文化主张以礼治国,倡言礼义德治,于君子小人之辨最为热衷。他们的视野并没有限定于君子小人等人格层次的划分,而是试图进一步分辨出君子小人各自的内在价值构成。儒学宗师们认为,君子小人各有其特殊的内在价值系统,其中最根本的区别是:君子尚德,小人逐利。孔子说:“君子喻于义,小人喻于利”;又“君子怀德,小人怀土”[①]。《易·乾卦·文言》说:“君子进德修业”,《易·系辞下》:“小人不耻不仁,不畏不义,不见利不劝。”荀子说:“道礼义者为君子;纵性情,安恣睢,而违礼义者为小人。”[②]儒家文化的德利之辨成为区分君子人格和小人人格最基本的评估标准,先秦乃至后世的君子小人讨论大抵都是遵循着这一评估标准而展开的。

尚德或逐利作为一种价值判断属于道德领域,能否遵行礼义亦属于道德行为。人们沿顺着儒家文化划定的评估标准区分君子小人,在认识上实际已经偏离了原来的出发点,从对等级身份的概括过渡到道德价值的判定。虽然从广泛意义上说,君子小人并不能完全排除等级身份的内含,或者等级与道德兼而有之。例如宋代王安石就认为:“有天子、诸侯、卿大夫之位,而无其德,可谓之君子,盖称其位也。有天子、诸侯、卿大夫之德,而无其位,可以谓之君子,盖称其德也。”[③]然而,若就这一讨论的主流而言,君子小人是作为一种“道德分层”认识而被人们广泛接受的。

这里说的“道德分层”不同于其他的社会分层理论。一般社会分层的前提是对现实社会某种实际结构的判定,立论的依据是实在而具体的分层标准。诸如社会财富占有、政治权力分配,或是职业、种族、性别、年龄,等等。[④]我们说的“道德分层”主要是某种政治思维的产物,认识得以形成的前提是某种价值判定。这种分层认识实际上已经超越了实体性的社会现象或曰具

① 《论语·里仁》。

② 《荀子·性恶》。

③ 《王文公文集·君子斋记》。

④ 参阅[美]格尔哈斯·伦斯基:《权力与特权:社会分层的理论》,浙江人民出版社,1988年,第100~103页。

体社会分层标准的限制，形成了一系列旨在指导人们行为选择的价值系统。

由于在传统儒家文化的政治思维中，道德与政治是混而为一的，儒家思想家及士人们用以区分君子小人的评判标准既是道德的，又带有深刻的政治含义。因之，在传统中国，君子形象逐渐演化成一种道德化的政治人格，得到了普遍的尊崇；小人则作为反道德的政治人格，受到贬斥。在中国传统政治文化的布局中，君子和小人分别代表着相对的两种价值系统供人们选择，它们提供的机会相对而言是平等的。从而使得每一个社会成员都有可能在或君子或小人的取与舍中，超越生而与俱的等级身份局限来选择政治前途或人生归宿。

君子小人人格理论是中国传统社会特有的政治文化现象。

二、小人人格的“反道德”特质及其政治表现

孔儒一脉对于小人人格的基本态度是宽容的，从儒学宗师的表述和后世统治者的行为看，传统政治文化并不认为小人的存在有什么不应该，只是需要对小人有着清晰而深刻的认识，要努力防范小人可能造成的危害。于是自先秦宗师起始，对小人人格的认知就是极为准确和犀利的。

（一）小人人格特质分析

儒家文化认为，小人人格的根本特质是“反道德”，主要表现在以下三方面。

1. 小人以追逐私利作为唯一的人生目的

儒家文化的一个基本价值观念是“重义轻利”。这里的义是普遍道德准则，利主要指个人物质利益即所谓私利。儒家文化认为，义和利形同水火，不可兼得。孔子早就申明：“不义而富且贵，于我如浮云。”[①]后来汉儒把这个认识概括为“正其谊（义）不谋其利，明其道不计其功”[②]。“重义轻利”是一切有德或有为之士的行为准则。

小人恰恰反其道而行之，不明道义，只谋私利。荀子说：小人“言无常信，行无常贞，唯利所在”[③]。《大学》说，小人谋利“没世不忘也”[④]。清儒王夫之也

---

① 《论语·述而》。

② 《汉书·董仲舒传》。

③ 《荀子·不苟》。

④ 《礼记·大学·三章》。

说:“小人之争也,至于利而止矣。”[①]小人肆无忌惮谋求私利,在行为上具有强烈的投机性,所谓“小人行险以徼幸”[②]。倘若投机不着,就会怨天尤人,因而总是斤斤计较、患得患失。荀子曾对这种心态和表现做过明确描述:“小人者,其未得也,则忧不得;既已得之,又恐失之,是以有终身之忧,无一日之乐也。”[③]

然而,正是由于小人“游世也以势利”,锱铢必争,“无所不为”[④],因而敢于对抗一切有碍于其谋求利益的规范、原则和权威。正如孔子的揭示:“小人不知天命而不畏也,狎大人,侮圣人之言。”[⑤]一味逐利的人生追求使小人们蔑视所有儒家文化尊崇的道德及政治价值,他们的道德认同和政治认同意识十分淡薄,“小人私己,利于不治”[⑥],对于任何当政的统治集团而言,逐利的小人都是政治中的不稳定因素。

2. 小人的道德表现极其恶劣

小人作为反道德的典型,不仅仅是在行为上背离道德规范,胡作非为。更为严重的是,他们在品性上,缺乏道德自我的同一性,常常口是心非,言行相悖。《大学》有言:“小人闲居为不善,无所不至。见君子而后厌然,掩其不善而著其善。”朱熹解曰:“此言小人阴为不善,而阳欲掩之,则是非不知善之当与,恶之当去也。”[⑦]这里说得很明确,小人并不是不知道“善之当与,恶之当去”,什么是善恶是非云云,他们心里其实明白得很,只是他们不屑于为善,而乐于作恶,而且是故意作恶,有着明显的“犯罪的故意”。

小人故意作恶,却又总想掩盖。他们敌视批评,干了坏事却总想着要博得善名。荀子揭示说,小人“致乱,而恶人之非己也;致不肖,而欲人之贤己也;心如虎狼,行如禽兽,而又恶人之贼己也!”[⑧]表现出极端的虚伪性。可知在儒家文化的道德天平上,不是因为小人逐利,而是缘于其人格的极度虚伪,致使小人径直坠向了恶的深渊。

因而在儒家文化看来,清醒的罪恶较之懵懂的过失要丑恶得多,小人恰

---

① 《读通鉴论·宣帝》。

② 《礼记·中庸·十四章》。

③ 《荀子·子道》。

④ 《知言·好恶》。

⑤ 《论语·季氏》。

⑥ 《张子正蒙·有司篇》。

⑦ 《四书集注·大学集注·一章》。

⑧ 《荀子·修身》。

好属于前者。这样的小人显然是丧失了最起码的做人的道德意识,以至在任何情况下或任何环境中,小人的表现都将一无是处。《礼记·坊记》:"小人贫斯约,富斯骄。约斯盗,骄斯乱。"亦如王夫之的抨击:"小人者,不畏咎于人,不怀惭于己"[①],全然没有羞耻感,实属不可救药。小人们"大心则慢而暴,小心则淫而倾;知则攫盗而渐,愚则毒贼而乱;见由则兑而倨,见闭则怨而险;喜则轻而翾,优则挫而慑;通则骄而偏,穷则弃而儑"[②]。这样的人格表现与道德恒定的君子人格形成了鲜明的对照。在实际社会生活中,小人在人际交往等行为方面不具有任何责任感,不受任何社会规范与道德律条的约束。他们出尔反尔,反复无常,"与人同逆而旋背之,小人之恒也"[③]。

一言以蔽之,小人是社会生活中制造纠纷和引发紊乱的根源。

3. 小人才德相背,才是逐利和作恶的手段

荀子曾经指出:"色知而有能者,小人也。"[④]儒家文化认定小人人格的特质是反道德,但是在实际社会政治生活中,小人人格并不等同于愚人。他们往往有知识、有才能,但是在反道德特质的制约下,他们的表现及社会功效却与君子大相径庭。荀子曾以小人对照君子,讲得透彻明了:

> 君子能亦好,不能亦好;小人能亦丑,不能亦丑。君子能则宽容易直以开道人,不能则恭敬撙绌以畏事人;小人能则倨傲僻违以骄溢人,不能则妒嫉怨诽以倾覆人。[⑤]

小人才能越高,危害越大,无论能与不能,都是人间祸害。

就一般情况而言,小人有术而无学,所谓"纵性情而不足问学,则为小人矣"[⑥]。但是也有例外。小人有时也要学习儒家道术,也会峨冠博带,俨然饱学之士。然而,小人学道的目的却与君子截然不同。荀子曰:"君子之学也,以美其身",旨在个人的道德修为和人格完善。"小人之学也,以为禽犊"[⑦]。关于"禽犊",解者有歧义。唐杨倞注:"禽犊,馈献之物也。"清郝懿行《荀子补注》

① 《读通鉴论·宪宗》。
②⑤ 《荀子·不苟》。
③ 《读通鉴论·梁武帝》。
④ 《荀子·子道》。
⑥ 《荀子·儒效》。
⑦ 《荀子·劝学》。

认为,小人之学,入乎耳,出乎口,无裨于身心,但为好玩而已,故以禽犊譬况之。王先谦《集解》则认为二说皆非:“小人出耳入口,心无所得,故不足美其身,亦终于为禽犊而已,文义甚明。荀子言学,以礼为先,人无礼则禽犊矣。”又以前文有“为之,人也,舍之,禽兽也”与此文相应,认为:“‘禽兽’‘禽犊’特小变其文耳。小人学与不学无异,不得因此文言小人之学而疑其有异解也。”[①] 今检核《礼记·曲礼》,“凡挚,天子鬯[②],诸侯圭,卿羔,大夫雁,士雉,庶人之挚匹”。《周礼·大宗伯》:“以禽作六挚,以等诸臣:孤执皮帛,卿执羔,大夫执雁,士执雉,庶人执鹜,工商执鸡。”据此,是知依古礼,臣见君必执“挚”,禽犊即指挚见之物。王先谦虽为一代朴学大师,令人景仰,但于此解似不顺。《荀子·劝学》前文有“古之学者为己,今之学者为人”等语,则小人以学为禽犊,正是“为人”之举,即如杨倞注,小人以其所学道术作为取悦他人、谋求进身之阶、以求取私利的一种手段。儒学道术形同挚物,正与小人人格的本质相合。正是在这个意义上,清儒王夫之断定“小人而儒,则有所缘饰而无忌惮”[③],明确指出礼义之学在小人手中非但不能用于人格修习,反而成了他们恃以晋身,甚而作恶的工具。

(二)小人的政治表现与境况

据上所析,小人人格的特质可以概括为一个“私”字。在实际社会政治生活中,小人特质的具体表现往往有所偏重,与之相应,当权者的态度和采取的对策也有所不同。大体言之,有三种境况。

1. 为逐利之小人,当权者一般对其采取容忍的态度

儒家文化依据道德分层标准,将小人排斥在道德领域之外。这看起来似乎是贬斥,其实包含着某种默许。道德分层认可了“喻于利”是小人之所以为小人的立足点,小人逐利而行,在学理上和实际生活中并非没有合理性。因为他们逐利,所以他们是小人,因而他们理所当然地成为帝王将相等等统治者们的统治对象。逐利使得小人站到了道德的对立面,这是小人人格的反道德特性的依据之一,但这并不是儒家文化抨击小人的主要缘由。因而历代统治者及其思想家们对这样的小人还是可以容忍的。

---

① 王先谦:《荀子集解》,中华书局,1988年,第13页。

② 郑玄注:“天子无客礼,以鬯为挚者,所以唯用告神为至也。”

③ 《读通鉴论·平帝》。

只是儒家文化认为，在实际的经济和政治生活中，过分逐利有碍于社会稳定，又极大地损害了当权者的权益。于是他们猛烈抨击小人“唯利所在”，试图从认识或观念上对小人的逐利行为有所限制。这种既默许、又限制的态度立意是十分清楚的，这里面包含着两种情况。

一是涵指那些以逐利而求生存的一般社会成员，包括农夫工匠、行商坐贾、小商小贩、贩夫走卒、市井之徒，等等。这些人日出而作，日落而息，劳作在田土阡陌，奔走于通衢街巷，为的是温饱和生计，向往着“数口之家可以无饥矣”。如若风调雨顺，大发利市，则能多些收获，谋些财利，或可真的达成小富，实现孟子设想的“仰足以事父母，俯足以畜妻子”的小康世象。此类人等是不读圣贤书的，也谈不上道德修习，他们关注的只是日常的世俗的生活而已。

“唯利所在”的社会定位认可了此类小人在逐利本性的驱策下从事生产、买卖、服务等经济活动的事实，这是社会政治正常运作的某种保障，也是统治者及其理论家们的衣食之源。没有这样的小人终日逐利，催动并保持着社会经济生活的正常运行，“治人者”又怎能“食于人”呢？当然，这样的小人从来就是“治于人者”，他们永远滞留在社会的下层。

二是涵指那些有财者、有产者和某些有权者。这些人要么田连阡陌，广有土地；要么家财万贯，交通王侯。其中的有权有势者甚至垄断一方，武断乡曲，荫蔽小民。其结果是原本那些归属官府上缴朝廷的财富被此类人等巧取豪夺，他们在财富分配上占了以君主为首的当政统治集团的便宜。换言之，在“溥天之下，莫非王土”的君主政治时代，社会资源的最高主人是帝王。那些一心逐利的有财有权者侵犯了君主的利益，当然会被推到道德人格的对立面，纳入逐利的小人之属，成为儒家文化抨击的对象。“唯利所在”的社会定位意味着有必要限制这类小人过多地占有社会财富，以便最大限度地保障君主和王朝的利益。

孔子说：“君子谋道不谋食……学也，禄在其中矣。”[①]这里透露的信息是，君子治学循道并不是不要利禄，而是取之有道，进退有度。小人逐利过分，只会自取其辱。

2. 为有才之小人，对之可以有限度地使用，同时更要防范其为非作歹，祸乱朝纲

在儒家看来，小人人格是不适于参与政治的。可是，有的小人又具有一

---

① 《论语·卫灵公》。

定的才能,当权者“能远无才之小人,未必能远有才之小人”[①],因为小人之才常常给当权者带来好处。譬如,小人本性嗜利,大多擅长理财,有人就认为“长国家而务财用者,必自小人矣”[②]。有魄力的君主应当善于使用小人管理财政。但是“君子得位欲行其道,小人得位欲济其私”[③],小人参政难免要以权谋私,扰乱统治秩序。《大学·十章》引孟献子的话说:“百乘之家不言聚敛之臣,与其有聚敛之臣,宁有盗臣。”小人如果执掌权柄,其嗜利本性必然会藉权力而恶性发展,表现为横征暴敛、贪剥无度。这不仅与儒家的礼义德治原则相抵牾,而且很容易激化社会冲突。正如《大学》所言:“小人之使为国家,灾害并至。”因此,聪明的统治者利用小人之才,但决不重用小人,不会让他们进入决策中枢,把持军政大权;也不会把他们视为治平天下的依仗。“天下者,大具也,不可以小人有也,不可以小道得也”[④]。

一言以蔽之,“天下小人不可尽诛,小人之有才者尤不能不用,但止可驱策于边疆,而不可用于腹心密勿之地”[⑤]。小人在本质上与儒家文化的道德要求相距甚远,只能在一定条件和一定范围之内有限度地使用。

然而在实际历史进程中,这种范围和限度却经常被打破。以君主为首的当政特殊利益集团以谋求占有最大利益为宗旨,这是由专制统治者的政治本性所决定的,他们根本无力排拒小人。当权者不但自己要做嗜利的小人,而且还不断地将各种各样的小人吸收进来。因之我们看到,古代中国号称“治世”者屈指可数,更多的是小人得志、奸臣当道、贪官横行的乱世,缘此,则儒家文化抨击小人的呼声亦不绝于史。

儒家思想家们对于小人人格的深刻认识可谓入木三分,实际政治生活的切身体验则令士人们对于小人在政治上的危害有着更为深切的体会。当然笼统言之,无德、逐利、忌心、言行相背、出尔反尔,等等固然都是小人的劣根,但在政治上最具危害的却不是那些嗜利的平庸之辈,而是那些识文断字、知书习礼、巧辩如簧又肆无忌惮的小人。如明儒高攀龙说:“自古君子为小人所惑,皆是取其才,小人未有无才者。”[⑥]自古以来,正是这般小人祸乱天

① 《默觚下·治篇十》。
② 《大学·十章》。
③ 《日知录·财用》。
④ 《荀子·无论》。
⑤ 《默觚下·治篇八》。
⑥ 《高子遗书·家训》。

下，令君子思之愤愤，言之痛心。

明儒顾允成举出北宋王安石变法为例，认为其过在小人："炎祚之促，小人促之也。善类之殃，小人殃之也。绍圣之纷更，小人纷更之也。"[①]可是，如今竟然有人"不归罪于小人，而反归罪于君子，是君子既不得志于当时之私人，而仍不得志于后世之公论。为小人者，不惟愚弄其一时，仍并后世而愚之也"。顾允成愤而问道："审如其言，则将曰：比干激而亡商；龙逢激而亡夏；孔子一矫，而春秋遂流为战国；孟子与苏秦、张仪分为三党，而战国遂吞吕秦。其亦何辞矣。"[②]感愤之余，顾允成甚至觉得小人也是今不如昔："昔之为小人者，口尧舜而身盗跖；今之为小人者，身盗跖而骂尧舜。"[③]昔日小人尚存顾忌之心，如今小人则毫无顾忌，实属无耻之尤。

冯从吾对于这类小人深有同感，他的揭示更深刻："此小人不是泛常小人，乃异端之害道者。"这类小人"以纲常伦理为情缘，以诗书礼乐为糟粕，以辞受取予为末节，以规矩准绳为桎梏"。而且他们自视极高，"其自视常居吾圣人上"。当然，他们的弊害也最大，"使人猖狂自恣，以礼为伪，以肆为真，贻祸于天下后世不小。故夫子断之曰：小人而无忌惮。先儒有言，无以学术杀天下后世，此小人乃以学术杀天下后世者"[④]。

有才的小人以学术害天下，他们蔑视儒家文化的道的价值，"不论礼与非礼，要视就视，要听就听，要言就言，要动就动，是无所忌惮之小人"。他们既不遵守任何规则，也从不尊敬传统，而是一味地肆意妄为。最擅长以黑为白，利口巧辩，"而曰悟后全无碍，是惑世诬民之异端"[⑤]。冯从吾认为，正是由于这类小人无忌惮又善巧辩，是为"惑世诬民之异端"，在政治上危害极重。他指出：

> 天下之患，莫大于小人倡不根之言。君子不察，误信而误传之。人见其出于君子之口也，皆谓君子必有所见，其言必不妄。即理之所无者，或亦信其为有而不可破矣。不知小人当造言之时，原觊君子之信而传之。及君子一信而传之，则小人反借为口实曰：君子云何，君子云何……如此则小人不根之言一一皆有根之论矣。[⑥]

---

①②③ 《明儒学案·东林学案》。

④ 《冯少墟集·疑思录二》。

⑤ 《冯少墟集·疑思录四》。

⑥ 《冯少墟集·宝庆语录》。

小人利用君子,操纵舆论于股掌,弄权售奸,无所不至。冯从吾叹道,"忠臣饮恨,孝子含冤,病正坐此"[①]。

假如小人之祸只是属于认知标准不清,或是没有自知之明而认识疏误所致,那么只要澄清标准,划清界限,分清孰为君子,孰为小人,则弊害可解。然而,认识不清或者有之,其实更常见的是小人的头脑很清楚,于君子小人之别以及道德价值、是非标准,等等无不明朗在心,只是出于利、忌等欲心,他们按捺不住而故意作恶;同时还要巧言惑众,善于伪装。如明儒赵南星所指:"小人者,遇其党则谈东郭之际,遇君子则称西山之薇。上好承顺则烟视媚行,上喜气节则抗颜强项,是以贤者容或为其所欺。"[②]小人之厚颜于此可见一斑,愈显其人格卑劣。

就实而论,"无忌惮"的小人主要属于士大夫阶层,指的是那些以学谋官、假道逐利的"有才"之小人,亦即构成君主政治官僚体系中最腐败最黑暗的政治势力的那些士人。

3. 为富于个性的小人,对之要给予无情的打击

在传统中国,伦理道德是统治阶级共同认可的行为规范,体现着统治者的一般利益。以伦理道德作基本要素塑造的政治人格是统治阶级整体利益和共同意志的体现,谓之"群体人格"。从这个意义上说,小人人格"不耻不仁,不畏不义",蔑视权威,无视规则,表现出对统治阶级一般利益和共同意志的某种否定意向,其中有可能潜涵着某种程度的个体主体意识。换言之,作为君主政治和专制政治统治否定因素的"个体人格"很有可能从小人人格中生成,这当然是君主政治之大忌。

因之,儒家文化对于小人"无德而有才"最具戒心。一般说来,人的才能、学识与人的个体主体意识互为因果,相辅相成。越是才华横溢、远见卓识之士,越富于个性。他们往往要冲破传统道德规范和现行礼法制度的束缚,在激烈的冲突与否定中实现精神的超越。这样的人参与政治,很有可能成为引领社会发展的先驱。但是,以儒家文化肯认的群体人格相比照,这些人恰恰颠倒了德才关系,他们对抗的现行道德价值与规范理所当然地判定他们属于小人之列。虽然一般来说,这类小人并不逐利,他们对抗道德与秩序,但他们表里如一。

---

① 《冯少墟集·宝庆语录》。

② 《赵忠毅公文集·覆陈给事容淳条陈疏》。

如果说经济发展和社会进步有赖于社会稳定，那么儒家文化崇尚道德和抨击小人是有其一定的历史合理性的。然而儒家文化使用统治者共同认可的道德标准来划一人才，尚君子、诋小人，则是对人才的极大压抑，也是对人之个体人格的无情桎梏。站在儒家正统和君主政治的立场上看，那些富于个性的小人“非圣无法”“惑世诬民”，如嵇康，如李贽。当政的统治集团唯恐他们会给社会带来某种思想混乱或政治秩序的紊乱。但是我们看到的却是其中闪现着的伟大个性的星火，孕育着反传统和创新的种子。

难道不是吗？人类社会的文明史不正是在对旧传统和旧世界的一次次否定与破坏中写成的吗？纵观中国古代社会，思想和政治的“异端”总是被诬为“小人之徒”，君子们则大抵作了君主政治的卫道士。明了这一点，那么历代帝王之所以都要崇君子、抑小人也就不言自明了。

三、君子人格的道德特性与政治功能

按照孔儒的设计，君子是道德的化身。但是君子人格不只具有道德榜样或教化的意义。在古代中国君主政治条件下，人治与德治相叠加，使得君子具有独到的道德属性与政治功能，集中体现了传统政治文化的中国特色。

（一）君子的道德规定性

儒家文化关于君子人格的认识极其丰富，总其成说，主要可以归纳为以下四点。

1. 君子是诸多道德的负载者，更是仁德的执着追循者

儒家文化就其本质而言是一种伦理政治学说，诸如忠、孝、仁、义、礼、智、信、廉、诚，以及中庸，等等，都是构造其学说体系的核心概念。君子作为道德的化身，理所当然成为诸多道德的承载者和体现者，如孔子即概括出来“君子道者三”，计有“仁者不忧，知者不惑，勇者不惧”[①]。孟子曰：“君子以仁存心，以礼存心。”[②]君子人格是礼和仁的承载者。

（1）君子人格水、玉之喻

关于君子人格道德承载的广泛性，最形象的表述莫若比之如水，喻之以

① 《论语·宪问》。

② 《孟子·离娄下》。

玉。据《说苑》载：

子贡问曰："君子见大水必观焉，何也？"孔子曰："夫水者君子比德焉，遍予而无私，似德；所及者生，似仁；其流卑下句倨，皆循其理，似义；浅者流行，深者不测，似智；其赴百仞之谷不疑，似勇；绰弱而微达，似察；受恶不让，似包蒙；不清以入，鲜洁以出，似善化；主量必平，似正；盈不求概，似度；其万折必东，似志。是以君子见大水观焉尔也。"①

以水喻称君子之德的说法又见于《荀子·宥坐》《大戴礼记·劝学》等，字句或有出入，内容则同。《说苑》又载：

玉有六美，君子贵之。望之温润，近之栗理，声近徐而闻远，折而不挠、阙而不荏，廉而不刿，有瑕必示之于外，是以贵之。望之温润者，君子比德焉；近之栗理者，君子比智焉；声近徐而闻远，君子比义焉；折而不挠，阙而不荏者，君子比勇焉；廉而不刿者，君子比仁焉；有瑕必示之于外者，君子比情焉。②

与之相近的记述还见载于《管子》《荀子》《礼记》等文献，内容多有不同。《管子·水地》以玉有九德，君子贵之。《荀子·法行》列为七德。《礼记·聘义》总括为十德。诸如"垂之如队，礼也；叩之，其声清越以长，其终诎然，乐也；瑕不掩瑜，瑜不掩瑕，忠也；孚尹旁达，信也"③；"茂华光泽，并通而不相陵，容也"④等等说法，则为《说苑》所不载。

《说苑》是西汉人刘向纂辑的。由于他能够博采群书，使得某些后世失传的古籍，借《说苑》辑录而存留一二，"吉光片羽，弥足可贵"，故而颇为史家称道。我们则藉此而看到了君子人格的历史脉络。可知君子水、玉之喻自先秦以至汉代，已经形成了普遍认识。这意味着君子人格道德承载的广泛性得到了儒家文化的认同。

(2)诚与中庸

依照儒家文化的设计，君子人格的道德承载广博而不泛然，似乎是面面

①② 《说苑·杂言》。

③ 《礼记·聘义》。

④ 《管子·水地》。

俱到，其实其中有重点。某些境界极高的道德条目被视为君子人格道德修为的主要进路，故而在评判君子人格的诸多标准中，最受重视。主要者如诚，如中庸。

儒家文化的“诚”含有真实无妄，坦诚无欺，恒久不怠等多种意义，是人格修炼的高层道德境界。《中庸》载：“诚者，天之道也；诚之者，人之道也。”儒家文化把诚视为通往圣化之境的捷径，所以荀子断言：“君子养心莫善于诚，至诚则无他事矣。”[①]儒家文化认为，只有圣人天生至德，生而有诚；“诚者不勉而中，不思而得，从容中道，圣人也”[②]。君子要想达到诚的境界，必须要下定决心，“择善而固执之”，非得付出艰苦的努力不可。当然，在儒家文化看来，也唯有君子才能达到诚，“夫诚者，君子之所守也”[③]，这正是君子人格的高尚之处。

“中庸”在儒家文化的道德体系中也占有极高的位置，能够理解、认识和修习中庸之德的人很少，普通民众根本就不曾涉及过。孔子为此而发过感慨：“中庸之为德也，其至矣乎！民鲜久矣。”[④]然而君子恰恰能够把握“中庸”，遵道而行，不偏不倚，能随时随地避免“过犹不及”，力求“时中”。

中庸之德的最佳艺术境界是“通达权变”，故而孔子说，对于一般人而言，“可与共学”，“可与适道”，“可与立”，但“未可与权”[⑤]。唯有君子能够体悟中庸的精髓，通晓权变，屈伸自如。所谓“柔从若薄苇，非慑法也；刚强猛毅，靡所不信，非骄暴也。以义变应，知当曲直故也”[⑥]。这正是君子人格的高明之处。

在中国传统儒家文化的诸多道德规范之中，在君子人格的诸多道德承载之中，最具权威性的人格标准就是“仁”。作为儒学道德体系中的最高德目，仁是区分君子小人和构造君子人格的道德砥柱。孔子有言：“君子去仁，恶乎成名？”[⑦]又说：“君子而不仁者有矣夫，未有小人而仁者也。”[⑧]儒家文化认为小人本性嗜利，根本与仁无缘；君子也不一定就必然能够达到这一光辉的顶点。事实上成就君子人格的真正意义在于，他必须是一个仁德的执着追

①③⑥ 《荀子·不苟》。

② 《礼记·中庸》。

④ 《论语·雍也》。

⑤ 《论语·子罕》。

⑦ 《论语·宪问》。

⑧ 《论语·里仁》。

循者,能够"无终食之间违仁,造次必于是,颠沛必于是"[①],百折不挠,锲而不舍,表现出赴蹈仁德的坚定意志和毅力。仁是君子人格最本质的道德定位和人格确认。

2. 君子着眼于正己和道德实践,在德行修为上严于律己,无求于人

儒家文化认为,君子是能够在实际社会政治生活中践行礼义道德的理想人格。孔子曾就此提出要求:"君子义以为质,礼以行之,孙(逊)以出之,信以成之。"[②]孟子也认为:"夫义,路也;礼,门也。唯君子能由是路,出入是门也。"[③]他们认为,礼义道德的价值体现不只在于宣扬倡导,更在于践履实行。君子人格正是德行的实行者,他们能够将礼义道德融贯于日常生活中的举手投足之中,凡视、听、言、动,一颦一笑,无不以礼义忠信等道德规范为标准,讲求言行如一,最忌言过其实。因而,当子贡问老师如何作君子,子曰:"先行其言而后从之"[④]。

在儒家文化的传承中,这种先行后言,注重实行的认识很有普遍性。如《礼记·表记》:"君子耻服其服而无其容,耻有其容而无其辞,耻有其辞而无其德,耻有其德而无其行。"君子应该以践履礼义道德作为毕生的义务,"敬始而慎终,始终如一,是君子之道,礼义之文也"[⑤]。在道德实践中言行如一,表里如一,始终如一,这正是君子人格有别于小人人格的人格特色。

儒家文化还要求,君子人格在道德践履中要严于律己,以身作则,所谓"君子有诸己而后求诸人,无诸己而后非诸人"[⑥]。身为君子者主要关注的是自身德行的完善,所谓"君子务修其内而让于外,务积德于身而处之以遵道"[⑦],他们的心思并没有放在他人身上。这样一来,就使君子能够比较容易地做到宽容谦让,宽于待人。而且,由于他们专一克己,孜孜以求,一门心思地依照儒学宗师们的教诲修习道德,因而他们从不在意别人评头品足,说三道四。"是以不诱于誉,不恐于诽,率道而行,端然正己,不为物倾侧,夫是之谓诚君子"[⑧]。君子们做到了自我要求严格,而心态则相对稳定。

---

① 《论语·里仁》。
② 《论语·卫灵公》。
③ 《孟子·万章下》。
④ 《论语·为政》。
⑤ 《荀子·礼论》。
⑥ 《大学·九章》。
⑦ 《荀子·儒效》。
⑧ 《荀子·非十二子》。

后世士人基本承继了的儒家宗师们的认识,在体会上更为深刻,行为上愈加投入。典型者如明儒冯从吾。冯子认为,身为君子者,应当修德而不望报,能"居易以俟命"。他批评说,有的人"修德而夕望报,一或不应,辄以为天地间无善恶报应之事。不知一为报而修德又是伪,又不是诚,如何能感召天地?故曰:居易以俟命"。既然身为君子,就应该只求正己,无怨无尤。"盖正己而不求于人,则无入而不自得,自然无天可怨,无人可尤"。冯从吾的意思是,君子应该只知在"正己"上用心用力,既无求于他人,又不受他人影响。对于别人的"陵下""援上""拂意",等等,根本就不在意,能做到视而不见,"不自见"。就必然能做到心无怨尤,心态平稳,安然自得。冯从吾认为,"正己"的预期目的是"尽性",具体入径是"安分"。"只一个分定了,便改移不得。可见人只是安分,便是尽性"。只要能做到上述种种,就能达到"通达适意"之境。所谓"大行不加,穷居不损"。[1]冯子亦有诗证之:

芳草和烟暖更青,寒门要路一时生。
年年点检人间事,唯有春风不世情。[2]

可知儒家文化指引的严于律己不是苛刻的苦行,而是严正、端庄和专一。唯此,方能在心态上达成稳定与平和,进而提升为诗化的美和精神上的洒脱。

3. 君子人格具有道德的恒定性,在任何环境条件下,都能表现出最佳道德风貌

儒家文化认为,不论贫穷富贵,地位高下,劳顿安逸或是命运多舛,作为君子者,必然总是遵照尚德的标准进行选择,在实际行为上与置身其中的具体环境相协调,"是以百举不过也"[3]。且看儒学宗师们的表述:

《中庸·十四章》:(君子)素富贵,行乎富贵;素贫贱,行乎贫贱;素夷狄,行乎夷狄;素患难,行乎患难。

《易·乾卦·文言》:(君子)居上位而不骄,在下位而不忧。

荀子:君子贫穷而志广,富贵而体恭,安燕而血气不惰,劳倦而容貌

① 以上引文均见《冯少墟集·辨学录一》。

② 《冯少墟集·示四氏曲阜两学诸生》。

③ 《荀子·臣道》。

不枯,怒不过夺,喜不过予。①

儒家文化认为,在实际社会政治生活中,大如调节人我关系,小到容貌举止,具有君子人格者皆能依乎礼义法度,圆满处之。前者如荀子曰:“其交游也,缘类而有义;其居乡里也,容而不乱。”②后者如子夏曰:“君子有三变,望之俨然,即之也温,听其言也厉。”③

君子人格的道德恒定性突出了君子的道德自律,他们无私无畏,“不为贫穷怠乎道”④,更不在乎名利的干扰和诱惑,“食无求饱,居无求安”,唯一的追求是“就有道而正焉”⑤。孟子对于这一点颇有自信,曾声言“焉有君子而可以货取乎?”⑥君子人格的道德恒定与道德自律得到了后世士人们的广泛认同。虽说具体的表述不同,但是,人们表达的意向则是明白无误的。如说君子“不待褒而劝,不待贬而惩”⑦;“夫君子之不骄,虽暗事不敢自慢”⑧;“君子之仕,不以高下易其心”⑨等等。君子道德恒定,自律自戒,必然境界高远,心胸开阔,不会计较锱铢得失,而且必定在心态上保持着豁达与乐观。正如当年荀子的描述:“(君子)其未得也则乐其意;既已得之,又乐其治。是以有终身之乐,无一日之忧。”⑩道德恒定的君子人格至少在认识上、或曰理念上接近了完美。

明儒高攀龙对于君子人格德行恒定而几近完美最有感触,曾作有《洗心说》一文,着意摹画:

食无求饱,居无求安,不作居食想。彼以富,吾以仁;彼以爵,吾以义,不作富贵想。不怨天,不尤人,不作怨尤想。用则行,舍则藏,不作用舍想。行一不义,杀一不辜,得天下不为,有甚动得我。知之嚣嚣,不知亦嚣嚣,有甚苦得我。非仁无为,非礼无行,有甚恐得我。江汉濯之,秋阳暴

①④《荀子·修身》。
② 《荀子·君道》。
③ 《论语·子张》。
⑤ 《论语·学而》。
⑥ 《孟子·公孙丑下》。
⑦ 《嘉祐集·史论上》。
⑧ 《王文公文集·周公》。
⑨ 《栾城集·张士澄通判定州》。
⑩ 《荀子·子道》。

之，有甚染得我。鸢则于天，鱼则于渊，有甚局得我。[1]

在高攀龙的心目中，君子人格内蕴的价值本质如同天造地设般的坚实稳固，这种近乎完美的道德本质一旦外化，必然表现为顶天立地的人格形象："既唤做个人，须是两手顶天，两脚拄地，巍巍皓皓，还他本来面目。"[2]高子向往的正是儒家文化造就的道德巨人。

4. 在理念上，君子人格完美无缺；在实际社会政治生活中，君子的表现须一以贯之

儒家文化把君子人格所内蕴的道德价值体系称为"君子之道"。

如果说，君子人格是传统伦理道德的凝聚，那么"君子之道"则涵盖着儒家文化的道德及政治价值的总范式，体现着儒家文化着力维护的统治阶级的整体利益和共同意志，因而其毋庸置疑地具有广泛的适用性和绝对的真理性。正如《中庸》的表述：

君子之道，本诸身，征诸庶民，考诸三王而不谬，建诸天地而不悖，质诸鬼神而无疑，百世以俟圣人而不惑。

显而易见，这是典型的"群体人格"，其中剔除了任何可能存留的个性和自我，以一种绝对无私无畏的精神风貌展现出绝对完美的人格形象，形成了被君臣统治者们共同认可的人格模式："君子动而世为天下道，行而世为天下法，言而世为天下则。"[3]

君子人格的模式化、法则化是儒家文化的理想与实践相统一的体现。与圣人相比较，君子的实践意义更为凸显，其重要性超出了这种政治人格的理想层面。

在儒家文化的设计中，圣人是道德及政治理想的极致，亦是最高理想人格的显现。古往今来，圣人屈指可数，除了尧、舜、禹、汤等少数圣王，其他人等可以向往，可以仰慕，但是很难企及，所谓高山仰止。一般社会成员对于圣人只有顶礼膜拜，不能存有什么奢望。君子则不然。君子人格内含的价值准则是可望可即的，一般人，包括平头百姓、市井小民都可以修习，可以践行。正

---

①② 《高子遗书·洗心说》。

③ 《礼记·中庸》。

是针对这一点,孔子说了实话:“圣人,吾不得而见之矣;得见君子者,斯可矣。”[①]

对于后世儒生而言,崇圣是最高理想,对于这样的人生理想是终生不得放弃的,在自己的人生历练中也不可须臾迷失之,而是始终以“内圣外王”引导着行进的方向。君子人格则是实践性目标,既然可望可即,就应该努力追循,通过道德修习而达成君子人格的人格修为,这是理应实现的。换言之,按照以儒家思想文化为主体的中国传统政治文化的设计,人们鲜活多样的“个性存在”都需要依照君子式“群体人格”的划一模式重新予以整塑,以完成合乎统治者需要的“政治人”改造。中国社会的一般成员,无论身份地位贵贱尊卑,都要按照统一的标准和人格模式,被改造成君主政治的忠臣和顺民。

因之,实际社会生活中的君子人格具有理想与行为的“一以贯之”的特征,他们能在道德修习和理想追寻中坚韧不拔,在坎坷、颠沛的人生途中牢牢把握着行进的方向。

以上诸方面充分表明,君子人格是仅次于圣人的理想道德人格,这种人格模式如同圣人人格一样,也具有群体性。也就是说,在儒家文化看来,除了天生圣人,只有君子德行深厚,是构造社会伦理秩序的中坚。正如本书第二讲所析,儒家文化一贯认为“凡人之所以为人者,礼义也”[②],礼义道德是人与禽兽,亦即文明与野蛮的临界点。故而,有意识地确立、倡导和践行礼义道德就成为人之存在的根本价值所在,否则便意味着文明的退化,实则隐喻着人性的泯灭。

然而令人忧虑的是,在现实生活中,并非所有的人都能明确地认识到这一点,世上芸芸众生多矣,他们哪里懂得什么道德修习和人生历练,终日浑浑噩噩,奔波劳碌,无非是为了生计与财利。儒家思想家们为此而忧心忡忡。这时,君子给他们以及整个社会带来了希望。儒家文化认为,君子人格的存在是防范道德倒退的堤防。孟子借此而有一句名言:“人之所以异于禽兽者几希,庶民去之,君子存之。”[③]由于君子人格的道德特质,他们有能力为这个危机四伏的社会设置道德的安全阀。所谓“君子所以异于人者,以其存心也。君子以仁存心,以礼存心”。君子作为礼义道德的载体,保障并推进了人类社会的发展和华夏文明的进步。

① 《论语·述而》。

② 《礼记·冠义》。

③ 《孟子·离娄下》。

(二)君子的政治功能

儒家文化的特点之一是强调道德与政治的同一性。从这样的认识出发,君子人格除了它的道德价值,还具有独特的政治功能,概言之,计有以下四点:

1. 君子最忠于君主

儒家文化认为,君子在执着的礼义践行过程中,能自觉地认同道德权威,“尊仁畏义,耻费轻实”[①],逐渐形成了一种特有的敬畏权威的政治心态。他们在认识上“思不出其位”[②],行为上“无理不动,无节不作”[③],在政治选择上就能做到“忠而不犯,义而顺”[④],自觉地认同和服从礼义规范维系着的政治权威。正如孔子所言:“君子有三畏:畏天命,畏大人(指当权者),畏圣人之言。”[⑤]

在政治权力私有的时代,专制帝王的共同心态是视天下为一己之私物,他们最惧怕臣下结党营私,形成利益集团,侵害君主之利。于是儒家文化告诉帝王,天下唯有君子能够“周而不比”[⑥],忠贞不贰;而且越是危难之际,越能奉献耿耿忠心。故而惟有具备君子人格的士人才会成为忠臣,唯有他们“可以托六尺之孤,可以寄百里之命,临大节而不可夺也”[⑦]。荀子也称赞说:“岁不寒,无以知松柏;事不难,无以知君子无日不在是。”[⑧]

最为可贵的是,君子虽然有德、有功,居高位,执权柄,却仍然“卑己而尊人,小心而畏义,求以事君”,决“不自尚其事,不自尊其身”,不敢居功自傲,更“不敢有君民之心”[⑨]。这就是说,具有君子人格的士人入仕为臣,虽然位高权重,但是绝不会自得自满,拥权自重,以至于权高震主,威胁到君主的权位。君主尽可以放宽心,因为君子是君主最可信赖的忠臣。

2. 君子是建立政治秩序和推动政治运作的主体

在君主政治条件下,以君主为首的官僚贵族结成当政统治集团。君子介入体制,从在野的士民上升为统治集团的成员,就会发挥出特殊重要的功能,成为推动政治秩序建构和政治运作的主体力量。荀子对于君子人格这项

①④⑨ 《礼记·表记》。

② 《论语·宪问》。

③ 《礼记·仲尼燕居》。

⑤ 《论语·季氏》。

⑥ 《论语·为政》。

⑦ 《论语·泰伯》。

⑧ 《荀子·大略》。

功能的表述最准确。他说：

> 无土则人不安居，无人则土不守，无道法则人不至，无君子则道不举。[①]

土地、人民和道法（**理想政治原则**）是政治三要素，荀子称之为“国家之本作”。在这三要素中，君子排位第一，最为重要，用荀子的话就是“道法之总要也，不可少倾旷也”[②]。没有君子，礼义道法无所依托，没有谁能替代君子来设定和建构制度、规范，君主虽有土地、人民，却难以建立政治秩序，政治运行难免陷于混乱。有鉴于此，荀子遂一再提醒当权者：“无君子，则天地不理，礼义无统，上无君师，下无父子，夫是之谓至乱。”[③]意在强调君子既是礼义道德的载体，更是建立统治秩序的中坚。

3. 君子具有独特的政治调节功能

按照儒家文化的设定，君子人格是优秀德行的汇集，尤其谙熟中庸之道。他们参与政治，对上辅佐君主，对下惠爱百姓，能在各社会阶层和政治势力之间成功地进行调处。“其待上也，忠顺而不懈；其使下也，均遍而不偏”[④]，成为维系君主与百姓的中间环节。

君子作为士人中的优秀分子，虽然也入仕为官，也分享权力，拥有特权，占有利益，但是，他们具有的道德修为使得他们大体上能保持着头脑清醒。在统治集团内部，他们或多或少尚能坚持着儒家文化倡导的道义理想，对于君主，往往能据理进谏；对于治下的平民百姓，能够做到留有余地，不竭泽而渔。其中更有甚者，对君主竟然敢于直言强谏，以死相谏；对百姓，则勇于为民请命。他们往往博得了忠臣、贤臣、清官、“青天”的赞誉，而青史留名。

君子人格的所作所为能使统治者与被统治者之间的矛盾或冲突得到缓解，在一定程度上实现了上下交融，各得其所。当年备受孔子称赞的郑国名臣子产就是这样的典型。孔子说，子产“有君子之道四焉：其行己也恭，其事上也敬，其养民也惠，其使民也义”[⑤]。入仕的君子是君主的忠臣，又是百姓的清官。

---

①② 《荀子·致士》。

③ 《荀子·王制》。

④ 《荀子·君道》。

⑤ 《论语·公冶长》。

4. 君子作为道德修身的楷模，是教化百姓的理想人选

教化是儒家文化所能想到的最佳治民方略，需要由君子来承担。

儒家文化认为，治理民众是一个自上而下的“上行下效”过程。孔子形象地指出：“君子之德风，小人之德草，草上之风，必偃。”[①]孟子也说：“上有好者，下必有甚焉者矣。”[②]儒家文化所讲的教化，其中当然也包括一些知识教育，但这并不是主要内容。教化的主要内容是思想、道德、和规范的言传身教。儒家文化特别看重榜样效应，根据他们对于“上行下效”的理解，他们认为，只要君子能笃行礼义，以身作则，为民之表率，黎庶百姓就会弃恶向善，变成良民。用他们的话说，就是“君子笃于亲，则民兴于仁”[③]；“君子言不过辞，动不过则，百姓不命而敬恭”[④]。

儒家文化对于君子教化功能的效力充满了信心，认为在一般情况下，“君子不出家而成教于国”[⑤]，君子家居不仕，但是其道德人格和君子精神的感召力便已经发挥出巨大的作用，有了君子的表率作用，就能使全社会的道德水准得到普遍提升。假如君子入仕为官，效果就更为显著。顾炎武就曾断言，君子“居官而化一邦，在朝廷而化天下”[⑥]。不仅如此，君子的教化功能甚至还能起到挽救危亡的作用。如顾炎武说：“士君子处衰季之朝，常以负一世之名而转移天下之风气。”[⑦]王夫之也认为“国有君子，国可不亡”[⑧]。儒家文化把君子教化黎庶百姓看作是建立理想的君主政治秩序的关键环节，所以孟子有理由侃侃而论：“君子之守也，修其身而天下平。”[⑨]

综上所述，君子既是道德楷模，又是政治精英。君子人格的价值构成兼有伦理实践和政治实践的双重内含。从某种意义上说，君子人格凝聚着传统政治文化的精要：伦理与政治互为因果，紧紧缠绕在一起，伦理与政治的价值选择具有同一性，道德认同即是政治认同。这一特点使得君子人格在传统社会政治生活中有着极为宽广的覆盖性，对于君主政治秩序的建构、政治系

---

① 《论语·颜渊》。

② 《孟子·滕文公上》。

③ 《论语·先进》。

④ 《礼记·哀公问》。

⑤ 《礼记·大学》。

⑥ 《日知录·俭约》。

⑦ 《日知录·两汉风俗》。

⑧ 《读通鉴论·哀帝》。

⑨ 《孟子·尽心下》。

统的运作、政治决策与政策制定,以及人们的政治选择与行为等都有着深远的影响。

(三)君子人格与君主政治

儒家文化整塑的"君子人格"摒弃了个人的理想追求,排除了个人利益,剔除了人的个性,以一种绝对"无私"的精神风貌展现出绝对完美的人格形象。不言而喻,这是统治阶级共同认可的共性人格模式,当然会受到统治者们的极度推崇。自汉高祖刘邦首次祭孔[①],后世帝王及其群臣百官、卿士大夫,无不以尊孔崇德相号召,互以君子相标榜。其实,专制统治者们普遍奉行的理念或曰价值选择是谋利。孔子曰:"耕也,馁在其中矣;学也,禄在其中矣"[②];后世民谚"书中自有黄金屋,书中自有颜如玉"等即折射出此中消息。儒家文化偏要这些一心谋利并且实际占有最大利益的"治人者"们学作君子,其结果只能形成普遍的双重人格,造就伪君子,尽管这并非儒学宗师们的初衷。

在实际历史过程中,统治者们一面吟咏着仁义道德,高举着"为民父母""爱民如子""视民如伤"的牌匾;一面却暗中交易,贪污受贿,草菅人命,无所不为。所谓"三年清知府,十万雪花银"。这种既要尚德又要谋利,表面崇德尚义实则利欲熏心的政治心态正是古代中国政治腐败的重要政治文化根源之一。平头百姓对于这种现象有着最为准确的描述,谓之"满嘴仁义道德,一肚子男盗女娼",话虽不雅,理却不谬。

对于一般社会成员而言,君子的言行就是世人的法则,君子人格则是人们人格认同的主鹄。儒家文化塑造的君子人格并非为了人们的个性化的实现或是体现个人价值的选择,恰恰相反,而是要把实际生活中人们的个性存在依照统一的人格模式重新整塑,造就出君主政治所需要的"政治人"——孝子忠臣。

儒家文化认为,如若就人性的本质而言,"人皆可以为尧舜"。君子小人不是先天的造物,而是后天修习本性的结果。严格而论,所谓君子与小人的区别只在学与不学的一念之差,"好学逊敏"[③]为君子,"困而不学"[④]是小人。人们只要能自觉地以君子为榜样,严格道德修习,紧随着君子人格的典型亦

---

① 《汉书·高帝纪下》:"十一月,行自淮南还。过鲁,以大牢祠孔子。"

② 《论语·卫灵公》。

③ 《荀子·修身》。

④ 《论语·季氏》。

步亦趋，就能做到“入则孝，出则弟”[①]，居家为孝子，在朝作忠臣。对于君主政治而言，一般社会成员对于君子人格的普遍认同将为统治者造就一个相对稳定的顺民社会。从这个意义来看，以儒家文化为主体的中国传统政治文化所创建的君子人格，无论在理论上还是在实践中，都是对传统的君主政治体制的极大维护。

儒家文化认可君子与小人的人性本质是相通的，二者之间不存在什么不可逾越的鸿沟，逻辑上都可以通过某种主观努力向着对方转化。用荀子的话说，就是“小人君子者，未尝不可以相为也”[②]。这就是说，在道德提升和政治选择面前，人人机会均等，每个人都面临着两种选择。正如宋儒欧阳修说的：“不修其身，虽君子而为小人；能修其身，虽小人而为君子。”[③]

认可君子小人具有“互通性”是中国传统政治文化的一个重要价值理念，对于传统等级观念具有某种“颠覆”的意味。在中国古代社会，等级制度与君主政治是相伴而生的，官僚贵族主要凭借着血缘—姻亲关系或战功等条件参与政治，分享权力和财富，构成君主政治的权力基础。儒家文化却另辟蹊径。他们树立的君子人格标示着人们可以凭着道德条件取得参与政治的资格。《中庸》说：“大德必得其位，必得其禄”，君子人格的价值实现最终要在政治领域，通过权力和财富来完成，这就为一般社会成员参与政治带来了希望。

随着历史的进程，以德取士不但形成了稳定的政治观念，被当权者普遍接受，而且还得到了制度保障。汉代察举取士的首要条目就是“孝廉”。由于儒家文化认可君子小人可以凭借道德修身的杠杆相互转化，于是一些出身贫寒但德行高尚之士得以升入君子的行列，经由察举、科举等各种途径步入统治集团。“朝为田舍郎，暮登天子堂”，布衣纬带之士也可以拜相封侯。认可君子与小人的互通性在观念上动摇了固有的官贵等级意识，在实践中使得中国古代政治等级结构具有一定的可调节性。“寒门生贵子，白屋出公卿”，人们不论出身门第，财富多寡，均有可能沿着“君子之道”向着君主当权集团靠拢。其中的出类拔萃之士则成为政治舞台上的主要角色，构成君主政治的又一权力基础。

---

① 《论语·学而》。

② 《荀子·性恶》。

③ 《欧阳文忠公集·答李诩书》。

故此,在传统中国,君主政治的权力基础除了皇族、姻亲贵族及功臣官僚等"官贵集团",还有以科举士大夫为代表的君子集团。后者在相当程度上超出了前者的局限,促成了社会各阶层和各利益集团的人员流动,使得君主政治的基础结构得以扩展,面向全社会。君主政治需要的各种人才借此而源源不断地得到补充。权力基础的扩大增强了君主政治的稳固性。而且,君子人格具有优于官贵集团的特殊政治功能,能给予君主政治以更多的活力和更有力的支撑。孟子深知此中利害,故而告诫说:"今居中国,去人伦,无君子,如之何其可也。"[①]中国古代君主政治正是在"官僚——君子"双重结构的支撑下,绵延两千年而不衰。

综观中国古代社会,儒家文化抨击小人,可政治生活中的嗜利小人比比皆是;儒家文化尊崇君子,却造就了普遍的伪君子。真正符合儒家人格理想的君子则屈指可数。这种认识与现实的严重背离无非说明了这样一个事实,"君子小人辨"的实践理性远逊于认识理性,因而很难对实际政治的运作形成积极的影响,也很难产生应有的效应。既然如此,为什么中国古代的统治者们还要对这一理论极度重视,思想家们甚至就此而论辩不休呢?对于这种现象,恐怕需要进行更深层的剖析。

我们认为,在现代社会条件下,人的全面发展意味着人之个体性与群体性的并存与健全,这也是人之为人,人之得以存在的重要条件。然而,在政治权力私有的政治条件下,君主政治及任何形式的专制主义都会在思想、理念、认知和实践中否定人的个体性,这是使人不成其为人的第一步,唯此方能桎梏人的独立思维和自主精神,把人变为专制权力的驯服工具。儒家文化利用道德分层理论,通过对君子、小人的一崇一抑,将可能萌生或存在的人之个性和主体精神在认识上彻底否定,从而为君主政治提供了适宜的文化土壤。这或许就是儒家文化热衷于君子小人辨的根本政治意义吧。

四、乡愿与伪君子

君子与小人是传统人格的主要类型,但不能涵盖政治人格的全部。当年孔子曾用狂、狷、乡愿等概念评估士人,这些认识延及后世,也被人们视为人格形象。

---

① 《孟子·告子下》。

(一)狂、狷与乡愿

孔子说:“不得中行而与之,必也狂狷乎!狂者进取,狷者有所不为也。”[①]又说:“乡愿,德之贼也。”[②]孔子认为“中行之士”是最理想的人格形象,如果求之而不得,则狂放者、狷介者也可以接受。唯有乡愿是害道之人,要斥而去之。孔子列出的选择方案是:宁为狂狷,不为乡愿。

孔子以后,孟子又对此三色人等详加解说。孟子也认为“中行之士”是理想人格,“孔子岂不欲中道哉?不可必得,故思其次也”。所谓狂者,“其志嘐嘐然,曰,‘古之人,古之人。’夷考其行,而不掩焉者也”[③]。杨伯峻引赵岐注:“嘐嘐,志大言大者也。”[④]如果“狂者又不可得,欲得不屑不絜之士而与之,是狷也,是又其次也”。“不屑不絜”即不屑于作恶。这里孟子把中行之士列为首选,其次为狂者,再次是狷介之士。后两种虽然也有不足,但无伤大雅,尚可选择。

至于乡愿,孟子曰:“阉然媚于世也者,是乡原也。”原同愿,本意为谨善、谨慎。孟子认为,这种人的特点是,貌似忠厚,老实巴交,“非之无举也,刺之无刺也,同乎流俗,合乎污世,居之似忠信,行之似廉洁,众皆悦之,自以为是,而不可与入尧舜之道,故曰‘德之贼’也”。孟子又援引孔子曰:“过我门而不入我室,我不憾焉者,其唯乡原乎。”[⑤]以坚其说。孟子的解释大体符合孔子本意。

总的来看,儒学宗师们认为,虽然与中行相比较,狂放者言过其行,狷介者落落寡合,但前者卓然进取,后者洁身自好,仍然不失为有道之士。唯有乡愿不讲原则,左右逢源。看似忠信廉洁,无可挑剔,其实最会同流合污,寡廉鲜耻,乱德害道。尤其是乡愿之人的言与行似是而非,颇能惑众,故而最为儒家文化所厌恶。孟子征引孔子的评论说:“恶似而非者:恶莠,恐其乱苗也;恶佞,恐其乱义也;恶利口,恐其乱信也;恶郑声,恐其乱乐也;恶紫,恐其乱朱也;恶乡原,恐其乱德也。”[⑥]这里讲得再清楚不过了。

孔、孟等先师的人格判断给后人的选择做出了表率,乡愿在儒家文化的道德殿堂里丧失了立足点。不过,翻检古代典籍,我们看到历代士子之中,当

---

① 《论语·子路》。

② 《论语·阳货》。

③⑤⑥ 《孟子·尽心下》。

④ 杨伯竣:《孟子译注》(下),中华书局,1960年,第343页。

属晚明东林人士抨击乡愿最力,这与晚明的政治特点有关。中国历代都有党争,晚明的党争最为激烈和残酷。明熹宗天启五年、六年(1625、1626)两次诏狱,除高攀龙投水自尽,其余杨涟、李应升、缪昌期、魏大中、周朝瑞、周宗建、顾大中、黄尊素等十余人被逮,受尽酷刑,惨死狱中。东林诸子在前前后后几十年的政治斗争中,深感划清敌友是极为重要的。乡愿的似是而非、模棱两可与东林一脉旗帜鲜明的政治立场形成强烈的对比,不能不令东林君子极其痛恨。这里以晚明东林诸子的认识为典型例证,看看传统儒家文化是如何评定乡愿人格的。概括晚明东林人士的评说,主要有四个方面。

其一,乡愿的学理之源在"性无善恶"说。顾宪成领袖晚明士林,是东林党的首领[①],他对乡愿的认识就极为深刻。他说:

> 告子无善无不善一语,遂为千古异学之祖。得之以混世者,老氏也,得之以出世者,佛氏也,得之以欺世者,乡愿也。[②]

> 无善无恶四字,就上面做将去,便是耽虚守寂的学问,弄成一个空局,释氏以之。从下面做将去,便是同流合污的学问,弄成一个顽局,乡愿以之。[③]

当年孔子评论乡愿,只是把它看作人们德行的一种类型;其后孟子描述乡愿,也只是循其流而没有溯其源。唯有晚明东林诸子偏要刨根问底,深入查寻乡愿的学理之源。顾宪成以乡愿与佛、老之学相参照,文中关于"欺世""混世""出世"的概括简明扼要。且不论他的说法是否合理,仅就其论述的逻辑比照来看,他竟然能将乡愿的学理根源推演至先秦时代,归根于告子的"性无善无不善"[④],就不得不教人信服。顾宪成进而分析道:

> 乡愿何以为无善无恶也?曰:其于流俗污世不为倡而为从也,即欲名之以恶而不得矣。其于忠信廉洁不为真而为似也,即欲名之以善而不

① 顾宪成(1550—1612),字叔时,无锡人,人称泾阳先生。万历八年进士,官至吏部文选司郎中。万历二十二年革职还乡,得到常州郡守欧阳东风支持,重修宋儒杨时(龟山)旧讲院,是为东林书院。顾宪成集合同志,聚讲心性,为一时之盛。后病故。著作有《泾皋藏稿》《顾端文公遗书》等。

② 《顾端文公遗书·还经录》。

③ 《证性编·罪言上》。

④ 参阅《孟子·告子上》。

得矣。是谓无善无恶。①

原来,顾宪成抨击乡愿“性无善恶”,是指其不作首恶,实为伪善,此正所谓“饮中骂酒,意在逃酒”,顾子之论大有深意。

盖晚明东林一派以孔儒之道的正宗传承者自居,他们立论的起始是对于王学末流的批判。王阳明心学派在明代中后期极为兴盛,“王门四句教”亦被其后学视为师门圭臬。②其中有“无善无恶是心之体,有善有恶是意之动”等句。以顾宪成为首的东林党人认为,王门后学末流未能承袭王学正宗,而是利用“王门四句教”来“谈空说玄”,弊害甚深,其根源就在“无善无恶”一句。于是顾宪成批评说,“性善”与性“无善无恶”正是分辨圣学和异学的分水岭:“圣学以性善为宗,异学以无善无恶为宗。”可是如今主张性无善恶者,认为“无善无恶谓之至善,然后其说各不相碍,合而一矣”。这样的认识逻辑必然导向善恶和同,以至“儒、释、王、霸混为一途。卒之,儒不儒,释不释,王不王,霸不霸,而两无归着也”③。顾子认为,这种理论上的混淆,必然会促使人们在行为上投机取巧,所谓行险侥幸,“其法上之可以张皇幽渺而影附于至道,下之可以邀名邀利而曲济其无忌惮之私”。世人不辨性之善恶,“而内以欺己,外以欺人者,大率就此拨弄耳”④,其祸患无穷矣。

儒学自孔子以来,即汲汲于王道理想,虽童子亦羞言五霸之事。而今王学末流竟然奢言性无善恶,搅得人们在政治理念上义利不明,王霸不分,遂使人们邀名逐利,欺己欺人。如此胡说歪论,焉能不辨!辨析性之善恶是东林学旨的立论之本,顾宪成原本申辩最力。在这里,他又将乡愿纳入了性无善恶的论辩之中,指出乡愿人格的学理之本与王学末流同出一源。且不论其具体评判是否有理,这已经在逻辑上根本否定了乡愿人格的价值合理性。因之相对前贤来说,东林诸子关于乡愿的认识深度是有所推进的。

其二,乡愿的道德本质是“自为”,表面忠信的实质是私心和私利。关于乡愿人格的道德实质,东林人士顾允成⑤曾综括古往今来,一言以蔽之:

---

① 《证性编·罪言上》。

② 王门四句教:无善无恶是心之体,有善有恶是意之动。知善知恶是良知,为善去恶是格物。阳明曰:“以此自修,直跻圣位;以此接人,更无差失。”

③ 《泾皋藏稿·朱子二大辨续说》。

④ 《泾皋藏稿·朱子二大辨序》。

⑤ 顾允成(1554—1607),字季时,号泾凡,顾宪成胞弟。曾“举万历十一年会试”,殿试忤权贵,未成进士。后以讲学入仕。允成参与东林讲学,著有《小辨斋偶存》等。

> 三代而下,只是乡愿一班人,名利兼收,便宜受用。虽不犯乎弑君弑父,而自为忒重,实埋下弑君弑父种子。仲尼恶乡愿,正与作《春秋》意同。[①]

顾允成之思维敏捷、言辞犀利不让乃兄,他一语道出了乡愿者貌似忠信的背后是"自为忒重"!在顾允成看来,乡愿这班人只顾谋求自家私利,什么道德原则,君父大义全然抛在了脑后。从思想、观念和行为表现来看,这班人似乎并无过错,他们确乎也没有犯上作乱。但是,问题就在于乡愿者们貌似忠信的背后是一味"自为",不顾正义,不讲道义,不问仁义,这样做的结果只会给弑君弑父者大开方便之门。正所谓助纣为虐,与纣何异!

"自为忒重"指出了乡愿人格的非道德实质,也是对乡愿"心性"的一种概括。东林人士钱一本[②]说:"圣门教人求仁,无甚高远,只是要人不坏却心术。狂狷是不坏心术者,乡愿是全坏心术者。"[③]这一评价正与允成之论相呼应。

其三,乡愿的道德表现是似是而非,虚伪乖巧。乡愿的人格规定性与德行无干,可是在行为表现上,却极力装扮有德。东林人士冯从吾认为,乡愿是"伪中行"。他说:

> 中行者,资学兼到者也;狂狷者,具美资而可进于中行者也;狂狷一加学问,便是中行矣。正与"圣人,吾不得而见之矣",思君子,思善人,又思有恒语意同。思有恒正所以思圣人,思狂狷正所以思中行也。岂专为狂狷、有恒而已哉。奈何夫子思狂,而天下遂有伪狂;夫子思狷,而天下遂有伪狷;夫子思中行,而天下遂有伪中行……"圣人,吾不得而见之矣"之圣人是真中行,若乡愿,便是伪中行。此夫子所以致概于三疾而深恶乎乡愿也。[④]

文中"三疾"见《论语·述而》:"亡而为有,虚而为盈,约而为泰,难乎有恒矣。"冯子的意思很清楚,狂放、狷介虽然比不得中行,却也相去未远。"有恒"固然

① 《小辨斋偶存·札记》。

② 钱一本,字国瑞,学者称"启新先生",武进人。万历十一年进士。曾任知县、御史等。因谏言忤旨,免官家居,为东林书院首领之一。

③ 《明儒学案·东林学案二》。

④ 《冯少墟集·河北西寺讲语》。

不比善人,却也坚持了德行操守的真实无欺。唯有乡愿着落在虚伪上,最能混淆视听,不仅令夫子深恶痛绝,也令正人君子难以容忍之。

顾宪成也指出,乡愿欺世,极尽伪巧,可以在君子与小人之间相媚相安。他说:

> (乡愿)忠信廉洁既足以媚君子,为其不为真而为似,则小人亦安之而不忌矣。同流合污既足以媚小人,为其不为倡而为从,则君子亦略之而不责矣。乡愿之巧如此。①

顾宪成认为乡愿之所以能欺世,就在于他们欺得乖巧,在于"乡愿以生斯世、善斯世为可,似人情而非人情"②。倘若乡愿欺世盗名而不近人情,就有可能引起人们的觉察和反感,甚至令人可憎,终究会有所防范。总不至于视而不见,使其得以蒙混过关。然而事实是,乡愿们"以生斯世、善斯世为可",其欺世的方式近乎人情,竟能使人感觉不到或是根本觉察不出来。可知乡愿"道行"之高。斯害之大,岂止令人"深恶",简直令人可畏。

其四,乡愿在调处社会关系上不分是非,圆滑媚世。乡愿人格的虚伪特质在具体的社会关系之中表现得极圆滑,他们最能多方讨好,不失玲珑稳便。顾宪成从他既定的思路出发,讲得很明白:

> 世间只有两种人。做君子的,便著了善一边,小人来非刺他;做小人的,便著了不善一边,君子来非刺他。独乡愿不然。同乎流俗,合乎污世,平平稳稳,没些子圭角,既中了小人;居似忠信,行似廉洁,干干净净,没些子斑点,又中了君子。更于甚处寻他善不善?③

此外,刘永澄也指出,乡愿圆滑处世,以至于贻害不小。他把乡愿称为"乡人":

> 与君子交者君子也,小人交者小人也。君子可交,小人亦可交者,乡人也。乡人之好君子也不甚,其恶小人也不甚,其用情在好恶之间,故其立身也亦在君子小人之间。天下君子少,小人亦少,而乡人最多。小人害

---

① 《论性篇·罪言上》。

②③ 《顾端文公遗书·还经录》。

在一身,乡人害在风俗。[1]

乡愿人格本质使然,令他们专一巧伪欺世,以媚取人。最擅长在君子小人之间首鼠两端,左右逢源,几至善恶无别,黑白不分。刘永澄的"害在风俗"之论,并非危言耸听。高攀龙[2]正是有鉴于此,而谆谆然告诫世人,切不可小觑乡愿之害,君子自当警惕之——"乡愿曰'生斯世,为斯世也,善斯可矣'。便是强力人也推仆了。君子曰'我犹未免为乡人也,是则可忧也'。便是醉梦人也唤醒了"[3]。高子的忧虑之情,话语之中明晰可见。

上述四点评析切中要害,表明东林人士恨极了乡愿,其程度不在痛恨小人之下。虽说恨到极点即使仁人君子亦不免产生杀伐之念,但在理智上,东林人士也不得不正视这样的事实:他们正在与乡愿并小人等等共处一世;尽管他们并不情愿,却也不得不与乡愿同朝为臣,所谓同在一个屋檐下,这实在有些尴尬而且无奈。语云:害人之心不可有,防人之心不可无。既然自诩为君子,终不便整日磨刀霍霍,必欲手刃乡愿而后快,而是应当以有效的设防抵制为高明。那么,对于乡愿之徒怎样才能准确地分辨之,避免之,尤其是如何防范才可以不令君子误入其中呢? 有人提出矫枉必须过正。

顾允成认为,防范乡愿诀窍在于学问的起脚与歇脚上。他曾与高攀龙交流心得体会,论曰:

> 弟生平左见,怕言中字。以为吾辈学问,须从狂狷起脚,然后能从中行歇脚。凡近世之好皆为中行,而每每堕入乡愿窠臼者,只因起脚时便要做歇脚事也。盖落脚即是中行,唯圣人天理浑然,毫无私欲则可。自圣人以下,便有许多私欲纠牵。所以孔子告颜子曰克己,而其称之亦曰:有不善未尝不知,知之未尝复行。其紧要工夫自是如此。若不向私欲处悉力斩绝,而遽言中行,所谓藉寇兵而赍盗粮,未有不败者也。[4]

顾允成的用意很清楚,缘于人人都有私有欲,虽然儒家文化从大处着眼,树

---

① 《明儒学案·东林学案》。

② 高攀龙(1562—1626),字存之,一字景逸,无锡人。万历十七年进士,官至左都御史。曾长期在东林书院讲学,声望极高。天启六年投水自尽。文集有《高子遗书》。

③ 《高子遗书·语》。

④ 《小辨斋偶存·简高景逸大行·又》。

立道德目标，以中行作为最佳选择，可是到头来不免受到私欲的干扰，反而会堕于乡愿。他认为，如果能从克除私欲入手，效仿狂放之进取，取法狷介之有所不为，目标稍偏，略有过头之虞，但落脚处反而恰当其可。在顾允成设计的选择方案里，列与次位的狂与狷反却成了达到中行的捷径。

无独有偶，冯从吾也有类似的认识，他说：

> 士君子立身天地间，唯求无愧于乡人之善者足矣。若不善者之恶不恶，勿论可也。若既使善者信其节操，又怕不善者疑其矫激；既使善者称其宽厚，又怕不善者议其懦弱。则瞻前顾后，便终身做不成。此乡愿之不可与入尧舜之道也。[①]

冯从吾也认为，做君子就要立场坚定，旗帜鲜明，不怕指为“矫激”，不可退为“懦弱”，只要心中无愧，便可一意做将下去。冯子的方法很干脆，宁可受人批评，也不能多方讨好。

依照儒家文化的一般规定，合理的行为选择是力求适中，“过”与“不及”都不是明智之举。孔子念念不忘的中行之士正是通晓“过犹不及”之底蕴的智者，他们在德行上即可以归为圣人一路。然而，纯粹的理念与理念的实际践行有时常常难以对应，理念化的道德规范免不了要随着实际语境的变化而有所倾向或调整。东林人士们正是这样。为了逃避乡愿，他们或有“过正”之言。“矫激”之行，可是，他们环顾利欲横流、危机四伏的晚明社会，确知非此不足以纠陋行。如果以儒学视为精髓和灵魂的“中庸之道”为标尺，则顾允成“怕言中字”有偏激之讥。然而，人类认识的发展历程告诉我们，人类社会在走向文明的路径中，从没有排斥或杜绝过“偏激”。事实上，如果把人类认识的推进看作是一个持续而完整的过程，那么持平公允之见正是在偏激之论或左或右的不断校正中形成的。也就是说，偏激与持平不是戏剧性的互相对峙，而是在人类求真的生命体验中，在造就文明的历史流程中相辅相成的。尤其是当思想本身作茧自缚，在政治或其他外力的作用下，认识的桎梏已经郁结成为精神壁垒之时，这时得以拆解桎梏，洞穿壁垒的往往只能是“偏激”之论，否则又怎能突出原则，强化理想理念而亦破亦立，推陈出新呢？知此即知顾允成的“起脚”“歇脚”说大有道理。东林人士有识亦且有胆，他们

① 《冯少墟集·疑思录四》。

承传传统而不囿于传统,时有过人之见。

如果以君子人格为标尺,则中行之士体现了传统政治人格的完美性。狂与狷虽然小有缺陷,如狂者"大德不逾间",不能拘制于小节;狷者独善其身,弃天下万众如敝屣;但是对于君子人格的基本价值规定,狂者与狷介之士都能坚持。孔子对狂狷的认可正是基于这一点。

顾宪成等晚明士子深悉孔子的用意,他就曾经感慨道:"狂者嘐嘐,流俗之所共笑也;狷者踽踽,流俗之所共疾也,而孔子与之。即此一个榜样,便有大功于世。"[①]高攀龙也指出:"取人要知圣人取狂狷之意。狂狷皆与世俗不相入,然可以入道。若憎恶此等人,便不是好消息。"[②]至于乡愿,在东林人士们看来,则是小人之外的又一种恶劣人格类型。其本质自为,貌似忠廉,实则乖伪,圆滑柔媚,似是而非。乡愿人格的社会政治表现只能是媚俗、媚雅、媚时、媚权!故而最为东林君子所鄙夷。

与小人人格相比较,乡愿无疑显得平庸了许多。单纯的平庸虽说与功业、事业或伟业无缘,却也无争于世、无害于人,故而不可厚非。但是,倘若平庸被注入了野心和嗜利作驱力,或是与权力相接结,甚或位居冲要,统领君子,就会其害无穷,所以东林人士对乡愿也要攻讦不已。

"进有非刺之狂狷,退无非刺之乡愿"[③],顾宪成的表白代表了东林人士的心声。他们承续了孔孟儒学主流关于政治人格的评价标准和选择方案,宁为狂、狷,不做乡愿。这一人格认同对于东林人士的政治行为影响至深。当政治压力呼啸而至时,他们要么挺身而出,迎风而上;要么归转林下,与闻松涛。他们或狂放,或狷介,惟独不去媚权贵。这里列举典型各一。

例一,黄广原,名伯英,字冠龙。从学东林,参与讲习。"乙丑,丙寅间(天启五,六年,1625,1626年)书院毁,珰[④]焰炽。日趋书院旧址,讲习不辍。会忠宪(高攀龙)赴止水,有司欲絷其子,旋奉旨究漏泄。因上台责保状急,高氏四顾无应者,慨然要(同邀)华孝廉国才同署状,极陈罪不及孥之意,获免。"[⑤]

黄广原从学于东林,不过是普通讲众。但在人格认同上,慨然以狂者自命。他视当国如蔑有,置禁令如不闻。偏偏在"书院毁"后,"日趋书院旧址,讲

---

① 《小心斋札记》卷一。

② 《高子遗书·家训》。

③ 《东林书院志·顾泾阳先生行状》。

④ 珰:指宦官。珰为妇人耳上饰物。宦官用为冠饰,故名。这里指魏忠贤一党。

⑤ 《东林书院志·黄日斋先生传》。

习不辍”。又挺身疏通解救高攀龙家人。在常人惟恐避之而不及，黄广原却要公开介入。这是何等的气魄，非狂者而何？

例二，宿梦鲤，字龙吉，号仁寰。与东林诸子过从甚密，尤其与高攀龙交往最久。“顾泾阳（宪成）、薛玄台（敷教）先生辈俱以畏友目之”。高攀龙为其文稿作序，“有无不读之书，无不了之义，不持一刺，不取一文等语”。可见其为人。天启年党祸兴起，宿梦鲤受牵连，被诬陷。当时他“以亲老就禄，令松阳”，遂“从松阳褂冠隐居著述”，杜门不出，著《易纂全书》《五经百家类纂》《古今类书》等，“皆生平抄记不辍，食以饴口，息以为枕者也”。[①]后“以八十一终”。

宿梦鲤与东林交往并非泛泛，故而险遭株连，“亦几为松阳劣生所陷”，于是断然归隐。昔日东林“畏友”，如今终老林泉。无需闻达于天下，只要独善其身。这又是何等的操守，非狷介而何哉！

东林人士关于狂狷与乡愿的辨析，为他们在实际政治生活中作出适宜的选择提供了更多的人格参照。同时，在理论上也为孔孟儒学主流文化关于政治人格的辨析作了精深的诠释。

（二）关于伪君子

当前学界有一种普遍性认识，把伪君子解释为乡愿，兹仅举三例。其一，筑思著文讨论《“乡愿”何解》，即认为“‘乡愿’一般的理解就是伪君子”[②]。其二，萧瀚网评宋江，也认为：“乡愿就是伪君子，他们的最大特点就是在表面说起来，仿佛有很高尚的道德情操，但真正面临事情需要他行动的时候，他就成了一个卑鄙小人，所以说他是‘德之贼也’，因为他们在干下种种邪恶勾当的同时，却窃取了仁德的美名。”[③]其三，著名教育家陶行知著有《伪君子篇》，开篇即说：“伪君子之居乡而假愿者，即孔子所谓之乡愿。人之为伪，不必居乡，凡率土之滨皆可居。人之行诈，不仅假愿，凡君子之德皆可假。然必假君子之德以行诈，始谓之伪。故总名之曰：伪君子，从广义也。”[④]

---

① 《东林书院志·宿仁寰先生传》。

② 筑思：《“乡愿”何解？（讨论）》，新浪博客，2008年6月22日，http://blog.sina.com.cn/s/blog_4ac4b7cb01009wky.html。

③ 萧瀚：《权巧败仁义，梦里颂功名——评宋江》，古典四大名著在线鉴赏，2014年11月6日，http://www.sdmzh.com.cn/305.html。

④ 《伪君子篇》，天山网，2011年6月15日，http://www.ts.cn/special/2011taosingzhi/2011-06/15/content_5891715.htm。

据此，我以为将伪君子与乡愿混为一谈显然不妥。从传统政治文化的视角看，孔儒一脉提出的圣人、君子、小人、狂狷与乡愿，等等，大致可以概括了传统政治文化中的主要人格类型。君子的反面就是小人，因而，先秦儒家并没有针对"伪君子"形成广泛的讨论。不过当年孔子曾经有言："论笃是与，君子者乎？色庄者乎？"[①]意思是"总是推许言论笃实的人，这种笃实的人是真正的君子呢？还是神情上伪装庄重的人呢？"（**杨伯峻译文**）后世论者以"色庄者"指的就是伪君子。

如前所述，由于明朝晚期党争炽热，东林君子深陷其中，身受其害，故而体会最真切。他们对于伪君子们口是心非，言行相悖极为痛恨。他们有关伪君子的认识，也可以作为典型例证，为剖析这种人格类型提供路径，并作为分析中国传统政治文化的政治人格问题的主要参照。

在东林人士看来，这种人格类型的本质是一心谋私利，价值理念上如同小人，但是在行为选择上则善于作假，标榜君子。平日里对人对事，不失其君子之风，以致令人确信是君子。一到关键时刻，特别是关系到自家名利，就会原形毕露，丑态立见。刘永澄这样描述说："假善之人，事事可饰圣贤之迹。只逢著忤时抗俗的事，便不肯做，不是畏祸，便怕损名，其心总是一团私意故耳。"[②]冯从吾指出，这种人格的特点是"平日好称人恶，恶道人善。自托于直之人。立朝偏不肯犯颜敢谏，偏不直"[③]。赵南星[④]则径直把这种人喻为禽兽："心好为恶，而口谈孔、孟，是鹦、猩之类也。"[⑤]

与伪君子相对照，真小人属于明知作恶、故意为恶、或怂恿作恶者。如赵南星抨击当世巧宦即属此类："今有司所在贪残，上下雷同。有巧宦者，能自简押，而听属吏之贪残，护名避怨，不顾苍生之命，此真小人。"[⑥]至于伪君子，他们作恶的本性与小人无二。所不同者，伪君子们最善于用仁义道德作伪装。冯从吾以王霸、老庄为例，辨析颇详明：

① 杨伯峻：《论语译注》，中华书局，1980年，第116页。

② 《明儒学案·东林学案三》。

③ 《冯少墟集·疑思录四》。

④ 赵南星（1550—1627），字梦白，号侪鹤，高邑人。万历二年进士。官至吏部尚书。东林首领之一，与元标、宪成号称三君。天启中谪戍代州，病故。著作有《味檗斋文集》《赵忠毅公文集》等。

⑤ 《味檗斋文集·无极县修学记》。

⑥ 《味檗斋文集·与孙文融》。

> 仁义一也，尧舜曰仁义，汤武曰仁义，五霸亦曰仁义。不知尧舜性之也，汤武身之也，五霸假之也。至于老庄，则绝而弃之矣。然五霸之假，老庄之绝弃，总只是不知性善。
>
> 五霸之意，以为吾性中本无仁义，故不得不假之，以自附于汤武之列。而不知一假之则其弊无穷。故令人欺世盗名，假公济私，使吾儒之教视为虚文，为体面者，五霸为之作俑也，是率天下而为伪也。
>
> 老庄目击其伪，于是愤愤然有绝仁弃义之说。若曰：吾性中既无仁义，何必去假？与其假之而为伪，毋宁绝而弃之，犹不失其为真乎。而不知绝仁弃义以为真，是为真小人，非为真君子也。而其弊更益甚。故令人毁裂纲常，蔑弃礼法，使吾儒之教视为桎梏，为糟粕者，老、庄为之作俑也。是又率天下而为乱也。
>
> 五霸假之，其弊为伪君子；老、庄绝而弃之，其弊为真小人。世教人心可胜慨哉！①

这段引文有些冗长，不过冯子把问题讲得很清楚：伪君子者，假仁假义；真小人者，绝仁弃义！

依照冯从吾的判断，真小人的弊害在于毁弃纲常礼法，较之伪君子更甚。可是，真小人的道德特征和行为表现是“明叛于仁义道德之外矣”，易于识别，无须深辨。伪君子则不然。“五霸之假，是阴附于仁义之内者也，不容不辨”②。伪君子常常假以学究、专家、师长、方家、名师等面目，冠以仁信忠义慈善祥和等名声，颇能蛊惑人心，其实最会混淆视听，辨析起来最难。虽说东林人士由于在酷烈的政治争斗中得到了切身体验，他们在认识上并没有什么壅塞不通之处，似乎可以轻而易举地分辨出孰伪孰真。然而，实际社会政治生活中的真实人格表现却是极其复杂的，有时候真的一下子难以说得明白。

例如高攀龙提醒人们说：“气节而不学问者有之，未有学问而不气节者。若学问不气节这一种人，为世教之害不浅。”③学问与气节本就没有什么必然的联系，高子在这一点上并没有坚持到底，承认有“学问不气节者”。可是学问不气节，或气节不学问者属于哪种人格类型？小人乎？伪君子乎？抑或君

①② 《冯少墟集·疑思录五》。

③ 《高子遗书·会语》。

子乎?高子亦未言明。

又如冯从吾评论汉代长于理财的桑弘羊、孔僅和北宋的王安石:“长国家而务财用者,必自小人矣。桑、孔之徒,小人中之小人也。王安石之流,君子中之小人也。小人中之小人,其罪易见。君子中之小人,其罪难知。虽然斥逐忠良,引用凶邪,至于覆人邦家。其罪业已彰明较著,而或者犹作祠堂记以左袒之,何也?故曰君子中之小人,其罪难知也。”[①]小人擅长理财是传统认识,冯子所言“长国家而务财用”必由小人云云,语出《大学·十章》。那么既能理财,又能笃行仁义者也须归为小人么?王安石为“君子中之小人”,是伪君子?还是真小人?抑或兼而有之?冯氏也不得正解。

东林人士辨析伪君子和真小人,对于他们开阔思路,认清现实生活中真实人格的多样化现象大有裨益。通过他们之所论,我们确实可以察知他们已然感受到了现实生活中人性的复杂与人格混乱。而且,令他们真正忧虑的是那些似是而非的伪善之徒,那些貌似饱学笃行的伪君子,因为这类人的人格本质最具隐蔽性,“其罪难知也”。东林人士的这些认识为儒家文化厘清伪君子政治人格的本来面目提供了充分的论证,在一定意义上丰富了传统儒学的政治人格理论,并足以昭示后世,启迪来者。

总上所述,自孔子讲论“乡愿”与“色庄者”,有关的讨论就一直延续下来,融入了传统政治文化之中。乡愿和伪君子作为人格类型而受到儒家文化主流的批判。虽然,从本质上看,儒家文化是君主政治的文化基础,但是,在讲究原则,追求真道德等方面却是值得赞许的。因之,如果说中国传统文化确实有什么值得弘扬的精粹,那么孔儒及晚明东林人士对于乡愿和伪君子的批判就是其中之一。

五、内圣外王:理想人格与理想政治

探讨传统政治文化中的政治人格过程中,竟然形成了这样一个问题?中国传统文化何以如此重视人格?人们世世代代在孰君子孰小人,以及乡愿、狂狷等论题上喋喋不休,攻讦不已,所为何事?又何以至此?从政治文化的视角看,这种状况显然与古代中国的政治生态有着直接的关系。在人治和德治、教化的政治意识形态覆盖下,在“杂用王霸”的帝王统治术下,对于道德

① 《冯少墟集·太华书院会语》。

人格的解读成为所有政治责任的归宿。因为，孔儒之道从其诞生的那一天起，就把道德理想人格化了。这就是有研究者概括的中国“圣人”文化。

（一）圣论与圣人人格

“圣人”的概念是中国文化的特产，可以说，世界上任何一种民族文化之中也没有与之完全相对应的概念。

从中国文化的发轫来看，甲骨文中已有圣字，其形如人，而其耳凸显。金文中的“圣”字作“耳口”形，据顾颉刚考证，该字从耳从口，是声音入于耳，出于口，正是古“聪”字。又据《说文解字》：“圣，通也。”这一“通”字正是由“聪”而“圣”的关键。最初之圣是指耳聪目明、口耳相通的智者，他们能沟通人神上下，知悉过去未来。其后随着人类文明的进步，凡是能称为“圣人”者，便囊括了人类的全部智慧，凡天地阴阳、四时流转、人伦情性、军旅政务、礼义道德，以至万物之要、古今之变等等，圣人无不通晓，而且无所不能，正所谓“于事无不通谓之圣”[①]。《白虎通义·圣人》说得更明确：“圣人着何？圣者，通也、道也、声也；道无所不通，明无所不照，问声知情，于天地合德，日月合明，四时合序，鬼神合吉凶。”在中国传统文化中，圣人已经成了一个重要的文化象征和理论构成，因而，至迟从春秋时代始，有关圣人的讨论就广泛开展起来。

1. 圣人的类型与圣人人格的规定性

从先秦诸子以及汉代以后儒家文化的有关认识来看，圣人的内含相当复杂，略作归纳，大体上可以分为两种类型。

其一，道德型的圣人。这类圣人的本质特征是道德品行极其高尚，是全人类的道德楷模。例如先秦墨家认为，能够摈弃情欲、自觉遵行仁义者“必为圣人”[②]。法家韩非认为，所谓圣人是能坚持恭行礼义的非凡人物。他说：“上礼神而众人贰……众人虽贰，圣人之复恭敬尽手足之礼也不衰。”[③]至于儒家，他们则把这类圣人视为理想化的伦理道德的终极体现。如孟子说：“圣人，人伦之至也。”[④]荀子说：“圣也者，尽伦者也。”[⑤]在儒家看来，历史上那些品行高尚的帝王，诸如尧、舜、禹、汤等都可以列入道德型圣人的队伍。不过，

---

① 《尚书·洪范》孔氏传。

② 《墨子·贵义》。

③ 《韩非子·解老》。

④ 《孟子·离娄上》。

⑤ 《荀子·解蔽》。

这类圣人不一定都是帝王,也包括某些德行突出的贤臣和学者。孟子就把伊尹、伯夷、柳下惠、孔子列为圣人。

及至后世,圣人始终被视为具有高尚情操和道德品性的人格典型。如汉末徐干说:"疏神达思,怡情理性,圣人之上务也。"[①]稍后曹魏时期的刘劭在《人物志》中,又对圣人之德做过详尽的描述。他说:

> 等德而齐,达者称圣。[②]
>
> 俊杰者,众人之尤也,圣人者,众尤之尤也。[③]
>
> 凡人之质量,中和最贵矣。中和之质必平淡无味,故能调成五材,变化应节。是故观人察质,必先察其平淡,而后求其聪明……圣人淳耀,能兼二美。知微知章,自非圣人莫能两遂。[④]

这些认识非常典型地将圣人设定在了道德的祭坛上,成为人们用以修习德行,自省自察,改造自我的道德偶像。

其二,智慧型的圣人。这类圣人的特点很突出,主要有以下四点:

一是他们具有超乎常人的聪明才智,能够明察秋毫、高瞻远瞩、先知先觉,是人类的理智与智慧的化身。恰如荀子的描述:"(圣人)知通乎大道,应变而不穷,辨乎万物之情性者也。"[⑤]这类圣人具有极强的洞察力,不仅能"知微""知己",而且能"上知千岁,下知千岁也"[⑥]。汉儒董仲舒讲得更为明确:"天地神明之心,与人事成败之真,固莫之能见也,唯圣人能见之。圣人者,见人之所不见者也。"[⑦]另外如《淮南子·泰族训》说:"所以贵圣人者,非贵随罪而鉴刑也,贵其知乱之所由起也。"

智慧型圣人的这一特点使得他们上通神明,下达人事,洞悉人世治乱成败的缘由,成了认识一切事物的最高权威。

二是智慧型的圣人都曾经为人类社会的文明进步做出过巨大的贡献。

---

① 《中论·治学》。

② 《人物志·八观》。

③ 《人物志·七缪》。

④ 《人物志·九徵》。

⑤ 《荀子·哀公》。

⑥ 《吕氏春秋·长见》。

⑦ 《春秋繁露·郊语》。

《易传》对此有过明确的叙述。如,“上古穴居而野处,后世圣人易之以宫室”;“古之葬者,厚衣之以薪,葬之众野……后世圣人易之以棺椁”。除了物质文明的创造,还有文化即精神文明的发明:“上古结绳而治,后世圣人易之以书契。”①总之一句话,人类社会向着文明迈进的每一步都离不开圣人。

三是智慧型的圣人可以通天道。关于圣人与天的关系,自先秦以来,通常说法是圣人通晓天象或天的规律,同时又能效法天道设计人道。如《易·系辞上》:“天生神物,圣人则之。天地变化,圣人效之。天垂象,见吉凶,圣人象之。”《礼记·郊特牲》:“天垂象,圣人则之。”汉初陆贾说:“天生万物,以地养之,圣人成之。功德参合,而道术生焉。”②董仲舒说:“圣人视天而行。”③这些认识强调了圣人在沟通天与人世之间的特殊地位,圣人虽然不是神,但无疑是有神性的。

四是圣人能制法和以法化民。先秦时,荀子就说过,礼义规范等都是“圣人之所生也”④。后世思想家们延续了这样的认识。这里说的法,指的是法度,即对于礼制刑罚制度仪节的通称。儒家文化认为,法度是导致国家治乱存亡的重要条件,但不是决定性的条件,决定国家存亡的关键是圣人。圣人既能制法,如《淮南子·氾论训》说:“夫圣人制法而万物(物应作民)制焉。”同时,圣人又能以法来教化百姓:“天生之,地载之,圣人教之”⑤;“人之性有仁义之资,非圣人为之法度而教导之,则不可使向方”⑥。这样一来,圣人就成了天下治乱的本源。“汤以殷王,纣以殷亡,非法度不存也,纪刚不张,风俗坏也……故法虽在,必待圣而后治”⑦。

圣人既然如此完美,简直成了救世主,人世间的一切事物理所当然地要交给圣人来主管。这一推论显然并不是我们的臆断,古人早就得出了这样的结论。事实上,这正是儒学宗师们无限抬高圣人的逻辑归结点。

圣人类型的出现,意味着有关圣人的认识不是一人一时或由一家一派提出并完成的,而是经历了一定的历史过程。在圣人的身上,实际汇聚着相对比较宽泛的有关理想人格的认识。当然,在这一认识的形成过程中,儒家

---

① 《易·系辞下》。
② 《新语·道基》。
③ 《春秋繁露·天容》。
④ 《荀子·性恶》。
⑤ 《春秋繁露·为人者天》。
⑥⑦ 《淮南子·泰族训》。

文化成为主导。经由历史及文化的积淀,圣人作为一种理想化的人格形象,凝聚并提炼了华夏民族所能想到的人类社会或人类文明所有的优长。因之,圣人人格是儒家文化即传统政治文化的最高人格理想。

儒家文化塑造的圣人是道德的楷模、智慧的化身和人类理想的社会政治模式的化身,因而又是最理想的统治者。这样的政治人格汇集了统治者及其思想家们、甚至包括一般社会成员在内的社会整体的道德和社会政治理想——以儒家文化为主体的中国传统政治文化企盼着这样的理想通过圣人人格的张扬来实现。

显而易见,圣人人格是被儒家文化和全社会所共同认可的理想化共性政治人格。圣人人格的提出,对于中国传统政治文化和社会政治的发展具有十分深刻的影响,并且成为中国文化的"民族文化"特色的典型标识之一。

2. 圣人人格的政治功能

就逻辑而言,如果说道德型圣人的社会政治意义在于给人们的伦理行为树立了学习的榜样和行为准则,那么智慧型的圣人就是社会的主宰。因为智慧型圣人的聪明才智足以明辨是非,通晓政治兴衰的规律和治国方略。即所谓"审于是非之实"[①],"明于治乱之道"[②]。不过儒家文化的传统是要将道德与政治合而为一的,伦理与政治实际不可分。因而圣人人格不论何种类型,都理所当然地要宰制社会,成为当然的政治首脑。

然而圣人主宰天下将处于什么样的位置呢?人们有不同的看法。

有人认为,既然圣人在政治生活中的作用举足轻重,理应将他们尊奉为君主治平天下的辅佐和依仗。例如《管子·形势解》就认为:"明主与圣人谋,故其谋得;与之举事,故其事成。"所以"明主之治天下也,必用圣人,而后天下治"。荀子也有类似的看法,他把这种圣人称为"圣臣":"上则能尊君,下则能爱民;政令教化,刑下如影;应卒遇变,齐给如响,推贵接誉,以待无方,曲成制象,是圣臣者也。"荀子认为,圣臣具备了为臣者所能拥有的全部优长,"故用圣臣者王"[③]。

然而从另外的角度看,荀子又提出要由圣人来治天下。在他看来,"天下者至大也,非圣人莫之能有也"。他说:

---

① 《韩非子·奸劫弑臣》。

② 《管子·正世》。

③ 《荀子·王霸》。

天下者，至重也，非至强莫之能任；至大也，非至辨莫之能分；至众也，非至明莫之能和——此三至者，非圣人莫之能尽，故非圣人莫之能王。[①]

荀子的这一认识十分典型，代表了儒家文化的认识主流，意味着圣人向着圣王的理论过渡的完成。

以圣人作为理想的王，表明了儒家文化对于实际政治生活中的君主的某种要求，寄托着思想家们对君主和君主政治的某种政治期盼。他们拥护君主政治，但是他们又不能任凭昏暴之君祸乱天下，于是他们寄希望于圣人，将自身托庇给一个理想的统治者。经由先秦儒学宗师们以及后世士人们的持续建构和完善，终于在理论上完成了圣人与君主的一体化过程，"圣人为王"与"王而成圣"构成了逻辑上的统一体，这一点正是中国传统圣人观的核心。

圣与王的结合，最富有实际政治意义的是解决了君主政治的权力合法性问题，这是圣人人格最为主要的政治功能。既然我们已经说明了圣人是一种理想化的共性人格形象，其中蕴含着千百年来人们对于道德、社会和君主政治的所有美好向往与期盼；那么圣人本身也就成为人们所能找到的最佳道德权威和人格权威。将这样一种人格形象与君主统为一体、溶于一身，当然会在认识上或逻辑上为现实政治生活中的王权建立起权力的合法性。

通过圣人人格来解决君主政治的权力合法性，其实现的认识基础就是从"圣人为王"到"王而成圣"的思辨过渡，使得圣和王在认识上互为因果。如果说只有圣人才能做王，那么已经为王者必定是圣人无疑。

在实际政治生活中，君主也会尊崇圣人，对尧、舜、禹、汤、文、武、周公等顶礼膜拜。但是不论君主还是平民，尊崇圣人只能产生一种效果，那就是对君权的绝对肯定。从"圣与王一体化"的实际效果来看，对于任何一个君主而言，崇拜圣人就是崇拜自身，肯定圣人就是肯定君权，理论上的"圣与王一体化"就是在帝王的殿堂之上，在一片"皇上圣明"的颂扬声中得以实现的。我们以汉代为例：汉武帝欲行封禅之礼，诸儒议而未决。大臣兒宽说："总百官之职，各称事宜而为之节文，唯圣王所由，制定其当，非群臣之所能列。今将举大事……唯天子建中和之极，兼总条贯。"[②]再有，汉成帝时，大臣匡衡说："臣

① 《荀子·正论》。

② 《汉书·兒宽传》。

又闻圣王之自为动静周旋,奉天承亲,临朝享臣,物有节文,以章人伦……故形为仁义,动为法则。"[①]兒宽、匡衡辈说得很明白,圣王总揽权力,绝对正确,在他们的心目中,王就是圣。董仲舒有言:"天令之谓命,命非圣人不行。"[②]在儒学宗师及其思想家们的企盼中,圣人理想内含着的所有政治价值都将在圣王的实际政治操作过程中得以兑现。

(二)内圣外王与修齐治平:儒家文化的理想人生与理想社会

圣人作为儒家文化设计的最高人格权威,既可以载入帝王的殿堂,与王权和帝王人格结为一体,成为霞光环绕的圣王;同时,又可以普化为全社会的人格榜样和人格理想,成为每一个社会成员的人生目标。虽然在真实的社会生活中很可能诚如孔子说的那样,"圣人吾不得而见之",但是这并不影响人们以圣人作为道德楷模,只要有志于此,就可以把追循圣人人格理想作为自己的人生目的,为此而无限向往,追随终生。事实上,以儒家文化为主体的中国传统政治文化以圣人为基点,早就设计出了最佳人生规划,谓之"内圣外王"。

"内圣"是说,人们要在个人的道德修习上以圣人为标准,努力向着达到圣化之境而用功不已。即使不能成圣,也立誓要做圣人之徒。"外王"是说,在"内圣"有成的基础上,将内在的圣德推而广之,及于社会,建立理想的"王道"政治。孔子说的"修己以安百姓",就是关于内圣外王的一种比较形象的说法。修己就是内圣,安百姓则指外王。

如果把内圣外王看作是儒家文化设计的理想人生之路,那么《中庸》《大学》中提出的修身、齐家、治国、平天下就是这一路径的具体化,是实现内圣外王的必经阶段。在这几个阶段中,个人的修身是最重要的。《中庸》说:"知所以修身,则知所以治人。治所以治人,则知所以治天下国家矣。"《大学》也说:"身修而后家齐,家齐而后国治,国治而后天下平。"这些认识完全符合内圣外王之道的运作规律,个人的道德和人格的完善是实现理想政治的基础,而且这是一个循序渐进的过程,由内圣到外王是在不断地扩展道德实践范围的过程中完成的。

对于个人来说,外王的理想总是显得有些遥远,最有现实意义而且切实

---

① 《汉书·匡衡传》。

② 《汉书·董仲舒传》。

可行的其实只是修身。正是在这一层面上,圣人的人格感召力具有某种绝对性和直接的社会价值。也正是因为这一点,儒家文化关于修身之道的认识最丰富,论述也最多。仅从《中庸》《大学》看,就包括以下三个方面。

一曰顺性。《中庸》说:"天命之谓性,率性之谓道,修道之谓教。"依照儒家文化的一般理解,天命与性在本质上是同一的,都是先天至善的。"率性"就是要人们追循人所固有的至善本性,并且能在这一过程中努力体味到"道"的精神,以使自身的道德水准向着圣境提升,这是修身以达圣的主要途径之一。这种修习方式最初由孟子提倡,经过《中庸》《大学》的宣扬,最后被宋代理学诸儒发扬光大。无论是朱子的"格物致知",还是陆象山的"发明本心",都是要求人们向着自己的内心努力,不断地自我忏悔、自我批判、自我改造,以体认圣人固有的至善之德。在儒家文化的设计中,人们努力的路径或许有别,但目标是一致的,都是为了实现人生的最高理想:内圣外王。

二曰至诚。《中庸》说:"唯天下至诚,为能尽其性。"在这里,"诚"作为一种修身之道,指的是人的主观意志和信念。不过在不同的人身上表现不一样。在圣人身上,诚是天生固有的,如《中庸》说:"诚者不勉而中,不思而得,从容中道,圣人也。"这种对于道德修习在意志方面的完美表现是圣人至善之性的天然流露,所谓"不勉而中,不思而得"。圣人的诚称为"诚者",是"天下之道也"。对于一般社会成员来说,圣人的诚是表率,同时也是可望而不可即的。对于芸芸众生而言,诚是只有通过后天的不断修习和不懈努力才有可能具备的。这种诚叫作"诚之者",这是每一个人在道德修习的过程中理应形成或达到的一种精神境界,故而谓之"人之道也"。

然而由于儒家文化认定在人们的本性里,天生含有至善的种子,那么对于一个人来说,不论是生而有之,还是学而知之,只要能达到诚,就都是人生的大收获、大成功。《中庸》载:"自诚明,谓之性;自明诚,谓之教。诚则明矣,明则诚矣。"无论从哪一头介入,或选择了什么样的路径,只要达到诚的境界,也就具备了通达圣境的信念条件,于是事半功倍,无所不通。如《中庸》言:"唯天下至诚,为能尽其性。能尽其性,则能尽人之性;能尽人之性,则能尽物之性;能尽物之性,则可以赞天地之化育;可以赞天地之化育,则可以与天地参矣。"

孔子早就有言:"我欲仁,斯仁至矣。"[①]至诚则是这一主观意识的内求之

---

① 《论语·述而》。

道,意在纯化人们道德修习的信念,强化人们达成圣人之境的意志。这是传统儒家文化所能找到的通往圣化之境的最佳路径。

三曰慎独。在儒家文化中,慎独也是成圣的一条路径,在《中庸》《大学》中均有明论。前者曰:“莫见乎隐,莫显乎微,故君子慎其独也。”后者曰:“所谓诚其意者,毋自欺也。如恶恶臭,如好好色,此之谓自谦(谦,读如慊,满足也)故君子必慎其独也。”又:“人之视己,如见其肺肝然,则何益矣。此谓诚于中,形于外,故君子必慎其独也。”这些认识是关于慎独的经典性论述。

“慎独”的要点是:人的道德修习要在“隐”“微”之处用功,在于“毋自欺”“诚于中”。如果用现代语言来诠释,慎独指的是个人的道德自觉之境,是通过个人的自我内心体验和精神感受等等来实现的。这种修习境界较之其他路径显得要求更高,因为慎独突出的是道德修习者个人的真实道德面貌,不可欺人,更不可自欺。而且这种真实性要能摆脱干扰,是不受任何环境或其他外在条件影响的。

以上这些修习方法在儒家文化中是源远流长、非常普遍的,千百年来被视为成圣的必由之路。儒家文化这样设计的初衷也是要通过道德修习培养出一大批仁人君子,再由他们创建出理想的王道政治。然而诚如孔子自己的感悟,所谓“内圣外王”不过是理想的人生与社会,真要在现实社会中实现“博施济众”的有道之世,“尧舜其犹病诸”[①],连圣人自己都未必能做到——这次孔子说的倒是实话。那么,又怎能要求一般士人或民众在自己的人生履践过程中实现内圣外王呢?

这样一来,在真实的历史过程中就出现了两种情况。

一是如前所述,内圣外王其实只是一个崇高的社会政治理想,作为一种文化的造物,它对整个社会具有一种理想定向和文化整合的作用。人们在内圣外王理想的指引下,对自己的人生前景和社会发展充满了希望。为此人们可以吃苦耐劳、忍辱负重,因为毕竟有一个美好的社会前景在等着呢。“五百年必有王者兴”,理想中的盛世总会来到的。

儒家文化告诉人们,现在之所以王道未兴,其根源在于内圣不足。在内圣外王的社会理想的指引下,人们所能做的就只剩下了一件事,那就是遵照圣人的要求去努力反省改造自己的道德,提高自身的德行修为,于是全社会将无一例外地都做了圣人宰制下的精神奴仆。

---

① 《论语·雍也》。

二是在实际社会政治生活中,我们也确实看到有那么一些卿士大夫,他们饱受儒家文化的教诲与熏陶,凭借着德才兼备而步入仕途。他们的德行堪称端方,志向可谓高远,甚而真的想在现世实现儒家文化理想的王道政治。这类卿士大夫们动辄上疏强谏,抨击时弊,往往不畏当政权要,甚至敢于直面君王。他们大多不能讨得帝王的欢心,常常会在君主政治的权力之争中败北,贬官削籍是家常便饭,为此而搭上性命也是司空见惯的。这类卿士大夫们在内圣外王的人生理想和社会理想的感召下,扮演了君主政治治下的清官和忠臣。

从理想与现实的冲突关系来看,是否能真正实现王道理想可以另当别论。但是这样的卿士大夫们确实为调节与缓和社会冲突、维护社会政治秩序的相对稳定起到了一定的作用。他们的政治抱负及政治实践可以满足三方面的需要:其一,使得儒家文化内圣外王的人生道路设计在一定程度上变得真实可信。因为在一般人看来 ,毕竟有人追求过,实践过。他们建立的功业也是有凭有据,籍案可查的。其二,使得庶民百姓对于社会政治理想的憧憬或期盼,从抽象、模糊变得具体、真切,几乎触手可及。只要有清官忠臣在,人生就总是有希望的,而苦难的现实生活和严酷的政治压迫也就变得可以忍受了。其三,使得专制王权得到了这些儒家文化养育出来的优秀卿士大夫们的竭力维护,以他们的理想追求来弥补权力私有和利益独占必然带来的政治弊端,从而使一代王朝得以化解危机,益寿延年。

内圣外王不仅是一种文化编织出来的理想风景画,而且还具有切实的社会政治意义,它可以满足社会多个层次、多种方面的需要,因而得到了历代统治者及其思想家们的大力提倡。

从圣人到圣王的转换既给君权的合法性奠定了坚实的理论基础,同时在某种意义上也意味着对君主形成了一定的理想性要求。在儒家文化设计的圣人人格里,圣人是被当作理想君主的,那么孔、孟儒学所向往和倡导的理想政治当然就寄托在了圣人的身上。诸如孔子提出的惠民之政、孟子极力推广的仁政主张等等,都是要由圣人来践行的。可是在现实社会中,圣人不存在,就只好依赖于当政的君王。

于是自先秦孔孟儒宗起始,宣扬德政便成了儒家学派的一大主题。从儒家文化的德政内容来看,无外乎德治教化、仁政爱民、轻徭薄赋,而且历朝历代都有人极力鼓吹张扬,其实则大同小异。这里我们以汉儒董仲舒为例。

董仲舒是促成儒家思想上升为帝国政治指导思想的积极推动者,也是汉唐儒学的代表人物,史家班固说他是"儒者宗",确有道理。他集多年之功而创立的"天人合一"政治论在中国传统政治文化上有着极重要的影响。在董仲舒的天人合一理论体系中,天是至上神,圣人则是代表人类与天沟通对话的权威人物。用他的话说,就是"圣人何其贵者? 起于天至于人而毕"[①]。这样的圣人既是尘世芸芸众生的总代表,又是上天在人间的代理人,在圣人身上,神性与人性是兼而有之的。"唯圣人能属万物于一而系之元也"[②]。这就是说,作为道德楷模、智慧化身和帝王典范的圣人,在现实社会政治生活中是天人一体化的象征,是实现一统化政治秩序的永恒法则的人格化。这样一来,在圣与王合为一体的转化过程中,圣人的至上权威与他必备的品性道德就被一起纳入了帝王的人格要求之中。这即成为德政要求的理论前提。

德政本是儒家文化的传统政治原则,董仲舒在天人合一理论的基础上提出,实行德政正是天意的体现。他说:"天之生民,非为王也,而天立王以为民也。故其德足以安乐民者,天子之;其恶足以害民者,天夺之。"[③]如果从天道看,"天道之大者在阴阳。阳为德,阴为刑;刑主杀而德主生"[④]。那么既然圣人是天意的代表,他就必然要遵循天意与天道,要求在位的君主实施德政。关于德政的内容,董仲舒认为主要有两个方面。

其一,行教化。董仲舒开宗明义,指出"圣人之道,不能独以威势成政,必有教化"[⑤]。为什么这样说呢? 董仲舒从人性中找依据。他认为,人的本性是天所赋予的:"人受命于天,有善善恶恶之性,可养而不可改。"[⑥]不过这种"善善恶恶"之性仅仅是人性的萌芽状态,叫作"善端",与理想的"循三纲五纪,通八端之理,忠信而博爱,敦厚而好礼"[⑦]等还相距甚远。再说,人性之中还有不善的一面。正像天有阴阳一样,"身亦两有贪仁之性",所以会出现"万民之从利也,如水之走下"[⑧]的现象。董仲舒认为,这两方面的情况充分说明了"天生民性,有善质而未能善"[⑨],于是教化之道就极为必要了。

实行教化的主要方法是,"立大学以教于国,设庠序以化于邑,渐民以

---

① 《春秋繁露·天地阴阳》。

② 《春秋繁露·重政》。

③ 《春秋繁露·尧舜不擅移汤武不专杀》。

④⑧ 《汉书·董仲舒传》。

⑤ 《春秋繁露·为人者天》。

⑥ 《春秋繁露·玉杯》。

⑦⑨ 《春秋繁露·深察名号》。

仁,摩民以谊(义),节民以礼,故其刑罚甚轻而禁不犯者,教化行而习俗美也”[①]。董仲舒把学校教育放在第一位,再加上广泛的宣传教育,使得三纲五常、仁义之德被人们普遍接受,成为人们行为选择的合理依据,并且能使每个人都能做到“贵孝弟而好礼义,重仁廉而轻财利”[②],从而成为王权治下的忠臣和顺民。

如果从教化的缘起来看,早在先秦时代,孔孟儒家就把教化作为治民的一个重要手段,孔子“庶、富、教”的治民方针已经给后世定下了基调。董仲舒的认识无非是在儒学宗师的引领下,对于教化治民方针的再次确认。在儒家们看来,教化能取得刑杀手段难以取得的统治效果,使得人心规矩,风俗敦厚,秩序井然。正像董仲舒所言:“民已大化之后,常亡(无)一人之狱矣。”[③]

其二,施仁政。“仁政”儒家文化的标志性政策,最为儒学宗师们所提倡。孔子的“使民如承大祭”,孟子的“置民以恒产”等等,给后世儒家思想家们提供了以德治国的基本方针。董仲舒将仁政纳入了他的天人合一理论体系,认为仁是天所固有的德行。他说:“天,仁也。天覆育万物,既化而生之,有(同又)养而成之。事功无已,终而复始,凡举归之以奉人。察于天之意,无穷极之仁也。”[④]君主要遵照天道治理天下,就要以仁治国,施行仁政。关于仁政的具体措施,董仲舒提出了“限民名田”“薄赋敛,省徭役”“盐铁皆归于民”[⑤]等。这些措施与孟子的“置民以恒产”相比较,显得具体而有针对性。

事实上,董仲舒对于施行仁政的原则性认识更为重要。他提出,推行仁政的目的是为了缓和社会上的贫富对立,“使富者足以示贵而不至于骄,贫者足以养生而不至于忧。以此为度,而调均之,是以财不匮而上下相安,故易治也”[⑥]。董仲舒深知民是君主的统治对象和财利之源,庶民生活的相对稳定与政治秩序的稳定是密切相关的。于是他设想通过对统治者的某种限制,使得“民财内足以养老尽孝,外足以事上共税,下足以畜妻子极爱”,以防范贫富两极分化加剧而过于对立,这样就能最大限度地满足君主统治集团的根本利益。

德政主张是儒家文化在治国方略上的共识,以往的评论常常把德政看

---

①③ 《汉书·董仲舒传》。

② 《春秋繁露·为人者天》。

④ 《春秋繁露·王道通三》。

⑤ 《汉书·食货志》。

⑥ 《春秋繁露·度制》。

作是儒家思想最有价值的内容,是有利于庶民和社会发展的。然而在我们看来,所谓德政其实只是一种更高明的策略——是由理想的统治者圣人推行的理想治国之术。儒家文化认为,德政通过仁政教化就能实现一种融洽和谐的政治局面,达到“中和”之境。依照董仲舒的说法,中和是天道运行的最佳状态,“中者,天下之终始也。而和者,天地之所生成也”[①];同时,中和又是上天之德的最高体现,“夫德莫大于和,而道莫正于中”。因此理想的统治者就应该效法天道,师从圣人,以中和的标准来治天下,“是故能以中和理天下者,其德大盛”[②]。儒家文化极力倡导的德政正是中和标准的具体政策体现。一般说来,调节社会各阶层的利益,保持社会关系的相对稳定是国家的职能之一,任何一个政治系统都会把实现社会的和谐与稳定作为重要的国家组织目标之一。从这个意义上说,中和标准在认识上与国家的基本职能相顺应,有其应当肯定的一面。这里也蕴含着儒家文化的社会理想,是对君主政治的根本利益的最大维护。

由于君主政治的本质是占有权力和利益的极少数奴役社会中绝大多数,普遍的贫富对立和社会冲突是根本不可避免的。因此,德政在认识上体现了圣人对社会的关怀,也寄托着人们的向往,但是毕竟与政治现实相距甚远。明白了这一点,那么在古代中国,德治仁政一再被人们提出,而中国历史上的“治世”又屈指可数也就不足为奇了。

(三)圣化文化与圣人宰制社会

圣人作为中国传统政治文化的理想化共性人格,对于传统文化的影响是非常深远的。特别是,当圣人被奉为最高人格权威而涵盖了全部人生与社会时,圣人实际上已经成为传统文化的某种象征。不过,在实际历史过程中,圣人的权威性有一个不断发展的历程。

简言之,汉唐经学时代,圣人和经典得到全社会的尊崇。其间经历了域外佛教文化的冲击,提倡三教合一在隋唐成为时尚。韩愈的“道统说”针对“法统”梳理出儒家文化自己的圣圣相传序列,以为自上古三代,尧舜禹汤、文王武王、周公孔孟,形成了儒家圣人系列的“道统”。惜乎孟子以后,大道中绝,不得其传。为此韩愈力主回归经典,“文起八代之衰”,以继承圣人之道。再后,北宋张载,亦有“为去圣继绝学”的豪迈志向。这样一来,在先秦、汉唐

①② 《春秋繁露·循天之道》。

以至宋明,儒家道统绵延不已,圣人崇拜藉此而渐至遍布全社会。上至帝王殿堂,下达穷乡僻壤,从理念、观念、认知到行为选择和偶像崇拜,几乎无处不在。形成了中华文化特有的"圣化"现象。

在儒家文化的价值系统里,从圣人、圣王再到遍及全部文化的圣人崇拜其实只是围绕着一个价值中心,这就是极度的权威崇拜。对于个人而言,所谓"圣化"的过程,其实无非是这种权威崇拜全面替代个人意志,占据个人的全部精神世界的过程。对于社会而言,则是用圣人所内含着的政治价值体系对全社会实施全面控制的过程。事实上,在儒家文化笼罩下的传统社会,"圣化"已经构成了一种政治文化机制,从不同的层面对全社会发生作用。

1. 圣人对民的养与治

在圣化文化的认知体系中,圣人的地位和功能极高极大,无可替代。如《易·文言》说:"夫'大人'者,与天地合其德,与日月合其明,与四时合其序,与鬼神合其吉凶,先天而天弗违,后天而奉天时。天且弗违,而况于人乎,况于鬼神乎!"这样的圣人实是通天彻地的神人,只要进入体制,就是人间当然的主宰。那么,圣人对社会的主宰和控制体现在哪里呢?儒家文化认为,最重要的是对于每一个社会成员的人身的占有。

首先,圣化文化机制规定了圣人对民是一种养育的关系,如《易·彖传》说:"天地养万物,圣人养贤以及万民。"这一规定极为重要,圣人对民的养育既是一种责任或义务,同时更是一种权力。天地与万物的关系是,天地是万物的主宰,同时又是天地养育了万物。《易·彖传》的作者以天地与圣人相比照,就是要说明,圣人养育了贤能之士和黎庶百姓,同时圣人又是他们的主宰,这样的"养",与其说是义务,不如说是权力的体现。

这一问题的要害是,圣人对民是一种什么样的"养"?从儒家文化相应的认识来看,这显然不是奉养,不是供养,而是驯养,是天地间的最高主宰者对于世上芸芸众生所施与的博大恩惠。养是圣人的付出,决定了每个人身体的存在,与之相关的必然回报是被养者为圣人效命。于是圣人主宰天下、治理天下便具有了一个牢固的立足点。

其次,圣人与民的养育关系决定了民只能是圣人的依附者和附属物,在圣人养民的前提下,庶民百姓从身体到灵魂都要受到圣人的宰制,人们是没有任何主动性的。这样一来,圣人就可以随心所欲。不过圣人毕竟是理想的统治者,他们会顺应天道,实施德政。所谓"天地以顺动,故日月不过,而四时不忒。圣人以顺动,则刑罚清而民服”[①]。

然而,不论实施什么样的治国方略,圣人对民的主宰总是天经地义的,圣化文化以温情脉脉的方式确立了圣人的绝对权威,使之可以很便捷地对社会形成全面的控制。

2. 圣人控制社会

汉代以降,以儒家思想为主体的政治意识形态覆盖了整个社会,圣人作为理想性政治人格类型,在观念、意识等精神层面形成了对于社会的掌控。主要体现有三个方面。

(1)认知控制

在儒家文化千百年来的覆盖下,圣人的形象和圣王观念已经深入人心,形成了遍及社会朝野的传统观念,僵锢着人们的认知。主要表现有:对于文化象征的孔、孟圣人的崇拜,对于上古尧舜诸帝和当今在位之君——政治权威的“圣王”崇拜。这些崇拜表现在认知层面,又可以分为两个方面。一是对以尧舜圣王为象征的上古“治世”的憧憬,二是关于一切圣人遗迹的顶礼膜拜。

在圣化文化的制约下,人们对于社会理想的向往总也离不开上古三代,尤其是在士人们的著述之中,上古三代被当成了人间盛世的摹本。在尧、舜、禹、汤等圣王治理下的“大治之世”,成为一种理想的政治模式。其主要内容无非是君能“垂衣裳而天下治”,能实施仁政,“博施济众”;臣能忠贞不贰,既忠君,又爱民;民则能日出而作,日落而息,应役当差,循行规矩。这已经成了一种思维定式,成为人们寄托期盼,批评时政的主要精神动力。

在三代盛世观念的制约下,人们从来没有想到过要从君主政治之外的文化或政治经验中,寻找新的政治出路,或是建立新的国家模式。反之,人们面对着政治弊害和社会危机,一般只会从儒家文化杜撰出来的三代理想中找答案。大都是些老生常谈,诸如“君诏罪己”“广开言路”“招贤纳士”“蠲免赋税”,等等。其中更多的是些漂亮的废话——言者慷慨激昂,听者备受鼓舞,其实无济于事。而且,由于“三代盛世”经过了历代儒生士子们的层累加工,凡是人们所能想到的美好事物都可以纳入其中。结果直到19世纪中叶,当西方的政治模式被介绍到大陆之后,仍然有不少人疾呼中国“古已有之”,依然想从圣化的文化传统中寻求出路,将现代的政治文化拒之于国门之外。

① 《易·象传》。

圣化的泛化是近代中国社会发展迟缓、封闭保守的文化根源之一。

儒家文化塑造的圣人和圣王确乎存在过、风光过。后世虽说圣人已没，可遗迹犹存。于是圣人的典范便无处不在，成为人们膜拜的圣物。典型者如圣人遗训，可谓典册俱载，正好为后世士人学习继承。出于对圣人权威的尊崇，后世士人将圣人的一字一句都奉为神圣，只能传注疏解，不许质疑，更不可批改。于是自汉代以来，中国文化形成了形式独特的注疏之学。其结果是，千百年来只见经史子集洋洋洒洒汗牛充栋，但是其议论识见却大同小异，雷同重复；两千年来圣人之学发扬光大，可谓"一句顶一万句"。而且历代都有圣人出世，从董仲舒、韩愈到程、朱、陆、王，圣人遗训得以延传千载。同时也有个别的"思想异端"遭封杀，或是文字狱铺天盖地大流行。这些现象和事例史不绝书。在崇圣观念主宰下，人的认知被强力掌控，人们的个体主体性和创造性思维长期处于受压抑状态，从而使得中国传统政治文化的发展长期迟滞。特别是近代以来，最终也没能摆脱西方话语霸权的影响和控制。

(2)制度控制

圣人有文也有制。圣人之制含有两层内容，一是上古圣人所创，如三代之制，《周礼》之属；二是当代圣王所立，随朝代更迭而废改，并逐代沿革下来。这些制度中，包括礼制和官制。

礼制的功能主要有二。一是确认王权的特殊地位，确认王权的权力合法性。如郊祭、封禅等祭祀之礼。这类制度多半创自圣人，从上古传延下来，通过祭祀仪式使当位之君的权力合法性一再得到天地等超社会权威的认可。在这样的过程中，人间君主就会将天道内蕴的神性移植到自己的身上，而变得神圣起来。二是强化社会政治的等级规范，确立君主的特权地位。礼制本身就是政治等级的产物，一般通过各种制度仪节表现出来。君主及其统治集团的等级秩序就是依赖这样的礼制来维系的，君主的特殊地位和权威也只有在礼制的规范下才是有保障的。

官制是君主政治的运作系统，与王权的实际操作有着直接的关系。官制的形成既有历史长期沿革的原因，也有现世之君的具体规定。在圣化政治文化的规范下，无论是源自先王，还是当位之君，这些制度都是帝王及其统治集团的意志的体现，因之凡官制的设置或更改，无不具有合理性。

制度与王权是相互维系，互为因果的，在政治权力私有的条件下，在圣化文化的氛围中，只有最高统治者才有资格和权力制定或更改制度，这里不需要任何以公共法制为基础的操作程序，只要认定操作的主宰者是圣王就可以了。

在圣化文化的制约下,制度常常会借重王权的神圣权威而形成"祖宗之法",无论什么制度只要冠上这样的名称,便会具有超常的权威性和神圣性,从而强化了对社会的控制。

(3)信仰控制

中国传统文化中的圣人不是神,但是却具有神性。这种神性一旦被人们普遍接受,圣人就会从理想或理念的层面上升为政治信仰,所谓圣人崇拜就不仅仅是政治信念的表现,而是成为人们绝对信奉的政治偶像。这时的圣人不论是形象还是功能都会与凡人不同。越是显得离奇,越会激发人们的崇敬。而且如果进一步考察,我们就会发现圣人本身神性的张扬正是圣人自己操作的结果。正如《易传》所言:"观天之神道,而四时不忒。圣人以神道设教,而天下服矣。"①

从历史发展过程看,两汉时期圣人的"神性"最重,谶纬思潮将圣人、经典及汉代的帝王全都提升为神。在这样的文化氛围中,儒学及其崇尚的圣人们几乎成了宗教的神主。其后虽然谶纬衰灭,但圣人崇拜依然如故,其中的政治信仰成分也始终延续下来,而且历久不衰。

正是基于儒家文化中的圣人崇拜和浓厚的政治信仰成分,有不少研究者,包括西方学者,都把儒学视为儒教。这种断言显然有些传凿。如若仅就儒家文化的信仰成分来看,认为其带有一定的宗教色彩,或许还是有一定道理的。但是这里需要辨析的是,具有宗教色彩并不等于宗教,信仰本身也需要进行具体的区分。严格而论,中国传统的儒家文化具有浓厚的信仰成分,这种信仰主要是政治信仰。此外,作为亚文化层次的社会信仰中,具有相当的迷信内含。认为儒家文化具有与世界三大宗教相类似的宗教内含,这一论断显然并不充分。有不少研究者把政治信仰等同于宗教信仰,这是一种常识性的误解。

如果从人的认识影响角度而言,信仰与理念的主要区别是,后者是思考之后的相信,前者则无须思考,只是一味地相信。由此在圣化文化的信仰控制下,人们在圣人的权威面前会自动放弃认识和辨析,而是从始至终信奉由衷。这样一来的结果是,无论是什么样的货色,只要贴上圣人的标签,人们就无须思考,不再辨析,就会立即奉之为绝对真理。站在君主的立场上看,运用

① 《周易·观卦·彖传》。

这样的文化机制治理社会,可以兵不血刃而事半功倍。

综上所述，圣人和圣化文化是中国传统政治文化的重要内容，覆盖面广,影响深远,对于实际政治的影响尤为直接。君主政治的当权者及其思想家们之所以对圣人情有独钟,正是看到了这一政治功能。因此在王权当道的时代,圣人的身影笼罩了全社会,在圣化文化机制的作用下,控制是绝对的,调节是相对的;或许有主宰者的一时恩惠,但绝没有被宰制者的些许自由。一句话,在圣化的时代,有臣民而无公民,有族群、家族而无个人,这是那个时代的特有风貌。因之,所有对于“圣人”控制与垄断中国传统社会的视而不见,我们可以毫不讳言,这都是一种学术上的短视和浅见。

第五讲　政治观念与意识(一)：从臣民观到公民意识

公民意识、公民文化以及相应的政治制度和社会规范，是近代以来民主政治发展的产物，也是建构现代民主政治的基础。相较之下，在中国传统政治文化中，在传统中国君主政治的法律规定和政治观念中，并无“公民”的踪迹。以儒家文化为主体的中国传统政治文化造就的，并深植于人们政治意识之中的是臣民观念。我们所说的“公民观念”是舶来品。臣民与公民无论在政治实质、内容规定及表现形式等方面都是大相径庭的。

由臣民意识向公民意识转变，是中国近代政治文化发展中的一个基本问题。由臣民意识转变为公民意识，则是一个极为复杂的过程，同时也是一个颇为艰难的过程。20世纪60年代的“文化大革命”时期，社会动荡、政治混乱，政治思想、观念的实际呈现状况是很繁杂的。其中我们看到了传统的圣人崇拜和臣民意识以某种形式在泛滥，这是不容忽视的事实。当然，这些传统观念意识的再现并不是简单的历史重演，而是在特殊的社会政治条件下以某种变异的方式再度呈现。因而从中国社会的现代化发展进程和政治文化的现代化转型过程来看，圣人崇拜和臣民意识的结合，对于当代中国公民意识和公民文化的健康发育具有潜在性的阻碍和破坏。为此，研究中国传统政治文化就不能不涉及臣民意识与公民意识问题。

一、君主政治与臣民观念

通常认为，公民指在一个国家里，具有该国国籍，并享有法定权利和义务的社会成员。公民意识则主要指公民对于自身享有法定权利和义务的自觉，其中享有权利和履行义务是互为前提或是互为基础的，此二者不可缺一。臣民观念则与之相左。臣民和臣民观念是君主政治的产物。构成臣民观念的本质特征是只尽义务,不讲权利。下面从两个方面略作分析。

(一)臣民的忠君义务观

诚如本书在第一讲中的分析,"君权至上"是中国传统政治文化的价值中轴。正是在"君权至上"价值准则的覆盖作用下,传统社会的臣民一般只具有忠君义务观念,他们既不懂得也不具有任何关于法定权利的自觉。

中国传统社会是君主政治的一统天下,君权至上作为一项基本政治价值准则,与君主政治相始终。这种观念的形成可以溯至殷商帝王的"余一人"思想。即使在先秦诸子之中,虽然不乏避世保身、蔑视王权之士,如庄子、杨朱,等等,但是维护君主政治和君权的至高无上却是百家异说中的主流。所谓"天下同归而殊涂,一致而百虑。天下何思何虑?"[1]

秦汉以后,君权至上价值准则得到统治者和全社会的普遍认可。君主拥有最高政治权力和宰制天下的最高权威,诚如汉儒董仲舒说:"君也者,掌令者也,令行而禁止也。"[2]亦如宋儒陈亮的概括,所谓"人主之职"正是"辨邪正,专委任,明政之大体,总权之大纲"[3]。在政治权力私有的时代,拥有权力即能分享利益。君主既然占有全部的政治权力——群臣百官不过是经由权力的再分配,从君主那里分享被赐予的权力——那么君主理所当然地成为天下财富、土地和人民的最高所有者和主宰者,也就是说,君主占有天下全部的资源。

总之,"君权至上"政治价值准则确认只有君主一人是社会政治生活的主宰和最高政治权力的所有者,君主的权威具有绝对性和唯一性,除了君主,包括官僚贵族、群臣百官,等等在内的所有人都是君主的臣仆,无人不统属于君。在这一点上,即面对君主的最高权威而言,官与民是一样的,他们都是政治中的从属物和被动因素。在这样的价值观念制约之下,"四方之众,其义莫不愿为臣妾"[4],最终形成了遍在的忠君义务观念。

在实际社会政治生活中,我们看到那些凭借血缘关系或其他条件被封以官爵者,以及通过举荐或科举步入仕途俯首称臣者,依照他们在君主政治体制中所处的位置,分别拥有相应的爵位、权力,分享一定的财富。他们作为统治集团的成员,似乎享有某种"权利"。比如,身为大臣者,可以参政、议政,

---

① 《周易·系辞下》。

② 《春秋繁露·尧舜不擅移汤武不专杀》。

③ 《陈亮集·论执要之道》。

④ 《盐铁论·备胡》。

或是履行职位权责,或是参与行政事务,等等。然而对这些现象细加考察,我们认为事情似乎并不那么简单。

在君主政治条件下,君权是国家权力的唯一表现形式,君主位于政治体制的核心,拥有最高的决策权和“分配权力的权力”。因之,贵族朝臣和各级官吏所享有的权利不过是君权的再分配形式。在权力私有的君主政治时代,官僚制下的官吏系统是君权统治的延伸,朝臣贵族和各级官吏拥有的只是从王权派生或分解出来的政治经济特权,而非法定的以自由和平等为前提的“政治权利”。我们的先民用他们的语言对这种现象做了明确的解释。例如宋儒苏轼就指出:

> 夫智辨勇力,此四者天民之秀杰者也……故先王分天下之富贵,与此四者共之,此四者不失职,则民靖矣。①

一言以蔽之,朝臣贵族及各级官吏的权力来源于君主的恩典。既然君主可以任凭一己之好恶而随意恩赐,那么他也就完全可以随自家之喜怒而肆意剥夺。既然臣的特权来源于君主,臣子们唯有对着“浩荡皇恩”而感激涕零、兢兢业业、勉力效忠,才能使这些恩赐来的特权长保不失。由此可见,群臣百官享有特权即是享有利益,行使恩赐的权力,诸如参政、议政、行政、监察等则是在履行为臣者的义务。君主政治体制及其政治权力结构决定了君臣之间的基本关系是主与仆,在君权的宰制下,为臣者们必须要恪守忠君义务,这才是问题的实质和关键。

忠君义务观念要求臣子们在理念、心态和政治行为的选择上,以忠于君主为基本原则。

这种政治观念的基本规定是,身为臣子者,对君主要绝对忠顺,专一而不懈。对此,儒学宗师们早有训诫。如孔子说:“臣事君以忠”②;荀子也说,“事两君者不容”③,“其待上也,忠顺而不懈”④。汉末三国时期的诸葛亮是中国古代忠臣的楷模,他也认为:“二心不可以事君。”⑤此外,董仲舒还利用字形构

① 《东坡七集·后集·志林》。

② 《论语·八佾》。

③ 《荀子·劝学》。

④ 《荀子·君道》。

⑤ 《便宜十六策·君臣》。

造来强调忠君专一不二的必然性。他说:“古之人物而书文,心止于一中者,谓之忠;执二中者,谓之患,患人之忠不一者也。”[1]

从理论上理解和表述忠君观念很容易,一旦介入实际社会政治生活,具体的行为选择就会与理论和观念产生某种距离。因为现实中的君主良莠不齐,具体的政治环境和政治条件也是变化莫测的。在得遇昏君暴君,或时逢衰世,社会矛盾、政治冲突日渐激化的情况下,身为臣子者,又当如何履行其忠君义务呢?儒学宗师们给出的标准是,绝对不可背叛君主。荀子对于这个问题的解答最有说服力。他说:

> 事圣君者,有听从无谏争;事中君者,有谏争无谄谀;事暴君者,有补削无挢拂。迫胁于乱时,穷居于暴国,而无所避之,则崇其美,扬其善,违其恶,隐其败,言其所长,不称其所短,以为成俗。[2]

荀子的认识很有代表性。嗣后,这些认识逐渐形成了固有观念,演化为普遍的“愚忠”心态。贵为天子者绝对神圣,不可冒犯,为臣者只能忠顺服从。

对于一般民众来说,君主是天生的主宰,秦始皇就把民称为黔首,这是极为轻蔑的称谓,可知一般民众是被统治者们排斥在政治等级之外的。所谓“无名姓号氏于天地之间,至贱乎贱者也”[3]。依照统治者们的要求,庶民百姓是没有任何政治主动性的,他们只需服从统治,只能一味顺上。所谓“君者,仪也;民者,景也,仪正而景正”[4]。“君者,民之心也;民者,君之体也。心之所好,体必安之;君之所好,民必从之。”[5]民众是无知无识的一群,生来就是君主的奴仆。我们对此无需多着笔墨。

不过,这里需要特别说明的是,在传统政治观念中,从周公、孔、孟,以至后世,“重民”和“施仁政”成为统治者们经常演练的一幕。这种政策主张与民在政治中的从属被动地位并不冲突。在中国传统政治文化中,“重民”和“施仁政”的政治意义只是作为统治者的政策原则和统治手段,仅仅在于表明统治者们重视庶民百姓在维护君主政治正常运行中的作用而已,其中并不包

① 《春秋繁露·天道不二》。
② 《荀子·臣道》。
③ 《春秋繁露·顺命》。
④ 《荀子·君道》。
⑤ 《春秋繁露·为人者天》。

含民众自身拥有受到法律保障的政治身份和权利。对于庶民百姓来说，当权者越强调重民和施仁政，就越说明民的命运实际操纵在君主手中。中国近代著名学者梁启超一语道出此中玄机：“言仁政者必言保民，牧之保之云者，其权无限也。”[①]

忠君义务观念是传统臣民观念的主要构成之一。这是一种基于君主政治条件而形成的传统——习惯型政治义务观念。这种政治观念与近现代社会的法律义务观念有所不同，其中并不内含人们对于法律责任的自觉意识。忠君义务观念的认识前提是君主和君主政治的利益及需要。在这种义务观念的制约和作用之下，人们的政治期盼和利益表达不是通过权利规定的形式，而是通过尽义务、报皇恩等形式表现出来的。这样做的结果是进一步加深了人们在政治中的从属性和被动性。

(二)权利主体意识的缺失

道德修身观念是中国传统政治文化在政治观念层面的主要构成内容之一，这种观念具有很宽的覆盖面和相当的强制性，在这种观念的束缚之下，社会一般成员的个人主体意识普遍薄弱和匮乏，这种薄弱和匮乏的一个重要表现是，人们基本没有权利主体意识。

中国传统政治文化的基本特征之一是伦理与政治混而如一，个人的道德修身被认为是政治生活规范化和秩序化的起点。这个认识被概括为“修身、齐家、治国、平天下”的行为模式，对于臣民观念的形成有着深刻的影响。

传统文化认为，虽说人性本善，凡、圣如 ，在道德修身方面，凡、圣有着共同的起点，“人皆可以为尧舜”。但是凡、圣之性的后天表现却有所不同。圣人之性先天至善，后天完美，“圣之为名，道之极，德之至也”[②]，因而无需改造。凡人则不然。凡人之性后天表现为种种情、欲，必须经过持续的修习改造，去恶扬善，方能趋向完美。在这一过程中，圣人是凡人道德修习的样板，也标志着人的一生道德提升的顶点。因而凡人的修身过程就是向着圣人持续不断的皈依过程。

在中国传统政治文化中，圣人主要表现为一种理想化的共性人格形象，是理想化抽象化了的人，也是人类主体意识的体现。相对自然来说，圣人代

① 梁启超：《饮冰室文集》之六。

② 《王文成公文集·三·圣人》。

表人类与天地对话，体现着人类群体对于人的外部世界即自然界的类主体意识的觉醒。正如《礼记·礼运》所言："圣人参于天地，并于鬼神，以治政也。"如若面对世间芸芸众生，圣人则拥有规划并考核人们的精神和道德生活的绝对权威。在圣人博大而至善的理想化共性人格面前，私欲杂念横生的普通人往往会自惭形秽。于是，一股根深蒂固的"负罪意识"便油然而生，驱使人们虔诚地向着圣人顶礼膜拜，并且痛下决心，在德行修习上下功夫。"君子乾乾不息于诚，然必惩忿窒欲，迁善改过而后至。"[①]这样，道德修习便成了做人的根本义务，成为人们参与社会和介入政治生活的必由之途。"谁能出不由户，何莫由斯道也。"[②]

在实际历史过程中，圣人与圣王相通，被统治者及其思想家们奉为理想君主的象征。君主政治时代实际社会政治生活中的帝王们虽然既不圣，也不善，反而道德很差，表现很坏，甚而或昏庸，或暴虐，或荒淫，但是这都不会影响他们自诩为圣。那些阿谀奉承的臣子们也要尊之为圣。于是人们的负罪意识便从道德领域扩展到政治生活，在天子"圣明"的灵光普照下，不由自主地五体投地，口称"臣罪该万死"，诚惶诚恐。这时人们唯恐效忠君主而不及，哪里还谈得上什么政治权利！

在道德修身观念的制约下，人们崇拜圣人、皈依圣人，人人争做圣人之徒，在精神上和道德上与圣人融而为一。随着人们道德水准的不断提升，人的个体人格和独立精神便不可避免地消融在圣道之中。"无我"既是人们皈依圣人的结果，亦是本性得以完美的标志。如张载言："无我而后大，大成性而后圣。"[③]亦如程颐说："大而化，则已与理为一，一则无已。"[④]道德修习使得人的个人主体意识极度羸弱，几至泯灭，囿于这样的心态条件，人们不可能形成对于自身权利的自觉追求。

我们看到，在人们道德修身过程中，孝道受到异乎寻常的重视。且看如下议论：

《论语·学而》：孝悌也者，其为仁之本与！

《孝经·开宗明义章》：夫孝，德之本也。

---

① 《周子全书·乾损益动》。

② 《论语·雍也》。

③ 《正蒙·神化》。

④ 《河南程氏遗书》第15卷。

《孝经·三才章》:夫孝,天之经也,地之义也,人之行也。

《礼记·祭义》:众之本教曰孝;(孝道)塞乎天地,横乎四海,推而放诸四海而皆准。

孝道被奉为宇宙间最根本的道德原则和人们道德实践的最基本行为规范。传统儒家文化对孝道的内容作了详尽的规定,总的倾向是对个人权利的种种否定。人们没有意志的自由,也没有行为的自主权。父家长是家庭(族)的最高权威,人们必须礼敬和服从。且不论在孝道的束缚下,人们“不敢私其财”[①],也没有婚姻自主权,甚至就连自家身体也不能属于自己。按照儒家文化的说法,人的身体是“父母之遗体也”,原则上为父母所有,个人对之必须恭谨爱护,不可毁伤。“父母全而生之,子全而归之,可谓孝矣”[②],稍有损辱就是对父母的大不敬,极违孝道。可见,在孝道的束缚之下,人们没有任何“人的基本权利”,拥有的只有奴仆对主人的服从义务。

孝道的作用范围不只限于家庭和社会,同时延及政治领域。《孝经·开宗明义章》说:“孝,始于事亲,中于事君,终于立身。”《广扬名章》又说:“君子之事亲孝,故忠可移于君。”忠是孝道在政治上的道德表现形式,忠君义务则是忠在行为方面的具体规定。

在传统的道德修身观念的普遍约束之下,人们不是作为权利主体,而是作为道德义务主体参与全部的社会和政治生活的,表现为一种忘我的追求和无偿的奉献。人们由于缺乏基本的权利主体意识,任何形式的个人利益都被忽视,甚至被否定。如《盐铁论·贫富》中说:

古者大夫思其仁义以充其位,不为权利以充其私。

亦如朱熹所言:

仁义根于人心之固有,天理之公也;利心生于物我之相形,人欲之私也。循天理,则不求利而自无不利;徇人欲,则求得未得而害已随之。[③]

---

① 《礼记·坊记》。

② 《礼记·祭义》。

③ 《孟子集注》卷一。

传统的臣民观念正是以无个人主体意识的道德义务观为动力，驱使人们忠君敬长、无私奉公和无条件地献身。

二、“尽人皆奴仆”的臣民心态

与忠君义务观相对应的是“尽人皆奴仆”的政治心态。这种政治心态的形成取决于多种条件,除了前面引述过的君权至上政治价值准则,另一个重要成因是君主政治赖以生存藉以延续的等级原则和等级观念。

中国号称礼义之邦，礼义的内容很宽泛，但其核心是等级制和等级观念。《荀子·富国》中的表述比较全面:“礼者,贵贱有等,长幼有差,贫富轻重皆有称者也。”中国传统政治文化认为,等级规范是维护社会政治秩序的基本手段:

> 人无礼不生,事无礼不成,国家无礼不宁。君臣不得不尊,父子不得不亲,兄弟不得不顺,夫妇不得不欢。[①]

为了强调礼的权威性,儒家文化做了两方面的工作。一是把礼从人间的制度原则和道德条目上升为宇宙法则,《礼记·乐记》载:“(礼)天地生之,圣人成之”,“在天成象,在地成形,如此,则礼者,天地之别也”。二是将礼的实践过程与人的一生连为一体,强调礼的规范贯穿人生之始终,如荀子所言:“礼者,谨于治生死者也。”[②]这样一来,儒家文化的礼就具有了一个无所不包的约束范围,上下与天地相连,贯通社会人生,礼的权威性被无限地放大。在实际社会政治生活中,礼就成为具有普遍约束意义的最高法则。

传统中国不能说没有法制,事实上,中国古代关于法的思想、相关理论、成文法以及法律制度等出现都很早，体现了中国传统文化的文明程度。但是，中国古代的法基本是刑律。如果依照现代部门法的规范给传统法律分类,可以分出刑法、民法、行政法,等等,但是其中并没有近现代宪法意义的法律规定。自功能而言,刑律是君主实施统治的工具,所谓“秉权而立,垂法

① 《荀子·大略》。

② 《荀子·礼记》。

而治”[①],“法律政令者,吏民规矩绳墨也”[②]。自内容来看,刑律只是规定了惩戒的律条,却没有关于个人权利的规定。正是从这个角度看,近代中国以参与戊戌变法而闻名于史的梁启超断言,中国数千年“国为无法之国,民为无法之民……而其权之何属,更靡论也”[③]。

自汉代始,儒家的“德主刑辅”统治范式就得到了统治者们的普遍认可,一时间儒学经典竟然具有了法典功能。汉代大儒董仲舒专门著有《春秋决狱》,以儒家的经典《春秋》作为最高法典,以决断重大案件。“《春秋》之治狱,论心定罪”[④],汉代起始的儒学法律化过程促成了刑法的儒学化。虽说从一代王朝的兴起看,无不以修订刑律作为立威的重要举措。但是在理论上和政治理念及宣传上,刑律总是退居为礼治德化的辅助手段。《汉书·刑法志》说:“仁爱德让,王道之本也。爱待敬而不败,德须威而久立,故制礼以崇敬,作刑以明威也。”《隋书·刑法志》讲得更明确:“礼义以为纲纪,养化以为本,明刑以为助。”

以上种种分析表明,在中国传统社会,礼实际成为君主政治的帝国基本法,等级观念则成为制约人们头脑的最基本的政治观念。

儒家文化的等级观念并不简单地等同于“等级身份”,而是经过了一番理论建构,这个工作主要是由汉儒完成的。简言之,汉儒以董仲舒为代表,他在天人合一政治论的理论框架内,提出了“阴阳合分论”。具体方式是,董仲舒从繁复杂乱的一般人伦血缘关系和政治关系中概括出几对最基本的关系,然后通过礼的规定使之规范化和模式化。如君臣、父子、夫妻、兄弟等。董仲舒强调,每一对关系都内含着严格的等级隶属性,如“妻者夫之合,子者父之合,臣者君之合”[⑤];“子受命于父,臣受命于君,妻受命于夫”[⑥]。每个人在实际社会政治生活的实践过程中,都必然要受到这几对关系的制约,几乎没有例外。整塑后的等级观念使得社会政治生活变得秩序井然,齐整划一。

在这样的等级观念的观照下,人们自降生之日始,就被牢牢地固着于相应的等级位置上,随着时间的推移和生活的进程,分别进入不同角色,隶属于各种各样的主人。整个社会就是由无数个这样的等级隶属关系织结而成

---

① 《商君书·壹言》。

② 《管子·七臣七主》。

③ 梁启超:《饮冰室文集》之六。

④ 《盐铁论·刑德》。

⑤ 《春秋繁露·基义》。

⑥ 《春秋繁露·顺命》。

的关系网络，唯有君主位于这个网络的顶端。等级观念确保着君主的特殊地位，他不但是政治上的最高主宰，同时又具有最大父家长身份。[①]就政治关系看，全国臣民隶属于君主，是王的臣仆；就社会关系言，人们都是王的子孙，所谓“天子父母事天，而子孙畜万民”[②]。

在等级观念约束之下，人们无条件地遵从着严格的等级隶属关系。从衣着服饰、言谈举止到思想意志，无一不被等级格式化。“非礼勿视，非礼勿听，非礼勿言，非礼勿动”[③]，等级观念剥夺了人们的独立个性和政治自主精神，使人们不只在实际生活中，而且在精神上作了帝王的奴仆。这样的政治心态遍在而又久远，作为一种政治文化的固有现象，形成了一个民族的“政治文化条件”。在这样的文化土壤上，又怎能生长出人的个体主体性和独立性，产生出对于个人权利的政治期盼和相应的行为选择呢？

综上所述，臣民观念是遍及传统社会的基本政治意识。它的形成固然源于君主政治，但另一方面，臣民观念又成为维护和巩固君主政治的重要政治文化因素。在臣民观念的普遍约束下，人们不知有权利，只会尽义务，造就了遍在的“尽人皆奴仆”臣民心态。温顺服从、忍让勤劳和无我的奉献成为全社会公认的美德，由此形成的“礼义之邦”实则成了专制帝王的私产。君主政治基于这样的政治文化土壤而横行肆虐，几达两千余年。其深层根源亦如梁启超所论：“虽以孔孟之至圣大贤，哓音瘏口以道之，而不能禁二千年来暴君贼臣之继出踵起，鱼肉我民，何也？治人者有权，而治于人者无权。”[④]所谓臣民观念——臣民心态者，其弊大矣哉！

三、在实践中学会做公民

自19世纪中叶起始，中国社会出现了前所未有的震荡，西方资本主义殖民势力乘驭着炮火硝烟闯入了封闭的中国。随着民族危机日益加剧，君主政治也走到了它的尽头。

与这一过程相伴随，西方的思想文化也蜂拥而至。民主政治思潮的输入不只构成人们否定君主政治、进行民主革命的重要文化条件，同时也促进了

① 《洪范》：“天子作民父母，以为天下王。”《礼记·大传》：“君有合族之道。”

② 《春秋繁露·郊祭》。

③ 《论语·颜渊》。

④ 梁启超：《饮冰室合集·饮冰室文集之十·论政府与人民之权限》，中华书局，1989年，第5页。

人们政治观念的更新。一些先进的有识之士,率先把视野从传统的礼仪文明转向了西方和世界。他们惊奇地发现,西方有着与中国迥然不同的政治格局。西学东渐的浪潮给传统中国带来了近代民主意识的觉醒。自1889年严复译《天演论》的出版,一大批西方民主政治的经典著作相继介绍到了中国。其中包括卢梭的《社会契约论》、孟德斯鸠的《论法的精神》、弥勒的《论自由》,以及代表美国民主政治基本精神的《独立宣言》和法国大革命的产物《人权与公民权宣言》等。如果说戊戌变法和辛亥革命标志着民主思潮在近代中国的政治实践,并通过政治体制的变革推动了人们对专制主义的唾弃和对于民主政治的向往,那么稍后的五四新文化运动则意味着真正意义上的近代民主启蒙运动的勃兴。

从当时的思想文化界来看,先进的有识之士们对民主、民权等概念和相关的理论问题进行了广泛的讨论,并且运用民主政治的价值标准来批判君主政治,设计理想政治蓝图。他们已经开始从传统的臣民观念中醒转过来,开始思考和探究公民及权利义务等问题。例如,梁启超就明确提出了"国民"的概念。他说:

> 国民者,以国为人民公产之称也。国者积民而成,舍民之外,则无有国。以一国之民,治一国之事,定一国之法,谋一国之利,捍一国之患,其民不可得而侮,其国不可得而亡,是之谓国民。①

这里说的"国民",显然已经非常接近现代政治学理论关于"公民"的界定。不仅如此,梁启超还对"权利"和"义务"进行诠释,说:

> 义务与权利对待者也。人人生而有应得之权利,即人人生而有应尽之义务,二者其量适相均。②
>
> 故有权利思想者,必以争立法权为第一要义③,
>
> 凡人所以为人者有二大要件:一曰生命,二曰权利,二者缺一,时乃非人④。

---

① 梁启超:《饮冰室合集·饮冰室文集之四·论近世国民竞争之大势及中国前途·国民与国家之异》,中华书局,1989年,第56页。

② 梁启超:《饮冰室合集·饮冰室专集之四·新民说·论义务思想》,中华书局,1989年,第104页。

③ 同上,第37页。

④ 《辛亥革命前十年间时论选集》第1卷上,第10页。下列同书简称《时论选》。

毫无疑问,梁启超的诠释浸透着对舶来的天赋人权和法制权利的认识。

近代中国的思想界是非常活跃的,关于国民、权力等的认识并非梁氏一家,其时弘发议论者大有人在。例如1903年,有佚名人士撰写《权利篇》,指出:

> 夫权利思想,即爱重人我权利之谓。
>
> 夫人生活于天地之间,自有天然之权利,父母不得夺,鬼神不得窃而攘之。
>
> 夫义务者何,即权利之里面耳。有权利始能有义务,无权利即不能有义务,爱权利即爱重义务之本。
>
> 权利之表为法律,法律之里即权利,不可分而二之者也。①

文中还明确规定了人生而具有“平等之权利”“不受人卑屈之权利”“不从顺人之权利”等等。这些认识所使用的概念和价值标准与传统的臣民观念截然不同,意味着一种崭新的公民观念已经冲破传统观念的藩篱,开始向着这方古老的大地散播,向着人们的意识中渗入。

公民意识即权利、义务观念的发展不仅表现在认识方面,在近代中国的政治变革中,还曾经以法律的形式被肯定下来,这集中体现在1912年的《中华民国临时约法》和其他法规政令中。其中明文规定了中华民国主权在民,全体国民一律平等,依法享有选举、参政、居住、言论、出版、集会、信教等项权利。《中华民国临时约法》具有现代国家宪法的性质,它的产生意味着从法律上否定了传统的臣民观念。

然而民主革命的成功和皇权的崩溃并不等于民主政治必然确立。正当人们欣喜民主共和终于莅临东土之时,1916年初的洪宪复辟给了人们当头一棒。②先进人士们重新跌入了困惑之中。他们极力思索,究竟是什么原因致使中国走向民主共和举步维艰,甚而导致了理想的破灭?他们发现,除了“守旧之武人及学者”等反动势力的阻碍,近代以来民主运动的开展实际只限于社会的某些阶层,并未能得到全国民众的响应。例如陈独秀就反思道:“吾国

① 张枏、王忍之编:《辛亥革命前十年间时论选集》(第1册),生活·读书·新知三联书店,1960年,第479~480页。

② 1915年12月11日,参政院以“国民代表大会总代表”名义上书袁“劝进”。12日,袁世凯发布命令,承受帝位。13日,接受百官朝贺,大加封赏。31日,袁下令翌年(1916年)改为“中华帝国洪宪元年”,准备于1月1日即皇帝位。由于各地纷纷讨袁,1916年3月22日,袁被迫宣布取消帝制,废除“洪宪”年号,仍称大总统。

年来政象,唯有党派运动,而无国民运动也";[1]"今之所谓共和,所谓立宪者,乃少数政党之主张,多数国民不见有若何切身利害之感而所取舍也"[2]。他敏锐地认识到民主政治成功与否,"纯然以多数国民能否对于政治,自觉其居于主人的主动地位为唯一根本之条件",否则宪法不过是"一纸空文","且宪法上之自由权利,人民将视为不足重轻之物,而不以生命维护之,则立宪政治之精神已完全丧失矣"[3]。李大钊也认为:"民贼之巢穴,不在民军北指之幽燕,乃在吾人自己之神脑。"[4]这就是说,虽然时代在巨变,革命在高涨,可是一般民众的思想观念上没有或缺乏现代意识,人们照旧只知崇拜权威,礼敬官长,是难以形成独立意识和政治自主观念的。于是,随之而兴起的"五四"新文化运动高高举起了"民主"与"科学"的旗帜,疾呼民族振兴的关键在文化——"伦理之觉悟为最后觉悟之觉悟"。先进的有识之士们纷纷把批判之剑指向传统文化,要与封建伦理纲常彻底决裂,实现全社会政治观念的普遍更新,以使民主运动真正成为"国民的运动"。

可是我们看到,新文化运动进行十年之后,鲁迅却仍在疾呼:"此后最要紧的改革国民性,否则,无论是专制,是共和,是什么什么,招牌虽换,货色照旧,全不行的。"[5]再后,历史的发展实现了飞跃,1954年,《中华人民共和国宪法》对公民的权利和义务作了详尽的规定。但是十几年后,"文化大革命"却以"革命"的名义把宪法的有关规定抛到九霄云外,公民的权利和尊严,法律的严肃与权威都受到了无情的摧残与践踏。

这种历史现象的重复说明了什么呢?缘由和答案可能是很复杂的,一言难以说清。不过,有一点是十分明确的。从政治文化的层面看,近一个多世纪以来,虽然中国的国体性质和政体形式发生了天翻地覆的巨变,社会的整体结构、经济结构、生产方式、生活方式以及人们的生存样态等都发生了极大的变化,但是人们的思想观念,尤其是在政治观念方面,在相当程度上还没能从传统政治文化的羁绊中完全解脱出来。具体言之,现代社会理应遍在的公民意识尚未能完全取代积淀延传下来的传统臣民观念。在这一点上,中国人还没有走出"中世纪"。

造成上述情况的原因是多方面的。研究者尽可以从经济、政治、社会、教

① 《1916年》,《青年杂志》第1卷第5号。

②③ 《吾人最后之觉悟》,《青年杂志》第1卷第6号。

④ 《李大钊选集》,人民出版社,1959年,第47页。

⑤ 《鲁迅全集》(第11卷),人民文学出版社,1991年,第31页。

育、文化、国际等等多个方面寻找答案。我们则从政治文化的层面看,迄今公民意识不能正常发育,而传统的臣民观念——臣民心态挥之不去,其缘由主要有以下两点。

其一,中国与西方政治文化的内在价值系统存在着很大的差异,使得舶来的公民及权利、义务等观念难以深入并扎根于中国传统政治文化的土壤。中国传统社会并没有类似于西方文化的自然法观念,只有基于专制政治而形成的权势——特权观念,或者可以称之为"权威化的利、权"观念。中国传统政治文化中也没有关于个人权利的自觉,只有被伦常等级化了的群体意识。

因此,当近代中国的先进人士们向西方寻求真理,接受了有关公民(国民)、权利、义务等政治观念时,主要是理解并接受了这些观念的表层含义,却忽略了这些政治观念的内在价值准则与中国传统政治文化价值准则事实存在的极大差异,此二者几乎是格格不入的。故而,尽管人们以权利、义务为参照物,尖锐地抨击了君主专制治下的"尽人皆奴隶"状况;尽管随着民主运动的进程,权利义务观念得到了法律的认可;但是,现代的权利义务观念很难一下子取代中国传统政治文化撒播日久的传统政治观念。换言之,臣民观念在中国有着悠久的历史,其中蕴含着的价值准则经过多种社会化渠道的长期渗透,已经深深地嵌入并固着于人们的观念意识之中,积淀为普遍的政治心态素质。面对着具有深厚的社会、文化和心态基础的传统臣民观念,舶来的权利、义务观念势必难以凭朝夕之功取而代之。

其二,形成普遍的公民意识必须以每一个社会成员的具体社会政治实践为必要环节。在这里公民权利的实践环节指的是,人们在实际的政治参与过程中,真实享受到法律规定的公民权利,并履行相应的义务。一般说来,法律规定的公民权利只有经由具体的实践环节,才能社会化为普遍的公民意识。也就是说,一般社会成员只有在具体的公民权利与义务实践——操作过程中,切实感受到自己的权利和义务的兑现及履行过程,才能学会作公民。

世界文明发展史已经证明,公民权利的实现与公民意识的提升是同一个过程。试想,如果不是20世纪60年代妇女解放运动的推动,美国妇女的公民权利是难以实现的,她们的公民意识势必仍然受到压抑。同样,美国黑人也正是在20世纪50年代高涨的反种族歧视斗争中,实现了选举及其他平等权利,才促进了其公民意识的提高。公民权利从法制规定向着普遍意识的过渡,既取决于具体的社会——政治环境的民主化程度的发展,同时又取决于每一个社会成员在具体实践中的推动。

从政治实践看,法制规定的公民权利如果没有普遍的公民意识作根基,这种规定只能形同虚设。因为,赐予的公民权利缺乏全社会广泛的积极认可。尽管国家有可能通过某种传播媒介和社会化渠道将公民权利、义务的法律规定输送给人们。可是由于缺乏必要的实践环节,人们没有真实地享有权利和履行义务。这样在他们的意识深处,便难以真实理解并认可权利、义务的内含与功能。在他们看来,权利、义务是一个"模糊概念"或"抽象名词",与其个人的政治行为和选择并无瓜葛。这种法制规定与实际政治意识的严重脱节将不可避免地造成这种局面:既不知如何享有和运用公民权利,也不会形成履行义务的自觉,结果必然会导致社会普遍存在的不负责任和实际义务感的降低。公民意识的薄弱将会直接影响政治运行中制衡机制的形成和完善,阻碍着当代中国的现代化进程和政治民主化的进程。[①]

马克思早就说过:"没有无义务的权利,也没有无权利的义务。"[②]中国自推翻帝制以后,在历次若干版本的《宪法》中,都对公民权利作了具体的规定。然而近一个世纪以来的政治实践证明,由于缺乏必要的实践环节,缺少必要的操作过程,公民权利从纸质的法制文本规定向普遍意识的过渡并没有全部完成。在人们的潜层意识中,臣民观念的文化积存仍然有所存续,在行为选择、政治态度等方面依然有所表现。因之,从这个意义上说,当代中国尚未真正进入现代化意义上的公民政治时代。

赐予的公民要真正成为自为的公民,必须在实践中成长。学会在实践中作公民,这是摆在我们民族面前的一项历史任务。

① 本节原载《天津社会科学》1991年第4期,由我的老师刘泽华先生署名。这篇文章,原是1989年春(3月10日)为参加"五四"国际学术研讨会而作。先生立意,由我执笔,合作完成。提交会议的文本题名《在实践中学会作公民》。嗣后投给《天津社会科学》。由于刊载的这一期有我另外一篇署名文章:《君子小人辨:传统政治人格与君主政治》,责编王琳女士征询办法,我即应承可由先生单独署名发表为宜。于此特别说明,此文是我与先生合作,征得先生首肯,略加修饰,收入本书,以壮行色。

② 《马克思恩格斯选集》(第二卷),人民出版社,1972年,第137页。

第六讲　政治观念与意识(二):“公私观”三境界

公私之辨是中国传统政治文化的主要论题之一,公而不私,大公无私是这一辩题的基本结论。可是理论与实践总是有间距，在实际社会政治生活中,私心、私欲人所难免,谋利、逐利或难舍弃。于是千百年来,有公有私,或公或私,何去何从,论辩不已。早在先秦时代,儒学宗师们就倡导公而不私,汉儒则概括为“正其谊不谋其利,明其道不计其功”。循至20世纪50年代,“大公无私”的口号仍然是中国政治文化中的重要价值准则,得到社会主义民主政治的提倡。时至21世纪的今日,河南临颍县南街村①中还有这样的标语:

> 大公无私是圣人;先公后私是贤人;公私兼顾是好人;
> 先私后公是庸人;损公肥私是坏人。

那么,上古之私与今日之私可有异同? 或私或公的内在规定性与合理性又如何判定? 公与私作为一种传统政治文化理念对于中国社会的发展形成了怎样的影响? 在当代中国,关于公私问题的认识关系到道德建构和政治文明的发展,因而有必要对传统政治文化中的公私观念作一番探讨。下面即对公私观念的三层境界略作分析。

一、境界一:“以君为本”的公私观

中国文化确乎源远流长,据考,甲文、金文均有公字。不过,关于公的本

① 南街村号称“豫中一枝花”,地处豫中平原,临颍县城南隅,紧靠京广铁路。1996年初统计,全村有回汉两个民族,742户,3200人,133.73公顷耕地，面积1.78平方千米。该村实行集体主义管理,对外则参与市场经济,以实现“共产主义小社区”为发展方向。

义,研究者见仁见智,说法不一。如若从政治思想与政治文化的角度看,在中国传统社会,公与私作为政治概念或政治道德概念,在实际使用中大体分为两类。

第一类,用以指称君主或国君一族。如《诗·周颂·臣工》:“嗟嗟臣工,敬尔在公。”毛亨传:“公,君也。”与毛传相同的释义又见于《礼记·昏义》:“教于公宫”郑玄注、《论语·子罕》:“出则事公卿”皇侃疏、《谷梁传·隐公元年》:“言君之不取之为公也”范宁注等。又《仪礼·既夕礼》:“公赗元纁束”,郑玄注:“公,国君也。”从文献的记述中我们可以清楚地看到,至迟在春秋时代,诸侯国的君主及君王一族通称为“公室”“公门”,与之相对,卿大夫等臣僚则称为“私家”。《左传·昭公三年》载,晋大夫叔向曰:“肸闻之,公室将卑,其宗族枝叶先落,则公室从之。”荀子当年入秦,谈其观感曰:“观其士大夫,出于其门,入于公门,出于公门,归于其家,无有私事也。”[①]这一类公私观源自先秦,延及后世,例如汉萧望之说:“附枝大者贼本心,私家盛者公室危。”[②]公室与私家相对,是对于君主与其臣僚的普通称谓。

第二类,用以指称社会一般标准,诸如法规、律法或其他行为规范等等。《慎子·威德》说:“法制礼籍,所以立公义也。凡立公所以弃私也。”黄老帛书《经法·君正》说:“精公无私而赏罚信,所以治也。”《韩非子·有度》:“古者世治之民,奉公法,废私术,专意一行,具以待任。”这里说的公,似乎指的是政治的或法律的规定,以其具有普遍的权威性而与私相对。

另外,这类的公又涵指社会公认的事物一般标准,如《慎子·威德》言:“蓍龟似乎立公识也,权衡所以立公正也,书契所以立公信也,度量所以立公审也。”这样的公是面向全社会的,成为人们的一般行为规范,个人的意志、欲念要服从公法,否则即是私。如荀子言:“公义明则私事息矣。”[③]人的行为能遵行公的标准,这在观念上也就是达到了公正。如《白虎通义·爵》:“公之为言公正无私也。”当公被视为社会政治的普遍行为标准的时候,公就具有了一般道德规范的意义。[④]

---

① 《荀子·强国》。

② 《汉书·萧望之传》。

③ 《荀子·君道》。

④ 日本学者沟口雄三认为,先秦的公,有三层含义,一是公门、朝廷、官府;二是共同;三是平分、公平、公正。本文见解与之相类,略有不同。参见《中国思想史における公と私》,《公と私の思想史》,东京大学出版会,2001年,第37页。

上述的公实际具有两层含义,一是指君主特殊利益集团,二是指社会一般标准。这两种涵指在实际表述上显然是有区别的。但是如果从传统社会君主政治的本质考察,这样的表达在认识的价值依据上是相通的:即“以君为本”,也就是说,区分公或私的价值标准是君主的利益、权威、意志和名誉。

前一层涵指比较明显,以君主及其特殊利益集团为公,当然是以君主的利益作为衡量公私的基准,明明是特殊政治集团的利益,此时却有了公利之名。韩非说:“匹夫有私便,人主有公利……息文学而明法度,塞私便而一功劳,此公利也。”[①]这里,韩非表述的“公利”,所谓“明法度”“塞私便”,其涵指显然就是“公法”,即是后一层涵指的“社会一般标准”。可是,“公法”怎么会是“君主特殊利益集团的利益”呢?

在君主政治的权力私有条件下,任何形式的社会一般标准都必然要受到政治权力及其拥有者的控制,社会一般成员作为政治权力的主宰对象,在政治和社会行为方面并不享有选择的权利,他们实际承担的政治义务规定是单向度的:无非是应役当差,输粮纳税,做良民。而且,即便有谁能“学而优则仕”,进入统治集团,其所承担的义务仍然是单方面和绝对化的。也就是说,入仕者拥有的地位、权力及其分享的利益仍然是王权的某种分化形式,入仕者分享了政治权力以及相关的政治地位和利益,这一切无非是君主的“恩赐”,而非其具有的“法定权利”。他们代表君主行使某些权力,是其忠君义务的表达。这种表达一旦不能充分,或是失去了君主的信任,恩赐就会被剥夺,所有的权力、地位和利益会在一夜之间化为乌有。历史上这样的事例俯拾即是,这里无需赘述。故而,感戴“皇恩浩荡”成为居官入仕者的口头禅;同时,“伴君如伴虎”的恐惧数千年来也始终萦绕在掌权、弄权者的心头。

在这样的情况下,“公法”当然不是社会一般成员的利益诉求,其内含的只能是君主特殊利益集团的根本利益。

然而检索古人之见,有识之士常常举出“公法”与君主相对,认为君主和群臣百官也要尊奉公法,不能以私乱公。例如,汉末王符说:“夫国君之所以致治者公也,公法行则轨乱绝。佞臣之所以便身者私也,私术用则公法夺。”[②]北宋李觏说:“法者,天子所与天下共也。如使同族犯之而不刑杀,是为君者私其亲也。有爵者犯之而不刑杀,是为臣者私其身也……故王者不辨亲疏,不

① 《韩非子·八说》。

② 《潜夫论·潜叹》。

异贵贱,一致于法。”[①]司马光说:“爵禄者,天下之爵禄,非以厚人君之所喜也;刑罚者,天下之刑罚,非以快人君之所怒也。”[②]这里对君主提出的要求,着眼于君主个人与法的顺应,似乎在君主个人的意志、情感之上,高悬着公法的权威。唐太宗李世民明确认可了这一点,认为“法者非朕一人之法,乃天下之法”[③]。依照他的体会,君主不能以个人的好恶、喜怒而滥用赏罚,破坏法度。他说:“自古帝王多任情喜怒,喜则滥赏无功,怒则滥杀无罪”[④],致使天下丧乱,于是自省道:“昔诸葛孔明,小国之相,犹曰‘吾心如称,不能为人作轻重’,况我今理大国乎?”[⑤]显而易见,这些认识里确实含有某种“公平”意识,正像李世民在自撰的《帝范》中写道:“适己而妨于道,不加禄焉;逆己而便于国,不施刑焉。故赏者不德君,功之所致也;罚者不怨上,罪之所当也。”[⑥]

上述见解以今日的理念评判之,亦能令人感到鼓舞。可是,如果我们进一步追问,“君主之私”与“法度之公”确乎是像其表述的那样彻底对立,还是实际存在着某种深层的价值沟通?

从现代政治学的角度看,政治权力主体的自身利益和政治系统内部利益分配的需要,都必然要求设定相应的政治规范,并以此为基础在政治系统内建构具有普遍权威意义的社会政治秩序。这就是说,在君主政治时代,君主及其官僚贵族集团作为政治权力的主体,当然要建立符合自身利益的政治规范,并以此为基准建构统治秩序。于是我们看到,所谓公法、公议体现的普遍权威意义,正是维护符合政治权力主体之根本利益的秩序诉求,对此,古人曾用他们的语言做了明确的表述。例如南宋功利派思想家陈亮说:“圣人之立法,本以公天下。”[⑦]“大法度不正则人极不立,人极不立则仁义礼乐无所措。”[⑧]

以“立人极”为宗旨的公法,在理念上与一切私对立,这种对立的极致便是“天下为公”的最高社会政治理念。因而从根本意义上说,公是传统政治文化孜孜以求的圣人之道的本质或曰“基本精神”,称为“至公”“公道”等,其中内含和体现着的正是政治权力主体即君主统治集团的根本利益。且看如下

① 《直讲李先生文集·刑禁四》。

② 《司马温公文集·言为治所先上殿札子》。

③⑤ 《贞观政要·公平》。

④ 《贞观政要·求谏》。

⑥ 《帝范·赏罚》。

⑦ 《龙川文集·问答上》。

⑧ 《龙川文集·三先生论事录序》。

表述：

夫至公者，天之经也，地之义也，理之要也，人之用也。①

私不去则公道亡。公道亡则礼教无所立，礼教无所立则刑罚不用情。刑罚不用情而下从之者，未之有也。②

道之在天下，至公而已矣；③

自伏羲、神农、黄帝以来，顺风气之宜而因时制法，凡所以为人道立极，而非有私天下之心也。④

这种公道与私的对应，在认知方式上无非是儒家文化"道高于君"思维的另一种表述，在公道与君主个人之私相互对立的背后，是公道与君主之根本利益的紧密相连。"道高于君"思维方式关注的是建构君主政治系统的基本政治价值体系和政治原则，维护的是政治权力主体的全部利益，对于个别具体君主与政治价值体系及君主政治根本利益相冲突或不协调的行为，当然要站在符合君主政治原则的立场上予以匡正甚或否定。

据此，这种"以君为本"公私观的深层逻辑是：君主作为公的化身，是君主政治系统整体利益的代表，在道德上理应是无私的。因而倡言者极力抨击君主个人的私利与私意，要求君主立公去私。故而《吕氏春秋·贵公》说："昔先圣王之治天下也，必先公。公则天下平矣。"

这种公私观将君主的至公本质无限提升，使得号称"天子"的君主恰好与天道相通，正如《吕氏春秋·去私》说："天无私覆也，地无私载也，日月无私烛也，四时无私行也，行其德而万物得遂长焉。"后汉荀悦明确指出，君主不应有私利、私意或私欲，所谓"有公赋无私求，有公用无私费，有公役无私使，有公赐无私惠，有公怒无私怨"⑤。西晋袁准认为君主应该树立公心："唯公心而后可以有国，唯公心可以有家，唯公心可以有身。身也者，为国之本也。公也者，为身之本也。"⑥北宋李觏要求君主御臣不可有私："天子所御，而服官

① 《全三国文》卷20。

② 《傅子·问政篇》。

③ 《龙川文集·又丙午秋书》。

④ 《龙川文集·经书发题》。

⑤ 《申鉴·政体》。

⑥ 《袁子正书·贵公》。

政,从官长,是天子无私人。天子无私人,则群臣焉得不公?”[①]明儒王祎也说:“王者能富万民而不能富一夫,能安四海而不能安一户,岂其智弗及而力弗逮哉?无私故也。”[②]传统政治文化关于这方面的认识很丰富,对于专制帝王来说,“立公去私”的真正意义并非在于实际践行,而是在于给至高无上的君主提出了一个高标准的道德境界,使得君主统治集团的其他成员能够在一定条件下,在不妨碍或损害君主权威至上性的前提下,能对君主的个人行为有所规劝。当然,毋庸置疑的是,这种规劝内含的价值准则只能是对于君主统治集团的根本利益及君主政治体制的维护,而不会相反。

据上,我们可以认为,“以君为本”的公私观是中国传统社会的文化精英与政治精英站在君主政治的立场上,以君主统治集团的整体利益和根本利益为标的,而倡导的一种政治道德规范。其中,否定的是具体的个别君主的个人之私,维护和坚持的是政治权力主体的全部利益。

“以君为本”的公私观,其特质是以特殊政治利益集团的整体利益作为标定、衡量公与私的唯一尺度,其中从来就没有对于社会一般成员利益或权益诉求的认定,显然,在这个层面上倡导的大公即是大私。

二、境界二:“以民为本”的公私观

“民为邦本,本固邦宁”,重民思潮是传统政治文化的主题之一。从传统政治思想发展的主流看,西周初年周公的“保民”思想可以视为重民思潮的滥觞,其后,《左传·襄公三十年》载穆叔引《太誓》曰:“民之所欲,天必从之。”此一观念又见于《国语》之《周语》《郑语》,是知民本的思想在春秋时代已经很普遍。再后,孟子提出“民贵君轻”,荀子倡言“君舟民水”,及至汉初贾谊放言“自古至于今,与民为仇者,有迟有速,而民必胜之”[③],以民为本已经成为传统政治文化的价值准则之一,成为思想家、政治家们汇析信息、评估政治和议定政策的一个重要参照点。正如孟子征引《太誓》:“天视自我民视,天听自我民听。”[④]

重民思潮是传统公私观第二层境界的认知基础,有关的理论表述极为

① 《直讲李先生文集·内治二》。

② 《王忠文公集·卮言》。

③ 《贾谊集·大政上》。

④ 《孟子·万章上》。

丰富,表述形式亦多种多样,其中最有特色的是"天子为天下"说。

"天子为天下"的命题在先秦时代已经有了明确的认识。如孔子说:"巍巍乎,舜禹之有天下也而不与焉!"[①]慎到:"古者立天子而贵之者,非以利一人也","立天子以为天下,非立天下以为天子也。立国君以为国,非立国以为君也"[②]。《商君书·修权》:"尧舜之位天下也,非私天下之利也,为天下位天下也。"这个认识延及后世,极为普遍。总括其说,大体包含三层规定。

一曰,立君是要君主来治理天下。如汉儒谷永:"天生烝民,不能相治,为立王者以统理之,方制海内非为天子,列土封疆非为诸侯,皆以为民也。"[③]王符:"天之立君,非私此人也,以役民,盖以诛暴除害利黎元也。"[④]宋儒苏轼:"天下者,非君有也,天下使君主之耳。"[⑤]陆九渊:"天生民而立之君,使司牧之;故君者所以为民也。"[⑥]

二曰,君主要利民、养民。宋儒李觏:"天生斯民矣,能为民立君,而不能为君养民。立君者,天也;养民者,君也。非天命之私一人,为亿万人也。"[⑦]明儒邱濬则把这一层意思讲得颇透彻:"天以天下之民、之力、之财,奉一人以为君,非私之也。将赖之以治之、教之、养之也。为人君者,受天下之奉,乃殚其力,竭其财,以自养其一身而不恤民焉,岂天立君之意哉!"[⑧]

三曰,君主要"公天下",博爱于民。唐太宗李世民说:"夫为人君,当须至公理天下,以得万姓之欢心。"[⑨]宋儒李觏认为:"夫溥爱无私,君之德也。"[⑩]理学宗师程颐说:"人君当与天下大同,而独私一人,非君道也。"[⑪]明末清初的王夫之说得更明确:"王者以公天下为心"[⑫];"一姓之兴亡,私也;而生民之生死,公也。"[⑬]

---

① 《论语·泰伯》。
② 《慎子·威德》。
③ 《汉书·谷永传》。
④ 《潜夫论·班禄》。
⑤ 《东坡后集·御试制科策》。
⑥ 《陆九渊集·杂说》。
⑦ 《直讲李先生文集·安民策一》。
⑧ 《大学衍义补·经制之义下》。
⑨ 《贞观政要·灾祥》。
⑩ 《直讲李先生文集·易论一》。
⑪ 《周易程氏传》卷一。
⑫ 《读通鉴论·晋》。
⑬ 《读通鉴论·敬帝》。

以上认识的思维逻辑是十分清晰的,“天子为天下”首先肯定君主的主宰地位,然后确立了君主的职责就是养民,而不是以天下之利奉养君主一人。以民的养、教甚至生死作为君主的道德衡量标准,谓之“公天下”,这种认识正是“以民为本”公私观的立论基点。

这种公私观在价值规定上把民置放于君主政治权力的“基础”位置上,在“天子为天下”的号召下,除了要求君主爱民、养民,还认为君主理应重视政治公正与公平,关注民意与民情,谓之“公议”“公是”。这样的认识先秦有自,如周公之“知小人之依”[①]。其后则为卿士大夫们代代相继,几成共识。如若举其典型,当属晚明东林党人的“公是”“公议归天下”诸说。

晚明东林人士在学理上传承孔孟儒学正统,坚定不移地拥护立公去私,他们最为重视“公议”之公,论析的逻辑展开是从“反对密奏”“公论付言官”到“公议归天下”。东林书院创始者之一,史称曾与顾宪成“分主东林讲席”的钱一本就明确提出反对密奏,要求言政公开。[②]史孟麟则进而要求“政事付六部,公论付言官”[③],直接触及君权的权力分配和政治舆论问题。再如顾允成:“言路者,天下之公,非台省之私也。”[④]叶茂才:“天下事非一家私议,何正何旁,期于至当而止矣。”[⑤]他们提出的“天下之公”已经越出了台谏言官的狭小范围,泛指群臣百官之公论。在这一观点上再进一步,就是要将公论归于天下之人。

在公议问题的认识上最有建树者,当推缪昌期。他做有一“论”、一“解”,讲述详明,与东林同仁相较,最有宏见。

论曰:《公论国之元气》,缪氏的见解可以划为四层。

其一,“公论”之说始于孔子:“公论之说,昉于夫子曰:吾之于人也,谁毁谁誉。斯民也,三代之所以直道而行也。”这段征引见于《论语·卫灵公》,本义是孔子表白自己不曾凭空毁誉他人,似与公论没有直接关联。且征引有阙

---

① 王世舜:《尚书译注》,四川人民出版社,1982年,第215页。

② 参见《明史·钱一本传》:“墨敕斜封,前代所患;密启言事,先臣弗为。今阁臣或有救援之举,或有密勿之谋,类具揭帖以进;虽格言正论,谠议忠谋,已类斜封密启之为,非有公听并观之正。况所言公,当与天下公言之;所言私,忠臣不私。”

③ 《明史·史孟麟传》。

④ 《小辨斋偶存·上座师许相国》。

⑤ 《东林书院志·叶茂才行状》。

文。昉,始也。缪昌期之所以不顾文义牵强也要举出孔子,是要给自己的通篇立论找出合理性依据。有了圣人作招牌,就可以立于不败之地。缪子立论之始即颇具匠心。

其二,给公论做界定。缪昌期提出公论始于夫子之言,但夫子没有给公论下定义。于是缪子随机发挥,列举了三种情况。他说,"天下之论",不过是论"是与非"。如果是非不统一,"一是一非,一非一是",这种情况叫作"异","不谓之公"。如果是非完全一致,"一是偕是,一非偕非",这种情况"谓之同",也不是"公"。那么,什么叫作公论呢?缪子认为公论超出了简单的是非评判:

> 公论者,出于人心之自然,而尤有不得不然。故有天子不能夺之公卿大夫,公卿大夫不能夺之愚夫愚妇者。夫愚夫愚妇何与于天下事?而唯其无与于天下事,故其待之也虚,见之也明。率然窍于臆、薄于喉而冲于口,卒以定天下之是非。故曰斯民也,三代之所以直道而行也。夫子之所谓斯民,其即吾之所谓愚夫愚妇也与?

缪昌期讲得很明确,所谓公论即民意,是不受政治干扰,出于自然本心的公众意见。愚夫愚妇的意见成了天下是非的标准。

其三,愚夫愚妇的公论是天地与国家之元气,公卿大夫则是民众公论的代言人。缪昌期说:"夫愚夫愚妇者,是混沌之名,而天地之元气所留也。唯国之元气留于愚夫愚妇之论。"元气者,天地国家的生命生气之所在,缪子认为天地国家的命脉蕴聚于元气,通过愚夫愚妇来体现。缪昌期又说:

> 夫愚夫愚妇之论岂必出之愚夫愚妇之口哉!其在公卿大夫而不立意见,不逞意气,无依附,无迂回,无嗫嚅,无反覆,任其率然之偶发,而与天下万世合符。此所谓愚夫愚妇者也。即所谓元气也。

可知在缪昌期看来,天下公论常常由公卿大夫来表达,也就是说,凡公卿大夫能排除私念、杂念,言论与天下通见相合,与万世通理相符,即可视为公论,亦即代表了愚夫愚妇。缪昌期通过一连串的逻辑推导,把"天下之言"说成是天地元气,国家命脉,假借公卿大夫而自命为天下百姓的政治代言人,从而给东林人士的"公议"参政拓展了宽广的社会基础。

其四,君主理应爱惜公论,自护元气,否则元气受损,国亦大伤。缪昌期在文中设问:“有国者之于元气”,是“摧而剥之”,“壅而滞之”,还是要“培而养之”,“宣而导之”呢?答案很明显:“摧而剥之,则为枯为折,而国大伤;壅而滞之,则为溃为决,而国亦大伤。”他举出东汉党锢之祸和北宋熙宁变法为例证。东汉末年,“寺人专政”,李膺、范滂领袖仕林,谣语品题,讽议朝政。掌权宦官“践蹋冠裳,此愚夫愚妇之所痛也”。汉桓帝良莠不辨,对朝臣忠良之言不予理睬,而且“大考钩党,名士皆见屠戮”。结果,“汉之为汉,其余几何”?北宋王安石推行新法,“骚动海内,此亦愚夫愚妇知其不便者也”。凡对新法有异议者,均被贬斥,以致党争不断,“一转为崇宁,再转为靖康。而宋之为宋,其余几何?”真是事实胜于雄辩,汉末君主和北宋皇帝不能正视公论,拒谏饰非,结果不免败亡之厄。

缪昌期还特别提醒君主,大凡诋毁公论者,常常将公论冠以党论之名,将天下百姓之言诬为朋党私见。等到天下之论“如沸如羹”,危机四起行将大乱之时,“乃复归咎于公论,冤矣哉”[①]。因此不论从哪个方面看,君主“爱惜公论”正是“自护其元气”。

缪昌期将公论释为民众之论,认识上是一大推进。他自命为民论代表,又以民论为国家命脉,气概不小。这样的“公论”,指的正是覆盖了朝廷与社会的政治舆论。缪昌期的潜台词是,卿大夫只要把握住了舆论,就能积极干预政事,实现政治理想。这一主旨在他做的一“解”中得到了深入阐发。

解曰《国体国法国是有无轻重解》。其文曰:“国有三大,曰国体、曰国法、曰国是”。国体是“虚而不可不存者”。缪子曰:“今夫国之有体,如器之有形,而工之有制也。体之有高卑、贵贱、亲疏、内外;如堂之于陛,冠之于履,表之于里,俱不可并也。”可知,缪子说的“国体”,指的是君主政治的根本制度,如等级礼制、君臣体制、尊卑仪制等。国法是“画而不可不守者”。缪子曰:“国之有法,如方圆之有规矩,而低昂之有权衡也”。是知“国法”无非是法律政令之类。缪昌期认为,国体与国法具有至高的权威性,所谓“体之有尊而无亵也,法之有伸而无屈也”,故而理应由“人君独操之”。

与国体和国法相比较,“国是”有些特殊性。依缪子之见,“国是”指“棼而不可不一者”,即“公论”。国是的基本特点是“出于群心之自然,而成于群喙之同然”。因而“国之有是”,源在民间,“则人主不得操,而廷臣操之;廷臣不

① 《从野堂存稿·公论国之元气》。

得操，而天下匹夫匹妇操之”。既然百姓形成了共识，那么天下是非就要以此为准。“匹夫匹妇之所是，主与臣不得矫之以为非；匹夫匹妇之所非，主与臣不得矫之以为是。汇真是真非以成一是，故总谓之是。以其宣之士大夫，著之廊庙。国体籍以尊，国法籍以伸，故系之于国。”[①]国是一旦确立，则君臣百官非但不可以随意矫改，而且要树为国政方针，与国体和国法形成相维相护之势。这一番辨析展示了缪昌期的基本立场。

在上述的认识前提下，缪昌期又讲了两个问题。

一是彰明“国是”需要国体与国法相维系，此三者不可缺一。理由一：“欲明国是，当先存廷臣之体。有体则人无僄言，无僄言所以明国是也。”理由二：“欲定国是，当先守祖宗之法。据法则人无巧言，无巧言所以定国是也。”缪昌期将臣僚体制和祖宗之法看作明定“国是”的前提和保障，有了国体与国法，则人不敢轻率放言和花言巧语，于是“国是”可明。

二是“国是”不能混淆不清，否则与治无补。君主只依靠国体国法治天下，未为稳便。缪子说：“国之有是，犹天之有日也。”可是正像太阳经常要被云雨遮掩一样，国是也会常常陷于混乱。“为国是者一，而议国是者多，借议以淆国是者又多。彼一是非，此一是非，是非之中，更有是非，彼此之外，复生彼此，呶呶籍籍，日与媾斗”。国是混淆无序，是非不一，不能形成统一的“真是非”。再加上“士大夫既以私掩，而所谓匹夫匹妇者无权无力”，他们都不能将“真是非”晓告天下，“则天下之人又不能操其是，势不得不转听之人主”。其结果是“人主与天下人相维相制者，唯有国体、国法而已”。这种局面显然大非缪子所愿。

缪昌期认为“是者天下之所共，体与法者人主之所独”。这两个方面“相维相制”，才会促成政治的稳定和顺畅。如果君主不能操其所独，这是“示天下以轻”，为君者权威不足，如何言治呢？同样，假如卿士大夫们不能“存体”“据法”，国是不明，不能形成“公论”，那么又怎能与君权形成互倚之势而相互维系呢？显而易见，在缪昌期的设计中，由卿士大夫掌握和操纵舆论，代表天下百姓，与君权“相维相制”，这是在当时的历史和政治条件下，他所能找到的最佳参政方式。

缪昌期的见解固然高明，却也不是唯一之论，如今讲论东林者常常引用顾宪成与首辅王锡爵的一段对白，也反映了相近的认识。据顾宪成自述：

① 《从野堂存稿·国体国法国是有无轻重解》。

> 丙戌秋,予入京补官。娄江王相国(锡爵)谓予曰:"君家居且久,亦知长安近来有一异事否?"予曰:"愿闻之。"相国曰:"庙堂所是,外人必以为非;庙堂所非,外人必以为是。不亦异乎?"予对曰:"又有一异事。"相国曰:"何?"予曰:"外人所是,庙堂必以为非,外人所非,庙堂必以为是。"相国笑而起。①

顾宪成以"外人之是非"与"庙堂"相对,立意仍在以天下公论的代言人自居,其思路与缪子之见如出一辙。这段对白见载于顾宪成的"行状""年谱""传纪"等多种文字,可知时人对"外人之是非"的重视,对顾氏之见的赞许,这段对白代表了东林人士"公议归天下"的共同心愿。

"公议归天下"是东林人士的参政方式,这种方式与君主政治的"非公开"本性直接相对。在政治权力私有的条件下,政治机密既没有时限性,也没有区域性,任何形式和任何程度的政治公开都有可能损害权力私有者的切身利益。因之《易传》有言:"乱之所生也,则言语以为阶。君不密则失臣,臣不密则失身,几事不密则害成。"几事,高亨注:"几读为机。"②在这里,儒家文化生而与俱的政治理性演化为政治上的机警和深谋远虑。于是孔子教人"敏于事而慎于言"③,"言寡尤,行寡悔,禄在其中矣"④。儒学倡导的崇高理想让位于慎言慎行和循规蹈矩的实用理性。然而,东林人士却要以"公议""公论"与政治机密相对,以"天下""外人"与庙堂相对。这种对峙的背后当然是东林人士深信不疑而抱负终生的政治理想。他们当仁不让,自封为"民意代言",与当权者对阵。其手段是舆论,目的是制约君权,他们要利用"公论"表达自家代表的士人利益集团的政治主张和要求。显而易见,且不论其效果如何,仅只这种方式本身就不同凡响,其中孕育着君主政治条件下最富合理性的"政治制衡"因素。

平心而论,虽说中国传统政治文化的主体是王权主义,可也确有不少光彩照人之处,其中之一就是有关"道义制衡"的认识。⑤道即道义,是儒家文化

① 《小心斋札记》卷十七。

② 高亨:《周易大传今注》,齐鲁书社,1979年,第523页。

③ 《论语·学而》。

④ 《论语·为政》。

⑤ 请参阅本书第九讲。

的政治与道德理想价值的凝聚。在儒学宗师的一再引领下,道被参政的士人们用来评估时政,批评君主,采取的方式主要是进谏。在实际政治运作过程中,君主的权威具有绝对的强制力和威慑力,与之相对照,道义原则不过是人们认可的价值准则,进谏无非是话语的规劝,因而这种制衡不具有实践上的政治强制性,而是仅仅作为君主政治的某种调节方式偶尔有效。政治制衡是政治理性最典型的体现,儒家文化中的"道义制衡"所具有的政治理性及其合理性价值是不言而喻的。不过,道义制衡只拥有认识上的权威性,它的运作过程被完全纳入了君主政治的运作系统,它的实现程度受到君权及其相应的多种条件的节制。因之,道义制衡充其量也不过是君主政治的自我完善和自我调节的方式,与现代社会的政治民主化相距遥远。

那么,我们再来看看晚明东林人士竭力争辩的"公议归天下",他们的思路和设计大体上没有越出"道义制衡"的理论框架,也是以道义原则和话语规劝作为其中的基本要素。不过,在制衡的表达方式上,东林人士有所推进,体现在两个方面。一是他们明确要求以愚夫愚妇、匹夫匹妇之是非为真是非,从而在传统的道的理想中加入了某种"民意"的成分,民众公议成了制约君权的力量策源点。二是他们一改传统的代替圣贤立言的话语表达方式,赫然以民众公论的代言人自命。这些认识上的细小变化意味着东林人士在思维导向上已经朝向民主政治思维迈出了一步。可是转念之间,我们又发现东林人士的致思逻辑和政治价值的选择上仍然顶着高高的君父帽子,正像缪昌期张扬国是,却又放不下君主独操的国体与国法,于是他们难得迈出的步子又踱回到尊君的老路上,令论者不无遗憾。

如若从政治文化的角度看,东林人士关注一般民众的是与非,可是没有独立人格和法制权利做根基的"民意"是无足轻重的。缪、顾诸子口口声声不离"愚夫愚妇""天下""外人",但这不过是传统重民思潮的另一种表现形式而已。在他们的心目中,民依然只是维护君权稳固的必要条件。缪、顾之论尽管在认识深度上超出孟子、贾谊,可说到底也不过如此而已,这毕竟与民治民有的政治民主不可同日而语。

再者,东林人士坚持以"公卿大夫"做愚夫愚妇的政治代表,民众的是与非,亦即天下百姓的"利益表达"需要经由特定的士大夫集团做媒介。然而,在东林人士的思维视野中,我们看不到任何针对卿士大夫的监督和制约。代表者当仁不让,被代表者听之任之,其结果难免会出现下面的情况:愚夫愚妇的是与非被卿士大夫的是非所取代,而一般民众的政治利益及其表达仍然是零。一般来说,政治权益"代表者"的产生如果不是经过一定的合法程序,其所执掌的权力如果没有切实可行的"授权程序"做根基,也没有形成相应的有效监督与制约——这一切都被"代表者"理所当然的"自我肯认"所取代,那么,这种"代表"不过是另一种形式的"剥夺"罢了。

晚明东林党人在"以民为本"公私观的表达上最为激越,然而他们依然难以走出儒家文化的思维盲点。因而我们完全可以认定,这种公私观的特质是,以社会一般民众的基本生存需求与"政治权力主体"根本利益的一致性作为标定、衡量公与私的尺度,持论者满心以为"公"在"天下"便是找到了真正通往"立公去私"和"天下为公"的坦途,殊不知他们依然难逃天子"私天下"的围场。难怪参透了这一切的黄宗羲要捶胸顿足:"后之为人君者不然,以为天下利害之权皆归于我,我以天下之利尽归于己……以我之大私为天下之大公。"①

三、境界三:"以人为本"的公私观

综览中国传统政治文化,"以民为本" 的第二层境界实是传统公私观的制高点。由于近些年来,以弘扬传统文化为旗帜的"新儒家学派"们的竭力提倡,"以民为本"云云很容易使人误解其中含有现代政治因素,以为大公无私古已有之,连封建帝王及卿士大夫们亦能思之行之。

然而,如果我们稍作思考,就会发现在传统中国政治权力私有的政治条件下,一般社会成员不具有政治主体地位,在思想观念和政治价值构成中,也不存有这样的认识。因而中国传统政治文化中的公私观很难跃升到第三层境界:以人为本。

在现代政治理念中,人是世界的主宰,一般社会成员即社会中的每一个个人都是政治主体,个人的生存、发展和选择的自由得到法律权威的维护,个人的尊严、拥有的权利义务和政治人格则神圣不可侵犯。以此为基本条件而构成的"以人为本",是以具有独立人格和尊严的个人为本,这种理念与传统中国的以民为本有着本质的差异,因而与之相应的公私观境界亦迥然不同。为了说明此中缘由,需要先就政治主体问题略作解释。

依照现代政治学理论,所谓政治主体(political subject)即是政治行为者。

① 《明夷待访录·原君》。

由于人的政治行为的多样与复杂，以及人类社会发展过程的阶段性和层次性,关于政治主体的认识也不可能是简单划一的。至少政治主体可以分为两个层面,一是“社会政治主体”,另一是“政治权力主体”。

社会政治主体是从广泛意义上对于政治主体的一种理解。相对政治环境而言,一般社会成员都是主体,也就是具有一定的政治认知、具备政治人格和政治参与意识的人;从现代法制社会的角度看,社会政治主体对于自身的权利和义务应当具有相当明确的自觉。这种意义上的政治主体的具体表现形式是多种多样的,包括个体的公民、群体的社会政治组织,等等,诸如政党或利益集团组织。概言之,社会政治主体指的是政治系统中的人,正是由于人在政治系统中的主体地位,以及基于人而形成的政治关系,我们所理解的政治,诸如阶级、政体、政治行为和政治运作等等才是有意义的。

政治权力主体是对政治主体的一种狭义的理解。相对运作中的政治权力以及政治权力宰制范围内的一般社会成员，执掌和操作政治权力的成员构成政治主体。这类政治主体基于其特殊的政治角色规定,而在政治过程中处于主导地位,对于其政治行为所涉及的对象具有支配力。这种意义上的政治主体主要包括最高统治集团和政府官员，以及在政治权力运作中处于主导地位的政党或政治集团。换言之,政治权力主体指的是政治系统中的掌权者,相对政治制度、政治设施和政治输入输出过程而言,他们的主体地位和支配作用是显而易见的。

在中国传统社会,君主及其麾下的贵族官僚集团实际成为社会的主宰,他们作为拥有政治权力的特殊利益集团，将社会一般成员置放于恒久和绝对的政治客体地位。君权至上政治价值体系的形成,意味着“政治权力主体”的合法性得到了政治理论的深层论证,并在政治操作过程中得以不断强化。

“社会政治主体”在实际社会政治生活中的客体化致使相关的认知极度弱化,不仅没能在全社会形成普遍的政治主体意识,而且在传统政治文化的主体思维层面,干脆就将“个人”从中剔除出去了。于是,源自先秦的公私观念缺少了从“民本”向着“人本”跃升的逻辑阶梯和内在推力,导致了公私观念似是而非,混淆不清。无论是以君为本,还是以民为本,公与私在其根本价值准则的认定上是含混的,于是所谓民本或重民无非是“政治权力主体”基于相应的政治理念和实际利益需要而作出的单向度选择,孰公孰私,论公论私,最终的裁决者正是政治权力的所有者。

基于以上分析,我们认为,只有以现代化社会为坐标,以一般社会成员即每个人的社会政治主体地位的绝对确认作为认识的起点，我们关于公私观的合法性阐释才有可能达成。正因为如此，所谓“大公无私”“立公去私”，等等，在社会政治主体定位含混、公共领域及私人领域模糊不分的情况下，必然会成为个别拥有权势者或特殊利益集团谋取私利、剥夺他人和制造不公正的工具。环顾当今之中国，或公或私，亦公亦私，多少不义假汝之名，哀哉！

四、从“以民为本”到“以公民为本”

如若以现代化社会为坐标评判公私观，我们认为，现代化社会的法制本质要求以“以公民为本”作为其基本的政治价值准则，并以此作为价值评判标准，用来判定是非善恶，衡量孰公孰私，为建构现代化社会政治秩序提供最基本的价值依据。

这种理念显然不是中国传统政治文化所能给予的。如前所述，以儒家文化为主体的中国传统政治文化讲求的是“以民为本”。这种价值准则的本质是一种道德诉求，要求当权的统治者重民、爱民，能推行仁政，教化有方。“民本”中的民，是被统治的对象，在传统中国的社会政治结构中和政治权力体制中，民都不具有主体地位，因而民的实际社会存在取决于当权者的政治需要。

如果用现代政治理念来反观传统，我们看到的是：“民本”意义上的民，其理应具有的权利是虚拟化的，义务则是某种强制性的责任。正如《孝经·庶人章》所言：“用天之道，分地之利，谨身节用以养父母，此庶人之孝也。”于是相对于民众而言，统治者能不能实行“民本”，实际上是统治者对于统治对象的某种德行上的“恩惠”或“恩赐”。理论上的“以民为本”和帝王诏令中的“体恤民情”“视民如伤”云云，既不能带给民众以人格尊严，或主体权利，更并不能形成对于帝王权力的有效制约。其全部的功效其实只体现在两方面：

其一，对于统治者来说，由于慷慨大度地作了公开承诺，于是在心态上便会心安理得起来，可以一如既往地“唯辟作福，唯辟作威，唯辟玉食”[①]。由此而实施的某些“仁政”，则有助于缓解社会冲突，却不会影响权力的私有和“家天下”的政治局面。

其二，对于庶民百姓而言，思想家和统治者们众口一词推出的“民本”给他们带来了生活的希望，他们企盼明君和清官，同时对于当今“圣上”“爱民

① 《尚书·洪范》。

如子，视民如伤”的承诺愈发感激涕零，愈觉皇恩浩荡，从而强化了对于当权者及其体制的认同和归属感。汉初思想家贾谊正是看到了这一点而疾呼：“闻于政也，民无不为本也。”①

毋庸置疑，这样的价值准则与当代中国社会发展的现代化目标相距遥远。

与“以公民为本”相近的价值准则是“以人为本”，事实上，“以人为本”在当代中国社会已经得到了广泛的提倡。就其本质规定而言，这两种认识有某种相通之处。不过“以人为本”偏重于人文的色彩，其中不乏道德诉求和精神向往的内含，但更多的是在政治哲学意义上使用的命题。作为一种理想性的社会政治理念，“以人为本”不无号召力或感召力，但是对于当代中国的社会政治实际建构来说，这种价值准则缺乏相应的操作性和针对性。“以人为本”内含着的人文主义精神剔除了附着在社会政治主体身上的奴性，却没有提供展现其主体功能的社会政治层面的现代规定性。也就是说，“以人为本”内含着的“人文觉醒”抗争着的是神权和专制王权，其中张扬着的人本精神启迪和激发着人们的社会政治主体意识，为人类社会的文明发展开创了一个前所未有的广阔前景。然而“以人为本”的人是相对神权和专制王权的宽泛的人，其中没有为社会存在着的每一个具体的个体提供确切的具体的可操作的涵指。于是在这样的理念作用下，人们对于在现代法制社会中所理应履行的权利义务等没有或曰缺乏明确、准确的认识，因而在行为选择上常常会滞后于社会发展的需要。这时，人们通常会仅仅满足于精神或心态上的美好感觉，而不去深究社会政治实践中的齐整与完善；或是停留在一般现象上的事实合理与和谐状态，而不去在深层的制度建构或权利义务的兑现上做文章。

“以公民为本”则能规避这样的缺陷。

首先，“以公民为本”是现代政治学意义上的命题，其内含着的是一种法律规定，有着明确的具体涵指，因而具有实际操作性。这里所说的公民，即社会存在着的每一个具体的个体在实际社会政治生活中，实际具有的无可争辩的主体性。这就是说，社会一般成员作为人的尊严、其享有的权利和义务等等都得到法律的明确规定，神圣不可侵犯，而且都是载入法典，有据可查的。公民作为现代化社会的社会政治主体，对于执掌公共权力的政府成员予以监督和制约是当然的权利，并且具有至上的权威性。政府成员行使权力履行管理职能则是其应尽的职责。在这样的价值理念的引导下，作为社会政治

① 《新书·大政上》。

基础的“公民”内含着明确的权利义务规定,从而使得政府行为有了具体的范围与边界,“以公民为本”的价值准则能够对政府的管理活动即政府行为给予具体的规范,并且为整个社会的自由、公正、平等与和谐奠定了价值基准。

其次,“以公民为本”作为现代社会的根本价值理念,其隐含着的当然预设前提是“法制社会”。据此,以“以公民为本”作为社会治理理念的基点,将使得政府的管理行为具有了明确的规范性和操作范围。在治理手段上,应当是法治与道德教化的并举,并以法治为主导。

在德治法治的问题上,论者常常选择法治而质疑德治,并且认为中国古代君主政治是德治与人治,因而专制而反动。现代社会理应是法治,于是民主共和,有序而稳定。我们认为,人类的政治史已经表明,任何一种成功的统治事实上都不会在法治和德治上偏于一隅,问题的关键不是治理的形式,而是统治的实质,主要是看“国家暴力”的实际样态。

一般而言,国家暴力与德治、人治或法治没有必然的因果关系。德治法治云云指的是治理的形式或曰方式,暴力则是政治的实质。在权力私有的政治条件下,公共领域萎缩,社会政治主体先天不足,社会上没有一种能够与私有化的权力相抗衡的力量,在这种情况下,无论是人治还是法治,都不能改变或阻遏国家暴力的实施。因而我们看到的是,在传统中国,以儒家文化为主体的政治文化弘扬的是道德教化、仁政与人治,同时历代王朝的法典律令也相当完备。中国古代的统治者们并没有糊涂到只抓一手,而是“阳儒阴法”,两手并重,即所谓“本以霸王道杂之”。然而,由于政治权力的私有化和公共领域的极度萎缩,致使国家暴力呈弥散化状态。以帝王为首的特殊政治利益集团作为政治权力主体[①]而占有全部资源,他们可以为所欲为,任意宰制社会。专制生成暴政,道德教化和法典律令在政治权力主体极度发达的状况下,成为帝王宰制天下的利器。正如贾谊所说:“仁义恩厚,此人主之芒刃也;权势法制,此人主之斤斧也。”[②]二者并举,不可缺一。

在“以公民为本”的价值基础上,公民成为社会政治的主体,他们的基本人权得到了法律的保障, 他们的尊严和权利伴随着公共领域的健全而具有绝对的权威性,这时的政治权力则会相对充分地体现出它的公共性。因而无论是法治还是道德教化,都要纳入法制的秩序之中。一方面,道德为法律规

---

① 关于社会政治主体和政治权力主体问题,请参阅本书第十一讲。

② 《新书·制不定》。

章的制定提供价值依据，能使好法得以完善，坏法则被剔除。另一方面，法制为社会道德以及人们的道德人格的升华提供了社会条件，“守法为德”则成为最基本的道德规制。在这样的情况下，政治权力受到“社会政治主体”的整体有效制约，国家暴力则相应地被纳入了法制秩序之中，表现为一种有序的政治强制力，总体上受到法制的掌控。

当社会的发展达成了这样的局面，论辩了千百年之久的“公私之辨”大体上可以迎刃而解了。

第七讲　政治观念与意识(三)：中国传统制衡观念与政治运作

一般而言，政治文化是一个民族的政治理性的集中体现。这种理性思维发轫越早，对于这个民族政治文明程度的影响就越深远。政治制衡观念的核心理念是政治上的调节与均衡，这是政治理性的典型表现。从中国与西方的政治文化相较而言，政治制衡的认识起源都很早。西方文化源起于古希腊，中国则始于西周。然而，西方的政治制衡理念与中国传统政治文化的制衡理念却有着很大的差异，主要体现在这两种制衡思想的内在规定性方面。政治制衡理念的差异影响着中国与西方社会的政治道路的选择，在政体的建构模式上，其潜在的深层差异的影响绵延至今。

一、西方文化中的政治制衡观念

对于政治权力的认识及由此形成的政治制衡观念是中国政治文化研究的内容之一。由于社会历史条件的差异，中西方形成了完全不同的制衡观念。在西方文化中，自古希腊智者派起始到17世纪，关于政治制衡的认识渐次形成。在西方文化土壤中成长起来的政治制衡观念，其核心的理念是以权力制约权力。中国传统的制衡观念源起也很早，至迟在西周时期已经有了比较明确的认识。到了春秋战国时代，在诸子百家的争鸣中，政治制衡的理念已经形成，其核心是以“道义”约束权力。中国传统制衡观念影响着君主政治的调节方式，促成了中国传统社会的政治及其文化演化出独有的政治文化特色。这种政治文化特色的深层文化有着强劲的生命力，其余波历经了近代中国的风雨沧桑，一直延续到今天。这一专题的理论参照是西方文化的权力制衡思想，为此有必要先就西方的有关理论略作介绍。

在西方政治思想发展历程中，如何制约当权者的行为，使国家权力不至于被滥用,早在古希腊时期就成为思想家们着力探索的主题。古希腊哲学家柏拉图曾经提出了“混合式”的国家原则。美国学者G.H.萨拜因认为:“实际上,他(柏拉图)的确发现了一项原则,这项原则在以后的政治思想史中流传下来,并在许多世纪中为大多数研究政治结构问题的思想家所信奉。这就是‘混合式’国家的原则,这项原则的构想是为了通过力量的均势来达到和谐,或者说通过具有不同倾向的各种原则相结合的方式来达到和谐,根据这样一种方式,各种倾向将起到相互制约的作用。这样就由于有了对立的政治力量而导致稳定的局面。”柏拉图设想通过结合不同性质的政治原则,既保有君主制的智慧原则,又具有民主制的自由原则,实行君主制与民主制因素并存的混合政体,从而形成相互抗衡和相互制约的政治力量,以实现城邦国家政治秩序的稳定。[①]在西方政治文化的发展史上,柏拉图关于政治制衡的认识是最早的了。

其后,亚里士多德以古希腊城邦政治作为研究的蓝本,认为一个国家的政体的优劣,会影响到国家治理的效果和人们生活的水平。为此,他把当时希腊各个城邦的政体进行了分类研究。要想分类,就得设定分类的标准。亚里士多德提出了两个标准。第一个标准是依据执掌国家最高政治权力的人数的多寡,这样依次分出三种政体:第一种,个人执掌最高政治权力,为君主制政体;第二种,少数人执掌国家最高政治权力,进行统治,是贵族制政体;第三种,多数人掌握国家最高政治权力实施统治,是共和制政体。第二个标准是看国家的政治目的。根据这一标准,前述三种政体的政治目的是谋求公共福利,这样的国家都是合理的,政体形式也是正常的、正宗的。如果国家的目的是追求个人利益,那么其政体整体就是变态的和非正宗的。亚里士多德认为这样的政体也有三种,即暴君制政体(僭主制)、寡头制政体和民主制政体。

亚里士多德正是通过政体分类研究,提出了理想的政体形式。他认为,最理想的政治局面是由中间阶层掌握国家的最高政治权力,共和制政体则是最适合的政体形式。他说:“一切政体都有三个要素作为构成的基础……三者之一为有关城邦一般公务的议事机能;其二为行政机能部分——行政职能有哪些职司,所主管的是哪些事,以及他们怎样选任,这些问题都须一一论及;其三为审判机能。”[②]在亚里士多德看来,具有议事、行政和审判三种

---

① 参见[美]G.H.萨拜因:《政治学说史》,商务印书馆,1986年,第108、626页。

② [古希腊]亚里士多德:《政治学》,商务印书馆,1965年,第214~215页。

机能的政体才是健全的和合理的。共和政体正好具备这三项要素,因而最具有合理性。不过,这些要素也要彼此平衡,组织得体。就是说"共和政体中的各个因素倘使混合得愈好愈平衡,这个政体就会存在得愈久"[①]。

亚里士多德关于政体要素的认识虽然没有明确使用分权的或制衡的语言,但是其中的分权思想和政治制衡的意识却是非常明显的。亚里士多德的"政体三要素"说为后世提出分权理论以及政治制衡思想的成熟提供了认识前提,在政治哲学和政治文化理论的发展史上占有重要的一席之地。

继亚氏之后,又有罗马时期的著名史家波里比阿(Polibius,约公元前210年—前120年)。[②]他认真研究了罗马国家得以强盛的原因,著有《罗马史》四十卷,并在书中集中探讨了政治制衡问题。

波里比阿的观点可以称为"混合政体"说。他认为,任何政体都有弊端,在政治生活中只建立并依靠一种政体是很危险的。为了防范单一政体的弊害,他提出了建立混合政体的构想。波里比阿认为罗马国家的政体中,执政官、元老院和保民官分别代表了君主制、贵族制和民主制三种政体,这三种政体优势的结合,使得罗马国家在政治上保持着"均衡",这就是罗马国家能够长期保持组织强大和和政治稳定的主要缘由。

波里比阿指出,这种混合政体的主要优点是,能够在执政官、元老院和平民会议之间分享政治权力。这三种部门的权力被相应地牵制在一定的范围内,因而彼此之间可以相互制约,互相牵制,这样就防范了一个部门或一种权力的无限增长,以及由此而带来的政治专横、权力腐败和其他弊害。[③]波里比阿的制衡思想是以不同政体之间的相互制约作为主要特点的,他所参照的是罗马国家实际存在着的政治制度。波里比阿对于他所看到的罗马国家政体的优长之处很是赞赏,认为这种政体"具有不可抗拒的力量"[④],因而

① [古希腊]亚里士多德:《政治学》,商务印书馆,1965年,第211页。

② 波里比阿:一译波里比厄斯,希腊人,出身名门。因故滞留罗马十多年。著有《罗马史》四十卷。

③ 波里比阿认为,执政官拥有全权,但不能独断专行,而是在不同的事务上受到元老院和平民会议的制约。如职位连任、军队给养、战功评定等由元老院议决。而战争与和平的问题,则由平民会议决断。元老院拥有财政和外交大权,但平民会议有权对通过立法限制元老院的权力,而且,保民官作为平民会议的代表,只要有一人提出异议,元老院就不能对该事项作决定。平民会议在公共建设的财政方面,在重大民事和刑事案件方面收到元老院的约束。平民加入军队就要受到执政官的统辖。这样,三者之间即呈现相互制约的局面。

④ 世界史资料丛刊初集:《罗马共和国时期》(上),《罗马史》(第六卷),生活·读书·新知三联书店,1957年,第53页。

可以有效地防范任何形式的专权与揽权,以切实实现国家目标。

波里比阿的政治制衡思想具有明显的"权力均衡"思维特点,同时更具有实践意义,较之亚里士多德的认识显然是有所发展的,并且为近代西方文化的政治制衡理论奠定了认识基础。

其后,罗马法学家西赛罗(Cicero,公元前106年—前43年)继承了亚里士多德和波里比阿的政治制衡思想。严格而论,西塞罗在理论上基本没有什么创新。不过他强调了共和制政体的合理性,并且把自然法的理论融入了政体思想。西塞罗提出,执政官、元老院、平民会议及保民官等都要遵从法律,他们的权力都需要经由法律的规定和确认,并依据法律来行使权力和承担义务。这一思想特点对于后世的影响也是极为深远的。

希腊罗马时期的思想家们关于政治制衡的认识可谓一脉相承,他们的共同特点是,注重"政体因素"在政治制衡中的作用,这里面即隐含着政治权力之间的相互制约问题,他们的理论与当时的实际政体形式和政治运作状况是密切相关的。

到了17世纪下半叶,英国的启蒙思想家洛克(John Locke,1636年—1707年)正式提出了分权学说。洛克批判了传统保守的"王权神授"说,在其名著《政府论》中,提出了他的政治制衡理论。洛克选择了君主立宪制作为理想的政体,提出国家权力主要可分为三部分。一是立法权,即制定和公布法律的权力。二是行政权,即执行法律的权力——洛克说的这种行政权是包括司法权在内的。三是对外权,即处理与其他国家关系的权力,包括宣战、媾和、订立条约,等等。洛克认为,这三种权力要分别由不同的部门执掌,在这些权力之间,彼此具有相对的制约关系。他说:

> 这个立法权不仅是国家的最高权力,而且当共同体一旦把它交给某些人时,它便是神圣的和不可变更的;如果没有得到公众所选举和委派的立法机关的批准,任何人的任何命令,无论采取什么形式或以任何权力做后盾,都不能具有法律效力和强制性。
>
> ……
>
> 并且如果同一批人同时拥有制定和执行法律的权力,这就会给人们的弱点以绝大诱惑,使他们动辄要攫取权力,借以使他们自己免于服从他们所制定的法律,并且在制定和执行法律时,使法律适合于他们自己的私人利益,因而他们就与社会的其余成员有不同的利益,违反了社

会和政府的目的。

所以立法权和执行权往往是分立的。

也许有人提出这样的问题:执行权既握有国家的实力,如果它利用这种力量来阻碍立法机关根据原来的组织法或公众要求进行集会和行使职权,这又怎么办呢?我可以说,滥用职权并违反对他的委托而施强力于人民,这是与人民为敌,人民有权恢复立法机关,使它重新行使权力。

…… ……

在一切情况和条件下,对于滥用职权的强力的真正纠正办法,就是用强力对付强力。①

以上论述清楚地展现了洛克的认识,他的政治制衡思想已经走出了古希腊、罗马时期的"政体平衡"论,比较明确地指向了权力之间的制约与平衡问题。这种认识已经迈进了现代政治哲学的门坎。

嗣后,孟德斯鸠(Charles Louis de Secondat, baron de la Brede et de Montesquieu,1689年—1755年)在洛克的认识基础上总结出立法、司法、行政三权分立理论。他说:

每一个国家有三种权力:(一)立法权力;(二)有关国际法事务的行政权力;(三)有关民政法规事项的行政权力。

我们将称后者为司法权力,而第二种权力则简称为国家的行政权力。

政治自由只在宽和的政府里存在。不过它并不是经常存在于政治宽和的国家里;它只在那样的国家的权力不被滥用的时候才存在。但是一切有权力的人都容易滥用权力,这是万古不易的一条经验。有权力的人们使用权力一直到遇有界限的地方才休止。说也奇怪,就是品德本身也是需要界限的!

从事物的性质来说,要防止滥用权力,就必须以权力约束权力。我们可以有一种政制,不强迫任何人去做法律所不强制他做的事,也不禁止任何人去做法律所许可的事。②

这里,孟德斯鸠说的"要防止滥用权力,就必须以权力制约权力"已经成为一

① [英]洛克:《政府论》(下篇),商务印书馆,1962年,第82、89、95页。

② [法]孟德斯鸠:《论法的精神》(上册),商务印书馆,1963年,第154、155页。

句传世名言。同时人们也公认,西方文化传承的分权思想到了孟德斯鸠而终于成型。立法、司法、行政三权分立的提出,标志着分权学说理论的建立,从而奠定了西方资本主义民主政治的理论基础。并且构成了现代政治哲学的所谓"制衡原理"(The principle of Check and balance)。

西方文化的政治制衡是以政治权力来制约政治权力,理论特色非常明显。由此而形成的制衡原理建构了现代欧美国家的政治基础。不论其具体的政体形式有什么样的特点和差异,但是其据以建立的价值根基是从古希腊一脉传承而来的制衡观念。这种制衡观念,鉴于其以权力相制约的特点,我们可以称之为"权力制衡"。

二、中国传统的制衡观念及其价值构成

在中国传统的政治观念中也存在着有关政治"制衡"的认识。这些认识与西方文化的"政体均衡"或"权力制衡"思想相较,有着很大的差异。其呈现的认识发展路径是,从关注事物之间的补充与协调,到认可政治及道德原则对于政治权力的牵制与平衡。

(一)和同论与道义制衡

早在西周末年,史官伯阳父就曾用"和与同"来说明政治中的制衡关系。他批评周幽王"为政无道"说:"今王弃高明昭显……去和而取同。"[①]史伯说的"和",指的是异性事物共处于一个共同体中,通过彼此间的交互作用,达成某种融洽和谐状态。"同"则指一事物排斥异己,聚引同类,呈现出某种单一性的发展趋向。史伯认为,事物的常态应该是多样化的、相互对立和彼此相冲突的。正是由于多种事物间的冲突和相互作用而形成的普遍联系,才促成了万物的生成和发展,"故先王以土与金木水火杂,以成百物"。据此,他得出的结论是:"和实生物,同则不济。以他平他谓之和,故能丰长而物归之;若以同裨同,尽乃弃矣。"[②]具体到政治生活,史伯认为君主应当"择臣取谏工而讲以多物",臣对君的决策和选择要能有所异议,在君与臣之间形成一定的制约关系,如此方能保障政策的相对准确,以促进政治的和谐与稳定。

此后,春秋时齐国的晏子又进一步解释了"和"的内含,他认为:

---

①② 《国语·郑语》。

和如羹焉。水火醯醢盐梅,以烹鱼肉。燀之以薪,宰夫和之,齐之以味,济其不及,以泄其过。君子食之,以平其心。

君臣亦然。君所谓可,而有否焉;臣献其否,以成其可。君所谓否,而有可焉;臣献其可,以去其否。是以政平而不干民无争心。故诗曰:"亦有和羹,既戒既平。鬷假无言,时靡有争。"

先王之济五味,和五声也。以平其心,成其政也。声亦如味,一气,二体,三类,四物,五声,六律,七音,八风,九歌,以相成也。清浊大小,长短疾徐,哀乐刚柔,迟速高下,出入周疏,以相济也。君子听之,以平其心,心平德和。故诗曰:"德音不瑕。"今据不然。君所谓可,据亦曰可。君所谓否,据亦曰否。若以水济水,谁能食之?若琴瑟之专一,谁能听之?同之不可也如是。①

晏子之所论洋洋洒洒,旁征博引,以五味、五音譬喻之。其核心的思想是说,"和"就是"济其不及,以泄其过",意即事物之间的补充与调节。在政治上则表现为"君所谓可而有否焉,臣献其否以成其可;君所谓否而有可焉,臣献其可以去其否。是以政平而不干,民无争心"。这个认识与史伯的"和同论"是一脉相通的。

史伯和晏子对于政治中制衡关系的认识是十分明确的,他们的表述清晰,论证也很得体。但是,他们关注的核心点显然与古希腊的柏拉图、亚里士多德及罗马时期的波里比阿等人的认识有着明显的区别。西方学者关注的是"政治体制之间"的制约与平衡,中国的思想家们注重的则是"同一个政体之中,不同的政治角色之间"的某种互补关系。

先秦时代的"和同论"认知模式对于传统政治制衡观念的形成有着重要的引导定向意义,孔子即明确提出:"君子和而不同。"西汉以后,以儒为主,兼采众家之长的王权主义统治思想体系逐渐形成,有关政治制衡的认识也相应趋于定型。这种制衡观念的价值构成,制衡方式及其政治功能等等均与西方文化的"权力制衡"不同,他们强调的不是政治权力之间的相互制约,而是理想政治原则以及道德原则对于政治权力的制约,我们姑且称之为"道义制衡"。

① 《左传·昭公二十年》。

在这里，我们使用的“道义”一词涵指传统政治文化的“道”，指的是思想家们从具体的制度，规范和伦理规定中抽象出来的，体现着统治阶级根本利益的一般政治原则。如荀子所说：“道也者，治之经理也”[1]；亦如汉儒董仲舒所言：“道者，所由适于治之路也，仁义礼乐皆其具也”[2]。传统的儒家文化是将政治与道德互化为一体的，仁义礼乐既是政治原则，也是理想的道德原则，因而中国传统政治文化所说的“道”兼具政治、道德双重属性，故而称之为“道义”。荀子所言“道义重则轻王公”[3]就是在这个意义上使用的。

所谓“道义制衡”就是允许群臣百官以道义原则为依据，在实践中主要通过道德约束和舆论制约的方式对君主的决策和行为形成某种制约，并对整个政治的运行起到一定的调节作用。这种政治制衡理念是中国传统政治文化所特有的。

（二）道义制衡的价值结构

“道义制衡”观念的价值构成主要有两点：其一，在权力关系上，君权至上；其二，在道与君的关系上，道高于君。

“君权至上”是中国传统制衡观念的认识前提。它的思想源头可以追溯至殷商帝王的“余一人”思想。从春秋战国时期政治理念的发展来看，除了扬朱、庄子、许行等个别人物，维护君主政治拥戴君主集权是百家异说中的主流，《易传》谓之“天下同归而殊途，一致而百虑”[4]。

秦汉以后，随着统一帝国的建立和巩固，诸子之学趋向合流。政治上的统一必然要求政治原则的一统化和规范化，君权至上遂作为维护君主政治的根本价值准则得到统治者的普遍认可。汉儒董仲舒说：“君人者，国之本也。夫为国，其化莫大于崇本。”[5]汉末诸葛恪说：“帝王之尊，与天同位，是以家天下，臣父兄，四海之内，皆为臣妾。”[6]宋儒程颐讲得最明确：“天子居天下之尊，率土之滨，莫非王臣……凡土地之富，人民之众，皆王者之有也，此理之正也。”[7]君权至上原则认可君主是全天下土地、财富和人民的唯一最高主

① 《荀子·正名》。

② 《汉书·董仲舒传》。

③ 《荀子·效儒》。

④ 《周易·系辞上》。

⑤ 《春秋繁露·立元神》。

⑥ 《三国志·吴志·吴主五子传》。

⑦ 《周易程氏传·大有》。

宰者,拥有巨大的权力和绝对的权威。这一认识成为人们进行政治选择和指导政治行为的根本立足点。

从前面第一讲有关中国传统政治文化的价值结构来看，君权至上作为这一价值结构的中轴，对于传统的政治制衡观念的形成是具有非常明显的影响和强制作用的。

“道高于君”是说,在坚持君权至上的前提下,认可一般政治原则对于君主的约束意义。例如,礼的约束对象即包括社会一般成员,“人无礼不生”;同时也包括君主:“为人上者,必将慎礼义,务忠信然后可”[1]。仁既是人们修身的主课,“君子无终食之间违仁”[2],同时又是君主的政治守则——“天子不仁,不保四海”[3]。在实际政治生活中,仁德用作政策原则是为“仁政”,能不能实行仁政则是考察君主圣明与否的重要标准。孝的约束对象也是下及庶民,上达天子。兹所谓“人君之道以孝敬为本”[4]。儒家文化的孝道讲求“三年之丧”,孟子就说:“三年之丧……自天子达于庶人,三代共之。”[5]可知儒家文化的政治及道德原则具有最高的权威性，君主虽然在社会政治生活中的地位是至高无上的,但是,面对着儒家文化精心整塑的政治及道德原则,他们也是很难摆脱干系的。这种政治文化的特点贯穿了传统社会之始终。就连宋代理学家们提出的“存天理,灭人欲”,其最初的道德指向也是以君主为首选的。

在君主政治条件下,君主作为国家元首,理应成为统治阶级共同利益的代表,君主的决策和行为应当与统治阶级的根本利益即国家(王朝)利益保持“一质性”。可是,实际情况却往往事与愿违。君主常常会滥用权力,任意胡为,致使决策失误。轻则破坏利益均衡,引发社会冲突和政治紊乱;重则危及政权,严重损害统治阶级的共同利益。因此,历代统治集团的政治家及其思想家们都要求君主把维护集团整体利益放在第一位,在理念、认知和行为规范等方面向着道义原则认同。为此儒家文化特别强调道义原则的普遍约束意义,突出了“道”的权威性。

先秦时人已经有了这样的认识，汉儒对道的权威更加尊崇。如董仲舒

---

① 《荀子·强国》。

② 《论语·里仁》。

③ 《孟子·离娄上》。

④ 《晋书·王谌传》。

⑤ 《孟子·公孙丑下》。

说:“道之大原出于天,天不变,道亦不变。”[①]强调了道的超社会性与恒久性。以后,宋儒把这个问题讲得愈发绝对。周敦颐说:“天地间,至尊者道。”[②]二程说:“是天地之间,无适而非道也。”他们把道义原则提升为宇宙本体,称为理或天理,认为“理”是先于天地万物而存在的,人世间的一切事物都是理即道的派生或外化:“道之外无物,物之外无道”,“父子君臣,天下之定理,无所逃于天地间”。[③]从而在认识上确认了道义的权威高于君权。

有弘扬儒学者认为,儒家文化的道是最高理想,内含博爱与平等,与君主政治是两回事,可以生发出理想的现代社会。更有甚者将儒学两分,曰政治儒学、生活儒学,以至有“儒化中国”之论。这种认识是站不住脚的。儒学从孔子创始之初,就将其认知的落点置放于现实政治中。孔儒一脉不乏理想性的思考,如仁者爱人。但其“爱”的所指与路径依然是现世的,并不具有所谓超越性。曰“克己复礼”,曰“忠恕之道”。说到底,孔儒一脉的思维特点在现世,他们关注的不是当下在位的具体帝王,而是合乎理想的优秀统治者。于是他们着力强调道的权威,以儒家设定的“道义”来衡量、裁断和制约君主,以实现其孜孜以求的王道政治。与法家的“君利中心论”[④]相较,孔儒一脉维护的是君主政治体制,他们不在乎谁来做帝王,而是纠结于谁是实现理想政治的英明统治者。所以孟子声言“君为轻”,因为“诸侯之宝三:土地、人民、政事。宝珠玉者,殃必及身”[⑤]。视“道”与“君”两分者未能深思,不能察得在古代中国的政治生态中,道与君的内在关联与一致性,惜乎其论矣。

基于上述认识,依照儒家文化的设计,君主行使权力、治理国家必须要遵循道义原则,君主个人的言行举止也要符合相应的道德规范。从春秋战国直至后世,“为君尽君道”已经形成普遍认识。君主“践至尊之祚为天下主,奉帝王之职以统群生”,必须要“循礼而动,躬亲政事,致行无倦,安服若性”。[⑥]否则君主的决策和行为便失去合法性,群臣百官即有义务进行干预。

这里需要特别强调说明的是,中国传统制衡观念的基本政治功能不是防范君主个人的专制与独裁,而是旨在通过群臣对君主权力的相对制约,以

---

① 《汉书·董仲舒传》。

② 《周子全书·师友上》。

③ 《河南程氏遗书》卷四。

④ 刘泽华、葛荃主编:《中国古代政治思想史》,南开大学出版社,2001年,第102~103页。

⑤ 《孟子·尽心下》。

⑥ 《汉书·谷永传》。

维护君主政治运作的正常化和秩序化,防范发生政治危机。显而易见,这种政治制衡观念是时代所赋予的君主政治的产物,其中所蕴含的政治理念意味着传统中国统治集团“政治自我认识”的深化。

如果说西方文化“权力制衡”观念的历史实践是促进了近代民主政治的形成与发展,那么中国传统的“道义制衡”观念则恰恰相反,它的逻辑归宿和实践效果都只能是巩固君主政治。这正是中国古代君主政治得以长期延续的重要政治文化原因之一。同时,作为传统政治文化基因的道义制衡理念并没有伴随着帝制的覆灭而消亡,而是延传下来,对于当代中国的政治运作仍然有着潜在的深刻影响。

三、中国传统制衡观念的困境与观念的转换

以道义制约权力的传统制衡观念,有其致命的逻辑缺陷。道义制衡的两个基本点是君主至尊、君权至上和道高于君,于是君与道二者之间的关系便成为传统儒家难以解决的问题,从先秦到宋明,历代思想家对于这一难题曾经作过多种解释,提出了“君道同源”“君道一体”等说法,人们在主观上试图使专制权力在道义的约束下运行,使君主专制统治能够更开明一些。然而,无论传统思想对于君道关系在理论上如何解释,一旦进入现实的政治生活,道义对于权力的约束作用便显得力不从心。

(一)制衡方式:苍白无力的道德规劝

中国传统政治文化中的道或道义,无疑是思想家、政论家们提出并得到统治者们普遍认同的政治理想原则和道德原则,说到底不过是一些思想观念的原则、准则和规范。其本身并不是具有强制力的实际权威,对于社会政治生活的主体可能会具有某种影响力,不过这种影响力也不具有强制性。用这样的事物来约束具有无限强制力的政治权力,显然从一开始就没有置放在同一个起点上。因而,传统政治文化的“道义制衡”原则试想以道义来制约君权,使君主所拥有的最高政治权力能够遵守道义原则,这并不是靠道义本身就能够实现的。不过传统儒家文化并不在意这一点,他们从始至终都对制约君权抱有信心。

1. 道义制衡的一般方式

以道义制约君权的主要方式是“进谏”。进谏的本义就是规劝,指的是下对上提出不同意见。谏的源起很早,据传说应当始于尧舜时代。其时圣王在

位,德化天下,圣王设置了谤木,以咨询四岳。又据《尚书·酒诰》:"古人有言曰:'人无于水监,当于民监。'"文中的"监"通"鉴"。以民为镜,显然含有征询民意,采纳不同意见的认识。《诗·大雅·民劳》:"王欲玉汝,是用大谏。"这些记载表明,谏议作为一种臣下规劝君主的方式源自上古,延传到了西周。西周时期文献的记述已经是十分明确的了。

到了春秋战国之世,关于谏议的问题引起了人们更多的关注。例如晋国的贵族范文子就认为:"兴王赏谏臣,逸王罚之。"[①]身为君主者,不仅能够接受谏言,而且还要鼓励臣子积极进谏。能否做到这一点则关系到国家的兴亡。范文子是站在君主的角度看待进谏问题的。与之相对,史墨则站在臣的一边看进谏,认为这是为臣者的职责,"夫事君者,谏过而赏善,荐可而替否,献能而进贤,择材而荐之,朝夕诵善败而纳之"[②]。范文子和史墨的认识很有代表性,说明谏议问题已经成为政治生活中的一件重要事情,对于君臣双方都有实践或实施的必要。

然而作为政治调节与平衡方式的谏议,其进谏和纳谏双方的地位是不对等的。一方是权力至高无上的君主,另一方则是俯首称臣的属下百官。在君主政治时代,君对臣在政治地位和身份上处于绝对宰制的一方,所谓"少事长,贱事贵,不肖事贤,是天下之通义也"[③],并且拥有完全意义上的生杀予夺大权。《管子·明法解》:"人主者,擅生杀,处威势,操令行禁止之柄,以御其群臣,此主道也。人臣者,处卑贱,奉主令,守本任,治分职,此臣道也。"《明法解》虽属法家之作,但这种君臣关系的描述却是符合中国古代君主政治的实际状况的。在这样的情况下,臣以从属低贱之位向威仪无限的君主提出异议,其身家性命实属堪忧。儒学宗师们极为睿智,他们早就看到了这一点,于是给后世士人提供了有关进谏之道的金玉良言。

依照儒家文化倡导的"事君之道",在原则上,孔子是主张臣对君可以犯颜进谏的。《论语·宪问》载:"子路问事君。子曰:'勿欺也,而犯之。'"孟子曰:"以顺为正者,妾妇之道也。"[④]荀子也说:"为人臣下者,有谏而无讪,有亡而无疾,有怨而无怒。"[⑤]可是进谏的群臣百官依据的只是政治原则,无非是些

① 《国语·晋语六》。
② 《国语·晋语九》。
③ 《荀子·仲尼》。
④ 《孟子·滕文公下》。
⑤ 《荀子·大略》。

圣人的训诫或祖宗之法,以这样的态势与政治权力相争,当然会处于劣势。君主能否采纳姑且不论,仅就"犯颜"来说,就有可能祸患无穷。儒家宗师们心里很清楚,于是他们又教给为人臣下者许多保身之法。主要有以下几点。

一是臣对君主进谏要把握时机,当谏而不谏固然不对,但也不能急躁、毛躁,更不可没有观察君主的脸色就贸然进谏。孔子讲得颇为中肯:"言未及之而言谓之躁,言及之而不言谓之隐。"[①]为臣者对君进谏要善于审时度势、因势利导、讲究分寸。

二是要设法取得君主的信任。孔子的弟子子夏说:"信而后谏;未信,则以为谤己也。"[②]子夏说得很实在。君主对臣心存芥蒂,不能信任。为臣者却要给君主提出异议或否定性的意见,这不是自讨没趣吗?尽管意见是很合理的,目的是为了维护君主的利益,君主仍然会认为是"谤己",结果倒霉的是臣。

三是要学会拐弯抹角。荀子说:

> 凡说之难,以至高遇至卑,以至治接至乱。未可直至也,远举则病缪,近世则病佣。善者于是闲也,亦必远举而不缪,近世而不佣,与时迁徙,与世偃仰,缓急嬴绌,府然若渠匽、隐栝之于已也,曲得所谓焉,然而不折伤。
>
> 谈说之术:矜庄以莅之,端诚以处之,坚强以持之,譬称以喻之,分别以明之[③]。

荀子讲得很透彻。君臣之间尊卑地位相差很大,臣要说服君主,要君主采纳与其相左的观念或意见,以其身份地位言,当然不能直来直去,实话实说,必须要讲点儿策略。依照荀子办法,就是要会曲折地表达,要能旁敲侧击,以"譬喻"的方式婉转地提出异议。

四是要适可而止。孟子论"异姓之卿",认为这类臣和君主没有什么血缘关系,他们可以对君主进谏,但不可强求:"君有过则谏,反覆之而不听,则去。"[④]荀子也说:"大臣父兄有能进言于君,用则可,不用则去,谓之谏。"[⑤]另

① 《论语·季氏》。

② 《论语·子张》。

③ 《荀子·非相》。

④ 《孟子·万章下》。

⑤ 《荀子·臣道》。

外《礼记·曲礼下》有载:“为人臣人礼,不显谏。三谏而不听,则逃之。”这里说得再明确不过了。臣与君除非有血缘关系,属于亲戚或亲属之类,否则进谏就要讲求适度。“不显谏”的意思与上述第三点荀子的认识相同,就是臣提出异议不要过于直白和公开。同时如果多次进谏,君主拒之,臣就要想想退路,万万不可死乞白赖,没完没了,不然的话就会灾祸临头。

由上可见,臣进谏于君的行为过程中实际潜含着极大的危机或凶险,先秦法家学派的代表人物韩非揭示了其中的真实面目。他说:

> 谏说谈论之士,不可不察爱憎之主而后说焉。夫龙之为虫也,柔可狎而骑也;然其喉下有逆鳞径尺,若人有婴之者,则必杀人。人主亦有逆鳞,说者能无婴人主之逆鳞,则几矣。①

韩非道出了儒学宗师们想说而未说的真话,这种真实状况的社会体现就是自古流传的一句民谚:“伴君如伴虎。”

2. 道义制衡的特殊方式

然而儒家宗师们可不都是贪生怕死之徒,他们或许只是出于爱惜士人的立场而反复叮咛。事实上,儒家们在道义的光辉指引下,极力主张为了王朝的安危和君主的利益,为臣者理应直言敢谏,不避生死。如《吕氏春秋·士节》:“当理不避其难,临患忘利,遗生行义,视死如归。”如荀子:“有能进言于君,用则可,不用则死,谓之争。”②儒家一派认为,臣为了王朝和君主的根本利益,在道义理想原则的鼓舞下,就要不畏君主的威势,直言进谏,实话实说。君主反感、震怒或不能采纳,都不能阻断臣的进谏。臣对君的态度是:要么纳谏;要么当下就死给你看。正如《韩诗外传》卷四载殷商末年的比干所言:“主暴不谏,非忠也。畏死不言,非勇也。见过即谏,不用即死,忠之至也。”这是何等的志向、胸怀和勇气啊!

也有人认为,如果兹事体大,关系到生死存亡,为臣者就要采用非常手段,以更为激越的方式进谏,或是直接匡正君主的过失。孟子和荀子都是主张这样的。合计其说,主要有五种方式。

其一曰“辅”。荀子说,当君主“有过谋过事,将危国家、殒社稷之惧也”的

---

① 《韩非子·说难》。

② 《荀子·臣道》。

时候,为臣者们要同心协力,“率群臣百吏而相与强君挢君,君虽不安,不能不听,遂以解国之大患,除国之大害,成于尊君安国”[①]。这种方式就超出了单纯的言语规劝,而是强迫君主接受异议,最终消除危机。

其二曰“拂”。这种方式较之前者更甚,鼓励为臣者直接与君主的命令相抗。荀子说:“有能抗君之命,窃君之重,反君之事,以安国之危,除君之辱,功伐足以成国之大利,谓之拂。”[②]当然,荀子的态度很明确,对抗君命的目的是维护君主的利益。

其三曰“放”。据载,公孙丑问孟子:“伊尹曰:‘予不狎于不顺,放太甲于桐,民大悦。太甲贤,又反之,民大悦。’贤者之为人臣也,其君不贤,则固可放与?”孟子答道:“有伊尹之志,则可;无伊尹之志,则篡也。”[③]这里的“放”即放逐。孟子认为,只要是为了君主的根本利益,而不是要篡夺君位,即所谓“有伊尹之志”,臣可以将犯了过失的君主暂行放逐。待其改过,再行接回复位。依照这样的方法,为臣者简直可以操纵君主于股掌之上了。

其四曰“易位”或“变置”。关于“异姓之卿”与君主的关系,孟子的态度宽容而灵活,主张不可则止。对于同姓之卿,即那些与君主有着血缘关系的臣,孟子谓之“贵戚之卿”,要求就与众不同:“君有大过则谏;反覆之而不听,则易位。”[④]孟子还说:“诸侯危社稷,则变置。”[⑤]依照孟子的看法,为臣者可以根据具体的情况,在必要的条件下,废立国君。在这里,孟子把道义维护着的君主政治体制和王朝本身看得重于君主个人。

其五曰“诛一夫”。据载,齐宣王问孟子:“汤放桀,武王伐纣,有诸?”孟子对曰:“于传有之。”齐宣王又问:“臣弑其君,可乎?”孟子答道:“贼仁者谓之‘贼’,贼义者谓之‘残’,残贼之人谓之‘一夫’。闻诛一夫纣矣,未闻弑君也。”[⑥]另外荀子也说:

> 然而暴国独侈,安能诛之,必不伤害无罪之民,诛暴国之君若诛独夫。若是,则可谓能用天下矣。能用天下之谓王。汤、武非取天下也,修其道,行其义,兴天下之同利,除天下之同害,而天下归之也。桀、纣非去天下也,反禹、汤之德,乱礼义之分,禽兽之行,积其凶,全其恶,而天下

①② 《荀子·臣道》。

③⑤ 《孟子·尽心上》。

④ 《孟子·万章下》。

⑥ 《孟子·梁惠王下》。

去之也。天下归之之谓王,天下去之之谓亡。故桀、纣无天下,而汤、武不弑君。[①]

这种方式较之前几种更为激越,在《易传》里,被称为"汤武革命"。

这五种方式显然已经远远超出了一般意义上的言语规劝。在"道高于君"价值理念的鼓舞下,儒学宗师们提出了从抗命到动武等制约君权的特殊方式。传统的儒家文化竟然认可为臣者匡正君过可以采用激烈手段,甚至可以大开杀戒!怎样评价这种认识?我想至少可以作三层分析。

一是从匡正的目的看,方式虽然特殊,但目的完全是为了君主政治的根本利益。如荀子说:"逆命而利君谓之忠。"荀子特别看重这些特殊的臣,认为"谏、争、辅、拂之人,社稷之臣也,国君之宝也,明君所尊厚也,而暗主惑君以为己贼也。故明君之所赏,暗君之所罚也;暗君之所赏,明君之所杀也"[②]。这样的臣能在王朝危难之际挺身而出,力扶大厦于即倾,殊为难得。"夺然后义,杀然后仁,上下易位然后贞,功参天地,泽被生民,夫是之谓权险之平,汤、武是也"[③]。这就是说,儒家文化认可了这样的政治制衡方式。

二是从认识的深度看,如此激越之论,可谓先秦仅见。不过,如若就这些认识的内在规定性来看,其思维的视野仍然没有超出"道义制衡"的范围。为臣者的一方所赖以为据的依然是道义,依然是理想的政治原则和道德原则,其中并没有实际的政治权力的规定。虽然手段、方法是对抗性的,火药味儿十足,但是没有政治权力为基础的抗争,无论在理论上还是在实践中都更具有或然性。儒学宗师们想到了特殊的制衡方式,却没有认真推敲实现的具体环节。

尽管如此,在先秦时代君主政治成长壮大的过程中,孟、荀诸子公然主张,为了道义理想原则,为臣者可以理直气壮地废立君主,甚至开杀戒,这确乎有些耸人听闻。表现在春秋战国"百家争鸣"的社会政治条件下,立论者想象力的奔放,及其自由思维的气魄和胆识。从某种角度来看,至少在认识上对"君权至上"价值准则具有某种挑战性。难怪齐宣王听了孟子的"易位"之论而"勃然变乎色"。

由此我们可以认定,这些特殊的政治制衡方式在认识上是很有意义的,

---

① 《荀子·正论》。

②③ 《荀子·臣道》。

昭示着春秋战国时代的思想家们自由思维的认识边界。但是其中的自我限定也是十分明显的,言辞尽管激越,在理念上却也没有达到政体制衡或权力制衡的层面。

三是从政治实践看,这些认识只是先秦诸子的产物,是政治中心多极化时代的特殊产品。一旦进入帝国时代,中央集权的官僚制君主政治对全社会实现了全面的宰制与覆盖,思想文化的主体被政治意识形态化,这时道义制衡在理念上和实践中都只剩下了"进谏"一招。先秦儒学的特殊制衡方式在理念上被屏蔽了。如果被帝王看到,必然招来厄运。例如孟子论君臣关系的言论就曾引来明太祖的震怒,以致一度被赶出孔庙。连经典文本都要被删减。[①]

不过由于特殊制衡方式的价值依据是"道高于君",这种认识在理念上有意识地将君主和社稷分开来,这对于社会政治实际运作的影响是非常深远的。

中国古代社会漫长的政治发展过程告诉我们,君主与其赖以存在的制度实体是不能相提并论的。在历史的长河中,具体的个体君主不断地被淘汰更替,君主政治体制却万世一系延传下来。政治制度实体是君主存在的母体和必要条件,"道高于君"的价值准则为调节君权的具体归属提供了选择方法。因而能够在具体的个体君主和政治制度实体之间保持着某种均衡。依照"道高于君"和特殊制衡方式的思路,统治者之间的权力之争是"以有道伐无道"。胜者王侯,败者"一夫"。一代新朝建立,新君登基,改元更化,也不是"篡逆",而是新建帝国的统治者的"从道"之举。这就是所谓的"汤武革命"论。

道义制衡观念所缊含着的价值准则及其特殊的制衡方式,作为思想理论形态的政治观念基本限定在先秦,后世帝制没有给它们留下多少可以发展的空间。不过,作为中国传统政治文化的一种文化积淀,"道高于君"及其相应的制衡方式却渗透到政治意识的深处,成功地为上古三代的王朝更迭,以及秦汉以后频繁的改朝换代提供了合理依据。帝王们"你方唱罢我登场",君主政治体制却具有了永久的合法性。儒家文化理想中的君主政治原则亦藉此得以长存。换言之,不论道义制衡的方式特殊与否,都是对君主政治的肯定。而特殊方式的肯定较之一般方式似乎来得更为深刻和深远。

① 《明史·钱唐传》:"帝尝览《孟子》,至'草芥''寇仇'语,谓非臣子所宜言,议罢其配享。诏有谏者以大不敬论。唐抗疏入谏曰:'臣为孟轲死,死有余荣。'时廷臣无不为唐危。帝鉴其诚恳,不之罪。孟子配享亦旋复。然卒命儒臣修《孟子节文》云。"

3. 道义制衡的绝对性和相对性

总体来看,中国传统政治文化的道义制衡就是要以政治原则制约君权,其目的和最终的效果都不是要防范君主本人专权或是要削弱君权,恰恰相反,而是为了防范君主个人的意志、欲求和行为过于偏颇,致使发生政治危机,导致王朝的覆灭。中国古代的统治者们对这个问题有着极为清醒的认识。据《吕氏春秋·长见》载:

> 荆文王曰:"苋嘻数犯我以义,违我以礼,与处则不安,旷之而不穀得焉。不以吾身爵之,后世有圣人,将以非不穀。"于是爵之五大夫。"申侯伯善持养吾意,吾所欲则先我为之,与处则安,旷之而不穀丧焉。不以吾身远之,后世有圣人,将以非不穀。"于是送而行之。

楚文王的认识是很有代表性的,体现了那个时代统治者们政治理性的清醒程度。

因而就理念言,道义制衡是具有绝对性的。明智的统治者、聪明的思想家、政论家、以及所有头脑清醒的人们都会肯认道义制衡,给制约君权的理念和举措投赞成票。

可是政治文化的属性是与政治实践密切相关的,道义制衡能不能对君主政治的实际运作起到一定的制衡作用,是评估这种政治观念的一种视角。我们的一个基本估价是,在实际政治生活中,以政治原则制约政治权力的过程和效果都是相对的,道义制衡的理念和实践都呈现出相对性特点。

以原则制约君权实际上认可了臣参与政治和持有政治异议、政策异议的合法性。在君权至上政治价值体系的覆盖下,这种制约君权方式的基本前提是君主实际拥有绝对的权力,这种权力又是以严格的君臣等级序列和全社会范围内的等级制度为基础的。在这样的政治条件下,臣参与政治和发表政见,甚而提出相异政见,都不是什么法定的权利,而是臣的"忠君义务"。臣的身份地位和相应的权责都要取决于君主的意志和好恶。据此,则臣的进谏能不能被君主采纳,道义制衡能不能实现对君权的制约,将取决于多种条件。计有:其一,谏议双方——君与臣各自的学识、人品、性格、辈分、资历等条件;其二,谏议内容的重要程度;其三,谏议采纳与否的可预计的后果,以及可以预见到的对于王朝利益和君主利益的损害程度,等等。因而总的来看,道义制衡的实施效果具有相当的程度的或然性。

当然,我们也不能说道义制衡在政治运作中没有任何作用。首先,关于进谏纳谏的事例史传多有记载,大体上是可信的。而堪称实践谏议的楷模是唐太宗李世民和魏徵。其次,政治制度中有专门的"言官"设置,进谏是言官的为官职责。再次,即便是那些史有定论的暴君昏君,有的也能幡然悔悟,诚心纳谏。譬如秦始皇。

秦始皇在中国历史上是暴君的典型,其役使天下、严刑酷法和焚书坑儒的恶行,可谓妇孺皆知。但是在没有统一天下之前,其时的秦王嬴政在谏议方面曾经有过一次精彩的表现。简言之,因为"郑国渠"事件,秦王怀疑六国的游士皆将不利于秦国,于是下令"逐客"。李斯来自楚地上蔡,身份也是"客卿",在被驱逐之列。[①]李斯看到秦王的命令极有害于秦国,同时也关系到自己的切身利益,就给秦王嬴政呈上了传名后世的《谏逐客书》。他在上书中历数秦国之所以强大,外来人才功不可没:

> 昔穆公求士,西取由余于戎,东得百里奚于宛,迎蹇叔于宋,来丕豹,公孙支于晋。此五子者,不产于秦,而穆公用之,并国二十,遂霸西戎。孝公用商鞅之法,移风易俗,民以殷盛,国以富强,百姓乐用,诸侯亲服,获楚、魏之师,举地千里,至今治强。惠王用张仪之计,拔三川之地,西并巴蜀,北收上郡,南取汉中,包九夷,制鄢郢,东据成皋之险,割膏腴之壤,遂散六国之从,使之西面事秦,功施到今。昭王得范雎,废穰侯,逐华阳,强公室,杜私门,蚕食诸侯,使秦成帝业。此四君者,皆以客之功。由此观之,客何负于秦哉!向使四君却客而不内,疏士而不用,是使国无富利之实,而秦无强大之名也。

如今要驱逐六国之士,则是极其危险的举措。他说道:

> 今乃弃黔首以资敌国,却宾客以业诸侯,使天下之士退而不敢西向,裹足不入秦,此所谓藉寇兵而赍盗粮者也。夫物不产于秦,可宝者多;士不产于秦,而愿忠者众。今逐客以资敌国,损民以益仇,内自虚而外树怨于诸侯,求国无危,不可得也。[②]

① 《史记·李斯列传》:"会韩人郑国来间秦,以作注溉渠,已而觉。秦宗室大臣皆言秦王曰:'诸侯人来事秦者,大抵为其主游间于秦耳,请一切逐客。'李斯议亦在逐中。"

② 《史记·李斯列传》。

李斯的进谏事关秦国的统一天下大业，实是关系到秦国的生死存亡和君主自身的根本利益。故而秦王欣然受之,竟收回成命:“乃除逐客之令,复李斯官。”这个事例极为典型,这时的嬴政,又何其清醒乃尔。

然而,君主位尊九五,权力无限,要君主纳谏毕竟是一些孤立的事件,不是制度,不是规范。其中没有法定的必然。历史上更多的事例是君主拒谏饰非,甚或恼羞成怒。凡直言强谏者,大多没有好下场。越是说实话就越倒霉。典型事例有晚明东林党人。

晚明神宗、熹宗皇帝之世,顾宪成、高攀龙、钱一本等聚讲东林书院,其学术宗旨以贬斥王学末流为特点,以秉承孔孟儒学正统自居。故而讲求品行端方,忠君爱民。如果与前文所析的士人五种出路相比照,他们多数是积极求道者。[①]在儒家文化的道义理想感召下,他们敢于对皇上横加指责,直言不讳。这里摘录三则。

例一,钱一本谏国本[②]:

> 前者有旨不许诸司激扰,愈致迟延,非陛下预设机阱,以御天下言者乎!使届期无一人言及,则佯为不知,以冀其迟延。有一人言及,则御之曰“此来激扰我也”,改迟一年。明年有一人言及,则又曰“此又来激扰我也”,又改二三年。必使天下无一人敢言而后已,庶几依违迁就,以全其衽席昵爱之私,而曾不顾国本从此动摇,天下从此危乱。臣以为陛下之御人至巧,而为谋则甚拙也。此等机智不可以罔匹夫匹妇,顾欲以欺天下万世耶!③

例二,冯从吾于万历二十年(1592年)上疏:

> 陛下郊庙不亲,朝讲不御,章奏留中不发……近颂敕谕,谓圣体违和,欲借此自掩,不知鼓钟于宫,声闻于外。陛下每夕必饮,每饮必醉,每醉必怒。左右一言稍违,辄毙杖下,外庭无不知者。天下后世,其可欺乎!④

---

① 见本书第三讲第二节。

② 国本;指立太子。明神宗宠郑妃,不立太子,引起朝臣不满,各派为此争斗不已。

③ 《明史·钱一本传》。

④ 《明史·冯从吾传》。

例三,天启元年(1621年)冬,"奉圣夫人客氏既出宫复入"[①],周宗建抗疏极谏:

> 天子成言,有同儿戏。法官禁地,仅类民家。圣朝举动有乖,内外防闲尽废。[②]

这三例上疏中,为臣者径直指责神宗皇帝欺骗天下万世,揭露皇上酗酒,给朝臣设圈套,又批评熹宗皇帝出尔反尔,如同儿戏。这样的言辞出于君主政治时代的朝臣之口,确乎值得惊诧。历史上各朝多有忠谏之臣,但大多数进谏者都很讲究章法,常常假借天谴,顶名圣人之言,以缓和冲突。东林人士言辞激烈,直截了当,根本无须掩饰。他们将道德价值与君主行为的巨大反差不加任何修饰地展现给众人。对于他们来说,这样做无非是在道德上求真,在精神上与真善美保持着逻辑一致,他们在实践儒家文化的理想,在践行道义制衡。然而他们恰恰不能知晓,在政治权力私有的君主政治条件下,任何与权力相抗衡的行为都是以卵击石,当年孟子说过"尽信书不如无书",其实儒学宗师们的话也是不可全听的——他们难免要自讨苦吃。事实正是这样,以上三人的言辞,普通人闻之尚且不快,况天子乎!如钱一本,"帝衔之",借故斥责他"造言诬君,摇乱大典,遂斥为民。屡荐,卒不用"。[③]钱一本从此与仕途断绝了干系,家居25年。如周宗建,屡因忤旨而受"诘责""夺俸",后因参劾魏忠贤而惨死,为天启六年七君子之一。再如冯从吾,险遭廷杖,终被削籍,家居25年。直到光宗践祚,才被起用。这就是为臣者实践道义制衡,以理想原则约束君权而付出的代价。

形成这种局面的主要原因可以列举很多,但最为关键的一点是,道义制衡本身以原则约束权力的内在规定性就已经决定了这种制衡只能是苍白无力的道德规劝。由于臣用以制约君权的依据是理想政治原则,而非权力,其本身不具有任何法定的政治强制力。臣能进谏,要得到君主的恩准,头脑清醒的帝王允许群臣百官直言敢谏,不过是要尽量发挥"臣为辅"的政治功能,充其量不过是臣的忠君义务。臣所持有的政治异议根本不能与现代民主政

① 客氏为明熹宗乳母,与魏忠贤结党为奸,封为奉圣夫人。在正派大臣的攻击下,曾一度出宫,旋复入宫。

② 《明史·周宗建传》。

③ 《明史·钱一本传》。

治的“合法的政治反对”同日而语。

在实际社会政治生活中，为臣者能一言讨得君主的欢心，就可以加官晋爵，平步青云。反之，一言触及“逆鳞”，就会降级免官、削职为民，甚或身首异处、株连亲戚。中国传统政治文化企望以理想覆盖现实，以原则对应权力，以道德约束人心，这种企望本身没有什么不合理。但是，儒家文化的思想宗师们把实现这种制约的决定权奉献给了拥有至上权力的君主，实质上是期待着权力无限的主宰者实行自我削减，兹不啻于与虎谋皮、缘木而求鱼。道义制衡政治理念上的自相冲突决定了这种制衡只能是一种相对的或有限的制约方式。

（二）走出传统制衡观念的困境

历史上，文人士大夫阶层从儒家文化的道统观念出发，每每呼吁统治者重修身，施仁政，行道义，但是他们却没有办法改变君主政治的权力私有和君主专权的事实，伴随着君主政治的日趋没落，传统的道义制衡观念也陷入了困境。

最先意识到传统道义制衡观念陷入困境的是明清之际的思想家们，为了改变专制统治逐渐走向没落的事实，他们明确提出了限制君主权力的主张。如明末清初的顾炎武作《郡县论》《生员论》，提出“寓封建之意于郡县之中，而二千年以来之敝可以复振”，“废天下之生员而官府之政清”，[①]试想用扩大地方政府权限和推举官员的方法削弱君权。黄宗羲则提出了宰相理政，学校议政主张，在提高宰相权的同时，“公其非是于学校”，使“天子之所是未必是，天子之所非未必非”，[②]扩大学校参政、议政、弹劾的权力。如果黄宗羲和顾炎武在认识的深度上向前再走一步，他们就会在理念上进入了近代政治文化的门槛。令人遗憾的是，他们终究没有迈出这一步。其实这并不奇怪，在清初思想家那里，限制君主的权力在观念上是被作为补救或挽救君主政治的一种手段。思想的激越并不意味着一定会突破或超越社会历史条件的限定，顾炎武、黄宗羲以他们卓越的头脑和智慧也没能走出中国传统政治文化的窠臼。

鸦片战争以后，西方近代资产阶级的民主政治理论伴随着西方文化的

---

① 《亭林文集》卷一。

② 《明夷待访录·学校》。

东渐而登陆中土，不少西方近代政治学的代表作开始被中国的先进人士所认识所诵读，如《社会契约论》《论法的精神》《论自由》《独立宣言》，等等。这些名著的作者，如卢梭、孟德斯鸠、密尔、托马斯·杰弗逊[1]等则成为那个时代的中国先进人士们向往、崇敬的精神偶像。这些东渐而来的新型政治学说将现代政治文明的政治价值观念和政治评估标准带给了中国的政治精英和学界精粹，这显然与中国传统政治文化的价值体系是全然不同的。缘此，民权、宪政亦成为戊戌以后中国思想界探索的时代主题。梁启超疾呼："民权兴则国权立，民权灭则国权亡"[2]，代表了这一时期的先进人士和有见识的思想家们的普遍政治理念。

近代中国人接受了西方近代民主思想的同时，也自然而然地接受了近代资产阶级的分权学说，如，康有为在《日本变政考》中便十分明确地提出"今欲行新法，非定三权，未可行也"[3]。到辛亥革命时期，孙中山则系统地提出了五权分立的主张。

诚然，中国近代思想家们接受和提出的三权分立、五权分立等主张，有其社会、政治条件的限定。"权力制衡"作为域外文化的造物，自有其生成的文化条件与历史过程。从历史主义的视角看，这种条件和过程是不会重演并且不能重复的。在另一种社会、政治和文化传统下，即便是域外文化的精华，其合理性也是需要认真审视和分析的。这里面有一个域外文化"本土化"的过程。我不认为全盘照搬照抄域外文化是合理或适宜的选择，不过也应该看到例如"以权力制约权力"这样舶来的政治理念对于近代中国政治发展的意义同样是巨大的。中国近代史上的政治变革，正是从近代西方的民主思想和权力制衡理论中获得了某种精神动力。

近代资产阶级民主思想与制衡原理在中国传播的结果，宣告了传统的道义制衡观念的终结。与此相应，传统士人的从属参与型政治心态也相应地发生了变化。实际上，西方近代的民主思想与制衡原理在中国是被知识阶层率先接受的，对于民主政治的向往和追求也首先萌生于这个阶层。近代中国的先进人士们逐渐从传统政治文化和政治体制中游离出来，逐步过渡、建构和完成自身政治人格的独立性，强化其政治参与的心理。他们在主观上着意

---

① 关于美国《独立宣言》的起草人或作者是有争议的，这里选择了通常的说法。

② 梁启超：《饮冰室合集·饮冰室文集之三·爱国论》，中华书局，1989年，第73页。

③ 《日本变政考》卷一。

于设计中国社会的未来，无论是康、梁的君主立宪主张，还是孙中山的民主共和主张，在本质上都与中国传统的君主政治迥然有别，以权力制衡取代传统的道义制衡是他们共同的基点。

第八讲 政治伦理(一):君臣之道与贤人政治

政治与道德的互相影响与相互转化是中国传统政治文化的一个重要特点,政治伦理道德对于人们的行为选择具有直接的制约作用。对于统治者来说,政治道德是理应恪守的行为规范,由此形成的"为君之道"和"为臣之道"则是儒家文化政治价值的凝聚。道德与政治的互化问题亦成为研究中国传统政治文化的一个重要切入点。

从历史发展的过程来看,"德" 的概念起源很早, 甲骨文中已经有了德字。不过据古文字学的专家们考证,德字的初始之义有多种解读,如得、升、登、正、直心、直行,等等,并不包含道德,德字用于道德是后起之义。[①]到了殷商时代,道德成为人们经常论及的话题,这在《尚书·盘庚》篇中已有明确的记述。这时的道德已经有了政治的含义,如说"施实德于民""式敷民德",就是把德作为治理庶民的方式之一。

将德的概念正式引入政治当首推周公。周公是西周王朝的开国功臣,他亲眼目睹了一个强大王朝的覆灭,"小邦周" 取代强大的殷商而成为天下的主宰。他唯恐姬姓子孙会像殷商的亡国之君——纣王那样,因为荒淫残暴而丢了天下,就把德的概念列入"为君之道"。周公指出,有德者才会有天下。当初殷商王朝的始祖汤,就是因为有德,得到了天命的眷顾,才灭掉了强大的夏朝,建立了商朝。如今"小邦周"能主宰天下,也正是由于周文王、周武王有德,而纣王失德的结果。周公强调天命在决定王权的归属上具有绝对的权威性,提出了"惟命不于常"的命题,意思是天命不是永恒的,天要根据王的德行来决定是否把权力交给他。为此,周公反复叮嘱成王、伯禽等年轻的统治者,要他们敬德、明德。周公的认识很有代表性。

① 参见葛荃:《中华文化通志·政德志》"导言"部分,上海人民出版社,1998年,第1~2页。

统治阶级的政治认识一旦形成,就会以各种形式扩散开来,影响到社会的各个方面,被人们所接受。从《诗经》的有关记载来看,到西周时代,关于德的认识已经非常普遍,成为人们讨论的课题。人们用德来概括美好的品行,并用于指称圣人、君子等政治人格和其他社会角色。在观念上,人们用德来衡量帝王的行为。德既是帝王上应天命,拥有天下的依据,也是在政治活动中理应遵循的规范。这种认识将道德规范与统治者的政治活动结合起来,加强了对于统治者政治行为的规范性,这是中国古代统治者政治理性提高的表现。

进入春秋战国时代,诸子百家对于政治道德问题进行了广泛的讨论,其中尤以儒家的讨论最集中。秦汉以后,政治道德不仅是一个理论问题,而且是一个政治实践问题,相关的理论十分丰富。

一、为君之道

在中国古代社会,君主是政治舞台上的主角。一般来说,君主雄踞于社会的顶端,拥有至高无上的权力,是政治上的唯一最高主宰。然而,君主个人的行为及其作出的选择又不是孤立的,君主代表着皇族和整个贵族官僚系统,亦即代表着整个统治阶级的利益。于是从某种角度来看,位居九五之尊的帝王又不得不受到他所代表着的当政统治集团的监督。所谓"为君之道"就是这样一种政治道德规定。

(一)敬天法祖,尊师重道

儒学宗师孟子有言:"欲为君,尽君道。"[①]那么何为君道?思想家们讨论得很热烈。撮其大要,计有敬天、尊祖、尊师、重道,等等。

1. 奉天承运

天的概念出现很早,在殷商时代,天是人们崇拜的神秘权威之一。这一时期人们敬天主要是表达了对于自然力的神秘主义迷信和崇拜,但其中已经含有对殷商帝王的意志和行为进行某种约束的意味。

进入西周时代,敬天的观念发生了变化,这与周公的理论建树有关。周公作为王朝初期最重要的政治人物,肩负着辅佐周成王、平定叛乱、建立分

---

① 《孟子·离娄上》。

封制度、制礼作乐和建构一套政治思想等重大使命。其中,张扬天的权威,以强化殷民及国人的政治认同感尤其重要。周公提出了"唯命不于常",利用道德为中介,强调天命在决定王权的归属上具有绝对的权威性,天就成了周人的至上神和保护神。至迟从这一时期开始,敬天在神秘主义的外衣下具有了政治道德意义。

自西周、春秋乃至后世,君主敬天成了普遍性认识,主要有以下三层含义。

其一,君权天授,君主秉承天意,敬奉天命而治天下。自从周公在观念上确立了君权与天命的必然联系,这一认识经过了春秋战国时代的思想动荡而传延下来。经过西汉大儒董仲舒的理论建构,"君权天授"成了不容置疑的真理。董仲舒说:"唯天子受命于天,天下受命于天子。"[①]又说:"王者必受命而后王。"[②]汉武帝崇儒以后,这些认识遂成定论,后世有关君权天授的理论大体不出其右。君主的权力既然是天的赋予,那么受命者不仅理应敬奉权力的施与者,而且还要遵照施与者的旨意行使权力。敬天成了君主必须遵守的政治道德规范。

其二,君主敬奉天命是其治民的必要前提。传统儒家文化在讲到"治民"的时候,常常把奉天放在首位。例如《忠经·圣君》:"王者,上事于天,下事于地,中事于宗庙,以临于人。"为什么传统政治文化要把奉天放在治民的前面?一个最基本的看法是,君主对待天和民的态度有着明确的区分,依照董仲舒的说法就是"天子父母事天,而子孙畜万民"[③]。意思是君主对天如同侍奉父母,对百姓如同蓄养子孙。君主作为天之子,当然要先奉天而后治民,而且正是在奉天的过程中,君主取得了治民的合法性,"奉天威命,共行赏罚"[④]。

其三,君主顺应天道以施行德政。早在先秦时代,儒学宗师们就提出,道德规范和政治制度都是圣人制定出来的。这些规范、制度当然不是圣人向壁虚构、凭空杜撰的。而是仰观天,俯察地,经过了一番考察之后制定出来的。因而天道即是人道的摹本,汉以后,这个认识是很普遍的。据此,君主以德治教化治天下,就理应效法和顺应天道。正如《易·豫卦·彖传》所言:"天地以顺动,故日月不过,而四时不忒。圣人以顺动,则刑罚清而民服。"君主"法天地"成了实现理想政治的必要条件,"崇德""正三纲"等既是顺天的表现,也是理

① 《春秋繁露·为人者天》。

② 《春秋繁露·三代改制质文》。

③ 《春秋繁露·郊祭》。

④ 《潜夫论·述赦》。

应奉天的依据。

在传统政治观念中,奉天与君德可以互证,因而大凡在位帝王一般都要通过某些制度仪节来向世人宣告,他的德行足以配天,足以敬奉天命以治天下。这样一来,一方面为君权的统治合法性提供了认识依据;另一方面则彰明了天道是君主政治道德的楷模,君主唯有尊奉天道才有可能建功立业。于是在中国传统政治文化中,"奉天承运"便成为帝王的专用语。这既标示着君主的特殊身份与权威,同时其中又内含着君主必须遵守的政治道德规范,昭示着君主得以在天命的眷顾下享世长久,长治久安。

2. 继祖守业

早在殷商时代，人们就已经认识到祖宗法度和先王的功业具有强大的权威性,是他们尊崇的对象之一。到了西周时代,周人经历了改朝换代的沧桑巨变,促使西周统治者们的守业意识变得越发强烈。他们唯恐政权不稳,会从刚刚攀上的帝王殿堂里跌翻下来，于是在认识上一再强调继祖与守业的重要性。殷周以后,政治观念的发展经历了春秋战国的一番动荡,最终又归于一统。其中关于尊祖、继祖、以继守祖宗功业为德的观念则传延下来,并且成为君道的主要内容之一。

那么什么是继祖守业?传统儒家文化强调了两点:一是尊先王,二是法古。

尊先王的观念出现得很早，至春秋战国时代，已经有了比较广泛的讨论。汉代以后则成为传统认识,如汉儒扬雄说:"不合乎先王之法者,君子不法也。"[①]宋儒王安石曾对神宗皇帝说:"陛下当法尧、舜。"[②]古人所说的"先王",有时指本朝开国之君,或前朝明君;有时则指尧、舜、禹等圣王。君主尊奉先王,并不仅仅是以先王本人做榜样,而且要效法先王之道,这才是继祖之德的关键。

法古与尊先王是互通的,又有所区别。尊先王必然要以古为法,先王内含的榜样范围主要是君主及君道,法古则以"古之时"作为理想政治局面的标准模式。这个认识源于孔子对于西周政治的赞美。延至后世,夏、商、周三代成为理想政治的摹本,常常引起人们的向往。宋儒张载说得好:"为政不法三代者,终苟道也。"[③]

法古与尊先王是维系君主继祖守业的具体规范，这在认识上必然促成

① 《法言·吾子》。

② 《宋史·王安石传》。

③ 《宋史·张载传》。

了传统政治道德的保守性，在维护政治稳定和君统传延方面具有一定的作用。继祖守业符合统治者们的根本利益,尊先王和法古迎合了君主政治“家天下”的政治需要。

需要注意的是,敬天与法祖在历史发展过程中,逐渐成了理想政治的概括,天和祖成了理想政治的象征。于是多有忠贞之臣假借天、祖之命匡戒君主,个别有道之君亦以天、祖之教以自勉。典型之论有清圣祖玄烨(康熙皇帝)的上谕:“从来帝王之治天下,未尝不以敬天法祖为首务”,而“敬天法祖”的实际内容是:

> 柔远能迩,休养苍生,共四海之利为利,一天下之心为心。体群臣,子庶民,保邦于未危,制治于未乱,夙夜孜孜,寤寐不遑。宽严相济,经权互用。①

康熙皇帝用敬天法祖概括了文武之道、德治仁政、励精图治等多种君德,就此而言,敬天法祖确实是有道之君理应具有的德行和照章遵行的政治规范。

3. 尊敬师、傅

“师”的含义最初指的是统治者,在《周礼》中,师氏是职官,与保氏同掌教化和守卫之职。西周以后,关于师、保、傅的解释大体分为三类。

其一,师、保、傅是君主的辅佐之臣。如《史记·儒林列传》记载,孔子卒后,弟子们“散游诸侯,大者为师傅卿相,小者友教士大夫”。这类师、傅等显然是某种官职,其职责主要是辅佐君主治理国家。

其二,师、保、傅是太子的师傅。据《礼记·文王世子》:“凡三王教世子……立太傅、少傅以养之,欲知其父子君臣之道也。”此外还有师与保:“入则有保,出则有师,是以教喻而德成也。”这类保、傅也是某种官职,其职责是做太子(世子)的老师。

其三,强调师的职责是道德与文化教育。如《礼记·礼运》说:“人,其父生而师教之。”《荀子·修身》:“师者,所以正礼也。”这种类别的师以教育为职责,教育的对象除了民众,还包括君主。所以这种师又称“王者师”。他们是伦理道德和文化上的权威,君主不能以普通臣仆待之。孟子则称之为“不召之臣”,实是君主的政治问题专家或政治顾问,君主宰相等“欲有谋焉,则就

① 《圣祖仁皇帝圣训·圣治四》。

之”,需要上门求教的。这种师游离于权力与社会之间,具有某种思想和文化权威的特殊身份。

在中国传统政治文化中,以尊敬师傅为德的认识具有普遍性,不过具体的思路有所不同。总括其说,大体有三种。

第一种,认为师是道的载体,尊师就是重道,有利于人的道德修习和世道治化。有关的论述很多,典型者如《礼记·学记》:“凡学之道,严师为难。师严然后道尊,道尊然后民知敬学。”这种认识从普遍的社会和政治利益角度强调尊师的重要性,对于君主政治条件下的社会秩序来说,师之所教不仅关乎修身德性,而且关乎天下治乱。“教也者,义之大者也”,人而受教方能有知,而“知之盛者,莫大于成身,成身莫大于学。身成则为人子者弗使而孝矣,为人臣弗令而忠矣”。正是由于这一点,历代君主皆以尊师为至德。

第二种,认为圣人乃是学而成圣的,故而君主应当尊师。传统儒家文化认为上古圣人皆有师。例如宋代大儒程颢就指出:“古者自天子达于庶人,必须师友以成就其德业,故舜、禹、文、武之圣,亦皆有所从学。”[1]前代圣人之所以能够君临天下,建一代伟业,传千秋盛世,完全在于有名师传习治道。许多典籍还具体列出了圣人之师的名字。可见对于君主来说,尊敬师傅,并且以此为德,无疑是实现大治的必要条件。

第三种,尊师的依据是,师能教诲太子,因而师是传延君统与政统的重要保障。儒家文化认为,太子之师的初始典范是周公。据《礼记·文王世子》载孔子曰:

> 昔者周公摄政,践阼而治,抗《世子法》于伯禽,所以善成王也。闻之曰:“为人臣者,杀其身有益其君则为之。”况于其身以善其君乎!周公优为之。

这里说的就是周公教诲成王之事。周成王即位时尚未成年,不谙世事,于是周公举出《世子之法》,使其子伯禽作陪读,与成王“居而学之”。目的是使“成王之知父子、君臣、长幼之道也。成王有过,则挞伯禽,所以示成王世子之道也”。周公被儒家文化奉为圣人,太子之教越发显得重要。在权力私有的时代,王权继承人的德行优劣对于政治稳定和政治运作来说干系重大。故而

① 《河南程氏文集·论十事札子》。

后世有关太子之师的认识很丰富,统治者及其思想家们深感兹事体大,事关社稷存亡,务必谨慎处之,礼敬师、傅则尤其重要。

中国传统政治文化从不同的层面论证了尊敬师、傅的重要性,或从天下治道之需,或从圣王之所以成圣,或从太子之教,思虑可谓周详。在所有这些认识中,真正能打动君主以尊师为德的并不是其中的某一说,而是所有这些论述的逻辑终点:尊师与否将直接关系到国家的治乱兴亡。假如治道无师,君不得成圣,太子无辅佐,则天下不亡何待!正如宋儒胡宏揭示的那样:"后世人主欲保大其业,未有不尊崇师道者也。"[①]

(二)立公去私,任贤纳谏

古代中国的君主政治是以政治权力私有作为基本特点的,然而儒家文化对于君主本人的政治道德要求却常常强调一个"公"字。历代思想家为此而论辩不休,值得关注。

1."天子为天下"说与立公去私

中国古代的思想家绝大多数都是尊君论者,他们都认为君主理应执掌最高权力,做天下的主宰。不过,君主统治天下的目的是什么呢?思想家们多有歧义。一种意见认为,政治的目的就是君主本人。如战国末年韩非提出的"君利中心"论,声称"国者,君之车也"[②],最为典型。

另一种意见认为,政治的目的是为了天下之人,孔子已经有了这样的意向。不过比较明确地表达了这一认识的是战国初期的慎到。他说:"古者立天子而贵之者,非以利一人也。曰:天下无一贵,则礼无由通。通礼以为天下也。"[③]慎子认为政治的目的就是为了天下之人谋利益。这个观点并不是慎到独有的,其他思想家也有类似的看法,但具体的表述形式不同。有人说得含混,例如孟子提出了君与民"忧乐同心",他虽然没有明确说出"天子为天下",但是君与民"忧乐同心"表达了君主不可专擅天下之利,民与君同利同德的道德意向。也有人表述得干净利落、掷地有声,如荀子:"天之生民,非为君也。天之立君,以为民也。"[④]

秦汉以后,以儒家文化为主体的政治文化体系渐次形成,关于"天子为

---

① 《五峰集·邵州学记》。

② 《韩非子·外储说右下》。

③ 《慎子·威德》。

④ 《荀子·成相》。

天下”的认识则一直延续下来，成为传统政治文化的构成，亦得到历代统治者及其思想家们的认同。具体的论述则大同小异，其中讲得比较透彻的有北宋李觏。李觏认为，天的职责是“立君”，君主的职责是“养民”，这就表明了天的本意并不是让天下百姓专一侍奉或曰奉养君主一人，“非天命之私一人，为亿万人也”①。明儒邱濬也说，天让君主一个人作天下的主宰，不是“以天下之民、之力、之财”完全归于其个人所有，“非私之也。将赖之以治之、教之、养之也”。故而对于君主来说，如果“受天下之奉”，视为私有，滥用民力，耗竭其财，“岂天立君之意哉！”②他们说得再清楚不过了，君主既要执掌权力统治天下，又要养民、教民，治民的目的是使天下之民皆能得其所养。也就是说，治民的实效是为了民自身。

“天子为天下”作为一个道德命题，其内含的基本价值准则是“立公而去私”。关于公和私的内容，人们有不同的认识，撮其大要，计有四种。

其一，以法为公。战国时期的慎到已经谈到了这个问题，其后法家一派极力倡导。他们说的公，主要指的是“公义”“公法”。汉以后，公和私被作为君主的道德价值准则，其中并没有否定先秦法家关于“以法为公，背法为私”的理论界定，反而将法家的公私理念与儒家文化融为一体，混为一说。以法为公成为非常普遍的认识。例如汉末王符说，国君之所以能够治理天下，就是因为能把握一个“公”字：“公法行则轨（宄）乱绝。”反之，“佞臣之所以便身者私也，私术用则公法夺”③。宋儒胡宏也说：“行法而有私者，非君道也。”④他们说的法，一般指的是作为“国之权衡，时之准绳”的刑法、律法。不过也有人在论述时扩充了法的内涵，称作“法度”，其中除了赏罚刑律，还包括礼制规范。

其二，立公去私指的是追循圣人之道。在儒家文化中，公是圣人之道的最高理想和基本精神。正如《礼记·礼运》说：“大道之行也，天下为公。”这是依照圣人的“大道”建立起来的理想社会，又称为“大同”。在这一理想社会中，人们基本消除了私心和私利，“货恶其弃于地也，不必藏于己；力恶其不出于身也，不必为己”。于是“老有所终，壮有所用，幼有所长”，人人和睦，盗贼不兴，路不拾遗，夜不闭户。这是全社会集体主义公共道德的体现，代表着儒家文化之社会政治理想的最高境界。

① 《直讲李先生文集·安民策一》。

② 《大学衍义补·经制之义下》。

③ 《潜夫论·潜叹》。

④ 《五峰集·释疑孟》。

“天下为公”的提出对于中国传统政治文化的影响极为深远,作为中华民族的理想社会的最高价值准则,其影响力直贯近代,并且一直延续下来。

其三,立公即君主树立公心。这种观点认为,君主之德应当以树立公心为本,然后才谈得上治理国家。如晋人袁准所说:“唯公心而后可以有国……身也者,为国之本也。公也者,为身之本也。”[①]那么,何为公心?有人认为是公平、公正、不偏不倚的治事态度;有人认为是博爱百姓的为民之心。不论是何种公心,君主只要能存之于心中,就能与庶民百姓相沟通,表现出良好的政治道德,在政治上取得超乎寻常的效果。

汉末杜恕分析说,对于奸贼恶人,虽然施以重刑,百姓也不以为暴;对于那些迫于饥寒而违犯法令者,给予宽宥处治,百姓并不以为偏,因为这里体现了君主的公心:“我之所重,百姓之所憎也;我之所轻,百姓之所怜也。”君主怀着这样的公心去治天下,必然是“赏轻而劝善,刑省而禁奸”[②]。如果君主的决断总能得到百姓的拥护,必然有利于政治向心力的增强。杜恕关于君主公心的解释包含着某些政治情感的因素。他希望君主能以庶民百姓之“所憎”“所怜”作为公私与否的考量标准。这种将政治情感纳入政治道德价值分析的思路是很有特色的。

其四,立公去私的关键是消除私欲,断绝私意,去除私利。对于君主来说,树立公心只是问题的一个方面,其实更重要的是去私。传统的儒家文化认为,身为君主者就不应该有私心,也不可谋私利。有关这方面的论述很多,比较典型的如汉末荀悦。他即在《申鉴·政体》中指出,君主“有公赋无私求,有公用无私费,有公役无私使,有公赐无私惠,有公怒无私怨”。那么,为什么君主不能有私?唐太宗李世民认为:“朕以天下为家,不能私于一物。”既然天下臣民与财富都是君主的私有之物,为君者就应该从天下着眼,“故知君人者,以天下为公,无私于物”[③]。

君主无私,还要无欲。先秦时期,儒学宗师孟子就提出了“寡欲”的问题。嗣后,寡欲、去欲、无欲常常被人们看作是道德修身的关键,成为一个经常讨论的话题。从秦汉以后看,当以宋明理学的讲论最透彻。理学诸子依据“天理人欲之辨”,要求君主也得像庶民一样,存天理,灭人欲,“将一切私意尽屏去”,然后才能以公心治天下。

---

① 《袁子正书·贵公》。

② 《贞观政要·公平》引。

③ 《贞观政要·公平》。

总之对于古代的统治者们来说，提出“立公去私”的主要意义并不在于践行，而是在于给君主提出了一个高层次的道德境界，为统治集团的其他成员制约君权提供了道德依据。

2. 知人善任

人治是中国古代君主政治的主要治理形式，因此传统政治文化极其看重人在政治中的地位和作用，知人善任也就成了君主的政治道德之一。

早在《尚书》《诗经》等儒家经典之中就有了关于知人和用贤的议论。“知人”被看作是帝王的智慧和能力的体现，同时也是圣王才会具备的德行。稍后，先秦诸子对用贤问题进行了广泛的讨论。孔子提出“举贤才”，孟子提出“贤者在位”，荀子提出要“得其人”，墨子则对“尚贤”问题进行了专门的论述。秦汉以后，知人善任形成了一套丰富的理论，主要内容如下：

其一，用贤关系到政权的兴亡治乱，贤明之君必须以知人善任为德。自先秦以来，儒学宗师们总结王朝兴衰，认为其中的重要原因之一就是要看君主能否用贤。荀子概括出来一条规律，曰：“尊圣者王，贵贤者霸，敬贤者存，慢贤者亡，古今一也。”[①]统治者及其思想家们普遍认为，君主能不能用贤是政治生活中的决定性因素，或治或乱在此一举，于是人们把知人善任列为“君道”的必备内容。

其二，“知人”是君主践行“用贤”之德的第一步。孔子早就指出，“知人”是智慧的体现，它要求统治者具备一定的鉴别能力，这并不是所有的君主都能做到的。思想家们都认为，天下贤才很多，关键是识与不识。可是为什么很多君主得不到贤才呢？有人认为君主缺乏用贤的诚意，言行不一；有人认为是君主不能以礼待贤，不能开诚布公；也有人认为是君主缺乏主见，奸佞小人妒贤嫉能，致使人才不得其用。后汉荀悦总结出任贤有“十难”，讲得最全面：

> 一曰不知，二曰不进，三曰不任，四曰不终，五曰以小怨弃大德，六曰以小过黜大功，七曰以小失掩大美，八曰以奸讦伤忠正，九曰以邪说乱正度，十曰以谗嫉废贤能。[②]

针对这些情况，思想家们提出了种种对策。例如要求君主提高自身的道

---

① 《荀子·君子》。

② 《申鉴·政体》。

德修为,以礼待贤;对贤能之士要进行实际考核;同时群臣百官要积极地举荐贤能等。当然,最关键的还是君主要善于观察,慧眼识英雄。人们最终把希望寄托在了君主身上。

其三,关于"贤才"的界定是君主能否用贤的重要一环。自从孔子提出"举贤才"之后,关于什么是贤才,贤与才哪个更重要等问题就成了人们讨论的重点。先秦的墨家学派提出尚贤主张,认为选用人才理应只看才能,不计出身。"虽在农与工肆之人,有能则举之。"[①]到了汉代以后,人们通常理解的贤才标准是德才兼备,以德为主。同时也有人提出选拔人才应该不计出身。这个认识几乎成了定论。不过历史上也有人执不同观点,有的影响还很大。例如汉末的曹操,就提出了"唯才是举",主张选用人才不看德行和出身,只看才能。虽有"污辱之名,见笑之行",或有"盗嫂受金""不忠不孝"等劣迹和污点,但是确实具有治国用兵之术,这样的人才完全可以选拔上来,予以重用。与这一观点相对的是"以德为本",代表人物是北宋司马光。他的名言是:"才者德之资也,德者才之帅也。"[②]

贤才的标准对于君主来说既是个理论问题,也是个实践问题。究竟什么是贤才,到底谁是贤才,往往要通过政治实践才能甄别。从中国传统政治文化来看,要求德才兼备或以德为主的认识是主流。君主的德行表现就是对于德才兼备的人才标准有着明确的认识,并且能在实际政治生活中切实掌握这一标准。

其四,得贤必用,任贤授能是君主用贤之道的最终检验。中国传统政治文化十分看重"得贤必用"。思想家们普遍认为,君主虽然知贤、求贤,却不能真正用贤,则与无贤相同。那么君主怎样做才能符合用贤之道呢?首先,君主要能做到量才而用,根据人的才能和特长授予官职,使得人尽其才,才尽其用。其次,君主对人才不可求全责备,要用其所长,避其所短。当君主经过了一番斟酌之后,选中了人才,并且任以官职,这时,君主就要给予充分的信任,做到"用人不疑,疑人不用"。这一点非常重要。大凡历史上的君主不能做到得贤必用,其病根常常在此。最后,君主对贤才既要慎选,同时又要给予相应的职权、爵位和物质上的待遇。这一方面体现着君对臣的信任;另一方面又是使臣能公而不私,忠于君主的手段。

① 《墨子闲诂·尚贤中》。

② 《资治通鉴》卷一。

清世宗(雍正皇帝)说:“从古帝王之治天下,皆言理财、用人,朕思用人之关系,更在理财之上,果任用得人,又何患财之不理,事之不办乎?”[①]可知知人善任深为励精图治之君所重视,是君主的必备德行之一。

3. 广开言路,从谏如流

中国传统政治文化政治价值系统的总体指向是坚决维护君主的最高权威的,但是政治道德却并不赞成君主个人权威的极端化。儒家思想家们要求君主广泛听取不同意见,积极纳谏,他们的认识为君道增添了又一个条目,谓之“广开言路,从谏如流”。主要包括三个方面的内容。

(1)纳谏与治乱

中国古代的政治家和思想家们无不认为,君主能否纳谏关系到国家的兴衰。比较早的典型论述见于西周厉王时期。周厉王以暴虐的手段惩治那些提意见的国人,邵公很不以为然,说:

> 防民之口,甚于防川。川壅而溃,伤人必多,民亦如之。是故为川者决之使导,为民者宣之使言。故天子听政,使公卿至于列士献诗,瞽献曲……而后王斟酌焉,是以事行而不悖。[②]

这段议论很著名,对后世影响深远。

总括后世之论,主要有三点认识。

一是纳谏则治。如汉谷永说:“如使危亡之言辄上闻,则商周不易姓而迭兴,三正不变改而更用。”[③]

二是拒谏而危。如唐太宗李世民说:“自古人君莫不欲社稷永安,然而不得者,只为不闻己过,或闻而不能改故也。”[④]

三是杀谏必亡。如明儒邱濬说:“杀谏臣者,其国必亡。”[⑤]

中国古代的统治者及其思想家们总结了历史的经验,清楚地认识到纳谏即广开言路关系到一代王朝的兴亡,并且直接涉及了统治集团的整体利益,故而他们一再强调,广泛纳谏、从谏如流是君主必备的政治道德之一。

---

① 《上谕内阁》四年六月二十八日谕。

② 《国语·周语上》。

③ 《汉书·谷永传》。

④ 《贞观政要·任贤》。

⑤ 《大学衍义补·戒滥用之失》。

(2)纳谏的合理性依据

为了促使君主能宏大其德,乐于纳谏,思想家们又在谏议理论上大做文章。总计其说,主要有以下四种。

其一曰去同取和,救失补过。西周末年,周幽王无道,“好谗慝暗昧”。史伯(伯阳父)批评周幽王是“去和而取同”,必将招致祸殃。春秋时,齐国的晏子也提出“和”与“同”的问题。他们说的和,指的是不同事物之间的相互作用,“济其不及,以泄其过”[①],如食之有五味,乐之有五音。五味相调和,五音相应和,事物之间的互补与调和、应和可以相互弥补不足,照应其所短,从而促进事物的均衡发展。因而“和”意味着生机和发展,“故先王以土与金木水火杂,以成百物”[②]。据此,君主能认真听取臣的不同意见,而不是强求一致,不像周幽王只知道“取同”,就能以臣的谏言补救自己的不足,从臣的不同意见中选择出合理的方案,如此方能匡正失误,保障国运长久。

其二曰取长补短,以广视听。这种理论认为君主个人的能力有限,需要取臣之长,补己之短,因而应当广开言路。《吕氏春秋·用众》说:“天下无粹白之狐,而有粹白之裘,取之众白也。夫取于众,此三皇五帝之所以大立功名也。”君主要善于利用他人的智力和勇力,才能集腋成裘,成为最强者。

其三曰兼听博纳。这种理论要求君主善于听取正反两方面或多种不同的意见,谓之“兼听则明,偏听则暗”。荀子对这一问题的论述比较早,其后多有论述者。汉以后,“兼听则明”成为君主决策的理想模式。兼听的好处在于能防范个别权臣拥权自重,蒙蔽君主。不过兼听也不是漫无限制,而是由君主掌握并保持着绝对的选择权。也就是说,兼听博纳为君主提供了宽泛的选择范围,同时又不会影响君主决断权力的独占性。

其四曰去塞决壅。思想家们已经认识到,实现政治稳定的重要条件之一就是上下沟通,实现所谓下情上达,上情下通。如果上下壅塞,就会发生危机。纳谏则是解决壅塞的主要手段。去塞决壅是要求君主广开言路的理论依据之一。正如《吕氏春秋·达郁》所说:“主德不通,民欲不达,此国之郁也……故圣王之贵豪士与忠臣也,为其敢直言而决郁塞也。”

(3)纳谏之道

中国古代的帝王也不都是昏庸之徒,其中也有明达事理者,也能认识到

① 《左传·昭公二〇年》。

② 《国语·郑语》。

臣下谏言的受益者其实不是别人,正是君主自己。然而在实际政治生活中,要君主真正做到从谏如流并非易事。思想家们为此而规定了种种纳谏之道,计有以下六项。

一曰导之使谏。在最高政治权力归属君主一人执掌的条件下,谏与不谏的主动权归根到底是握在君主手里的。唐代直谏名臣魏徵就指出:"陛下导臣使言,臣所以敢言。若陛下不受臣言,臣亦何敢犯龙鳞,触忌讳也。"[①]因此君主如果能主动采取措施鼓励和促进群臣进谏,"恐人不言,导之使谏"[②],无疑是政治道德的上乘表现。

二曰和以召之。在君主政治时代,君主的威势有如万钧之雷霆,群臣常常畏于君主的威势而不敢进谏。为此,君主要能做到和颜悦色,如汉儒贾山所说:"开道而求谏,和颜色而受之"[③],尽量消除臣的恐惧感,使他们能竭尽智力为君主效命。

三曰诚以结之。儒家文化认为,君能待臣以诚是形成良好君臣关系的重要条件,故而"人君以至诚为道"。君主对于天下臣民"皆推赤心以待之,不可以丝毫伪也"[④]。这样一来,群臣百官必然尽心竭力,直言进谏。在儒家文化看来,君臣之间能够以诚相接,这是实现"广开言路,从谏如流"理想状态的最佳前提。

四曰虚以受之。古人早已懂得了"满招损,谦受益"的道理,对于君主而言,就是要将这个道理用于政治实践,做到"允公以持之,虚静以待下",虚心纳谏。亦如明末大儒王夫之所言:"位尊而能屈以待人,权重而能逊以容人,可以致谏矣。"[⑤]

五曰宽以容之。儒家文化认为,君能纳谏的标志不仅仅是不恶直言,而且要喜闻直言,闻谏则喜。这就要求君主具有一种宽容的精神,保持一种宽容的态度。正如元朝戴良描述的那样:"古之明王求谏如不及,纳谏如转圜。谅直者嘉之,讦犯者义之,愚浅者恕之,狂诞者容之,盖己过难知,惟恐其不闻也。"[⑥]

---

① 《贞观政要·任贤》。
② 《贞观政要·纳谏》。
③ 《汉书·贾山传》。
④ 《东坡续集·道德》。
⑤ 《读通鉴论·愍帝》。
⑥ 《戴九灵集·纳谏》。

六曰远谗佞。中国古代的思想家和政治家们一说到君主拒谏,往往归罪于谗佞小人,于是远谗佞、避小人就成了君主受谏之道的又一种规定。人们深知谗佞小人是天下之大害,如魏徵总结说:"自古有国有家者,若曲受谗谮,妄害忠良,必宗庙丘墟,市朝霜露矣。"[①]于是要求君主警惕那些好进谀言的挑拨离间之徒。由于谗佞小人自有一套蛊惑君主的手段,故而常常得势。只有那些不喜阿谀奉承,善从逆耳之言的君主才有可能远离小人,真正做到从谏如流。

儒家文化关于君主受谏之道的规定比较详细,概括了谏议过程中可能出现的各种情况。人们用这样的道德条目衡量君主,作为划分明君、昏君的一条基本准则,于是广开言路,从谏如流就构成了君道的主要内容之一。

(三)励精图治,勤政爱民

在中国传统社会,君主是统治集团的首领、国家的首脑,在君主身上寄托着统治集团的整体利益。于是传统的儒家文化又从治理天下和社会政治关系的角度给君主提出了道德要求。

1. 勤政以图治

以勤政作为君主的道德规范在《尚书》中已有记载。周人在总结"克商"的成功经验时,特别提到周文王的"勤"和"敬忌"。周人把勤和敬作为君主治理天下应有的品德,表现为一种积极、谦恭和谨慎的政治态度。后世的所谓"励精图治"云云就是从这里概括发展而来的。历代有作为的帝王多能以勤政自励,中国传统政治文化则给君主提出了具体的要求。

第一,正身以正天下。儒家文化的一个传统认识就是把政治看作一个上行下效的过程,认为君主个人的道德修为会对社会产生极大的影响,因此君主要把修身作为实现理想政治的第一步——正身才能正天下。如孔子说:"其身正,不令而行;其身不正,虽令不从。"[②]在实际社会政治生活中,君主的"正其身"表现为当政的统治者所特有的政治志向和政治责任感,兹所谓"正心诚意,择善而固执之也"[③]。有人把这种责任感称为"忧勤"。

"正身以正天下"把政治的道德要求推延至君主的内心,所谓"正心""立志""忧勤"等等,即表明了中国传统政治文化在君道规定方面的心理约束特点。

① 《贞观政要·杜谗邪》。

② 《论语·子路》。

③ 《河南程氏粹言·君臣》。

第二，力行文武之道。中国传统政治文化里早就有“刚克”“柔克”的认识，见载于《尚书·洪范》，这是后世文武之道的思想源头。春秋时代，人们对德、刑、宽、猛等问题进行了广泛的讨论。孔子提出了“宽猛相济”的治道原则，这一认识已经具备了文武之道的雏形。汉朝建立以后，体制承袭秦朝，但在治国方略上则倾向于刚柔、王霸并用。如汉宣帝所言：“汉家自有制度，本以霸王道杂之。”[①]对于君主来说，把握文武之道的刚柔治术，既不纯任德教，也不一味刑杀，而是以德为主，刑杀为辅，这才是实现励精图治的正确选择。

儒家文化中有关君主力行文武之道的论述很多，核心问题是要君主紧紧抓住软硬两手，认为这是实现治道的关键。典型者如汉儒董仲舒说：

> 国之所以为国者德也，君之所以为君者威也。故德不可共，威不可分。德共则失恩，威分则失权。失权则君贱矣，失恩则民散矣。民散则国乱，君贱则臣叛。是故为人君者，固守其德以附其民，固执其权以正其臣。[②]

相对前面的“正身”而言，文武之道是君主励精图治的操作方式或曰政策规定。

第三，推行俭约之政。古代帝王之中因奢侈好酒而亡国的典型是殷纣王。先秦诸子之中大张旗鼓地倡行节俭的是墨家。总的来看，统治者好奢而败亡的事例对于诸子们具有一定的教训意义，关于尚俭的认识在先秦诸子之中相对具有普遍性。进入汉代以后，君主能否抑奢崇俭被视为治平天下的重要一环。政论家和思想家们普遍地认识到，导致一代王朝覆灭的根源或许有很多，奢侈淫逸无疑是其中之一。所以说，“恭俭者，先王之所以保四海也”[③]。崇俭则是推行德治，实现理想治道的必要条件。

儒家文化还提出，实现俭约之政的前提是君主能克制和约束自己的欲望。君主身为一国之首，居于天下之巅，权力无限，是完全可以为所欲为的。君主的欲求如果不能自己制约，又有什么人能予以克制呢？所以魏徵说：“傲不可长，欲不可纵，乐不可极，志不可满。四者，前王所以致福，通贤以为深戒。”[④]这里讲得很清楚，去欲而节俭是君主实现长治久安这一更大欲求的必要条件。

---

① 《汉书·元帝纪》。

② 《春秋繁露·保位权》。

③ 《直讲李先生文集·易论一》。

④ 《贞观政要·慎终》。

2. 仁政以爱民

在传统政治道德之中,人们议论最多,同时也最为儒家文化重视的莫过于"重民"了。在中国传统政治文化的政治评估体系中,"重民"被视为政治理想和重要的政治评估标准。政论家和思想家们正是依据君主对民的重视程度、恤民态度和仁政措施等等来评价君主。仁政爱民亦成为"明君"的道德标准之一。

中国传统政治文化把实施仁政作为君主爱民的道德检验,主要内容有"置民以恒产""省刑罚,薄税敛""勿夺其时",以及救济鳏寡孤独等等。自先秦以至后世,关于君主仁政爱民的认识主要集中在以下四个方面。

其一,爱民是对君主的道德要求。汉儒贾谊说:"德莫高于博爱人,而政莫高于博利人。"[①]君主在理解和实践这一道德规范时,要能体会到其中的爱民之情。君主应该富有爱民之心。宋儒朱熹说:"有其心,无其政,是谓徒善;有其政,无其心,是为徒法。"[②]以"贞观之治"而垂名于史的唐太宗李世民就有这样的体会。他曾剖析自己的内心说:"朕每一食,便念稼穑之艰难;每一衣,则思纺织之辛苦"[③],爱民之德应当发自内心,然后施于政事。

其二,仁政的实质是重农足食。中国自古以农立国,重农思想由来已久,孔子就讲过富民和足食的问题。汉代以后,强调重农与君德的关系逐渐形成了广泛认识。宋初范仲淹的说法最典型:"圣人之德,惟在善政,善政之要,惟在养民。养民之政,必先务农。"[④]这里的逻辑过程很清楚。在中国传统政治文化体系中,善政即仁政是儒家王道理想实现的标志。善政的具体表现就是重农和足食,以使庶民百姓的生活有所保障。因之对于君主来说,真的能推行重农政策,使黎民百姓得以丰衣足食,这便意味着王道理想政治的实现,君主在道德修为上也就达到了圣人之境。

其三,爱民还要体恤百姓。所谓体恤百姓就是轻徭、薄赋、轻刑,取之有道,用民有度,以体现君主的好生之德。其中的关键在于"轻""减"二字。值得关注的是,有许多议论涉及"度"的问题,即要求统治者把握索取于民的限度,反对竭泽而渔。典型者如魏徵说:"竭泽而渔,非不得鱼,明年无鱼。"[⑤]这

① 《贾子新书·修政语上》。

② 《孟子集注·离娄下》。

③ 《贞观政要·教戒太子》。

④ 《全宋文·答手诏条陈十事》。

⑤ 《贞观政要·纳谏》。

种认识给君主从社会提取资源规定了限度，对于促进社会的稳定和民生安定有所助益。

其四，仁政爱民的极致是博施济众。这是儒家文化的最高政治理想。对于一般人来说，修习道德并不是什么难事；但是博施济众可不是人人都能做到的，事实上连圣人都有势不能至、力不能及者。这当然不是贬低圣人，而是给君主提出了更高的要求。

在具体方法上，儒家文化教给君主从自身做起，"能近取譬"，由内及外，由已及人，最终实现"老吾老，以及人之老；幼吾幼，以及人之幼"[①]的理想社会，这也就是君主本人理想道德境界的达成。

作为君主的政治道德，仁政爱民表现出来的引导和规范作用极其鲜明，虽然在历史的过程中，仁政爱民能否真正实施尚待研究，但在认识上，仁爱之德的积极意义是应当予以肯定的。

二、为臣之道

在中国古代社会，政治道德的主要载体除了君主，就是群臣百官。他们在实际政治生活中，在世代相继的政治思想和伦常道德的熏陶、养育之下，逐渐形成了内涵丰富的"为臣之道"。

（一）忠君之道

忠君是为臣之道最重要的道德规定。春秋战国时期，诸子百家已经就这一问题进行了广泛的讨论，明确了忠是臣的基本道德。孔子说："君使臣以礼，臣事君以忠。"[②]韩非说："有忠臣者，外无敌国之患，内无乱臣之扰。"[③]儒法两家在忠君的问题上没有什么不同。

1. 忠的绝对化

依照中国传统政治文化的政治价值体系的要求，臣对君要绝对忠诚，做到一心一意，至死不渝。忠君绝对性的具体表现有两方面。

一是在行为上，为了君主而不惜性命。这类认识极多，如《忠经·百工》说：

---

① 《孟子·梁惠王上》。

② 《论语·八佾》。

③ 《韩非子·奸劫弑臣》。

君子之事上也,入则献其谋,出则行其政。居则思其道,动则有仪,秉职不回,言事无惮。苟利社稷,则不顾其身。

宋代李觏说:"夫忠臣之分,虽处险难,义不忘君。"[①]臣对君要形成一种绝对的依附关系,如同妻妾对夫君。朱熹说:"忠臣不事二君,烈女不更二夫。"[②]这一认识在道德规范上强化了臣的奴才性格。

二是在态度上,臣对君要既敬且顺。儒家文化认为,忠与敬、顺有着必然的联系。荀子就指出:"疾而不顺者,不敬者也;敬而不顺者,不忠者也。"[③]臣能以顺为忠,就会对君尽心竭力,不论君的态度如何,臣都能做到敬而不骄、忠心耿耿。同时臣在心态上要把定一个"诚"字,只有在内心保持至诚无伪,诚信无欺,才会在行为上坚持敬、顺而不懈。恰如王夫之所言:"诚以安君之谓忠。"[④]

由此可见,忠君的绝对化意味着臣要绝对服从君主,同时在精神上心态上还要保持一种高度的忠君自觉性。

2. 忠君即无私

以无私为忠的认识在春秋时期已经形成,《左传》中多有记述。其后,诸子也纷纷以公而无私作为臣道。延及后世,逐渐形成了广泛的讨论。析其大要,主要有三层内容。

一曰无私乃不谋私利。君主政治的本质是君主及其特殊利益集团拥有天下的土地、财富和人,除此而外,任何人都没有权力占有任何资源。臣以无私为忠,就是不得计较个人的利益,不谋私利。《盐铁论·贫富》说:"古者大夫思其仁义以充其位,不为权利以充其私也。"

如果就人之本性而言,利欲之心在所难免。汉代人即有"尊荣者士之愿也,富贵者士之期也"[⑤]的认识。然而,一朝委质为臣,就必须抛却私家之利,只以君主的"公利"为重。

二曰不以私意害公法,误公事。这个认识最早是由先秦法家一派提出来的。汉代以后,法家思想与儒家思想相互融合,逐渐形成了普遍认识,并且成

① 《直讲李先生文集·易论三》。

② 《朱子小学·内篇》。

③ 《读通鉴论·文帝》。

④ 《盐铁论·毁学》。

⑤ 《荀子·臣道》。

了臣的政治道德规定之一。如后汉末年王符说:“夫国君之所以致治者公也,公法行则轨(宄)乱绝。佞臣之所以便身者私也,私术用则公法夺。”这里公法与私术相对,公法的内涵较之先秦法家之法要宽泛得多。王符的认识很有代表性,儒家文化站在君权至上的立场上,强调公法的本质就是政治秩序,臣的个人意志对于公法具有干扰、阻碍和破坏的作用,其结果是损害统治秩序,危及君主的权威。忠君之德就是要求去除臣的个人意志,绝不能以私心、私情妨害公法和公事。

三曰无私即不植私党。自先秦以来,是否结党营私就是用来区分臣子道德的一个重要标准。孔子即明确指出:“君子矜而不争,群而不党。”[①]对于君主来说,群臣百官私结“党与”,就会形成自己的集团利益。他们就不再像以往那样一心一意地忠于君主,很可能会怀有二心、三心二意。结果是君主的根本利益受到了损害。因而,臣下结党是最大的私,是最令君主深恶痛绝了。儒家文化据此而把一心为了君主,从不拉帮结派,不植私党作为无私而忠的重要规定之一。正如汉末王符说:“夫贤者之为人臣……其明能照奸,而义不比党。”[②]这一条规定很受历代帝王的重视。

然而实际历史过程展现给统治者们的是,历朝历代都有党争,有的时候还异常复杂激烈。如东汉后期、北宋、晚明,等等。在实际政治生活中,群臣百官肆无忌惮地结党营私,明目张胆地党同伐异,此起彼伏的朋党相争直接威胁着君主的利益。因而历代帝王及其理论家们常常强调君子不党,无党则无私。有的帝王还对这一条做了详尽的规定。例如清世宗(雍正帝)就要求群臣百官杜绝一切私交,连朋友之道也要断绝,做到以公灭私,唯知有君。

3. 大忠

大忠是一种特殊的忠君之道,亦是为臣之道的最高境界。这一条政治道德有着特殊的价值规定,即道高于君和从道不从君。道指的是儒家理想的政治原则和道德准则。如荀子说:“道也者,治之经理也。”[③]儒家文化认为,在一般情况下,道的本质与君主及其特殊利益集团的利益具有一致性,臣忠于君主就是遵循了道的原则;反之,臣能循道即为忠君。这时道与君主个人的意志和利益并无冲突,道与君是合二为一的。然而在权力私有的时代,国家的政治权力只能高度集中于个人手里。当君主基于手中至高无上的权力而为

① 《论语·卫灵公》。

② 《潜夫论·潜叹》。

③ 《荀子·正名》。

所欲为,以至于背离或损害了统治集团的整体利益,君与道就会发生冲突。这时臣就要在君与道即政治主宰与政治原则之间作出选择。大忠之德给臣的选择提供了一个最佳方案:坚持原则,匡正君主就是最大的忠。

具体言之,大忠包含着两层内容。

其一,以"道高于君"和"从道不从君"为依据,匡正君主的违道之举。春秋时人已经有了这方面的认识,典型者如晋国大夫丕郑说:"吾闻事君者,从其义,不阿其惑。"[①]先秦诸子在这个问题上的态度十分明确,臣应当义无反顾地匡正君过,这才是真的忠君。秦汉以后,这一认识延传下来,具体说法大同小异。论者从不同角度把这一道德要求集中到了谏议上,认为臣能直言敢谏、冒死强谏就是匡正君过的最佳选择,坚持道的原则就是最高层次的忠。

儒家文化认为,臣之所以要犯颜强谏为的是君主的根本利益,这正像先秦时荀子说的那样:"逆命而利君谓之忠。"[②]所以大忠其实是一种更彻底和更高层次的忠君之道。

然而在君主政治时代,君主的权威和意志是不可轻易冒犯的,正如韩非一再提醒的那样,天子如龙,颈有逆鳞,犯之者死。针对这种情况,儒家文化采取了两个步骤。一是教给臣进谏之术,讲究察言观色,进退取舍。如孔子说:"未见颜色而言谓之瞽。"[③]《白虎通义·谏诤》说:"视君颜色不悦且却,悦则复前,以礼进退。"二是要求臣具备不怕死的无畏精神和不贪利的坚强意志。所谓大忠才能大勇,反之亦然。

其二,臣能坚持以道为原则,敢于否定在位昏君,谓之"以有道伐无道"。这一类的认识主要集中在先秦,以孟子和荀子为代表。他们认为君主行为如果背离了道义,就失去了做君主的资格,孟子把这种君主叫作"一夫"。臣为了王朝的利益,对堕为"一夫"的君主可以采取强硬措施,或流放,或废掉,甚或杀掉。"以有道伐无道"符合儒家的政治原则,在儒学的经典《易传》中,这个原则被概括为"汤武革命,顺乎天而应乎人"[④]。

秦汉以后,"汤武革命"被思想家们用来说明王朝更替的合理性;但是有关对君主的流放、废、杀之论却少有应和者。甚至有人对孟、荀之论提出异议,如宋儒司马光。不过这只是问题的表面,这种争辩恰恰说明了传统忠君

① 《国语·晋语一》。

② 《荀子·臣道》。

③ 《论语·季氏》。

④ 《易·革卦·彖传》。

之道内涵的宽泛。正是由于传统政治道德概括了忠君之道的多种选择性，使得这一道德规范能够适应实际政治生活的复杂多变和多种可能性。臣既忠于君主，又不固守，他们更忠于君主为首的政治集团，忠于君权象征着的君主政治制度。因此可以说，无私之忠体现了忠君的原则性，大忠则体现了忠君的调节性。这种既坚持原则又讲调节的思维方式体现着传统政治理性的成熟，同时，这一点也正是忠君道德的精髓之所在。

(二)治民与恤民

重民作为传统的道德规范，其制约的对象首先是君主，同时也包括统治集团的其他成员。具体到政治实践，真正接触黎民百姓的是臣，是这些地方令长之官将“圣明天子”的“恤民”之政施于民间。这些“亲民之官”的政治道德状况直接关系到百姓的生计、政治的清浊、王朝的安危。传统政治文化为此而形成了一系列的道德规定。

1. 治政清廉

廉是传统政治道德的条目之一，其含义有清廉、廉洁、廉正、廉直、廉察，等等，与贪相对。在儒家的道德体系中，廉被列在“五常”之外。有人将廉与礼义及人的羞耻感连在一起，合称“四维”：“何谓四维？一曰礼，二曰义，三曰廉，四曰耻。礼不逾节，义不自进，廉不蔽恶，耻不从枉。”[①]文中将廉解释为“不蔽恶”，是知廉有“正直”之意。显然自先秦以来，廉就成了一种重要的道德规范。

秦汉以后，随着以儒家文化为主体的政治文化的发展，在历代思想家们的政论中，对于廉的认识充盈于字里行间。汉初贾谊援引《管子》的“四维”之论，重申“张四维”，清廉、廉正遂成为居官者的主要道德规范。传统儒家文化从政治道德的角度给廉定位，指称清廉是为臣者的立足之本，身为朝廷命官而不能以清廉自律，是没有资格去莅政治民的。

治政清廉符合君主和黎民百姓两方面的需要，因而历来受到统治者的重视。凡是号称廉吏者，常常受到帝王及其理论家们的赞誉，甚至会列入史传，青史留名。同时清廉之官也会得到民众的爱戴，以至于流为口碑，演为故事。甚而将清官的故事编为俚曲，编入戏文，流传至今。然而，在君主政治时代，政治权力的私有和不受制约决定了居官者贪酷多而清廉少。虽说理论家

① 《管子·牧民》。

们讲起清廉来头头是道，但是在实际政治生活中能真正履践清廉之德的官员往往屈指可数。

传统政治文化关于治政清廉的认识不可谓不深刻，虽然这种政治认识与政治实践尚有差距,但古人的认知毕竟给我们提供了这样一点启示:与贪污腐败相比较,廉政无疑是政治理性的体现。理性化的政治至少在理论上是赞美清廉,否定贪污腐败的,即使是在权力私有的时代也是如此,只要那里的政治尚有理性存在。

2. 执政公允

如前所述,公而不私是忠君之道的重要规定之一。将这一条道德规范用于治理百姓,就是要群臣百官能做到执政公允。宋儒朱熹说:

> 官无大小,凡事只是一个公。若公时,做得来也精彩,便若小官,人也望风畏服。若不公,便是宰相,做来做去也只得个没下梢。①

朱子说的“公”,主要指居官者心存公道,不偏不倚。这种道德规范试图建立一种绝对的公平,去除私心,保持平心,既不冤屈小民,也不一味地抑制豪强。如若具体言之,执政公允在治民方面的集中表现就是执法公平。

执法公平的认识始自先秦,法家学派对于这一问题有过详细的论述。汉代以后,随着儒家政治思想的法律化、法典化,执法公平的认识已经具有了普遍性。不仅有概括性的理论论述,同时还有许多具体的操作性规定。例如,有人指出了执政不公的种种表现。诸如只听吏员汇报,不去亲自审案;或是无端扣押,轻信他人告奸;或是刑讯逼供,屈打成招,等等。根据这些现象,思想家和政论家们提出了实现公平之政和执法公允的行为规范。这些规范主要体现在两个方面。一方面,令长之官在执法过程中,要亲自掌握可靠证据,以求决断公允。另一方面,令长之官要亲自审核案情,兼听诉讼双方的证言;遇到疑案,务必详查。这些规范有的显得颇为琐碎,然而这正是政治道德介入具体政治活动过程的必然表现。

3. 爱民如子

“重民”是儒家思想的主要内容之一,自周公提出“保民”,孟子提出“民贵君轻”,重民成为儒家文化的传统认识,对于政策原则和政治道德都有一

① 《朱文公政训》。

定的影响。具体到居官者的政治道德，重民表现为官能爱民如子，“视民如伤”。主要有两个方面。

一是要诚心爱民。传统文化把地方令长之官称为“民之父母”，父母官对百姓就要像对“赤子”一样诚心爱护。这就要求令长之官在心理上、情感上视百姓如一家，爱黎庶若己出，诚心诚意，并无半点勉强。例如官要为民兴利，不能看作是例行公事，而是唯恐所兴之事不利于民，唯恐利民不久，唯恐利少而害多。官要为民除害，则唯恐所除之害难以除去，唯恐此时无害而将来有害，唯恐一害未除，新害又生。因此官要诚心爱民，就要处处为平民百姓着想，宛如慈母抚育婴儿一般无微不至，既要为民负责，又要替民做主。

二是要体恤民瘼。依照传统政治道德的规定，官能爱民的主要表现之一是能体恤民情，关心民众的疾苦，以此作为居官者的职责。故而官要恤民，就要为民兴利除害，实行利民之政。例如指导和促进农业生产，督促农民勿令土地荒芜；在农忙季节，不可施行扰民之政；农闲之时，指导种植果蔬，育养家畜。又如，对于百姓孤贫无靠者，官要有所救助；如果遇到饥荒，则要积极采取措施赈济灾民。再如，征收赋税、征发官差徭役本是官员的职责，官在履行这些职责时也要体现爱民之德，不要催科逼迫，不可违限多征等等。

总上述，居官者的爱民之德带有一定的操作性，传统政治道德的许多原则性规定正是通过这些具体规定体现出来的。

三、贤人政治与清官期盼

为君之道与为臣之道相结合，正是中国传统政治文化向往的理想政治。这种政治局面的鲜明特点是道德色彩，其中突出的明君贤臣，明君在位，君臣遇合，这就是自古以来人们津津乐道而世代期盼的“贤人政治”。另一方面，对于民众来说，有明君在位，贤臣辅佐，就会形成理想中的“治世”。因而人们企盼明君与贤臣，在政治心态上形成了深层的清官期盼。

（一）贤人政治模式

在君主政治的实施过程中，贤人政治是一个既定的政治模式，体现了企盼有德君子的人治向往。这个认识的起源至少可以上溯至西周，《尚书》之中即有它的踪迹。《立政》篇载有周公曰：“文王惟克厥宅心，乃克立兹常事牧人，以克俊明德。”这段话的大意是：由于（周）文王能够注意考核官员们的心地,所以能够任用贤人负责政务、法律,管理臣民等方面的事情,把那些有德的贤人选拔出来,加以任用。[①]如果说,“尚贤”是西周时代已有的政治主张,那么孔子是自诩“吾从周”的,他当然要将周人的“贤人政治”观念一并继承下来。于是“尚贤”成为儒家的重要政治命题,孔、孟、荀等儒学宗师皆大讲特讲,极力张扬。

如孔子,弟子仲弓“问政”,孔子答:“先有司,赦小过,举贤才。”[②]弟子樊迟“问知”,孔子答:“知人。”樊迟未能领会老师的意思,孔子又开导说:“举直错诸枉,能使枉者直。”樊迟还有些费解,又求教于同学子夏。子夏曰:“富哉言乎:舜有天下,选于众,举皋陶,不仁者远矣。汤有天下,选于众,举伊尹,不仁者远矣。”[③]这是孔子关于尚贤的“贤人政治”的最完整的解释。

再如孟子,明确提出了尚贤政策,说:“尊贤使能,俊杰在位,则天下之士皆悦,而愿立于其朝矣。”[④]孟子认为尚贤是实现仁政理想的重要政策条件之一。

又如荀子,把“选贤良,举笃敬”作为实施“惠民之政”的一项重要内容。他认为,君主“欲立功名,则莫若尚贤使能矣”[⑤]。又说:“尚贤使能,等贵贱,分亲疏,序长幼,此先王之道也。故尚贤使能,则主尊下安。”[⑥]尚贤是一项传统政策,也是实现统治者理想的政治局面的重要措施。

先秦儒学宗师对贤人政治的反复强调,使得“尚贤”成了一种既定的理想政治模式。其要点是君主知人善任,贤人在位执掌权柄,教化天下弃恶向善,实现理想的德治仁政局面,故而“不仁者远矣”。后世君主的政绩休咎、国祚长短,甚而治乱兴亡等等,往往取决于对“贤人政治”的认同程度,以及在选贤、用贤等方面的实现程度。于是有关这一方面的问题引发了历代统治者及其思想家、政论家们的广泛讨论。

总括来看,中国传统政治文化有关贤人政治的理论颇丰,主要可以分为四层内容。

1. 能否用贤关乎治乱兴亡,故而凡是有志做明君者必用贤

关于这一层认识,先秦诸子早有议论。如孟子:“虞不用百里奚而亡,秦

① 参见王世舜:《尚书译注》,四川人民出版社,1982年,第249页。

② 《论语·子路》。

③ 《论语·颜渊》。

④ 《孟子·公孙丑上》。

⑤ 《荀子·王制》。

⑥ 《荀子·君子》。

穆公用之而霸。不用贤则亡,削何可得欤?”[1]荀子说:“尊圣者王,贵贤者霸,敬贤者存,慢贤者亡,古今一也。”[2]《吕氏春秋·求人》总括自古以来“有天下者”,共计“七十一圣”,其所以得失天下的途径是完全一样的:“得贤人,国无不安,名无不荣;失贤人,国无不危,名无不辱。”

秦汉以后,王朝更迭,治乱交替,人们目睹了政治上的沧桑陵谷之变,进而探讨治乱之源,能否用贤始终是其中重要的一环。如西汉董仲舒说:“任非其人而国家不倾者,自古至今未尝闻也。”[3]汉末徐干说:“凡亡国之君,其朝未尝无致治之臣也,其府未尝无先王之书也。然而不免乎亡者,何也?其贤不用,其法不行也。”[4]其后,如唐朝太宗李世民、名臣孔颖达、宋儒司马光、元儒许衡、明儒邱濬等等均有相类的认识。其中当以清儒唐甄说得最精到:“为政亦多务矣,唯用贤为国之大事。治乱必于斯,兴亡必于斯。”[5]一个“必(于斯)”字,道出了其中利害。

那么国祚兴替是不是必然与君主能否用贤相关呢?其实也不尽然。在实际社会政治生活中,政治运作的干扰、阻滞及破坏性因素很多,绝不是几个“贤人”就可以包办的。然而,中国传统政治文化突出人治。在人治的思路观照下,在贤人政治的认识模式制约下,“用贤”成了人们总结治与乱的最显而易见的理由。于是且不论其具体实效如何,历代帝王至少在观念上是普遍认可这一条理由的。而且不论昏君明主,大抵如是。例如以昏淫而闻名于史的隋炀帝杨广就曾经宣称:“自古明君哲后,立政经邦,何尝不选贤与能。”[6]

2. 实现贤人政治的首要条件在于君能“知人”“识贤”

然而,君主在政治实践中真能做到这一点并非易事。历代统治者及其思想家们普遍认为,天下贤才原本不少,关键是识与不识。正如后汉仲长统指出的那样:“物有不求,未有无物之岁也;士有不用,未有少士之世也。”[7]南宋陈亮也说:“何世不生才,何才不资世!天下雄伟英豪之士,未尝不延颈待用,而每视人主之心为如何。”[8]既然“匡君治国之才,何世蔑有”,那么君主为什

---

① 《孟子·告子下》。

② 《荀子·君子》。

③ 《春秋繁露·精华》。

④ 《中论·亡国》。

⑤ 《潜书·主进》。

⑥ 《隋书·炀帝纪》。

⑦ 《后汉书·仲长统传》。

⑧ 《龙川文集·论开诚之道》。

么不能得贤才而用之呢？问题究竟出在哪里呢？人们有不同看法。

有人认为是君主缺乏用贤的诚意，言行不一。如荀子就曾指出：

> 人主之患，不在乎不言用贤，而在乎不诚必用贤。夫言用贤者，口也；却贤者，行也；口行相反，而欲贤者之至，不肖者之退也，不亦难乎！[①]

荀子提出的问题很有典型意义，后世论者一再提出相同的问题。有人认为是君主个人的德行修为太差，不能以礼义对待贤者，不能开诚布公，致使贤者不来。如晋人傅玄就指出，举贤的重要前提是君主能"正身"，否则"贤者不至"。如何"正身"呢？就是要做到开诚心、布公道。他说：

> 古之明君简天下之良才，举天下之贤人，岂家至而户阅之乎？开至公之路，秉至平之心，执大象而致之，亦云诚而已矣。夫任诚天地可感，而况于人乎？[②]

也有人认为君主如果缺少主见，奸佞之臣就会趁机上下其手，以致贤才不能进用。汉末王符就指出，君主不是没有尚贤之心，可是决断能力往往不足，"虽自有知也，犹不能取，必更待群司之所举"[③]。然而当权的官僚权贵往往妒贤嫉能，他们压制贤才、私进党羽。王符说："世未尝无贤也，而贤不得用者，群臣妒也"。由于"在位者之好蔽贤而务进党也"，使得君主"有索贤之心，而无得贤之术，臣有进贤之名，而无进贤之实"[④]。

那么怎样才能使君主"知贤"，能将散落在民间的贤才收罗到朝廷中来呢？思想家、政论家们针对这些问题，纷纷依据自己的经验和思路，对症下药，提出改进之方。

例如有人提出，君主应当努力提高自身的德行修为，以礼待士，如《吕氏春秋·期贤》说："人主有能明其德者，天下之士则归之也，若蝉之赴明火也。"南宋陈亮亦指出，君主要想建立"非常之功业"，必待"非常之人"。君主招纳这类雄伟英豪之士，必须"虚心以待之，推诚以用之"。如果君主有"矜天下之心"，

---

① 《荀子·致士》。

② 《傅子·举贤》。

③ 《潜夫论·贤难》。

④ 《潜夫论·潜叹》。

不能开诚布公,则“天下固有雄伟英豪之士,惧陛下诚心之不至而未来也”[①]。

再如,对于选拔任用的贤能之士,君主还应该进行实际考察,北宋苏洵提出“试之以政,而观其悠久”[②]。明代张居正也提出,选用贤能,“用舍进退,一以功实为准。毋徒眩于声名,毋尽拘于资格,毋摇之以毁誉,毋杂之以爱憎,毋以一事概其平生,毋以一眚掩其大节”[③]。

又如,为了使君主能辨识真贤,自孔子起始,历代都有士人为君主献上种种甄辨贤才的方法。孔子的方法是:“视其所以,观其所由,察其所安。”[④]西汉杜钦的方法是:“达观其所举,富观其所予,穷观其所不为,乏观其所不取,近观其所为主,远观其所主。”[⑤]

此外,有些辨贤方法十分细微。如《吕氏春秋·论人》提出“八观六验”“六戚四隐”等条目。刘劭的《人物志》提出了“八观”“五视”之法,等等。这里且以《吕氏春秋》为例:

凡论人,通则观其所礼,贵则观其所进,富则观其所养,听则观其所行,止则观其所好,习则观其所言,穷则观其所不受,贱则观其所不为。喜之以验其守,乐之以验其僻,怒之以验其节,惧之以验其特,哀之以验其人,苦之以验其志。八观六验,此贤主之所以论人也。论人者又必以六戚四隐。何谓六戚?父、母、兄、弟、妻、子。何谓四隐?交友、故旧、邑里、门郭。内则用六戚四隐,外则用八观六验,人之情伪贪鄙美恶,无所失矣,譬之若逃雨污,无之而非是,此先圣王之所以知人也。[⑥]

且不论这些“知人”方法是否合理,有没有实践价值。仅从这些思想家、政论家的运思路数来看,他们的目的是很明显的。就是要千方百计地让君主真能做到“知人善用”,从而使“贤人政治”成为可能。他们提供的种种改进之方和辨才之法,无非是从技术手段上尽量使“尚贤”切实可行。

---

① 《龙川文集·论开诚之道》。

② 《嘉祐集·上皇帝书》。

③ 《张太岳集·陈六事疏》。

④ 《论语·为政》。

⑤ 《汉书·杜钦传》。

⑥ 《吕氏春秋·仲春纪·论人》。

3. 关于贤才的标准问题是实现贤人政治的重要保障

所谓“贤才标准”实际涉及三个层面的问题。一是德与才,即贤者自身的道德素质和能力才干;二是贵贱贫富,即贤者所处的社会地位的尊卑与财富占有状况;三是亲疏远近,即贤者与君主的血缘或其他社会关系状况。关于贤才标准的认识基本上是围绕着这三个层面展开的。

自孔子提出“举贤才”“举直”,德的标准就被放在了第一位。汉代实行察举取士,所谓乡举里选,名目繁多。其中,孝廉是最重要条目:“汉制使天下诵《孝经》,选吏举孝廉”①。东汉章帝时诏行“四科取士”,而“孝悌”“清公”“廉正”等德行是“四科”之本。据《后汉书·百官志一》注引:

> 应劭《汉官仪》曰:世祖诏:方今选举,贤佞朱紫错用。丞相故事,四科取士。一曰德行高妙,志节清白。二曰学通行修,经中博士。三曰明达法令,足以决疑,能案章覆问,文中御史。四曰刚毅多略,遭事不惑,明足以决,才任三辅令:皆有孝悌廉公之行。

此处的记述很清楚,无论哪种科目,都要具备“孝悌”“廉公”等德行条件。

魏晋时期实行九品官人法,以门第出身作为选士的重要标准,其甄别人才的标准已经与汉代有异。其间,作为一个例外的是,汉末三国曹操提出了“唯才是举”,打乱了汉以来的选士旧例。不过,从汉唐宋明等朝的思想主流来看,德主才辅、不计出身的选才标准最具有代表性。这里当以北宋司马光的认识最典型。他说:“才者德之资也,德者才之帅也。”根据这个标准,他把世上之人分为四种:“才德全尽谓之圣人,才德兼亡谓之愚人,德胜才谓之君子,才胜德谓之小人。”②司马光认为,选用人才一定要以圣人君子为目标,即便一时不得其选,也不能选用那些才有余而德不足者,“与其得小人,不若得愚人”。在他看来,“自古昔以来,国之乱臣,家之败子”正是这类“才胜德”的小人。

司马光的认识给贤人政治的选才标准奠定了基调。在“德者才之帅也”的规定之下,道德成为鉴选人才的首要依据,贵贱亲疏等条件在理论上是可以不列入考虑范围之内的。从中国传统政治文化的主流观念来看,依照儒家

① 《后汉书·荀爽传》。

② 《资治通鉴》卷一。

文化的设想，除了一些“贱民”身份，其他人等只要有德，都可以被纳入政治体制。所以中国古语有“朝为田舍郎，暮登天子堂”之说。这就从人才输入的角度扩大了贤人政治的权力基础，给每一位士人的入仕参政都提供了相应的机缘。

4. “得贤必用”是实现贤人政治的政治保障

天下有贤，君能识之，标准明确，一切条件都具备了。那么最后的实现就在于君主能否用之，如何用之。否则，贤人政治仍然是空谈。《说苑·君道》说：“国有三不祥……夫有贤而不知，一不祥也；知而不用，二不祥也；用而不任，三不祥也。”这段话又见载于《晏子春秋》。另外，南朝萧齐崔祖思的一段话也与之大同小异。崔祖思曰：“夫有贤而不知，知贤而不用，用贤而不委，委贤而不信，此四者，古今之通患也。”[①]那么，怎样才能做到“得贤必用”呢？传统政治文化提出了以下四点。

一是君主要能量才而用，根据人的才能或特长授予官职。据《礼记·王制》记载，自西周之时就已经实行量才授任，周天子根据大乐正和司马关于人才的论辩，以确定人才之所长，然后任以相应的官职。至汉以后，量才录用的认识延续下来，历代论者很多。典型者如唐太宗李世民。他以“功匠之制木”为喻，说巧匠能因材而施用，“曲者以为轮，长者以为栋梁，短者以为拱角，无曲直长短，各有所施”。聪明的君主也应该像巧匠一样来使用人才：“智者取其谋，愚者取其力，勇者取其威，怯者取其慎；无智愚勇怯，兼而用之。故良匠无弃材，明主无弃士。”[②]

再如，宋司马光也指出，用人之道的关键是“使之欲适”。他认为，人的才能各不相同，“使之适者，用不违其才也。仁者使守，明者使治，智者使谋，勇者使断，则百职无不举矣”[③]。英明之主能够做到“使有德行者掌教化，有文学者待顾问，有政术者为守长，有勇略者为将帅，明于礼者典礼，明于法者主法，下至医卜百工，皆度材而授任，量能而施职”[④]。在政治实践中，如果真能依照唐太宗、司马光的意见去实施，所谓贤人政治无疑是大有希望的。

二是与量才授用相关，君主对人才不宜求全责备，而是应当扬长避短。这个认识也带有普遍性。如晋代袁准说：“人各有能有不能也，是以智者不以

① 《南齐书·崔祖思传》。

② 《帝范·审官》。

③ 《稽古录》卷十六。

④ 《司马温公文集·御臣》。

一能求众善,不以一过掩众美。不遗小类,不弃小力,故能有为也。”[①]司马光也说:“无求备于一人也,收其所长,弃其所短,则天下无不可用之人矣。”[②]

三是君主对于选定的人才要能做到“用人不疑”。这一点是十分重要的。后汉桓谭指出用贤有三大难题,其中之一就是,君主能用贤,可是“事未及成,谗人随而恶之”,君主即“中道狐疑”,致使功业难成。袁准针对这个问题提出“夫唯信而后可以使人”。他举例说,战国之时,“齐威王使章子将而伐魏”,有人诬告其谋反,“威王不应,自是之后,为齐将者,无有自疑之心,是以兵强于终始也”[③]。司马光也列举了多个事例。其一,燕国大将乐毅伐齐,下七十余城,燕王怀疑乐毅有二心,使骑劫代之为将,结果大败,“尽失齐地”。其二,赵国大将廉颇拒秦,久而不战,赵王疑之,使“纸上谈兵”的赵括代之,结果战败,赵括被俘,“坑其卒四十万”。其三,楚汉之争时,项羽用范增,势力强盛,称雄于诸侯。后来刘邦用反间计,项羽疑之,“范增怒而去,项羽卒为汉擒”[④]。这些历史的经验已然告诉当权者,用贤而猜忌,必然带来恶果。

四是君主对于选定的人才要给予相应的职权、爵位等物质待遇。儒家文化认为,君主对人才理应慎重甄选,不过一旦确定,就要给予相应的礼遇,保障其基本的物质需求。“官者一人之股肱,兆民之纲纪”,贤才是君主的左膀右臂,又是百姓的管理者,选用不可不慎。一旦任命,又须郑重待之。先秦墨家对于这一点亦早有明见:

> 爵位不高则民不敬也,蓄禄不厚则民不信也,政令不断则民不畏也。故古圣王高予之爵,重予之禄,任之以事,断予之令,夫岂为其臣赐哉,欲其事之成也。[⑤]

墨子之论很有代表性,后世多有相近的见解。如南朝宋的周朗:“当使德厚者位尊,位尊者禄重;能薄者官贱,官贱者秩轻。”[⑥]北宋苏洵:“尊其爵,厚其禄,重其权,而后可以议天下之机,虑天下之变。”[⑦]保障贤才的职权地位及

① 《袁子正书·论兵》。
② 《稽古录》卷十六。
③ 《袁子正论·用贤》。
④ 《司马温公文集·功名论》。
⑤ 《墨子·尚贤中》。
⑥ 《宋书·周朗传》。
⑦ 《嘉祐集·远虑》。

物质之需既是君主对贤才的功、德评价，也是保证贤能之士公而不私、忠于职守的手段，更是君主用人不疑的具体表现。

综上所述，贤人政治给君主提出了很高的要求，从“知人”到“必用”到“待遇”，无所不包。这充分表明中国传统政治文化虽然在理念上极为看重士人的政治作用，坚信“贤人政治”是使士人政治功能得以全面发挥的最佳形式。然而，一涉及政治实施，他们又不得不把全部希望寄托在君主身上。这倒不是因为他们多么信赖和依靠君主。而是在君主政治时代，政治的运作离不开君权的驱动，贤人政治的实现，亦即使群臣百官中的君子人格发挥其固有的政治功能，必须依靠君主的认可和实施。故而历代思想家、政论家们不厌其烦地给君主提要求，希冀着能借此而引起专制帝王们的关注，以使儒家文化理想中的贤人政治不至于成为泡影。

(二)所谓“清官期盼”

在实际社会政治生活中，贤人政治不仅仅是儒家文化的政治设计，而且是某些明智的帝王及其臣僚努力追求的政治局面。对于一般民众而言，随着历史的演进，对贤人政治的向往则逐渐演化为清官期盼。

对于入仕的官员进行品分，早在春秋战国时期就已经非常普遍。臣分良吏、恶吏、顺臣、忠臣、谀臣、贼臣等等。用清字概括官员的类别，比较典型的见诸前引《后汉书·和帝纪》注引《汉官仪》；又《北堂书钞·设官部》引《汉官仪》“四科取士”，末句为“皆有孝悌廉正之行”。是知“清公”“廉正”在道德界定上有相近之处，故而可以互换。这样的道德条目被用在帝国有关“政治录用”的诏令中，成为正式的官员考核标准，清廉、公正即成为清官最初的含义。

在中国历史上，历朝历代皆有清官，他们惠政于民，德被一方，政绩载入史册，垂名不朽，成为人治政治最理想的表征。其中的杰出人物，还被演义成话本杂剧、鼓词俚曲，流为口碑，传布民间，如宋之包拯、明之海瑞。那么，这些清官是不是确有优长？儒家理想中的贤人政治是否凭借着他们的政治实践而多少有所实现？我们且看几个例证。

例一，西汉召信臣，曾任上蔡长，“其治视民如子”。迁任南阳太守，政绩卓著。据史载，召信臣为人“勤力有方略，好为民兴利，务在富之”。他经常下乡，亲到田间，劝导农耕，“稀有安居时”。他“行视郡中水泉，开通沟渎，起水门提阏凡数十处，以广溉灌，岁岁增加，多至三万顷。民得其利，畜积有余”。他又制定“均水约束”，刻石立在田畔，以防乡民因用水发生纷争。又“禁止嫁娶送终奢靡,务出于俭约”。对“县吏家子弟”,凡游手好闲,“不以田作为事,辄斥罢之,甚者案其不法,以视好恶”。召信臣治理南阳,“其化大行,郡中莫不耕稼力田,百姓归之,户口增培,盗贼狱讼衰止。吏民亲爱信臣,号之曰召父”[①]。

召信臣在南阳实行的是惠民之政,是孔子富民、教民政治主张的具体实施。信臣之清,清在仁惠之德。

例二,后汉杨震秉性公廉,“不受私谒”。受举荐,迁任荆州刺史、东莱太守。赴任途中,经过昌邑。昌邑令王密曾经得到过杨震的举荐,感戴其德,遂夜谒杨震,以金十斤相赠。杨震不悦,王密说:“暮夜无知者。”杨震对曰:“天知,神知,我知,子知。何谓无知!”王密羞愧而返。

据史载,杨氏“子孙常蔬食步行,故旧长者或欲令为开产业,(杨)震不肯,曰:‘使后世称为清白吏子孙,以此遗之,不亦厚乎!’”[②]杨震的“四知”之说,传之久远,始终被后人视为清廉的典型。杨震之清,清在廉洁拒贿。

例三,包拯,宋代名臣,以“青天”之名传世。他秉性“峭直,恶吏苛刻,务敦厚,虽甚嫉恶,而未尝不推以忠恕也。与人不苟合,不伪辞色悦人,平居无私书,故人、亲党皆绝之”。他居官清正,屡次奏请罢除弊政。由于他铁面无私,“立朝刚毅,贵戚宦官为之敛手,闻者皆惮之。人以包拯笑比黄河清,童稚妇女,亦知其名,呼曰‘包待制’。京师为之语曰:‘关节不到,有阎罗包老。’”[③]

依据史传所载,包拯忠直刚毅,不苟言笑,生前即已名声广被,妇孺皆知,宜乎他的形象至今仍然活在戏剧舞台上。包公之清,清在刚正无私。

例四,明代清官首推海瑞,他的最大特点是直言敢谏,不避生死。嘉靖末期,明世宗荒疏朝政,海瑞上疏批评,言辞颇激烈。他“自知触忤当死”,遂购置了棺木一口,又与家人诀别,然后“待罪于朝,僮仆亦奔散无留者”。后被逮入狱,险些丢了性命,亦无悔意。海瑞居官专以利惠庶民为已任,敢于抗击豪强,为民请命。史载,他官任应天巡抚时,“锐意兴革,清浚吴淞、白茆,通流入海,民赖其利。素疾大户兼并,力摧豪强,抚穷弱。贫民田入于富室者,率夺还之”[④]。

海瑞能够站在小民一边,与地方豪强势力相对抗,这在中国古代社会的地方官之中是比较罕见的。一方面是仁爱黎民百姓的儒家祖训,另一方面是“无得罪于巨室”的政治经验与智慧,其间的选择恰恰是衡选清浊的界标。海

① 《后汉书·召信臣传》。

② 《后汉书·杨震传》。

③ 《宋史·包拯传》。

④ 《明史·海瑞传》。

瑞之清,清在直言敢谏,为民请命。

以上列出清官之例,旨在说明在中国传统社会确有清官,他们的政治表现正好为儒家文化的德治仁政理想政治做了诠释。不过,清官现象与其说是儒家理想中的贤人政治的兑现,不如说是清官们以他们的实际行为给人们带来了追求理想政治的动力和生活的希望。

对于那些有志于追循圣人之道的士人来说,清官的出现并且青史留名当然令他们激动不已,看来先儒祖训并非虚言,只要牢牢捧定《六经》,专心致志地修习德性,认定读书做官的金光大道,一门心思地走下去,实现"内圣外王"的最高人生理想似乎并不是可望而不可即的。在这类士人的精神深处,会呈现出某种"清官情结"。一旦入仕为官,往往会步入贤良、忠良之臣的队列。他们之中的上乘之士,能够做到"积极求道",成为帝王的股肱和帝国的栋梁。其次者或是一心一意作官僚,大体能够恪守"为臣之道";或是转而"消极守道",退居山间林下,以保持其操守。从中国传统政治文化主流价值的层面来看,这恐怕是清官现象所能给出的最积极的意义了。

对于一般黎民百姓而言,清官恰似甘霖雨露,是他们灾难深重的人生途中的大救星。传统中国自古以来就是强凌弱、富欺贫、贵压贱,小民身处社会底层,他们最孱弱、最无助,常常把生的希望寄寓神灵。这时,突然出现了能够惠民利民、为民请命、为民做主的清官,怎能不令他们感恩戴德、感激涕零,匍匐在地,高呼"青天"!据《明史·海瑞传》,海瑞卒后,"小民罢市,丧出江上,白衣冠送者夹岸,酹而哭者百里不绝"。此一事例可以作为黎庶小民感戴清官的见证。

虽说整个古代社会的清官屈指可数,与庞大的官僚体系相比较,清浊之比万不及一。然而清官毕竟出现过,毕竟给社会底层的人们带来了一线生的希望。于是人们向往清官,崇拜清官,渴望有清官降趾这一方水土,为民做主。于是在漫长的政治文化传承过程中,"清官期盼"逐渐演变成了一般社会成员普遍具有的政治意识。这种政治意识或强烈或隐晦,但总是会通过各种各样的形式表达出来。以致直到今天,清官仍然是戏曲、曲艺等民族文化和民俗文化中的主角,他们依然活跃,有着旺盛的生命力。同时,公案小说也没有被撤下书案,它们仍然有读者。这从一个侧面反映出"清官期盼"作为传统政治意识依然延传下来,实际成为当代中国政治文化的深层内涵之一。

从政治文化的角度看,清官现象和清官期盼并没有给传统社会的人们带来更多的实际利益,真正从其中得到最大利益者反而是君主。依照儒家文化的政治设计,民是政治中的重要因素之一。如孟子:“得乎丘民而为天子。”[①]如荀子:“得百姓之力者富,得百姓之死者强。”[②]先儒宗师们早已道出了此中诀窍:

> 有社稷者而不能爱民,不能利民,而求民之亲爱己,不可得也。民不亲不爱,而求其为己用,为己死,不可得也。民不为己用,不为己死,而求兵之劲,城之固,不可得也。[③]

因而,聪明的帝王从来不做竭泽而渔的傻事。自孔子以来,历代士人君子无不告诫君主,要仁民爱物,轻徭薄赋,否则“水可载舟,亦可覆舟”。这倒不是危言耸听,夏桀、殷纣暴虐失天下,强秦二世而亡,隋炀帝荒淫覆国的事实俱在,实是殷鉴不远。可是,或许是本性使然,权力私有的君主政治总是要把治下的小民推到死亡线的边缘。君主及其麾下的官僚贵族集团总是要横征暴敛,穷兵黩武,骄奢淫逸,贪污腐败,政以贿成,结果是小民被压得喘不过气儿来。一朝天灾人祸俱至,平头百姓们就会被逼得走投无路,以至于流离失所,朝不保夕。这时候,通常就会上演一代王朝的最后一幕:官逼民反。于是天下大乱,诸侯蜂起,终至改朝换代。

在传统政治文化设定的理想政治与君主统治集团的嗜利本性及其切身利益的冲突中,恰恰是这些为数不多的清官充当了君主政治的安全阀。清官们的惠民之德有可能在一定程度上缓解了小民的艰难处境,阻止他们不至于继续向着绝境滑落,将他们从死亡线的边缘上拉回来。清官们的廉洁拒贿或多或少能为父母官们挽回了一定的声誉,从而有可能在某种程度上化解了民与官的对立。清官们的刚正无私对于统治集团内部的贪污腐败势力毕竟有所警醒和抵制,或许有可能在一定程度上和一定范围内遏制统治者们过分的利欲贪求,从而有助于政策调整。清官的人数虽然有限,但他们的直言敢谏和为民请命毕竟能够使君主的政策失误有所减缓,同时又能给小民重新恢复对于君主权威及其体制的信心和认同鼓起了勇气。因之对于君主政治而言,清官现象和清官期盼能够起到一定的社会整合作用,能够改善全

① 《孟子·尽心下》。

② 《荀子·王霸》。

③ 《荀子·君道》。

社会的政治认同感和政治归属感，从而在一定程度上抵消传统政治文化中的异质性。大概就是因为这一点，清官常常会被那些聪明、清醒的统治者所看重。

当然，这样的情况从来就不是普遍的和必然的，清官们在政治上的种种作为受到多种条件的限制，实际影响是有限的。不过，对于以君主为首的特殊政治利益集团来说，清官无疑是他们用以解决政治危机的最佳工具。这些人心甘情愿地负起了为王朝化解冲突、消解矛盾的重任，君主何乐而不为？正好坐收渔人之利。虽说大多数专制帝王并不那么喜欢清官。

清官期盼的是儒家文化“贤人政治理想”造就出来的一种政治意识，它能让人们相信这个世界上终归有好人。而且它还告诉那些困顿于社会底层的人，忍着吧，一切都会好起来的，只要有清官，苦难就会过去，现在忍耐即是义务。这种没有保证，无须必然兑现的承诺实际形成了一种政治神话。正像公案小说中的“包青天”可以交通阴阳鬼怪一样，人们正是在传统政治文化专门生产出来的清官神话的氛围中含垢忍辱，任凭有权势者欺压凌辱。清官期盼让人们把自己的命运寄托在了救世主的身上，忘记了自身本应具有的最起码的政治权利和人的尊严。

或许，正是因为清官维护的是君主政治最根本的政治利益，故而得到了历代君主及其思想家们的褒奖和宣扬，令他们名垂青史。清官是士人的骄傲，是“为臣之道”政治实践，也是群臣百官中的杰出人士，他们满足了统治者与被统治者两方面的需要。

第九讲　政治伦理(二):忠孝之道与传统义务观

政治与伦理道德相互涵化是中国传统政治文化的主要特点之一。在儒家文化所能提供的诸多道德条目中,孝与忠是最为重要的。传统的政治道德的主体结构有三纲五常。三纲者:“君为臣纲,父为子纲,夫为妻纲。”[①]五常者:仁、义、礼、智、信。从这些文字的表述看,孝与忠不在三纲五常之中,似乎并不是传统政治道德的主体。然而,孝与忠被称为“忠孝之道”,细按其在传统政治道德结构中的位置,忠孝之道实际构成了“三纲”的道德规定性,是保障君、父、夫对臣、子、妻的全权主宰和后者对于前者的绝对服从的道德规范。因而,忠孝之道是传统政治伦理的主干。孝与忠既是人们社会政治行为的基本规范,又是统治阶级藉以维护政治稳定的重要政治准则。在认识上,理论形态的忠孝之道具有价值同一性。在实践中,操作化的忠孝之道又存在着激烈的冲突。作为一种政治文化的普遍存在,兼具统一与冲突的忠孝之道制约着人们的政治行为与选择,在社会政治意识方面促成了普遍的极度扩张型亲情义务观,对于传统中国贪腐吏治之形成影响至深。

一、忠孝三境界

就像任何政治观念都有一个与政治发展相伴而行的生成过程一样,忠孝观念约在西周时代初露端倪。春秋时期已经成为普遍认识,被人们用作政治事件和政治行为的评估标准或选择依据。这一时期的忠孝观念经历了从“敬老”到孝忠于君父的历史整合,内含杂驳,认识指向是多元的。大体上,忠被用于概括政治上的隶属关系,孝则主要用来规范家族血缘关系。

---

① 《汉书·董仲舒传》。

自孔子始创儒学，竭力倡行忠孝，又经后世儒宗代代相袭，"忠孝之道"渐次形成。理论形态的忠孝之道体系完备，忠与孝相为表里，互为补充，理论结构均呈现为一种三境界形态，每一种境界都有其特定的价值规定和行为界说。

(一)孝道三境界

孝道的三层境界曰：敬养，不辱，大孝。

1. 敬养之孝

"敬养之孝"由孔子首倡，以区别于当时流行的"能养为孝"。孔子说："今之孝者，是谓能养。至于犬马，皆能有养，不敬何以别乎？"①"能养"指的是子女对父母的物质奉养，这是当时社会上通行的孝道标准。孔子认为，对待父母仅仅保证一日三餐算不上尽孝道，而是要在感情上对父母怀有由衷的爱敬之心，态度上毕恭毕敬，将内在的敬仰之心显诸情貌。"敬养"较之"能养"提高了"养"的自觉性，突出了子女对父母的亲情和礼敬德行，使得"能养为孝"由一般的亲缘关系的认定上升为规范化的道德情操。这即是《尔雅·释训》所谓"善父母曰孝"的本义。

《礼记·祭义》认为"养可能也，敬为难"。孔子援敬入孝拓宽了孝道的内涵，提高了孝的践履规格。将家庭成员对父家长权威的绝对服从提到首位，具体要求有四个方面。

一是"无违"。敬养父母必须严格遵循礼的规定办事，"生事之以礼，死葬之以礼，祭之以礼"②。儒家文化在物质奉养和遵循礼制之间的选择是："贵其礼，不贪其养。礼顺心和，养虽不备，可也"；"礼菲而养丰，非孝也"③。儒家之礼的基本精神是尊卑等级，无违的核心是恪守子道，服膺父权。

二是"无改"。孔子说："父在观其志，父没观其行，三年无改于父之道，可谓孝矣。"④儒家文化认为服从父权不只是意味着对在位的父家长能做到恭顺听从，更重要的是对去位的父家长的服从。"父之道"是父家长权威的规范化或规则化，"三年无改于父之道"突出了父家长权威传承的永恒性和服从父权的绝对性。

三是显亲。敬养之孝除了要求一般意义上的服从父权，还要求孝子通过"立身行道"，以"扬名于后世，以显父母"⑤，为父家长带来较之生前更加光彩

①② 《论语·为政》。

③ 《盐铁论·孝养》。

④ 《论语·学而》。

⑤ 《孝经·开宗明义章》。

夺目的声誉和荣誉,使父母身后之名得以不朽。显亲驱使人们孜孜以求于光宗耀祖,“扬名显亲,孝之至也”[1]。这是积极维护父权的一种重要形式。

四是立嗣。家庭或家族的代代传延是父权得以存续的基本条件,倘若绝嗣,后继乏人,何谈敬养和祭祀先祖?于是孟子疾呼:“不孝有三,无后为大。”[2]孟子的认识是很有代表性的,立嗣为孝的认识延及后世,成为传统文化的共识。“三千之罪,莫大不孝,不孝之大,无过于绝祀”[3],立嗣作为孝道的规定直接影响着中国人的生活方式和民风民俗。

在行为规范上,敬养之孝要求人们绝对服从父家长的指挥棒,谦恭有礼,唯唯诺诺。《礼记》里面有着非常详细的规定。如:

> 出必告,反必面,所游必有常;
>
> 见父之执,不谓之进,不敢进;不谓之退,不敢退;不问,不敢对。此孝子之行也。[4]
>
> 父母爱之,喜而弗忘;父母恶之,惧而无怨。父母有过,谏而不逆;父母既没,必求仁者之粟以祀之。此之谓礼终。[5]

这些规定使得一般家庭成员束手束脚,即便父家长有了“过失”,也是仅能进谏,绝不可违逆父家长的意志。这样,人们从其人生初始的日常生活中就学会了服从和循规蹈矩。敬养之孝对于传统中国的观念意识影响是极为深远的,例如清代以批评君主而著称于史的唐甄就断然称道:“杀之而不怨,事君之道也;杀之而不怨,事父之道也,其于兄弟亦且有然。”[6]

2. 不辱之孝

“不辱之孝”的典型表述见于《孝经·开宗明义章》:“身体发肤,受之父母,不敢毁伤,孝之始也。”这一境界的立论前提是:人皆为父母所生养,人的躯体是父母的赐予,体现着父母的大恩惠。任何个人对于父母恩赐的身体都是只具有使用权,没有所有权。正如《礼记》所载:“身也者,父母之遗体也,行

---

① 《晋书·王祥传》。
② 《孟子·离娄上》。
③ 《魏书·李孝伯传》。
④ 《礼记·曲礼上》。
⑤ 《礼记·祭义》。
⑥ 《潜书·明悌》。

父母之遗体,敢不敬乎?"[①]

按照传统儒家文化的规定,人们擎受着"父母之遗体"而游历人生,当然要百般爱惜,不能让身体受到损害。这里面包括自然性损害,也包含人为的惩戒性损害。"父母全而生之,死全而归之,可谓孝矣。"[②]保护自身不受伤害是不辱之孝的根本价值规定,唯其如此,方能为敬养父母尽孝道提供最起码的保障。

因之,在行为规范上,不辱之孝要求人们"不登高,不临深,不苟訾,不苟笑。孝子不服暗,不登危,惧辱亲也"[③]。"能全支体,以守宗庙,可谓孝矣。"[④]依照这样的要求,人们不能冒险、不去探险,不能将自己置于危险的境地。更不能作奸犯科,触犯刑律。因为这些行为都会带来对身体的伤害,结果是戕害了"父母之遗体",是大不孝。根据儒家文化关于不辱之孝的要求,人们的最佳人生选择就是安土重迁,固守乡里,循规蹈矩、安安稳稳地过日子。这种关于孝道的认识很有中国文化的特色。

3. 大孝之孝

"大孝之孝"是孝道的最高境界。据《孝经》载,曾子问:"子从父之令,可谓孝乎?"孔子答:"是何言与?当不义,则子不可以不争于父。"[⑤]《孝经》虽然列于《十三经》,但其成书很晚,一般认为不宜作为研究儒家思想文化的底本。从政治文化研究的角度看,《孝经》固然与先秦子学没有什么关联,但大体上表达了汉代儒学的思想,体现了汉代士人的政治和道德观念。这里引述的"子曰",则是儒家文化关于"大孝之孝"的最准确的界定,是先秦以来关于大孝思想的继承和概括。

大孝之孝在价值选择上提出了一个很有意思的问题,就是人们遵从父权是"有限度的"。儒家文化认为,指导父子孝亲关系的最高原则是道义。这看起来似乎很抽象,其实"道义"是儒家文化崇尚的所有政治及伦理价值的凝聚,与父权的根本利益是相一致的。那么当父家长个人意志与道义原则发生冲突时,大孝之孝要求人们选择后者。荀子曾对这个问题做了详细说明。他说,孝子并不是在任何时候都服从"父命",至少有三种情况是可以不从命的。当服从父命则"亲危""亲辱"和陷亲于"禽兽"之时,孝子就拒绝服从。这

①② 《礼记·祭义》。

③ 《礼记·曲礼上》。

④ 《吕氏春秋·孝行览》。

⑤ 《孝经·谏诤》。

反而是合乎孝道的,是忠、义和敬的表现。荀子的意思很清楚,在"不从命"的背后是对父家长之根本利益的积极维护。这是一种高水平的价值选择,"从义不从父,人之大行也"[①]。

在行为规范上,大孝之孝要求人们遵循道义的标准作出选择,按照儒家理想的政治标准和道德标准来匡正父家长。这种行为规范是要冒着违背或抗拒父命的风险的。敢于作出这样的行为选择的,不仅需要勇气,更需要智慧。

从问题的表面上看,大孝与敬养、不辱似有抵牾处。其实不过是在孝道的实际操作过程中,传统政治文化针对一般状况或特殊情况而形成的不同价值准则和具体的行为要求。其间的联系与差异无非是儒家文化"权变"思维的又一精彩表现。汉末仲长统说:"不可违而违,非孝也;可违而不违,亦非孝也。"[②]是论证得其中三昧。

(二)忠德三境界

与孝相呼应,忠也有三种境界,曰:专一、无逆、大忠。

1. 专一之忠

"专一之忠"是一种绝对的忠诚,在价值认识上强调忠君的绝对性和唯一性。"忠也者,一其心之谓也。"[③]"心止于一中者,谓之忠,持二中者,谓之患,患人之忠不一者也。"[④]中国传统政治文化把忠君视为臣的唯一义务和生命意义的体现,专一之忠则突出了忠君与生命价值的同一。汉末诸葛亮对刘备父子"鞠躬尽瘁,死而后已",成为传统社会忠臣的楷模,受到后世的敬仰。诸葛亮对于专一之忠的体会就十分深刻:"人之忠也,犹鱼之有渊。鱼失水则死,人失忠则凶。"[⑤]

在行为规范方面,专一之忠的基本要求是"臣无二心"。这一认识大体上有两层含义:一是对君主的意志和命令要绝对服从,忠心耿耿,专一不二,所谓"二心不可以事君"。二是臣对君要从一而终,"忠臣不事二君"[⑥]。"士之仕也犹女之嫁也。嫁而更二夫,不可谓贞妇;仕而更二姓,其可谓忠臣乎?"[⑦]

① 《荀子·子道》。
② 《后汉书·仲长统传》。
③ 《忠经·天地神明章》。
④ 《春秋繁露·天道不二》。
⑤ 《诸葛亮集·兵要》。
⑥ 《小学·内篇》。
⑦ 《椒邱文集》卷八。

2. 无逆之忠

“无逆之忠”是一种特殊的忠君之道。传统中国的理想政治是“君明臣贤”“君臣遇合”,可政治舞台上的实际主角常常是昏君暴君。面对不同品位的君主,臣如何举措呢?思想家们提出了多种思路。荀子说:“事圣君者,有听从无谏争;事中君者,有谏争无谄谀;事暴君者,有补削无挢拂。”如果生逢敝世,昏君当道,无所避之,臣当“崇其美,扬其善,违其恶,隐其败,言其所长,不称其所短,以为成俗”[①]。殷商末年,纣王无道,比干强谏而死,箕子囚而为奴,微子披发佯狂逃匿民间。此三子在政见上与暴君有分歧,具体态度和结局各不相同。但他们的最终选择都是任凭杀头囚禁,也绝不反抗。孔子因之赞许道:“殷有三仁焉。”[②]由此可知,无逆之忠的价值规定是在任何情况下,为臣者都不得以任何理由公然对抗或反抗君主。这显然是忠君之道的底线,也是群臣百官的政治道德的底线。

无逆之忠的行为界说是,只要不反抗,不对抗,臣对君主的批评只限于语言的谏诤。那么,臣对昏暴之君采取什么样的对策,或“三谏不听而逃之”,或“号泣而随之”,或是死给君主看,等等,都是符合忠君之道的。

3. 大忠之忠

大忠之忠是忠君之道的精华,其内涵的价值判定是“从道不从君”。儒家文化用道来概括理想的政治原则和道德原则,认为圣明的君主应当循道而治。假如君主随心所欲而背离了道,忠臣不可盲从,而是以道为据,对君主的错误言行予以匡正。正如荀子的教诲:“以德覆君而化之,大忠也。”[③]

在行为规范上,大忠之忠要求臣甘冒忤逆抗旨之名,敢于犯颜强谏,这就是“违上顺道,谓之忠臣”[④]。在传统中国,大忠之忠一向为统治集团中的优秀成员所信奉,他们之所以“触死亡以干主之过者”[⑤],根本目的是为了“以成君休,以宁社稷”[⑥],因而敢于“逆命而利君”[⑦]。这是忠君之道最上乘的表现。

上述三层境界是在君主政治及其政治文化的发展过程中渐次形成的,其认识的源头并非始于孔子,春秋时期即有相关认识的明确记述。《国语·晋语一》载:晋献公宠爱骊姬,欲废太子申生,将骊姬之子奚齐立为太子。这样

---

①③⑦ 《荀子·臣道》。

② 《论语·微子》。

④ 《申鉴·杂言》。

⑤ 《盐铁论·相刺》。

⑥ 《忠经·忠谏章》。

的做法是违背传统的"立长"规矩的,与道义相冲突。这时,晋国三位大夫荀息、里克和丕郑,分别表示了不同的态度。荀息说:

吾闻事君者,竭力以役事,不闻违命。君立臣从,何贰之有?

丕郑认为:

吾闻事君者,从其义,不阿其惑。惑则误民,民误失德,是弃民也。民之有君,以治义也。义以生利,利以丰民,若之何其民之与处而弃之也?必立太子。

这两种态度是截然相对的。里克面对着非此即彼的两种观点,提出了第三种选择:

我不佞,虽不识义,亦不阿惑,吾其静也。[①]

晋国三大夫的认识分别代表了忠的三层境界。荀息是要坚决服从君命的,无疑是典型的专一之忠。丕郑恰恰相反,他要以政治原则匡正晋献公的错误决断,而且还讲了一番道理,态度亦很坚决:"必立太子!"这是"从道不从君"式的大忠。里克对君主的态度是,既不盲从,也不反对,而是保持了沉默和回避:"吾其静也。"这种选择显然属于无逆之忠。如若从荀息、丕郑"吾闻事君者"的表白来看,他们引以为据的是当时社会政治生活中已有的观念。由此可证忠孝之道及其三境界说的文化源流颇悠长。

忠和孝各自的三种境界在理论上相通互补,实际的社会政治功效亦不同寻常。敬养之孝和专一之忠是忠孝之道的主干,具有普遍的道德约束意义。这一层境界内涵的价值准则为人们在社会政治生活中的实际定位,以及调处自身与政治体制的关系设定了基本坐标。不论人们具体身份、地位的差异如何悬殊,扮演的实际角色却是相同的,即都要做君父的忠臣和孝子。结果是,一方面简化了复杂多样的社会政治角色,将人之个性发展的多种可能性整塑为统一的模式,使得人们在实际生活中本应具有的多种选择变得单

① 《国语》卷七。

一化了。另一方面,忠臣和孝子本是儒家文化的“期望角色”,经过专一之忠和敬养之孝的定位,而具有了“先赋角色”的性质,从而为建构传统中国的顺民社会提供了必要的政治文化条件。

在任何一个政治系统中，人们对于政治权威和政府首脑的认同程度都不可能是整齐划一、毫无差别的。政治冷漠或政治否定因素的比重越高,则政治系统内在的政治离心力就越强,发生政治紊乱的可能性就越大。中国传统政治文化对于这一点有过周密的思考，具体体现在为忠孝之道规定了可调节的下限与上限。

不辱之孝和无逆之忠是忠孝之道的下限规定。依照不辱之孝,那些不能敬养父母的人至少要做到不辱其身,在不得毁伤“先人遗体”的告诫下,使他们不敢肆意妄为。正如孟子所提出的:“从耳目之欲,以为父母戮,四不孝也;好勇斗狠,以危父母,五不孝也。”①这样的道德规定寓意是极为深刻的,对于维护父权和社会稳定而言,这是一种最起码的约束。依照无逆之忠,人们可以不满现状,对政治权威评头论足或是指斥攻讦,但最终的结果不外两途,要么伏首就刑,要么一走了之。无逆之忠排除了君权的直接反对者,这一层境界是对君父权威的消极维护,具有某种政治安全阀的功效。

大孝和大忠是忠孝之道的上限规定。根据这一层境界的价值准则,在坚持君父根本利益的前提下,忠臣孝子具有更多的主动性。哪怕会暂时违背君父的意志,或是暂时削弱君父的权威也在所不惜。这是对君父权威的主动调节和积极维护，这是中国传统社会的统治者及其思想家们的政治理性高度发达的体现。

三境界结构拓宽了忠孝之道的涵容量，概括了现实生活中君臣父子关系实际存在的多种可能性，从而为社会各个阶层的人们践履忠孝之道提供了相对广泛的选择机会和某种灵活性。这不仅使得忠孝之道更容易为绝大多数社会成员所接受,而且使忠孝之道的实际约束力进一步增强。从这个意义上说,忠孝之道内涵着深邃的政治智慧,作为对君父权威的全方位维护,当然会得到传统中国所有专制统治者的提倡。

---

① 《孟子·离娄下》。

二、忠孝之道的逻辑统一与实际选择的两难性

(一)忠孝统一

忠孝之道的理论体系伴随着君主政治的成熟而日臻完善，忠与孝不仅理论结构极为相近,而且基本价值构成也如出一辙。总体上,忠和孝都以服从和维护权威作为最基本的价值准则，表现在行为规范上则突出了一个“顺”字,所谓“孝顺”“忠顺”者是。孟子说,“不顺乎亲,不可以为子”[①];宋儒朱熹说,“顺,事亲之本也”[②];汉桑弘羊说,“为人臣者尽忠以顺职”[③];明张居正说,“以诚心顺上为忠”[④]。这些认识说明自先秦以至后世,“顺”始终是忠孝之道的基本行为规范，关于忠孝之道的价值内涵则已然形成中国传统政治文化的共识。

忠和孝基本价值的同一性决定了忠孝之道内在的逻辑统一性，主要表现在下述两个方面。

第一，忠孝之道作为传统政治伦理的主干，是规范和指导人们伦理生活、社会生活及政治生活的主要道德标准。在实践中,忠孝之道融贯于人生的各个领域,支配着社会政治生活的方方面面。在观念上,忠和孝相通互换,并无清晰界限与不可逾越的道德分野。《孝经·开宗明义章》“夫孝，始于事亲,中于事君,终于立身”;《忠经·天地神明章》“忠兴于身,著于家,成于国,其行一也”。这两种表述的内在逻辑过程是相通的,忠与孝的差异不过是表象,实质是“资父事君,忠孝道一”[⑤]。

第二，就个人人生历程而言，尽孝和尽忠是相互联系着的两种人生经历,或者说是同一人生历程中不同生活历练的陈述。如说“退家则尽心于亲,进官则竭力于君”[⑥]。儒家文化以“在家为孝子,入朝做忠臣”作为理想的人生道路，所谓孝子和忠臣无非是随着生活的流程而臣服于不同的专制权威罢

① 《孟子·离娄上》。

② 《近思录·卷六·齐家之道》。

③ 《盐铁论·忧边》。

④ 《张太岳集》卷二十九。

⑤ 《三国志·魏志·文聘传注》。

⑥ 《汉书·张敞传》。

了。《孝经·广扬名》说:"君子之事亲孝,故忠可移于君。"孝是忠的初级阶段,忠是孝的必然归宿,"大孝之义不立,则忠之说无附"[①]。

在传统中国,君主政治是唯一的政体形式,君主和父家长分别成为政治生活和社会生活的主宰。此两种权威有着密不可分的内在联系:君权是父权的政治保障,反之,父家长权威的普遍存在是君权的社会基础。于是近人李大钊断言:"君主专制制度完全是父权中心的大家族制度的发达体。"[②]如果说任何政治系统的正常运作都必须取决于社会政治秩序的相对稳定,任何当政的统治阶级都以建立和保持稳定的社会政治秩序作为最基本的政治目标之一,那么对于传统中国的统治者来说,忠孝之道的实践恰恰有助于这一目标的实现。以父权为中心而形成的社会秩序是君主政治稳定运作的安全保障,于是"图治"的帝王无不把倡行忠孝视为长治久安的灵丹,正如汉宣帝所说:"导民以孝,则天下顺。"[③]忠孝之道作为中国传统政治文化的重要组成,成为帝王手中的安邦利器。

(二)忠孝难两全

然而另一方面,政治价值的理论规定和实际操作之间总是存在一定的差距,忠孝之道的逻辑统一又常常被现实政治所破坏。忠孝之间有时会发生不可调和的激烈冲突,令当事者难以作出两全其美的选择,这就是民谚所说的"忠孝不能两全"。

孔子就遇到了这样的难题。叶公设问:"吾党有直躬者,其父攘羊而子证之。"这个问题涉及王权与伦常孰为主导的问题,孔子一时语塞,只好说:"吾党直躬者异于是,子为父隐,父为子隐,直在其中矣。"[④]孔子宁可放弃王法也要维护孝道伦常的崇高。无独有偶,孟子也遇到了同样的难题。弟子姚应问:"舜为天子,皋陶为士,瞽瞍杀人,则如之何?"瞽瞍是舜之父,舜能选择维护王权的尊严而有亏孝道吗?抑或反之?这很难作出圆满的答复。好在孟子善辩,说:"舜视弃天下犹弃敝屣也,窃负而逃,遵海滨而处,终身欣然,乐而忘天下。"[⑤]孟子回避了矛盾的实质,他的选择也是把维护孝道放在首位。

① 吴虞:《家族制度为专制主义之根据论》,《新青年》第2卷第6号。

② 《李大钊文集》(下卷),人民出版社,1984年,第178页。

③ 《汉书·宣帝纪》。

④ 《论语·子路》。

⑤ 《孟子·尽心上》。

不过,孔子和孟子遇到的难题毕竟是假设,解决的方法除了隐瞒就是逃避。在实际政治生活中,却是王法无情。如果真的遇到了忠孝冲突,面临着何去何从的两难选择之时,当事者往往只有死路一条。例如,楚国人石奢德行高尚,"公正而好直",楚昭王命他掌管司法。某日,石奢路遇杀人者,凶手竟是其父。石奢十分为难,来见昭王,说:"杀人者,臣之父也。以父成政,非孝也;不行君法,非忠也。弛罪废法,而伏其辜,臣之所守也。"于是"刎颈而死乎廷"①。

又如,田常弑齐简公,与国人相盟,下令"不盟者死其家"。石他闻讯后,深感难以抉择:"古之事君者,死其君之事。舍君以全亲,非忠也。舍亲以死君之事,非孝也……然不盟是杀吾亲也,从人而盟,是背吾君也。"石他左右为难,为了不失忠孝,只好"进盟以免父母,退伏剑以死其君"②。石他为了"忠孝两全"而选择了一条死路。类似的事例还可以举出很多。③实际存在的忠孝冲突具有难以避免的实际选择的两难性。这一事实的频繁出现致使人们在观念上逐渐形成了一个共识,谓之"忠孝难两全"。那么究竟是什么原因促使忠孝之道的逻辑统一又转向了实践的悖论?下面试作分析。

其一,就政治关系方面说,忠孝冲突反映了君权与父权的矛盾。在传统中国,以血缘宗亲关系为纽带的宗法家族制度与君主专制政体相辅相成,君权与父权的专制对象有区别,但本质同一。"家族制度之与专制统治,遂胶固而不可分析"④;"君臣关系的'忠',完全是父子关系的'孝'的放大体"⑤。然而,这种同一必须以父权臣服于君权为前提。父家长在家族(庭)范围内拥有绝对的权威和支配力,但是走出家庭(族)在政治生活范围内,君主是"天下之大父母也"⑥,君权是父权的集中体现和政治上的最高代表。因之,虽说儒家文化极崇孝道,但孝道从不敢冒犯君主的权威。

忠孝之道的逻辑统一要求人们不偏不倚地服从君与父的双重权威,"在朝则从君之命,在家则随父之制,然后君父两济,忠孝各序"⑦。显而易见,建构这种逻辑统一的前提是一个假设:君父之间既不存在也不会发生任何矛

① 《韩诗外传》卷二。

② 《韩诗外传》卷六。

③ 文中举出的两例见诸《韩诗外传》,虽非史籍所载,难以确证其事,但集中体现了那个时期人们对于忠孝冲突的认识和思考。

④ 吴虞:《家族制度为专制主义之根据论》,《新青年》第2卷第6号。

⑤ 《李大钊文集》(下卷),人民出版社,1984年,178页。

⑥ 《尚书·洪范》。

⑦ 《晋书·庾纯传》。

盾,因而从不会触及君父主属关系的稳定。但是,在现实生活中不可能排除个别父权与君权的冲突。这种冲突一旦出现,君主之间的主属关系就会被打破,会暂时变为对立的或平行的关系。当事者身兼忠臣与孝子的双重角色,必然在忠君或孝亲的双向选择中陷于进退维谷的两难境地。

其二,从政治价值方面看,忠孝冲突内涵着公与私的激烈矛盾。在中国传统政治文化中,公和私是一对内涵极其纷杂的概念。春秋时代,随着"王纲解纽"、权力下移的趋势,诸侯国君与卿大夫之间的权力争夺愈演愈烈,这时人们称诸侯国君为"公门",称卿大夫为"私家"。春秋之后,公和私又比较频繁地用于概括君臣关系。一般以君主和君主代表的王朝为公,臣和臣的私利为私。

忠孝之道的逻辑统一表明了其基本价值的一致性。然而由于忠和孝维护着不同的权威,它们又各有其具体的价值取向。忠的基本价值取向是"致公无私"。《左传·僖公九年》载:"公家之利,知无不为,忠也。"汉儒贾谊说:"为人臣者主丑亡身,国丑忘家,公丑忘私。"[①]《忠经·天地神明章》把这些认识概括为"忠者,中也,致公无私"。这个价值取向杜绝和屏弃了任何个人、私家或集团的利益,维护君主利益才是臣民的全部价值选择。

孝的具体价值取向却认可了私的合理性。儒家文化历来注重等级原则,在建立和巩固君主政治秩序的前提下,尊尊与亲亲同等重要。虽然孔子曾经有过泛爱理想的流露,说过"仁者爱人"这样的话。但是一涉及具体政治,他就毫不含糊地把"君君,臣臣,父父,子子"的等级原则放在了第一位。孟子早就说过:"未有仁而后其亲者也。"[②]他之所以扬言"能言距杨墨者,圣人之徒也"[③],就是缘于杨朱的"为我"和墨子的"兼爱"有无君无父之嫌,与亲亲尊尊相悖谬。然而传统儒家文化的等级原则与公私观念之中隐含着悖论:就是说,越是在政治理性上坚持等级原则,就越是意味着"私家利益"的合法性。如《孟子·万章上》载:"孝子之至,莫大乎尊亲",《孝经·圣治章》"不爱其亲而爱他人者,谓之悖德;不敬其亲而敬他人者,谓之悖礼"。正是等级原则制约下的道德规范要求"父慈子孝",孝道的圆满实践必须坚持"私亲"的合理性。这种价值取向与忠君的"致公"犹如冰炭而同器。忠孝之道的逻辑统一背后隐匿着深刻的价值对立,在一定条件下或某种特定景况下,公与私的冲突往

---

① 《新书·阶级》。

② 《孟子·梁惠王上》。

③ 《孟子·滕文公上》。

往经由忠孝冲突表现出来。

明儒吕坤说:“公私两字便是宇宙的人鬼关。”[①]在忠孝冲突面前,究竟何去何从?忠孝之道实际选择的两难性成为困扰古人的一大难题。

三、忠孝义务与极度扩张型亲情义务观

晋人刘斌说:“敦叙风俗以人伦为先,人伦之教以忠孝为主。”[②]忠孝之道作为传统政治文化的主要构成之一,被专制统治者奉为政治伦理的普遍法规,对于全体社会成员的政治行为及观念有着巨大的强制力和强烈的影响力。在一般情况下,人人都要把履行忠孝之道作为自己毕生亲躬的社会和政治义务,没有选择的权利或逃避的余地。

中国传统政治文化针对不同的政治角色,对忠孝义务作了具体规定。天子首当其冲。

> 《孝经·天子章》:爱敬尽于事亲,而德教加于百姓,刑于四海,盖天子之孝也。
>
> 《忠经·圣君章》:王者上事于天,下事于地,中事于宗庙。以临于人,则人化之,天下尽忠,以奉上也。

从这些表述看,所谓“天子之忠孝”除了职责和义务外,还内涵着权力的规定。一方面,君主要亲身实践爱敬其亲,为黎庶百姓作出表率;另一方面,“尊亲之至,莫大乎以天下养”[③]。君主作为天下最大的父家长,能以德刑二柄治平天下,使天下百姓安居乐业,“以保社稷,以光祖考”[④],便是忠孝之道的践履。明儒李贽一针见血地指出:“父亲之于君亲,一理也,天下之财皆其财,多用些亦不妨;天下民皆其民,多虐用些亦只得忍受。”[⑤]天子之忠孝的真旨是专制其民,不过是其专制权力的一种表述方式罢了。

至于士民百姓,忠孝义务的内涵无外乎安分守己,遵行法度,应役当差,

① 《呻吟语·治道》。

② 《晋书·庾纯传》。

③ 《孟子·万章上》。

④ 《忠经·圣君章》。

⑤ 《焚书》卷二。

输租纳赋,竭诚事奉君父。

> 《孝经·士章》:忠顺不失,以事其上,然后能保其禄位,而守其祭祀。盖士之孝也。
>
> 《忠经·百工章》:君子之事上也,入则献其谋,出则行其政,居则思其道,动则有仪……苟利社稷,则不顾其身……盖百工之忠也。
>
> 《孝经·庶人章》:用天之道,分地之利,谨身节用,以养父母,此庶人之孝也。
>
> 《忠经·兆人章》:祗承君之法度,行孝悌于其家,服勤稼穑,以供王赋。

忠君和孝亲作为人们最基本的社会政治义务,谓之"百行之冠冕也"。

然而忠孝之道实际选择的两难性给人们同时履行忠君孝亲双重义务的真实性打了折扣。古人对于这一点以有所察觉。晋人刘斌说:

> 若孝必专于色养,则明君不得而臣,忠必不顾其亲,则父母不得而子。是以为臣者,必以义断其恩;为子者必以情割其义。[1]

这就是说,在现实生活中,随着个人生活范围与活动重心的调整,人们的义务选择必然有所侧重。据《韩诗外传》载:"楚国有士曰申鸣,治园以养父母,孝闻于楚。王召之,申鸣辞不就……曰:'何舍为孝子,乃为王忠臣乎。'"申鸣因父母在堂,他的活动重心在家庭,未参与政治生活,他在忠君孝亲双重义务之间当然倾向于后者,因而不受王命。后来申鸣听从了父家长的教诲,入仕为臣,官拜左司马,又奉王命平定白公之乱。孰料白公以劫持其父相要挟,令他背叛楚王。申鸣闻讯"流涕而应之曰:'始则父之子,今则君之臣,已不得为孝子矣,安得不为忠臣乎。'"[2]结果其父因此而被杀。由于申鸣的生活范围和活动重心已经移至政治领域了,他身为君主的臣子,当忠与孝发生冲突时,他放弃了孝亲,选择了忠君。

晋人刘斌所言与申鸣的事例表明,偏执一端的义务选择缺乏必要的应变和调处能力,一旦发生忠孝冲突,当事者不免陷入"行不两全,名不两立"

① 《晋书·庾纯传》。

② 《韩诗外传》卷十。

的悲哀境地。那么人们怎样才能既满足君父两方面的需要,又防范了忠孝冲突的伤害,在实际选择中走出“忠孝难两全”的困惑呢?传统的儒家文化没能给出明确的答案,在这一点上,人为的选择最终让位给了历史的选择。

《韩诗外传》卷七记载了这样一件事,齐宣王问田过:“吾闻儒者丧亲三年,丧君三年,君与父孰重?”田过应声答道:“殆不如父重。”宣王闻言很不高兴,质问说:“曷为士去亲而事君?”田过从容而对曰:

> 非君之土地无以处吾亲,非君之禄无以养吾亲,非君之爵无以尊吾亲。受之于君,致之于亲。凡事君,以为亲也。

田过的回答很有典型性,他在这里没有花言巧语糊弄君主,而是实话实说:以孝亲为目的,忠君不过是孝亲的手段。这就使得忠君—孝亲双重义务在实际操作过程中形成了因果律的统一,从而在观念上杜绝了承担义务时偏执一端。田过的认识意味着忠君和孝亲是同一个行为过程,亦即“君子行其孝必先以忠,竭其忠则福禄至矣”[①]。需要关注的是,这里面蕴含着古人对于所谓“历史的选择”的某种悟解,形成这种悟解的缘由至少有以下三点:

首先,中国古代君主专制政体的本质特征之一是政治制约经济,拥有权力即占有财富,分享权力即分享利益。如《盐铁论·刺相》所言:“官尊者禄厚,木美者枝茂。故文王德而子孙封,周公相而伯禽富。”在传统中国,参与政治分享权力是致富之捷径,这一政治特点作用于人们的义务选择,“忠君”理所当然被用为实现财利欲求的手段。《管子·形势解》说得很直白:“臣下忠而不解,则所欲得矣;解则不得。”

其次,人是世界上唯一的社会存在,在人们相互结成的各种各样的社会关系中,血亲关系是最基本的一种。“天地之德曰生,生之所恃者亲。”[②]基于浓重的血亲关系而形成的家庭则是人们社会存在的基本方式,维系血亲关系即意味着对于人之社会存在的确认。从这个角度说,与旨在维系政治统属关系的忠君义务相比较,孝亲义务更符合人们最基本的生存需求,对每一个家庭成员都具有“义不容辞”的意义:“天下之人各怀其家,各私其子,其常情也。”[③]尽管在理性认识上,传统政治文化强调忠孝之道的逻辑统一,但是在

① 《忠经·保孝行章》。

② 《表哀诗序》,见《全晋文》卷六十一。

③ 《亭林文集·郡县论三》。

实际操作过程中,人们的真实选择总是偏重于忠孝统一的因果关系,把孝亲义务视为最终目的。

再次,一般而言,任何义务的履行都要求义务主体具备相应的义务感,义务履行的实现程度与义务感的自觉程度成正比。在实际社会政治生活中,每一种具体义务感的形成、增强或削弱都会受到某些因素的影响和一定条件的限制。忠君义务属于政治义务,影响忠君义务感的因素主要有两点:一是义务主体参与政治的程度。不参与政治生活,便谈不上什么忠君义务感的自觉。二是义务主体对自身享有政治权利的自觉。没有权利,义务感的自觉程度就会降低。在中国古代君主政治条件下,参与政治的绝大多数人可以分享君主赐予的权力,却没有任何法定的政治权利。权力可以分享,也可以轻而易举地被剥夺。没有权利为基础,义务感是空泛的。因之,人们普遍缺乏履行忠君义务的内驱力。中国传统政治文化的"忠君"道德说教实际抵不住现实利益的吸引。"心之所不可绝者,亲戚也"[①],结果是忠君义务实际成为履行孝亲义务的工具。

人类社会的文明与发展总是在历史的选择和人为选择双重力量的交互作用下曲折行进,而且在一定条件下,历史的选择总是要左右人的意志。于是,尽管传统政治文化高举着"出则事公卿,入则事父兄"[②]的忠孝旗帜,但是实际通行的却是"致公无私"悄然地被私家利益的追逐所取代。这恰恰是历史的选择与人为选择的真正统一。于是在传统中国形成了一种十分别致的二元义务观:文化的表层是忠孝之道理性精神标榜下的忠君孝亲双重义务观的相提并论,文化的深层则是实际利益相纠结的极度扩张型亲情义务观的泛化。这是传统中国特有的政治文化现象。

就一般意义而言,"亲情义务观"是指个人对其眷属亲友履行社会义务的自觉。只要家庭仍然是社会基层组织的基本形式,亲情义务观的存在就是合理的。然而在传统中国,孝亲义务的政治目的化使得义务主体履行孝亲义务的自觉无限扩张,渗透到社会政治生活的各个领域。为家人亲友谋利益成为人们政治选择和政治行为的原始驱力,履行亲情义务实际成为人们参与政治的主要目标和最根本的人生目的。这是一种"极度扩张型亲情义务观"。在这样的政治文化氛围中,人们的忠君孝亲双重义务选择逐渐趋而为一,忠

---

① 《三国志·魏志·管宁传》注引。

② 《论语·子罕》。

孝之道实际选择的两难性伴随着极度扩张型亲情义务观的广泛普及和深入人心而无形消解。

人的选择一旦顺应了历史的步履就会产生强烈的推力，在政治操作过程中,极度扩张型亲情义务观促成了中国古代“亲缘政治”异常发达。人们为了最大限度地满足家人亲友乃至自身的利益欲求，大多通过扩大亲缘关系的方法,变国事为家事,化公务为私情,把政治关系转化成为追逐私利的手段。

其中,最上乘者与皇族联姻,身为皇亲国戚,不仅能直接沐浴浩荡皇恩,得到君权的全力庇护，而且能使父权与君权联为一体，私利和公利混而不分。例如后汉的何进、窦武、梁商等都是以外戚执掌权柄,荣享富贵,并泽及子孙的。时人抨击梁氏家族就说:“今梁氏戚为椒房,礼所不臣……而子弟群从,荣显兼加……”[①]次一等者交通王侯,权贵之间结成“党与”,相互攀缘,亦能一荣俱荣,官运亨通。典型事例如后汉执金吾冠恂,其“女孙为大将军邓骘夫人,由是冠氏得志于永初间”。冠恂“所的秩奉,厚施朋友、故人及从吏士。常曰:‘吾因士大夫以致此,其可独享之乎。’”[②]最末等者也要攀龙附凤,作个门生故吏,所谓“朝中有人好做官”。再不然就结同门,叙同乡,拜义兄,拉本家,认干亲,以便官官相护,长保禄位。正如汉末王符指出的那样:“夫与富贵交者,上有称举之用,下有货财之益。”[③]

“亲缘政治”的异常发达使得儒家文化自诩的“社会公正”丧失了“现实的真实性”。在人类思维终止的地方,所有儒家文化的理性认识和伦理政治价值都要放在亲情关系的天平上重新衡量，重新赋予其特定的价值内涵和更为实际的践履意义。中国传统政治文化不遗余力倡导的德治仁政和“天下为公”等社会政治理想,经过历史的筛选,只能滞留于“幻想的现实性”,难以物化为真实的“社会公正”机制,转化为制约实际政治的手段。其结果是,整个社会面对频繁而普遍的政治腐败却难以设防。

“亲缘政治”的异常发达还导致了严重的政治私家集团化倾向。中国古代统治阶级内部实际存在着多种政治势力,他们各以其私家利益为中轴,分化组合成为不同的私家利益集团，随着彼此间势力的消长和利益分布而相互攻讦、联合或是瓦解。私家集团的普遍存在使得基于历史条件而形成的社会阶级与等级呈现出更为复杂的局面,激烈、广泛而持久的权势之争加剧了

① 《后汉书·李固传》。

② 《后汉书·冠恂传》。

③ 《潜夫论·交际》。

国家政治运行中的不稳定因素。其结果是,“群臣比周而避贤,百吏群党而多奸”[①]成为君主政治的官场常态,吏治之腐败成了君主政治不可克治的痼疾。

现代社会的义务观念应当是公益义务观与亲情义务观的有序结合,以明确的法制权利为内核的公益义务观理应成为社会政治观念的主流。当代中国的现代化进程和民主政治发展与传统的极度扩张型亲情义务观本应是格格不入的。可是,令人遗憾的是,在当代中国,传统政治文化的义务观念不无遗留。这不仅在人们的行为选择上造成了亲情义务观与公益义务观的潜在矛盾,而且对实际政治运行也会产生一定的不良影响。

当代中国的现代化发展呼唤人们从盘根错节的亲族关系、裙带关系和无孔不入的亲情关系中解放出来,增强人们在社会政治生活中理应具有的独立个性和积极的社会责任感。特别是人们的义务观念的更新,必须要取决于当代中国法制秩序的建构与完善,需要伴随着公民社会和公民意识的成熟才可能达成。

① 《说苑·君道》。

第十讲　政治社会化：传统中国的“教化”之道

以儒家思想为主体的中国传统政治文化传续数千年。严格而论，这一文化传承历尽沧桑风雨，不乏战乱及域外游牧民族入主中原，但仍然可以说是一脉相传，文化没有中断。这里说的中断，指的是在人类创始文明的发展过程中，有其他文明的介入，且一度取代本土文明；或是伴随着其他民族的介入，形成了新的文化融合。中国则异于是。作为人类社会最古老的文明之一，实属仅见。何以形成如此的历史奇观？从政治文化视阈探寻其缘由，我以为，其中的关键是儒学宗师们提出了一整套主动性极强的知识传播方式，谓之教化之道。伴随汉代以后的制度化发展，在本土文化传续方面起到了极为重要的作用。用现代政治文化理论术语解读，就是“政治社会化”。

一、“政治社会化”一般理论与中国传统社会的政治社会化

中国传统文化既有政治社会化理论，也有相应的制度安排。而且与整个国家体制及民风民俗相关联。不过，我们所说的政治社会化却是现代政治文化理论，在这里用为方法论以解读中国传统社会的文化承载与传播。为此就需要对这一理论本身稍作论说。

（一）政治社会化与政治人

“政治社会化”是政治文化研究的一个特定的论域，一般指的是政治知识的传播过程。对于社会一般成员来说，是其个体的政治知识、政治态度、政治价值观念、政治理念、政治情感以及政治信仰等等的形成过程，也是其政治人格的形成过程，亦即一个人从“自然人”成长为政治人的过程。对于一个民族来说，政治社会化是指民族的政治文化的传承过程，亦即那些政治方面

的知识、态度、价值观和政治信仰等等通过什么样的方式和渠道,一代一代延传下来的过程。关于这个问题的理论界定,学术界目前尚无定论。研究者根据自己的理解和积累,见仁见智。例如:

G·A.阿尔蒙德说:

政治社会化是政治文化形成、维持和改变的过程。每个政治体系都有某些执行政治社会化功能的结构,它们影响政治态度,灌输政治价值观念,把政治技能传授给公民和精英人物。在一些社会中,政治社会化功能可能周期性地由担当社会角色的家庭、教士和头人执行,这些社会角色有时进入政治领域。在另一些社会中,政治社会化可能是专业化政治机构的明确职责。①

王卓君说:

政治社会化的含义被某些西方学者外推为"一种上一代人向下一代人传递政治标准和政治信念的途径。"

我们认为,政治社会化就是个人逐渐接受社会政治文化规范,并使自己逐渐成为合格的社会公民的过程。或者用我们本章研究的主题相关的术语来说,政治社会化就是政治文化的传递。②

杨光斌指出:

1958年,美国著名政治学家戴维·伊斯顿和罗伯特·海斯发表论文《政治社会化研究中的若干问题》,对政治社会化问题展开了专门研究。1959年,赫伯特·海曼的《政治社会化:政治行为心理的研究》艺术出版,第一次从政治心理的角度系统地论述了政治社会化的过程。

如戴维·伊斯顿、杰克·邓尼斯指出:"政治社会化是人们习得政治

① 加布里埃尔·A.阿尔蒙德等:《比较政治学:体系、过程和政策》,上海译文出版社,1987年,第91页。

② 王卓君主编:《现代政治学引论》,东南大学出版社,2000年,第227页。文中外国学者指R. Dawson(道森)and K. Prewitt(普雷维特),征引观点见:*Political Socialization*, Little Brown & Company, Boston, 1969, p.6。

取向和行为模式的发展过程。"

罗伯特·E.道斯等也认为:"人们关于政治传统或政治角色以及与之相关的行为的知识不是与生俱有的,政治社会化就是获取这些知识的一种或多种过程。"

格林斯泰因认为:"政治社会化是正式负责教育的机构有目的地对于政治意识、政治价值和政治习惯的灌输。"

政治社会化的过程实际上是两个运动过程的辩证统一。一方面,对于政治体系中的个体成员来讲,政治社会化是社会成员通过教育和其他途径,获得政治态度、政治信仰、政治知识和政治情感,从而形成政治人格、成为政治人的过程。另一方面,对于政治体系来讲,政治社会化又是政治体系塑造其成员的政治心理和政治意识的过程。在这一过程中,政治体系通过各种途径,将体系内的主导政治意识在全体社会成员中扩散和传播,以使其成员接受某种特定的政治信息、政治情感和政治信仰,并按照共同的模式进行政治活动。①

从上述征引的观点看,总体上是大同小异的。所谓政治社会化指的是人和人类群体的"社会化"过程。对于社会群体来说,全社会所具有的政治价值、态度、信仰等政治文化是维系政治秩序、调节整治关系的重要纽带。这些群体共有的政治文化是在这个群体本身的历史过程中逐渐形成的,既传承于上代,又延绵于后世。那么,维系和传承社会群体政治文化的过程就是这里说的政治社会化。当然,社会群体意义上的政治社会化首先作用的是个体,所谓维系、传承、变革和创新政治文化的过程,是在社会一般成员达成了其个体的政治社会化的基础上进行并完成的。

对于个人而言,政治社会化指的是个体的政治知识、价值观念、态度、心态和信仰等形成的过程,这就是前面说的如何使一个"自然人"成长为"政治人"的过程。经由这样的过程,一般社会成员获得了"政治自我",对于自己在社会政治生活中的定位、自身的权利、责任、义务等等都会具有相应的认识

① 杨光斌主编:《政治学导论》,中国人民大学出版社,2000年,第87、88页。文中征引外国学者观点分别参见:[美]戴维·伊斯顿、杰克·邓尼斯:《政治系统中的儿童:政治合法性的起源》,纽约,麦克格劳—希尔公司,1969,第7页;《布莱克维尔政治学百科全书》,中国政法大学出版社,1992年,第571页;《国际社会科学百科全书》(*International Encyclopedia of the Social Science*)(第14卷),美国自由出版社,1968年,第551页。

或自觉。

本书的界定借鉴了前人的研究，总体上取其综合之义。如果能用一句话来概括政治社会化，则可以这样表述：政治社会化是一个民族维系、延传政治文化的过程；对于个人来说则是其学习、获取和形成政治文化，成长为政治人的过程。

个人的政治社会化过程在实际社会政治生活中表现为一个持续的学习过程。伴随着人们从幼年到成年的成长过程，伴随着人的生理和心理的成熟过程，人们一般都会经过家庭、学校、社会交往、社会团体、政治组织等等阶段性的学习过程，了解、接受并形成自己的政治认知、观念意识、价值观、情感和信仰，等等。这样的学习方式也可以分为两类：一种是间接的学习过程，如家庭、学校，以及与同辈集团的交往等等。另一种是直接的学习过程，主要指有组织的政治学习或加入社会—政治组织而受到的政治教育等。当然这是就一般情况而言，具体到社会成员个体，则是因人而异的。

一般而言，社会或政治系统为实现针对全体社会成员的政治社会化，提供了各种各样的政治社会化组织形式。这些组织形式可以分为两类。

一类是初级的组织形式，主要是家庭和同辈集团。事实上，这样的组织形式常常伴随人的一生，人们在实际社会生活是很难摆脱家庭和同辈集团的。不过，就政治社会化的效果来看，人们在未成年之前，主要是从父母、兄弟姐妹、亲戚，以及与伙伴们的交往过程中获得其最初的政治知识，形成朴素的政治情感、政治态度和政治立场，并为日后政治人格的形成奠定了基础。

初级的政治社会化组织形式分散遍布于社会的各个层面，对于政治系统来说，是很难强化其组织性并实行全面控制的。这就需要通过另一类组织发挥作用。

第二类政治社会化组织形式指的是学校、政党、具有政治性的社会团体、大众传播机构和组织，等等。这类组织的特点是具有高度的组织性和政治性，对于一般社会成员的政治文化的形成、维系和改变有着强势的引导定向和掌控作用。相对前面初级组织的家庭而言，学校和大众传播对人们的影响更为直接和强烈，一般社会成员常常是在这个层面的政治社会化过程中确定了他们的政治态度和行为选择。

政治社会化的直接效果是塑造或曰培育出“政治人”。关于政治人的界定，可以追溯到亚里士多德。亚氏的名言是：“人天生是一种政治动物。”他还说：

> 人类天生就注入了社会本能。
>
> 人一旦趋于完善就是最优良的动物，而一旦脱离了法律和公正就会堕落成最恶劣的动物。不公正被武装起来就会造成更大的危险,人一出生便备有武器,这就是智能或德性,人们为达到最邪恶的目的有可能使用这些武器。所以,一旦他毫无德性,那么他就会成为最邪恶残暴的动物,就会充满无尽的淫欲和贪婪。①

亚里士多德认为,人具有政治性、社会性,人的社会行为表现是可变可塑的。这些认识里面已经包含着关于“政治人”的概括。当然这是广义的概念,即泛指存在于社会政治生活中的所有的人。

其后,圣·托马斯·阿奎那说过:“人天然是一个社会和政治动物,注定比其他一切动物要过更多的合群生活。”②狄德罗则认为:“人从单独或个人的状态,进而到社会状态,于是他定出了许多普遍原则,拥有至高无上主权的统治者,就根据这些原则,由人的手里取得尽可能取得的一切利益,我们已经把这叫作‘政治上的人’。”③阿奎那的认识是在全社会的立场上说的,他对政治人的理解是广义的。狄德罗的理解与阿氏有别,“政治上的人”拥有政治权利和获取利益,这显然是一种狭义的认识。

在现代社会条件下,广义的政治人大体上等同于公民。他们享有法定的权利和义务,处于相应的政治系统和一定的社会关系之中。作为公民,他们理应具有清晰的公民意识。从政治社会化的角度看,作为政治人,他们在成长的过程中亦即政治社会化的过程中，形成了一定的政治认知和政治评估能力,具有作为社会政治主体的政治价值观念和政治参与意识,等等。政治人是政治社会化的逻辑结果,将每一个社会成员从自然人培育成政治人,正是政治社会化过程的主要功能。

不过,在实际社会政治生活中,并不是所有的社会成员都会具有清晰的公民意识或完善的政治文化建构，总会或多或少有一部分社会成员身处政治系统之中，却不会主动参与政治，他们的政治认知和政治价值观念或淡

---

① [古希腊]亚里士多德:《政治学》,中国人民大学出版社,2003年,第4、5页。

② 《阿奎那政治著作选》,商务印书馆,1963年,第44页。

③ 周辅成:《西方伦理学名著选辑》(下卷),商务印书馆,1964年,第34页。

薄,或逆反,表现为某种程度的政治无知或冷漠。于是,有研究者把这样的人群排除在政治人之外。这样的"政治人"界定显然是狭义的。

本书的立意是将现代美国政治学研究中的政治文化作为一种方法论借鉴过来,同时也给予相应的本土化调整。有鉴于此,并结合前述有关政治社会化的概括性的界定,又考虑到中国传统政治文化的特点和君主政治的强势统治,我们对于"政治人"的界定选用的是广义的概念,即政治人涵指生活在政治系统中的一般社会成员。罗伯特·A.达尔为我们的选择提供了理念上的支持。他说:

> 无论一个人是否喜欢,实际上都不能完全置身于某种政治体系之外。一位公民,在一个国家、市镇、学校、教会、商行、工会、俱乐部、政党、公民团体以及许多其他组织的治理部门中,处处都会碰到政治。政治是人类生存的一个无可避免的事实。每个人都在某一时期以某种方式卷入某种政治体系。[①]

当然,达尔说的是当代西方社会的政治状况,古代中国似乎与达尔讲得不能贴切。其实,如果我们仔细考察中国传统社会的君主政治,就会看到政治统治和政治思想的早熟[②],政治体系的完备与政治运作的合理性,政治权力和政治权威实现了对社会所有成员的覆盖与宰制。虽说没有公民、工会、俱乐部等现代社会的身份、称谓和组织,而且也不可避免地存在着政治冷漠和政治疏离现象;但是,传统中国的"家国一体化"仍然使得一般社会成员通过各种方式与政治形成联系,"卷入政治体系"。因之,选择广义的"政治人"会更适合我们的分析。

(二)传统中国政治社会化的特点

中国传统政治文化的政治社会化过程是全方位的和具有鲜明特点的。君主政治的一般社会成员不是现代社会的公民,而是臣民。他们没有法定的权利,却天生承担着的义务。因而作为传统中国的一般社会成员,他们的政治参与意识和实际行为是值得怀疑的。不过,传统中国的政治社会化途径和

---

① 罗伯特·A.达尔:《现代政治分析》,上海译文出版社,1987年,第5页。

② 当代中国最著名的思想史学者侯外庐先生就认为中国人在文明整体的发展上是"早熟的",参见其《中国思想通史》(第一卷),人民出版社,1956年,第17页。

方式是面向全社会的。政治社会化的效果是积极有效、可圈可点的,在维系政治系统和政治文化延传方面起到了不可替代的作用。中国古代社会的君主政治之所以延续两千多年,政治社会化的强势与完备是其重要原因之一。

总的来看,中国传统社会的政治社会化组织颇为完善,组织传承源远流长,特点亦很鲜明。简言之,要点有三。一是家庭—家族的组织性很强,政治社会化的功能显著。二是学校教育极为发达,在一定意义上具有政治组织的功能和效果。三是“政治录用”具有某种政治社会化的实效。

关于第一点,中国社会自古聚族而居,血缘关系的文化遗存和社会延传比较完整,家族、家庭的组织性很强。这种强势可以从三个方面来看。

一是在社会制度方面有完善的宗法制遗留下来。传统中国以农业立国。在简单再生产的小生产条件下,以血缘为纽带的宗法关系使得人们的社会存在具有相应的互助便利、归属感和安全感。宗族关系是基于血缘关系而建构的,保有宗法制既是个人生存的需要,也是社会生产和发展的需要。于是源自先秦的宗法制度便一直延续下来。宗法制度的延传在社会基本组织形式上维护了父家长的权威性,同时也使得以家族或家庭为施用范围的道德规范和一般法规具有相当的权威性和普及性。围绕着宗法制形成的等级观念和服从权威的意识等等,主要集中在儒家文化的理论经典《礼记》之中。宗法制的完整性使得家族和家庭不仅具有完备的形式,而且具有内敛而强化的组织功能,从而为实现全社会的政治社会化提供了传统中国特有社会条件和初级组织形式,致使所有社会成员来完成他们的“政治人”整塑具有了可能性。

二是在思想观念上,事关家族或家庭生活的价值观念以及相关理念是极为丰富的,而且被载入了儒家文化的经典。主要有《礼记》《孝经》,等等。这里选录《礼记》所载数条规定,我们就可以清楚地看到在家族和家庭生活中,父家长的权威有多么强大。

> 在父母、舅姑之所,有命之,应“唯”,敬对,进退周旋慎斋。升降出入揖游,不敢哕噫、嚏咳、欠伸、跛倚、睇视,不敢唾洟。寒不敢袭,痒不敢搔。
>
> 父母在,朝夕恒食,子妇佐馂,既食恒馂。[①]

① 《礼记·内则》。

见父之执，不谓之进，不敢进；不谓之退，不敢退；不问，不敢对。夫为人子者，出必告，反必面；所游必有常，所习必有业。[①]

这里记录的都是些日常生活琐屑之事，但是我们恰恰可以从中看出父家长的权威，看出在中国传统政治文化的覆盖下，家族或家庭对于一般社会成员行为规范的强制作用，体味出其中的政治社会化功效。

《礼记》《孝经》等都是儒家经典，历代士子必读。这些融贯着家族组织权威理念的生活琐屑被儒家文化奉为做人的基本道德规范和行为规则，被历代统治者和士人们奉为真理，代代相承下来。这就使得家族或家庭的政治社会化功能不仅具有实践中的权威性，而且在理论保障和组织理念方面建构了牢固的支撑，因而得以始终保持着强韧的生命力而越发坚不可摧。

三是汉代以后出现了专门的家训、家范类著述。从历史的源流来看，家训的思想出现很早，先秦时期就有很多这方面的记述，例如《史记·鲁周公世家》有周公训诫其子伯禽的记载。《尚书》中的《酒诰》《康诰》《立政》《君奭》《多士》《梓材》《无逸》等篇也记述了周文王、周公的训诫。[②]这些训诫主要内容是如何安邦立国，体现了西周统治者的"政治思想"。不过，由于训诫的对象是（文王对）姬发（周武王）、（周公对）伯禽或姬诵（周成王），具有家训的性质。故而研究者们多把这些记载视为中国家训、家范的开端。

后世出现的家训类著述种类繁多，其中著名的有《颜氏家训》《温公家范》《袁氏世范》《朱子家训》[③]，等等。这类著作有的内容简约，韵白相宜，即被列入蒙学教育，社会影响极为广泛。例如《朱子家训》一名《朱子治家格言》，如像《弟子规》《神童诗》一样为村学蒙养所教授，童稚识字不多，亦能朗朗上口，遂广为流传。

家训的普及，一方面使得家规内含着的道德规范和行为戒条被人们普遍接受，被视为理所当然，从而促进了人们的政治社会化。另一方面，家训、

---

① 《礼记·曲礼上》。

② 如《史记·鲁周公世家》：周公戒伯禽曰："我文王之子，武王之弟，成王之叔父，我于天下亦不贱矣。然我一沐三捉发，一饭三吐哺，起以待士，犹恐失天下之贤人。子之鲁，慎无以国骄人。"

③ 《朱子家训》又称《朱子治家格言》，为清代学者朱柏庐所著。朱伯庐（1617—1688年），名用纯，字致一，柏庐者，自号也。江苏昆山人。曾为明代生员，清初居乡教书。康熙帝开博学鸿儒科以招揽天下士子，朱坚辞不就，遂终身未仕。治学主张知行并进，著作除《治家格言》，还有《大学中庸讲义》《愧讷集》等。

家范最维护和推崇父家长的权威。《温公家范·序》就征引《孝经》曰:“闺门之内,具礼矣乎?严父严兄,妻子臣妾,犹百姓徒役也。”家族或家庭的权威性和重要性藉此而越发深入人心,在政治社会化方面起到了意想不到的效果。例如众所周知的“岳母刺字”。据《宋史》本传,秦桧诬陷岳飞入狱,命令何铸审理之。“(岳)飞裂裳以背示铸,有‘尽忠报国’四大字,深入肤理。”①这样的事例本身在历史和民族文化的传承中又具有其特殊的政治社会化效果。

家族或家庭的政治社会化在传统中国的作用绝非向壁虚构,而是事实俱在,源远流长。

关于第二点,即学校教育问题。中国自古教育发达,最初是“学在官府”的贵族教育,近至春秋而有私学出现。孔子三十而立,立志办学,以“有教无类”相号召。子夏曰:“仕而优则学,学而优则仕。”②这显然是孔门儒学的教育目标,就是要士人们旗帜鲜明地参与政治。孔子在教育培养学生的过程中,为了这样的目标而不遗余力。在君主政治时代,平头百姓要想介入君主政治体制,当然需要具备必要的政治知识和素养,纵观孔子开创的儒家文化教育模式,他们正是这样做的。据《论语》载:

> 子以四教:文,行,忠,信。
>
> 子曰:德之不修,学之不讲,闻义不能徙,不善不能改,是吾忧也。
>
> 子曰:兴于《诗》,立于礼,成于乐。
>
> 子曰:多闻阙疑,慎言其余,则寡尤;多见阙殆,慎行其余,则寡悔。言寡尤,行寡悔,禄在其中矣。③

孔子的教育目的是“学干禄”,教育的内容无外乎道德、礼仪和谨言慎行等规范性知识。这样的学校教育模式不论是私立还是官办,都会具有极其鲜明和强势的政治社会化功能,即把一般社会成员从日常生活中剥离出来,使得他们具备了遵从权威、服从官长、忠于君主的政治素质和循规蹈矩的行为自觉性。

孔儒的学风形成于先秦,延及后世,影响深远。汉代自汉武帝起始,在帝国中央设立官学。随即普及到郡县地方。其后,私塾、书院与路、府、州、县各

① 《宋史·岳飞传》。

② 《论语·子张》。

③ 《论语·述而》《论语·为政》。

级官学交织在一起,在普及文化教育的同时,也完成了全社会的政治社会化过程。中国传统政治文化的价值系统及政治观念正是经由这样的过程而传播到山间林下,甚而穷乡僻壤。

以孔儒为基本模式的学校教育还培育出一个士人阶层，他们既是官僚队伍的后备力量,也是传播政治文化的主要工具。学校与士人阶层形成了一个完美的共同体,为中国传统社会的政治稳定建构了坚实而牢靠的社会基础。

关于第三点,中国历史上的"政治录用"具有政治社会化的重要功能。政治录用是现代政治学概念,中国传统文化谓之"选官用人","尚贤使能"。

先秦时代以贵族政治为主流,在比较长的一段时期内,血缘关系和等级身份是介入体制执掌权力的主要条件。秦汉以降,伴随着中央集权官僚制君主政治的建立和官僚体制的完善,官员录用的方式渐次形成特色。汉代实行"察举制",如前面"贤人政治"一节所述,东汉章帝"取士"分为四科:"一曰德行高妙,志节清白。二曰学通行修,经中博士。三曰明达法令,足以决疑,能案章覆问,文中御史。四曰刚毅多略,遭事不惑,明足以决,才任三辅令。"[①]这四个科目各有所长,但是有一点是相通的,就是要"皆有孝悌廉公之行"。道德是士人介入政治体制的最重要条件。这样的录用官员方式,势必有着非常明确的引导定向作用,使得那些凡有志于参与政治谋求政治前途的人,不得不尊孔读经,在儒家文化设定的人生道路上穿行。他们全盘接受了传统政治文化的价值观念,培育出君权崇拜的政治信仰,以儒家文化的政治道德来树立善恶是非理念,按照君主政治的政治录用标准来整塑自身。

可见无论是察举还是后世的科举,其整塑人们的思想观念、信仰理想和行为方式的功能都是很突出的。所以,汉武帝举公孙弘为丞相,封平津侯,食户六百五十,在社会上引起极大反响。《汉书·儒林传》载:"公孙弘以治《春秋》为丞相封侯,天下学士靡然乡风矣。"又有韦贤,"兼通《礼》《尚书》,以《诗》教授,号称邹鲁大儒"。汉宣帝时为丞相,封扶阳侯,"食邑七百户"。其"少子(韦)玄成,复以明经历位至丞相。故邹鲁谚曰:"遗子黄金满籝,不如一经"[②]。这些谣谚足以表明传统社会的政治录用在政治社会化方面的作用和影响。

以上三个特点,在中国传统政治文化中均被看作是治民安天下的手段,儒家文化有专名词称之曰:"教化之道。"

① 《后汉书·百官志一》注引。

② 《汉书·韦贤传》。

二、教化之道

如前所述,中国传统政治文化中的“教化之道”正是现代政治学意义上的政治社会化过程。不过,按照传统的儒家文化的思路,德治教化被视为治国方略,教化则是治理百姓的首选政策。孔子早就拟定了这样的方针。《论语》载:

> 子适卫,冉有仆。子曰:“庶矣哉!”
> 冉有曰:“既庶矣,又何加焉?”
> 曰:“富之。”
> 曰:“既富矣,又何加焉?”
> 曰:“教之。”①

可知“先富后教”是孔子拟定的基本国策,教化是治民的主要手段。孟子私淑孔子,完全承袭了夫子之教,他说:

> 仁言不如仁声之入人深也,善政不如善教之得民也。善政,民畏之;善教,民爱之。善政得民财,善教得民心。②

“善教得民心”一语道出教化的功效和儒学宗师们选择教化作为基本国策的缘由。先秦儒学宗师们的认识被后世继承下来,成为以儒家文化为主体的中国传统政治文化的通识。

(一)学校教化

所谓“教化”,就是中国古代的统治者通过学校和其他手段教育民众,将儒家文化内含着的政治价值、政治理念和道德规范等等灌输给人们,使得一般社会成员都能接受或认同符合统治者根本利益的理念和观念,并以此修习道德,僵固头脑、束缚心性,最终成为合乎君主政治统治需要的孝子、忠臣

① 《论语·子路》。
② 《孟子·尽心上》。

和顺民,从而保证了政治秩序的稳定。这就是汉儒董仲舒所指出的:“立太学以教于国,设庠序以教于邑”,通过“渐民以仁,摩民以谊,节民以礼”[①],以实现天下大治。

中国古代的思想家、政论家们对于教化之事是极为重视的,汉儒董仲舒说:“圣人之道,不能独以威势成政,必有教化。”[②]北周名臣苏绰曰:“民者冥也,智不自周,必待劝教,然后尽其力。”[③]明儒梁潜说:“夫养民莫先于养贤,养贤莫大乎教化……教道明则贤士众,贤士众则治道得。”[④]这些认识从不同角度说明了,教化是一项重要的“治道”,不论实际政治的运作是什么形式,至少在认识上,教化被看作是最重要的。

那么,教化的内容是什么呢?一般认为主要是儒家文化所倡导的仁、义、礼、智、信及“三纲”等等。汉儒董仲舒讲得十分全面。他说:

> 夫万民之从利也,如水之走下,不以教化堤防之,不能止也。是故教化立而奸邪止者,其堤防完也;教化废而奸邪并出,刑罚不能胜者,其堤防坏也。古之王者明于此,是故南面而治天下,莫不以教化为大务。立太学以教于国,设庠序以化于邑,渐民以仁,摩民以义,节民以礼,故其刑罚甚轻而禁不犯者,教化而习俗美也。[⑤]

这段表述很有代表性。董仲舒作为汉代儒学大师和崇儒的首倡者,他的认识对于后世影响很深远,后学者之论大抵没能超出上述的范围。如晋儒傅玄曰:“夫儒学者,王教之首也。”[⑥]宋初胡瑗曰:“致天下之治者在人才,成天下之才者在教化,教化之所本者在学校。”[⑦]以变新法而闻名于史的北宋王安石也说:“天下之君君臣臣、父父子子、兄兄弟弟、夫夫妇妇,皆吾教也”[⑧],“天下不可一日而无政教,故学不可一日而亡于天下”[⑨]。

---

① 《汉书·董仲舒传》。

② 《春秋繁露·为人者天》。

③ 《周书·苏绰传》。

④ 《泊庵集·二·重学校三》。

⑤ 《汉书·董仲舒传》。

⑥ 《晋书·傅玄传》。

⑦ 《资圣集·松滋县学记》。

⑧ 《王文公文集·原教》。

⑨ 《王文公文集·明州慈溪县学记》。

以上这些认识主要强调了三点:一是教化事关天下治乱,二是教化的内容是儒家文化提倡的礼义道德、君臣父子,三是教化的主要形式是学校教育。

儒家文化历来认为君主政治的运作过程是上行下效,所谓“君子之德风,小人之德草,草上之风,必偃”[①]。因而传统儒家文化认为,统治者一方面要依靠君子即士人作为教化的主力,同时君主也要牢牢把握住教化民众的领导权,自上而下强化社会政治道德与君主政治的统一性。如王安石所言:“道德一于上,而习俗成于下。”[②]亦如王夫之的教导:

> 言治者,知兵权之不可旁落,而不知文教之不可下移,未知治道之纲也。一道德,同风俗,教出於上之谓也。[③]

从政治社会化的视角看,学校教育具有一定的直接社会化效力。儒家文化以教化作为治民的首选良策,并极其重视学校教育,实是选用了这种具有直接政治社会化效果的方式管理庶民百姓。汉代以后的儒学成为维护君主政治的政治意识形态,被视为统治者的政策依据,儒家文化对于统治者们的影响和强制作用是十分明显的。故而自汉代起始,统治者无不首先关注学校教育,儒家文化积累的丰厚政治经验告诉他们,学校是传播儒家思想,教化士人与万民的最重要的途径。

从历史的现象看,一般而言,历代统治者往往一俟政权安定,即着手兴办教育。学校的历史在中国古代最为悠久。据文献记载,上古三代时期就开始设立学校了,但名称不同,而且都是贵族的学校。据《礼记·王制》:“殷人养国老于右学,养庶老于左学。”又:“天子命之教,然后为学。小学在公宫南之左,大学在郊,天子曰辟雍,诸侯曰泮宫。”再据孟子说:“庠者,养也。校者,教也。序者,射也。夏曰校,殷曰序,周曰庠,学则三代共之,皆所以明人伦也。”[④]可知三代时期的学校主要是官学,学习的内容大概就是贵族们的“六艺”了。

春秋时期,孔子开办私学,打破了“学在官府”的传统;与孔子同时的一些学者也纷纷办学。这种私人办学的传统一直得以延续,秦朝统治者焚书禁

---

① 《论语·颜渊》。

② 《王文公文集·乞改科条制》。

③ 《读通鉴论·安帝》。

④ 《孟子·滕文公上》。又据段玉裁《说文解字注》:“序,礼官养老。夏曰校,殷曰庠,周曰序。”此说与孟子相异。

学，也没能禁止私人传授，只是由公开转入了地下。汉代政权建立后，由于实行“无为而治”，政治氛围比较宽松，私学又开始兴盛。汉文帝时，儒者贾山提出“定明堂，造太学，修先王之道”[①]，首先提出了设立官学的建议。由于当时条件不具备，没有实行。武帝时，董仲舒在他的《举贤良对策》中再次强调设立官学的重要性，建议在中央设立太学。汉武帝接受了董仲舒的建议，于元朔五年（公元前124年）诏令丞相公孙弘等“廷议”。公孙弘等议为“可行”，并议请设立博士弟子员50人，中国古代社会的第一所中央直属的“太学”终于建立起来了。

此外，早在汉景帝末年，文翁任蜀郡守，即设立了郡国之学。据《汉书·循吏传》记载：

> 文翁……景帝末为蜀郡守，仁爱好教化，见蜀地辟陋，有蛮夷风，文翁欲诱进之，乃选郡县小吏……遣诣京师，受业博士，或学律令……数岁，蜀生皆成就还归，文翁以为右职……又修起学官于成都市中，招下县子弟以为学官弟子，为除更徭，高者以补郡县吏，次为孝弟力田，常选学官僮子，使在便坐受事，每出行县，益从学官诸生明经饬行者与俱，使传教令，出入闺阁。县邑吏民见而荣之，数年，争欲为学官弟子，富人至出钱以求之。由是大化，蜀地学于京师者比齐鲁焉。至武帝时，乃令天下郡国皆立学校官，自文翁为之始云。

文翁开启了兴办地方学校之先河，汉武帝下诏在全国推行，“天下郡国皆立学校官”。汉元帝时，诏令“郡国置五经百石卒史”，为地方官学的教师规定了品秩。汉代学校的类型和规模直接影响着后世。至唐、宋之世，书院风行，私学益盛，从而为儒家文化在社会上的广泛传播提供了条件。总括而言，自两汉起始至以后历朝，学校教育已是门类齐全，制度完备，成为中国古代社会君主政治条件下，实现政治社会化的主要组织形式。

通览整个传统中国，学校的类型、名称各有不同，但是它们具有共同的政治社会化功能，就是传播统治阶级的政治思想、理念和道德观念，对一般社会成员实行思想教育和道德驯化。关于这一点，我们在臣僚上疏和帝王诏令中可以找到详尽的说明。例如，西汉公孙弘在上疏中说：”闻三代之道，乡

① 《汉书·贾山传》。

里有教,夏(朝)曰校,殷(朝)曰庠,周(朝)曰序。其劝善也,显之朝廷;其惩恶也,加之刑罚。故教化之行也,建首善自京师始,由内及外。”[①]董仲舒的上疏说:“太学者,贤士之所关,教化之本原也。”[②]西汉成帝的诏书也强调:“古之立太学,将以传先王之业,流化于天下也。”《礼记·学记》把学校教育的政治功能和社会作用明确概括为:“建国君民,教学为先;化民成俗,其必由学。”这十六个字,可以说是对中国古代学校的功能与作用的经典性概括。

中国古代的统治者们在学校与教化问题上的认识极为清醒,他们无论在理念上还是在实践中,都能认识到实行教化的最佳手段便是设立学校,培训士人,再通过士人的带头作用,影响和驯化全社会。这实际上就是对“学校教化”的政治社会化过程的描述:传统政治文化的政治价值体系及其认知、观念、信仰和态度,等等,通过专门培育的士人群体而传布到社会的各个层面和角落。前文分析士人的五种出路即已表明他们具有广泛的社会分布[③],因而具有这样的条件和能力。统治者的意志和利益通过这样的过程而得到全社会的认同,特别会得到一般社会成员的拥戴和维护。因而古代中国的官、私学校之中,除了有极少数私人教授非儒家学说,如道家思想、律法,等等,绝大部分学校的教学内容都是皇权意志化的儒家经典,受学者所接受的主要是道德和政治教育,形成了忠君爱国、仁孝节义等价值观念。然后,当他们基于“学而优则仕”而介入政治体制,大都会成为官僚队伍中的忠实一员和君主政治的卫道士。如若入仕不成,他们当以知书达礼的士人身份步入社会。或于贵富之家谋一西席,或于村镇乡里设馆授徒,甚或混迹市井测字问卜,不论其通达困顿,大体上他们都会成为思想传布和道德教化的承担者。传统政治文化的政治社会化过程正是经由这样的多层环节而逐步实现的。

从君主政治的体制特点来看,介入政治体制的士人在政治社会化方面的功用更为显著,所谓为官一地,教化一方,这样的事例是很多的。例如,东汉何敞“通经传”,被选派到太尉府中做事,“常引大体,多所匡正”。后来迁任汝南太守,以宽和为政,表彰孝悌有义行者。“及举冤狱,以《春秋》义断之。是以郡中无怨声,百姓化其恩礼。其出居者,皆归养其父母,追行丧服,推财相让者二百许人。”[④]又如,刘宽曾经学习欧阳《尚书》,京氏《易》,尤其通晓《韩

① 《汉书·儒林传》。

② 《汉书·董仲舒传》。

③ 参见本书第三讲第二节。

④ 《后汉书·何敞传》。

诗外传》。入仕后任郡守，政绩卓著，教化大行。据史载，他“典历三郡，温仁多恕，虽在仓卒，未尝疾言遽色。常以为‘齐之以刑，民免而无耻’……每行县止息亭传，辄引学官祭酒及处士诸生执经对讲，见父老慰以农里之言，少年勉以孝悌之训，人感德兴行，日有所化”。[①]这里列举的两例是非常典型的。如何敞、刘宽者往往通过官府的政绩的感化，或是直接面对地方父老众庶，及于少年，进行训诫劝勉。这种政治社会化的方式和效果正是学校教化功效的直接体现。

总之，经由学校训养出来的士人成为教化民众的骨干，不能不令统治者大为赞赏。于是自西汉而至后世，学校的建置自中央而遍布州府县乡。当然，这绝不是说古代统治者们如何重视文化教育，而是恰恰证明了学校的教化作用亦即其政治社会化的功效对于统治者们来说是多么的重要。

（二）循吏的教化功能与表彰循吏

所谓循吏，据《汉书·循吏传·序》师古注曰：“循，顺也，上顺公法，下顺人情也。”即对上能奉公守法，遵循儒家文化的政治理想和道德要求，尊君重道；对下能体恤民瘼，关爱黎庶，教化百姓。这些人实是君主政治治下的模范官僚，是君主的忠良之臣和百姓崇敬的清官。

自汉代武帝独崇儒术，士人们“达则兼善天下”的社会责任感便有了实现的可能。一些入仕后的士人把这种社会责任感具体转化为忠君爱民，施行仁政德治教化，兴办教育等等，古代史家把这部分士人官僚称为“循吏”。循吏是儒家文化德治传统的代表和象征，他们在莅官实践中，在自己的职权范围之内，运用行政立法或其他措施宣扬、传播儒家文化的政治观念和伦理道德，将儒家的伦理道德规范和政治理念具体化为法规与条教，用来制约民众，化民成俗，发挥“吏”与“师”的双重功能。并且，他们还会在力所能及的情况下为黎民百姓做些公益之事，如修桥补路、修堤筑坝、指导农桑，等等，很受下层民众的拥戴。正是在这样的政治实践过程中，他们起到了独特的和颇具实效的政治社会化作用。亦如班固所描述的，循吏行政，“所居民富，所去见思，生有荣号，死见奉祀，此廪廪庶几德让君子之遗风矣”。[②]

自汉代起始，儒家的道德观念与社会教化思想逐渐传播开来，有不少士人官僚在任职地方时，能够自觉地注重并做到施行教化，把儒家文化的政治

① 《后汉书·刘宽传》。

② 《汉书·循吏传·序》。

理念、政治观念和道德规范行政化,条教化,这样的事例史传记载很多,可谓俯拾即是。例如,西汉循吏黄霸,少好律令,又习文法,后来师从名儒夏侯胜学习《尚书》,儒法兼通。在任地方官时,一方面用儒家仁德思想去教化百姓,同时又把教化的内容制定成法规约束他们,以实现孔儒"导之以德,齐之以礼"的理想治道。据载,黄霸任颍川太守时,"使邮亭乡官皆畜鸡豚,以赡鳏寡贫穷者。然后为条教,置父老师帅伍长,班行之于民间,劝以为善防奸之意,及务耕桑,节用殖财,种树畜养,去食谷马。米盐靡密,初若烦碎,然(黄)霸精力能推行之。"[①]

他遵照儒学宗师教给的治政方针——"力行教化而后诛罚",效果颇显著,史家谓之"奸人去入它郡,盗贼日少"。

又如,卫飒任桂阳太守,因该地偏僻,百姓不知礼义规则,卫飒到任后,"修庠序之教,设婚姻之礼,期年间,邦俗从化"[②]。秦彭任山阳太守时,推行礼制教化,"不任刑罚"。又"崇好儒雅,敦明庠序",给当地百姓制定了"四诫","以定六亲长幼之礼"。[③]并上报皇帝,奏请推广。仇览任蒲亭长,既督劝百姓致力于农耕,同时又重视教化。"农事既毕,乃令子弟群居,还就黉学,其剽轻游恣者,皆役以田桑,严设科罚"[④]。

再如,唐代的韦景骏曾任肥乡令,有德治。若干年后调任赵州长史,"道出肥乡,民喜,争奏酒食迎犒,有小儿亦在中。景骏曰:'方儿曹未生,而吾去邑,非有旧恩,何故来?'对曰:'耆老为我言,学庐、馆舍、桥鄣皆公所治,意公为古人,今幸亲见,所以来。'景骏为留终日。后迁房州刺史。州穷险,有蛮夷风,无学校,好祀淫鬼,景骏为诸生贡举,通隘道,作传舍,罢祠房无名者。景骏之治民,求所以便之,类如此"[⑤]。韦丹任容州刺史,"教民耕织,止惰游,兴学校,民贫自鬻者,赎归之,禁吏不得掠为隶。始城州,周十三里,屯田二十四所,教种茶、麦,仁化大行"[⑥]。宋朝的张逸任青神县知县,"既至县,兴学校,教生徒。后邑人陈希亮、杨异相继登科,逸改其居曰桂枝里"[⑦]。

以上随手翻检出几则事例,我们可以看到,这些官员的职务有高有低,

---

① 《后汉书·黄霸传》。

② 《后汉书·卫飒传》。

③ 《后汉书·秦彭传》。

④ 《后汉书·仇览传》。

⑤ 《新唐书·韦景骏传》。

⑥ 《新唐书·韦丹传》。

⑦ 《宋史·张逸传》。

但在其职权范围之内,都能做到躬行教化,他们采用的具体教化方式多种多样,都能取得一定的成效。

显而易见,循吏的教化功能与学校教化是有区别的。地方官员代表着朝廷即君主政治的权威,直接面对的是一般社会成员,较之学校具有更高的政治权威性,教化的范围也更宽广。一般而言,行政权力是具有一定的强制力的,由官府推行的教化,效果更为直接、普遍和显著。

汉儒贾谊曾经比较了礼义教化与法令刑罚的不同社会效果,他说:

> 夫礼者禁于将然之前,而法者禁于已然之后,是故法之所用易见,而礼之所为生难知也……故世主欲民之善同,而所以使民善者或异。或道之以德教,或驱之以法令。道之以德教者,德教洽而民气乐;驱之以法令者,法令极而民风哀。哀乐之感,祸福之应也。秦王之欲尊宗庙而安子孙,与汤武同,然而汤武广大其德行,六七百岁而弗失,秦王治天下,十余岁则大败。此亡它故矣,汤武之定取舍审而秦王之定取舍不审矣。[①]

贾谊之论很有见地,虽说当时没有受到重视,不过对于后世的统治者们却有着深刻的影响。自汉代以降,由学而入仕的官员们以循吏为代表,竭力推行道德与思想教化,着力于化民成俗,使得儒家文化倡导的忠孝礼义等政治价值和道德观念逐渐被庶民百姓们所接受,耳濡目染、潜移默化,以致人们"所谈者仁义,所传者圣法也",逐渐形成了普遍的政治道德观念。使得统治者们向往的"人识君臣父子之纲,家知违邪归正之路"[②]理想局面的实现具有了可能性。

循吏为推行教化不遗余力,并且确实具有实效,为此得到了历代帝王的表彰。当然,君主政治的统治手段无非是刑、赏两手。从政治文化的视角看,刑与赏虽说都是帝王的"治道",但赏赐除了其作为管理方式意义,还具有特定的政治社会化的功效。统治者通过表彰,使得赏赐本身就具有了"树立榜样"的功能,使得受到表彰的循吏具有了某种"榜样效应",在政治社会化方面起到推动、促进和良性循环的作用。例如前引黄霸的政绩就很得皇帝的赞赏,汉宣帝下诏褒奖,夸赞有加:"百姓向化,孝子弟弟贞妇顺孙日益众多,田者让畔,道不拾遗,养视鳏寡,赡助贫穷,狱或八年亡重罪囚,吏民向于教化,

① 《汉书·贾谊传》。

② 《后汉书·儒林传》。

兴于行谊，可谓贤人君子矣。"[①]此外如东汉安帝永初二年（公元108年）邓太后诏曰：

> 夫忠良之吏，国家所以为理也。求之甚勤，得之至寡……昔大司农朱邑、右扶风尹翁归，政绩茂异，令名显闻，孝宣帝嘉叹愍惜，而以黄金百斤策赐其子。故洛阳令王涣，秉清修之节，蹈羔羊之义，尽心奉公，务在惠民，功业未遂，不幸早逝。百姓追思，为之立祠……今以涣子思为郎中，以劝劳勤。[②]

汉代以后，表彰循吏成为帝王们惯用的手段，历代帝王都会在这方面各显其能。例如唐玄宗开元十一年（公元723年）敕曰：

> 侍中源乾曜、中书令张嘉贞、兵部尚书张锐等，忠诚辅弼，以致升平。褒德赏功，先王制也。自今已后，中书门下宜供食。实封三百户，自我礼贤，为百代法，仍令所司，即令支给。[③]

又，清光绪朝循吏王仁堪任镇江知府，政绩卓著。据史载：

> 郡地多冈珑，旱易成灾，仁堪以设渠塘为急务，不欲扰民，捐廉为倡。驰书乞诸亲旧，商富感而输助，得钱三万缗，开塘二千三百有奇，沟渠闸坝以百计。
>
> 十八年秋，丹阳大祲，恩赈之外，劝绅商捐赀，全活甚众。又假官钱于民，使勿卖牛，名曰牛赈。浚太平港、沙腰河、练湖、越渎、萧河、香草、简渎之属，凡二十余所，支沟别渠二百三十有奇。又凿塘四千六百，以蓄高原之水。皆以工代赈，东西百余里间，水利毕举。次年春，赈毕，余四万金，生息备积谷。牛赈余钱，仿社仓法创社钱，按区分储，为修沟洫、广义塾之用。郡西乡僻陋不知学，立榛思文社以教之……在任两年，于教养诸端，尽力为之。[④]

---

① 《后汉书·黄霸传》。
② 《后汉书·王涣传》。
③ 《唐会要·卷53·奖崇》。
④ 《清史稿·王仁堪传》。

王仁堪得到地方士民的广泛赞誉，谓之“视民事如家事，一以扶植善类、培养元气为任，卓然有古循吏风”。呈请朝廷表彰。光绪皇帝“诏允宣付史馆立传，以表循良”①。

表彰循吏不仅为官员们树立了居官表率，而且实现了传统社会士人们的最高人生追求，得以青史留名。因而表彰的意义固然是要通过奖惩以体现君主的权威、恩典和公平，同时更是体现了君主对于循吏教化功能的激励和推动。从汉代以至清末，表彰循吏的“榜样效应”和循吏的直接政治社会化作用相辅相成，强化着各级地方政府对于一般社会成员的政治社会化掌控。君主政治就是经由这样的行政强制手段，驯化和培育了一代又一代的良民，为建构稳固的君主政治统治秩序而不断地夯实基础。

（三）表彰直言、忠义、孝悌与义门

在中国传统社会，帝王的表彰是面向全社会的。除了上述的循吏，还有直言、忠义、孝悌等各种符合儒家道德的模范人士，其中有卿士大夫，也有普通士民。

1. 表彰直言敢谏之臣

谏议理论是儒家文化的重要政治理论，表现在社会政治生活中，就是君主要从谏如流，臣则直言敢谏。纳谏和进谏被传统政治文化列入君道和臣道，分别是有道明君和忠直良臣的道德指标。历代帝王则常常通过表彰直言，以彰明为君者“君道”卓著。兹举两例。

例如唐高宗朝，袁利贞任“太常博士”，以直言而得到褒奖。据史载：

> 永隆二年，王立为皇太子，百官上礼，高宗将会百官及命妇于宣政殿，并设九部伎及散乐，利贞上疏谏曰：“臣以前殿正寝，非命妇宴会之地。象阙路门，非倡优进御之所。望诏命妇会于别殿，九部伎从东西门入，散乐一色伏望停省。若于三殿别所，自可备极恩私。微臣庸蔽，不闲典则，忝预礼司，轻陈狂瞽。”帝纳其言，即令移于麟德殿。至会日，酒酣，帝使中书侍郎薛元超谓利贞曰：“卿门承忠鲠，能抗疏直言，不加厚赐，何以奖劝。”赐物百段。俄迁祠部员外郎。②

又如，苏安恒于唐大足元年（公元701年）、长安二年、三年（公元702、703

① 《清史稿·王仁堪传》。

② 《旧唐书·袁朗传附弟利贞传》。

年)多次上疏,直言议事。时值武则天称帝,权臣武三思、张易之兄弟等把持朝政。苏安恒直言敢谏,开罪于权要,当然没有好下场。张易之等激怒之下,曾“欲遣刺客杀之,赖正谏大夫朱敬则、凤阁舍人桓彦范、著作郎魏知古等保护以免”。但他最终也没能逃脱。据史载:

> 安恒,神龙初为集艺馆内教。节愍太子之杀武三思也,或言安恒预其谋,遂下狱死。睿宗即位,知其冤,下制曰:“故苏安恒,文学基身,鲠直成操,往年抗疏,忠谠可嘉。属回邪擅构,奄从非命,兴言轸悼,用恻于怀。宜赠宠章,式旌徽烈,可赠谏议大夫。”①

苏安恒以直言贾祸,终于得到唐睿宗的表彰,典型地体现了帝王对直言敢谏之臣的器重。这种表彰本身既体现了即位新君的英明和浩荡皇恩,同时也是向天下臣民的一种昭示,从谏如流是圣明君主的品德,表彰直言即教化天下,要人们以此为榜样,争做君主的忠直之臣。

2. 表彰忠义、孝悌、节烈、义门

帝王表彰忠义、孝悌等等更是史不绝书。值得关注的是,表彰忠义,常常会惠及前贤。比较早的记载见诸《史记·周本纪》。武王伐纣之后,实施了多项安民措施,其中就有表彰前贤,如“表商容之闾”“命闳夭封比干之墓”②,等等。这些政策被后世继承下来,成为帝王表彰的一种形式。例如唐太宗李世民就于贞观十九年(公元645年)春二月“赠殷比干为太师,谥曰忠烈,命所司封墓,葺祠堂,春秋祠以少牢,上自为文以祭之”③。帝王表彰忠义,为的是砥砺群臣百官的忠君之节,兹所谓“圣主褒死难之士,养死事之孤,或亲推輴车,或追建邑封,厚死以慰生,抚存以答亡,君不遗于臣,臣亦不背其君也”④。帝王的褒奖诏令成为为臣者的至上荣耀,群臣百官亦藉此得以名留青史。中国二十五部正史之中,很多部都设有《忠义传》,其事例甚多,这里不一一列举。

表彰孝悌的直接功效是规范人们的道德行为。按照儒家文化的设想,道德是维系政治体系、建构政治秩序和规范人们政治行为的最重要手段,所以孔孟儒学最讲忠孝,汉儒则把伦常道德法典化,三纲五常即是帝国纲纪。

---

① 《旧唐书·苏安恒传》。

② 《史记·周本纪》:“《正义》:封,谓益其土及画疆界。”

③ 《旧唐书·太宗下》。

④ 《新唐书·李华传附翰传》。

史载“汉以孝治天下”,表彰孝悌亦以汉代最为典型。孝悌与力田、三老俱为乡官之名,常常得到帝王的表彰。例如,西汉孝文帝前元十二年(公元前168年)诏:

> 孝悌,天下之大顺也。力田,为生之本也。三老,众民之师也。廉吏,民之表也。朕甚嘉此二三大夫之行……其遣谒者劳赐三老、孝者帛人五匹,悌者、力田二匹,廉吏二百石以上率百石者三匹。及问民所不便安,而以户口率置三老孝悌力田常员,令各率其意以道民焉。①

自汉代以降,帝王们对忠孝节义之士多有褒奖。有时还被用于即位后的仁政举措,以号召天下。如东汉明帝即位未及两个月,即诏令“其赐天下男子爵,人二级。三老、孝悌、力田人三级”②。北周宣帝于宣政元年(公元578年)六月即位,八月“遣大使巡察诸州”,即“诏制九条,宣下州郡”。其第五条曰:“孝子顺孙义夫节妇,表其门闾,才堪任用者,即宜申荐。”③唐代统治者则将孝子节妇等同于皇亲贵戚及太学诸生,享受优渥。据《新唐书·食货志一》:“太皇太后、皇太后、皇后缌麻以上亲,内命妇一品以上亲,郡王及五品以上祖父兄弟,职事、勋官三品以上有封者若县男父子,国子、太学、四门学生、俊士,孝子、顺孙、义夫、节妇同籍者,皆免课役。”

此外表彰孝悌还特别注重民间事例,大凡民间的孝子、节妇、烈妇、义门,等等,一般需要经由地方官员保举申报,而后得到帝王的表彰。有些典型事例还会载入《孝义传》《列女传》,垂名后世。例如北周明帝朝,有孝子纽因,“性至孝。周武成中,父母丧,庐于墓侧,负土成坟。庐前生麻一株,高丈许,围之合拱,枝叶郁茂,冬夏恒青。有鸟栖上,因举声哭,鸟即悲鸣。时人异之。周武帝表其闾,擢授甘棠令”④。其子纽士雄孝逾乃父。父丧,“复庐于墓侧,负土成坟。其庭前有一槐树,先甚郁茂,及士雄居丧,树遂枯死。服阕还宅,死槐复荣。隋文帝闻之,叹其父子至孝,下诏褒扬,号其居为累德里”⑤。

---

① 《汉书·文帝纪》。文中“而以户口率置三老孝悌力田常员”,师古注曰:“计户口之数以率之,增置其员,广教化也。”

② 《后汉书·明帝纪》引《前书音义》曰:“男子者,谓户内之长也。”

③ 《周书·宣帝纪》。

④ 《北史·孝行传·纽因传》。

⑤ 《北史·孝行传·纽因传附子士雄传》。

又如,《宋史·列女传》载:

朱娥者,越州上虞朱回女也。母早亡,养于祖媪。娥十岁,里中朱颜与媪竞,持刀欲杀媪,一家惊溃,独娥号呼突前,拥蔽其媪,手挽颜衣,以身下坠颜刀,曰:‘宁杀我,毋杀媪也。’媪以娥故得脱。娥连被数十刀,犹手挽颜衣不释,颜忿恚,断其喉以死。事闻,赐其家粟帛。其后,会稽令董皆为娥立像于曹娥庙,岁时配享焉。①

再如,《明史·孝义传》载:

石鼐,浑源诸生。父殁,庐墓。墓初成,天大雨,山水骤涨。鼐仰天号哭,水将及墓,忽分两道去,墓获全。弘治五年旌表。②

此外,如若整个家族都能遵行孝道、长幼有序、资财共有、孝悌友爱、和睦相处,就会被誉为“孝义之门”,简称“义门”,会得到官府即朝廷的表彰。例如北魏时,“天水白石县人赵令安、孟兰强等四世同居,行著州里。诏并标牓门闾”③。又《旧唐书·孝友传》载:“郓州寿张人张公艺,九代同居。北齐时,东安王高永乐诣宅慰抚旌表焉。隋开皇中,大使、邵阳公梁子恭亦亲慰抚,重表其门。贞观中,特敕吏加旌表。麟德中,高宗有事泰山,路过郓州,亲幸其宅,问其义由。其人请纸笔,但书百余‘忍’字。高宗为之流涕,赐以缣帛。”④再如北宋李罕澄家族一门七世同堂,自五代后汉时即得到表彰。《宋史·孝义传》载:“李罕澄,冀州阜城人也,七世同居。汉乾祐三年,诏改乡里名及旌其门闾。太平兴国六年,长吏以汉所赐诏书来上,复旌表之。”⑤类如这样的事例,史传俱载,不胜枚举。

以上这些事例的真实性或有颇费推敲处,如树木之枯荣、山水之分道,但得到帝王表彰的事实却是不容忽视的。这恰恰说明,表彰作为教化的方式之一覆盖了整个社会。虽说中国传统社会的君主政治体制是以严格的等级

① 《宋史·列女传·朱娥传》。
② 《明史·孝义传·石鼐传》。
③ 《北史·节义传·石文德传》。
④ 《旧唐书·孝友传·刘君良传附张公艺传》。
⑤ 《宋史·孝义传·李罕澄传》。

身份制作为其基本政治制度的,但是在帝王表彰的实施上,却是上达权贵,下及黎庶。这里并没有任何突破等级身份的念头,而是表达了统治者们对于教化天下臣民的执着。帝王们通过表彰为天下百姓树立了无数的道德楷模,指引着人们向着忠臣顺民政治角色的达成而亦步亦趋,百折不回。

(四)地方绅士的教化功能

绅士在中国传统社会中是一种很特别的身份,他们在政治社会化方面也有着独到的功效。事实上,自汉代始,地方上的三老、孝悌、力田等乡官就肩负着教化百姓的职责。随着绅士阶层的形成,绅士们在教化百姓方面的作用日渐重要。

关于绅士的构成,一般认为,绅士指的是不在官位的士大夫,或是具有了政治身份、考取了功名的士。作为一个历史概念,绅士在不同的时代具有不同的内涵,但大体而言,绅士总括不外乎三种情况。一是本人由士而为官,又致仕归乡而称为绅士。作为去职的官僚,虽无官爵,但毕竟与一般庶民有别。二是考取了功名,却未曾实授官职,这时当然有别于普通民众。他们既然可以进而为官,自当与地方官以礼相接。高于平民而又尚未做官,正是绅士的特殊定位。三是本人既未居官,又无功名,但家中有至亲在朝为官,他们凭借官势相维相系,在地方上威势不小,这类人也会被尊为绅士。由是可知,在中国传统社会,绅士的身份具有特殊性:他们有官的身份或背景,又居住在民间,于是成为沟通政权与民间的中介。

由于具有官的身份或背景,因而绅士们在政治上与平民不同,他们有一定的特权。在权力私有的政治条件下,占有权力即占有利益,分享权力或接近权力也能得到利益,绅士们正是如此。又由于他们居于民间,较之地方官府更为接近黎庶百姓,因而他们具有独到的教化功能。正像明儒丘濬的表白:"士大夫生天地间,当为天地间用,然后为不负天地之所生。进则表率乎天下,退则规范乎一乡,不但已也。"[①]总括绅士们"规范乎一乡"的作为,主要有以下两点:

其一,绅士们常常成为地方学校或私人书院的主持者。在君主政治的体制之内,官办各级学校的讲官理所当然是由士人承担的。不过这时的士人容身于官僚系统,他们的作用和影响主要是在政治上,是君主政治实现其"政

① 《重编琼台稿·长乐居记》。

治录用”的重要环节。随着私人办学的普遍化,至迟从唐朝中叶起,书院的建置流行起来,到了宋代愈益发达,一时间文人士大夫竞相以游学书院为时尚,而能被聘至书院主讲或作主持,则成为士人的殊荣,标志着其人在学术界的声望。仅从宋明两代看,理学诸子之中的绝大多数都曾出入于书院,其中的著名者往往是结庐一地,讲学一方,而传名一世,后代学人遂以其讲学书院或地望称之。如濂(北宋周敦颐)、洛(北宋程颐、程颢)、关(北宋张载)、闽(南宋朱熹)四大学派。这时讲学的士人或者尚未脱离官方身份,但他们的教化活动都是在民间。也有的受命于地方官员之邀,授学一方,如北宋李觏讲学于盱江书院即属此类。再有就是退归林下的官僚士大夫,他们不甘寂寞,遂修建书院,聚众开讲,如晚明东林党人首领顾宪成,因甄选官员得罪执政,于万历二十二年(1594年)革职,回到家乡无锡。他与胞弟顾允成,联络好友钱一本、刘元珍、薛敷教等,得到了常州郡守欧阳东凤的支持,重修宋儒杨时(龟山)旧讲院,是为东林书院。许多罢官废吏及海内学子云集于东林,名声日重,东林书院成为晚明最为著名的书院之一。顾宪成以一绅士而领袖士林,教化讲众,堪为典型。

绅士作为社会的中介力量,积极维护和宣扬儒家文化,护卫传统的伦纪纲常。他们致力于捐资办学,兴办书院,以及修缮庙宇、先贤祠,资助生员等等。地方官府发起的一些本地工程,常常需要由绅士捐资,甚至由绅士负责监造。这种物质的投入和绅士的带头倡导,对于传播儒家文化和教化地方黎庶起到至关重要的作用。

其二,绅士一般还负有宣讲教化和表彰德行的义务。如前所述,自秦以来就有三老乡官的设置,据史载,汉代乡官有三老、孝悌、力田等。多半由本地的大户、族长充任,他们的主要职责之一就是教化民众。汉武帝元狩六年(公元前117年)诏有“谕三老孝弟以为民师”[①]等语。司马相如《檄巴蜀文》有“让三老孝弟以不教诲之过”[②]。是知负有教化职责者不只是官家,也包括地方上的族长、大户。汉以后,随着士大夫阶层及绅士的定型,身处民间的绅士也肩负起宣讲教化的重任。这种情况在各个朝代的具体表现不一,而以清朝最为典型。

清朝统治者以异族而治中原,极其看重儒学教化。康熙帝亲自颁布《上

---

① 《汉书·武帝纪》。

② 《汉书·司马相如传》。

谕十六条》,用以教化士民,其主要内容为:

敦孝弟以重人伦,笃宗族以昭雍睦,和乡党以息争讼,重农桑以足衣食,尚节俭以惜财用,隆学校以端士习,黜异端以崇正学,讲法律以儆愚顽,明礼让以厚风俗,务本业以定民志,训子弟以禁非为,息诬告以全良善,诫窝逃以免株连,完钱粮以省催科,联保甲以弭盗贼,解仇忿以重身命。

其后,清雍正帝对康熙皇帝的"上谕十六条"逐条予以阐释、说明,洋洋洒洒,补足万余言,是为《圣谕广训》。随即颁行天下,成为教化臣民的权威读本。

这种教化的方式是宣讲,一般要由地方官来承担。清代自顺治朝起始,就有乡约制度。设有约正、约副等职事,定期召集乡民,宣讲圣谕,惩恶旌善。此外每月朔望之期,地方官员要率同县学教官等人,亲到地方公所,召集乡民,"逐条讲解"。这时乡绅理应带头集合,积极听讲。然而官家所到之地,只能是通衢重镇,至于四外乡村甚多,官家不可能一一到场,这时就要委托绅士充当讲官,按时召集乡民,学习上谕。《福惠全书》成书于康熙朝,是官箴类的代表作,其中详细讲解了有关的制度和具体宣讲方式。又据清代田文镜《钦颁州县事宜》载,凡县官"不能分身兼到者,则遵照定例,在诸大乡大村,设立讲约所。选举诚实堪信,素无过犯之绅士,充为约正,值月分讲"①。《钦颁州县事宜》曾由雍正皇帝钦定,具有相当的权威性。文中提到"定例",是知由绅士承担宣讲教化的职责已是不成文的法规。这充分表明了绅士阶层在传播儒家文化、宣扬德化、教化民众过程中的作用是极为重要的。

(五)教化与移风易俗

中国传统政治文化所贯彻始终的政治理想是实现"王道政治"。这种理想的政治局面除了天下太平、风调雨顺、物阜人和,还需要"风俗淳厚",因而"移风易俗""美风俗"等即被视为一种理想政治的重要衡量标准,这个目标正是通过政治社会化的过程而促成的。

关于风俗,传统文化亦有确解。《汉书·地理志》载:"凡民禀五常之性,而有刚柔缓急言声之不同,系水土之风矣,故谓之风。好恶取舍,动静无常,随

① 《宦海指南·钦颁州县事宜》。

君上之情欲,故谓之俗。”又《礼记·曲礼》“入国而问俗”注:“俗谓所常行与所恶也。”又《庄子·则阳》:“合十姓百名而以为风俗也,合异以为同,合同以为类。”是知所谓风俗者,在古人看来,无非是源于水土差异而形成的不同类的惯常行为方式,以及好恶之情等等。据此,则北齐刘昼所论恐怕是最为准确的。他说:

> 风者,气也;俗者,习也。土地水泉,气有缓急,声有高下,谓之风焉;人居此地,习以成性,谓之俗焉。①

在君主政治大一统的政治格局下,车同轨,书同文,“六合同风,九州共贯也”②。君主政治要求依照礼制等级建立政治秩序,文化和风俗习惯的地方差异实际上并不利于政令的推行和政治稳定,因而“正风俗”或“移风易俗”遂成为一项既定的重要政策。

首先,中国传统政治文化的一个共识是,风俗的善恶与天下治乱密切相关。西汉初年贾谊总结秦亡教训,剖析汉代政治得失,即认为其风俗之弊不容忽视。他说:“曩之为秦者,今转而为汉矣。然其遗风余俗,犹尚未改。今世以侈靡相竞,而上亡制度,弃礼义,捐廉耻日甚,可谓月异而岁不同矣。”汉时风俗之恶,致使盗贼出没,横行无忌。加之地方官员玩忽职守,矫伪者胡作非为,“至于俗流失,世败坏”③。从贾谊分析的内容来看,他说的“遗风余俗”范围较广,既包括民风,也包括政风,指的是普遍的社会政治现象。此外,北宋王安石说:“风俗之变,迁染民志,关之盛衰,不可不慎也”④,“先王之俗坏,天下相率而为利,则强者得行无道,弱者不得行道,贵者得行无礼,贱者不得行礼”⑤。又清儒黄中坚说:“天下之事,有视之无关于轻重,而实为安危存亡所寄者,风俗是也。”⑥这些认识强调了风俗是一种遍及社会的现象,看似无足轻重,其实与治乱兴亡相关,当权者不可不慎重对待。

其次,儒学宗师们及历代的思想家、政论家们普遍强调了“移风易俗”的

① 《刘子·风俗》。
② 《汉书·王吉传》。
③ 《汉书·贾谊传》。
④ 《王文公文集·风俗》。
⑤ 《王文公文集·命解》。
⑥ 《蓄斋文集·论风俗》。

重要性。先秦时期,荀子即在《王制》篇中指出要“论礼乐,正身行,广教化,美风俗”。汉初陆贾也提出要“正风俗,通文雅”[1]。在他们看来,风俗端正可以为社会秩序的稳定和人们道德修为的逐步提高提供一个良好的文化环境,正如东汉朱穆所说:“时敦俗美,则小人守正,利不能诱也;时否俗薄,虽君子为邪,义不能止也。”[2]亦如明儒陈献章说:“习端而俗正,教立而风行,民乐生而好乱者息,士有耻而慕义者众,则刑罚可省,礼义可兴,囹圄可空,干戈可戢。”[3]明末清初的顾炎武也说:“法制禁令,王者之所不废,而非所以为治也。其本在正人心厚风俗而已。”[4]总之,“美风俗”是聪明的帝王首选的治世之道,这是千百年来统治者及其思想家们的共识。

正是在这样的文化背景下,“教化之道” 受到历代统治者及其思想家们异乎寻常的重视,因为这是实现“美风俗”的唯一路径。如前所述,教化是中国传统社会的政治社会化的主要形式,实现“美风俗”则是人们期盼着的教化的理想效果。那么对于一个民族文化而言,“移风易俗”意味着在政治社会化的过程中,社会政治的主流价值体系及其相应的观念、意识、认知与情感,等等,逐步介入人们的日常生活,并且内化为所有社会成员的文化精神和民族心态,表现为人们的生活方式。当一个政治系统蕴含着的政治价值体系及其相应的政治文化内涵在相当程度上演变为人们的生活方式的时候, 这种政治文化的“一质性”便是处于十分稳定的状态,而政治系统内部的政治向心力和一般社会成员的政治认同也会相对置于长时段的最佳状态。儒学宗师、儒家文化的思想家们以及古代中国的统治者们,当然不具有现代政治文化理论, 但是中国传统政治文化内涵着的高度发达的政治理性促使他们或多或少意识到了民风、民俗即“百姓日用”对于社会政治秩序稳定的重要性,于是他们殚精竭虑地在移风易俗上做文章。

在这样的过程中, 士人或曰卿士大夫们的作用越发显得重要,“移风易俗”被视为卿士大夫们的当然责任。汉武帝在诏书中早已明确指出:“公卿大夫,所使总方略,一统类,广教化,美风俗也。”[5]卿士大夫们成为实施教化,敦美风俗的主要承担者。如前所述,教化的内容主要是人伦道德、忠孝节义等

---

① 《新语·道基》。

② 《后汉书·朱穆传》。

③ 《白沙子全集·恩平县儒学记》。

④ 《日知录·法制》。

⑤ 《汉书·武帝纪》。

儒家伦理政治的条目,这显然不属于什么知识教育,而恰恰是移风易俗的内容。所谓“敦叙风俗,以人伦为先;人伦之教,以忠孝为主”①。士人之所学,无非是“文行忠信”等礼义德行,正好由他们来教化民众,转移天下之风气,革除地方陋俗,“风俗正则人为善易”②。于是礼乐兴盛,治道可平。而这一切,正是由循吏、忠义节烈之士,以及居于乡里的绅士们通过兴办学校、宣讲和行为表率等方式化育引导而达成的。这不能不说是中国传统政治文化之政治社会化过程的一大特色。

三、政治录用的政治社会化功能与庸人体制

一般而言,任何形式的政治录用都会对社会一般公众产生一定的榜样效应,或是某种激励作用。然而中国传统社会的“选贤用能”对于整个社会具有特别的“教化”功能。也就是说,在中国古代社会,政治录用具有独特的政治社会化功能,兹为中国传统政治文化所独具,值得关注。

(一)政治录用与教化

中国古代君主政治的特点是具有一个体系相对完备的官僚系统,故而官员的甄别、选用历来成为统治者们极为关注的问题。从基本趋势看,选官制度经历了贵族政治、察举制、九品中正制和科举制等几个阶段。其中科举制始于隋,终于清末,历时13个世纪。其制度之完备,实为古代世界政治文明之冠。这里关于政治录用的政治社会化功能问题的分析,当以科举制作为主要论述对象。总体来看,政治录用的政治社会化功能主要体现在以下三个方面。

1. 政治录用将士人群体束缚在儒家文化的道德网络之中,致使他们无论是否介入君主政治体制,在精神和心态上全都成为君主政治的仆从

自从汉武帝独崇儒术,儒家思想从民间学术提升为君主政治的政治意识形态,以“学而优则仕”作为人生首选的士人,再也难逃儒家文化的掌控。他们往往从蒙学起始,年复一年地尊孔读经。生逢汉世,则期盼着被察举;隋朝以降,则自乡试而至殿试,一层一层奋力应考。正是在这样的读经—备考的漫长过程中,儒家文化内涵的政治价值和伦理道德日渐浸润着士人们的

---

① 《晋书·庾纯传》。

② 《医闾集·辞职陈言疏》。

头脑身心，使得他们在人生道路上认准了一个目标一心一意地走下去，再无旁顾，亦无非分之想。

当然并不是所有的士人都能入仕，事实上，只有极少数幸运的士人能够叩开帝王殿堂的大门。但是这并不妨碍他们人人怀有这样的雄心壮志，也不妨碍他们在寒窗下苦读不已，哪怕是十年、二十年。更何况帝王对于屡试不第的士人，有时也会大发慈悲，给予特别的恩典。例如，北宋开宝三年（公元970年），“三月庚戌，诏阅进士十五举以上司马浦等百六人，并赐本科出身”①。太平兴国二年（公元977年）春正月，“阅礼部贡士十举至十五举者百二十人，并赐出身”②。宋太祖对应举十五次以上的106人赐予进士出身，宋太宗则对应举十至十五次的120人赐予进士出身，真是皇恩浩荡，令屡试不第的举子们怎能不感激涕零。帝王的举措更加激励了士人们在科举的道路上义无反顾地奋进。

这样的政治录用状况较之学校教化更具有强制力，促使士人们死心塌地一次又一次地撞击着龙门。他们耗其毕生之精力，心甘情愿地蜷缩在儒家文化的狭小天地里，在希冀与失落的冲突中做了君主政治的精神奴仆。这样的教化效果正是专制统治者们所期待的。

2. 政治录用具有强大的社会政治导向作用，影响和引导着一般社会成员的人生道路的选择

在中国古代君主政治时代，不论察举还是科举，实际上都是面向全社会的。除了极少数的低贱身份，一般社会成员都有应举的资格和机会。正如前面所论及的，在君主政治时代，在政治权力私有的社会政治条件下，介入体制，分享权力是获取利益的捷径。因而一旦金榜题名，平头百姓就会一步登天，改换门庭，随之而来则是富贵名利。

中国传统文化向往的人生价值是“三不朽”：鲁襄公二十四年（公元前549年），鲁大夫穆叔出使晋国。晋范宣子问：“古人有言曰，‘死而不朽’何谓也？”穆叔回答：

> 鲁有先大夫曰臧文仲，既没，其言立，其是之谓乎！豹（穆叔自称）闻之：“大上有立德，其次有立功，其次有立言。”虽久不废，此之谓三不朽。③

---

① 《宋史·太祖纪二》。

② 《宋史·太宗纪一》。

③ 《左传·襄公二十四年》。

这里说的立德、立功与立言,是春秋时代人们对于生命价值的解释。逮及后世,政治录用制度则使得"三不朽"的生命价值得以在君主政治体制中实际兑现。也就是说,为了王朝而建功立业者当然可以凭借勋业而谋得官爵,分享权力和利益。其余立德、立言者,则可以凭借乡举里选或科举制度而步入殿堂,不仅谋得利、权,而且名扬天下,光宗耀祖。"虽久不废"的生命价值获得现世的当下的价值兑现,介入体制而后的青史留名,则使得"先大夫"的"其言立"具有了文本的确证。

于是乎汉代以降,读书做官成为遍在的社会意识,无论是达官贵人、骚人墨客,还是市井小民,凡夫俗子,大体上形成了共识。如唐杜牧《冬至日寄小侄阿宜诗》:

> 愿尔一祝后,读书日日忙。一日读十纸,一月读一箱。
> 朝廷用文治,大开官职场。愿尔出门去,取官如驱羊。①

又如蒙学《神童诗》有《劝学》十四首,兹录其四:

> 天子重英豪,文章教尔曹。万般皆下品,唯有读书高。
> 少小须勤学,文章可立身。满朝朱紫贵,尽是读书人。
> 朝为田舍郎,暮登天子堂。将相本无种,男儿当自强。
> 学乃身之宝,儒为席上珍。君看为宰相,必用读书人。②

这些诗文典型地体现了政治录用制度对于社会意识的影响。其中,《神童诗》是孩童的启蒙读物,影响更深。诚如宋儒张载言:"'蒙以养正',使蒙者不失其正,教人者之功也。"③人们自幼受到这样的人生理念的教化,读书做官当然会成为普遍的人生向往,传统政治文化的政治价值以及相应的政治和道德观念也正是经由这样的环节而覆盖了全社会,终至家喻户晓,人心广被。

3. 政治录用的复杂程序和漫长过程,造就了一代又一代的忠臣和顺民

对于一般社会成员来说,不论察举还是科举,都有一个尊孔读经的前期准备过程。然而,中举的成功率确实是非常低的。"三十老明经,五十少进

① 《樊川诗集注》,上海古籍出版社,1978年,第61页。

② 《蒙学十篇》,北京师范大学出版社,1990年,第85、86页。

③ 张载:《张子正蒙·中正篇》,《张载集》,中华书局,1978年,第31页。

士”，对于个人来说，除非是奇才，或是有着特殊的机遇，否则通过这样的途径实现人生抱负通常会是个缓慢、冗长的过程。

帝王们要招揽天下人才“入吾彀中”，所招徕的人才要能为王朝效力，为君主所用。因而在政治录用的标准上，始终保持着绝对的掌控，制定了统一的严格标准和录用程序。一方面，自汉武帝立五经博士，历代帝王都规定了应举入仕的标准读本，典型者如唐代《五经正义》、明代《四书五经大全》等。另一方面，在应试标准上，更是详密。如唐代：

> 凡秀才，试方略策五道，以文理通粗为上上、上中、上下、中上，凡四等为及第。凡明经，先帖文，然后口试，经问大义十条，答时务策三道，亦为四等。
>
> 凡进士，试时务策五道、帖一大经，经、策全通为甲第。策通四、帖过四以上为乙第。凡明法，试律七条、令三条，全通为甲第，通八为乙第。[①]

如宋代：

> 宋之科目，有进士，有诸科，有武举。常选之外，又有制科，有童子举，而进士得人为盛。
>
> 凡进士，试诗、赋、论各一首，策五道，帖《论语》十帖，对《春秋》或《礼记》墨义十条。[②]

如明代：

> 科目者，沿唐、宋之旧，而稍变其试士之法，专取四子书及《易》《书》《诗》《春秋》《礼记》五经命题试士。盖太祖与刘基所定。其文略仿宋经义，然代古人语气为之，体用排偶，谓之八股，通谓之制义。三年大比，以诸生试之直省，曰乡试。中式者为举人。次年，以举人试之京师，曰会试。中式者，天子亲策于廷，曰廷试，亦曰殿试。分一、二、三甲以为名第之次。一甲止三人，曰状元、榜眼、探花，赐进士及第。二甲若干人，赐进士

① 《新唐书·选举志上》。
② 《宋史·选举志一》。

出身。三甲若干人,赐同进士出身。状元、榜眼、探花之名,制所定也。而士大夫又通以乡试第一为解元,会试第一为会元,二、三甲第一为传胪云。子、午、卯、酉年乡试,辰、戌、丑、未年会试。乡试以八月,会试以二月,皆初九日为第一场,又三日为第二场,又三日为第三场。

《四书》主朱子《集注》,《易》主程《传》、朱子《本义》,《书》主蔡氏《传》及古注疏,《诗》主朱子《集传》,《春秋》主左氏、公羊、谷梁三传及胡安国、张洽《传》,《礼记》主古注疏。永乐间,颁《四书五经大全》,废注疏不用。①

在历代相沿,愈益详密政治录用规定的约束下,人们只有按部就班地沿顺着统治者的意志去读书作文。一旦走入科举的迷宫,就会在帝王们划定的环形路上游走不已,于是一代又一代的应举者们心甘情愿地钻入了帝王们处心积虑设置的网罗之中。他们在政治录用制度的严格规范下,主动地做了君主政治的忠臣和顺民。

传统中国的政治录用制度内涵着一定的历史合理性,与同时代的世界其他民族的政治制度相较,科举制内涵的政治理性使之理所当然地占据了制度前沿。唯其如此,传统政治录用制度方才展现出其具有特殊功效的政治社会化功能。

(二)庸人体制与精英政治

以唐太宗李世民为代表的古代帝王,他们选用人才的主观目的是集合天下英才,组成高智能的精英统治集团,以保障一姓天下的万世一系。然而历史常常会捉弄人,传统的政治录用制度造就的并不是精英政治。这并不是说政治录用的效果不好,不能选拔英才,也不是说君主政治的政坛上没有出类拔萃之辈。事实上,通观中国古代史,历朝历代总有些政治精英人物,在一代王朝的政治史上留下他们的业绩或踪迹。有的还流为口碑,传布民间,至今还得到民间的喜爱。我们需要指出的问题是,政治录用造就的是君主政治下的庞大官僚体系,这一官僚体系经由其体系内部的“系统整合”过程,最终形成的是“庸人体制”,而“庸人体制”是排斥政治精英的。为了说明这一点,需要就精英政治、庸人体制等做一番交代。

① 《明史·选举志二》。

汉儒贾谊在其名作《过秦论》中检讨秦朝二世而亡的教训，认为最重要的一条是秦始皇不懂得政策调整。他说："夫并兼者高诈力，安定者贵顺权，此言取与守不同术也。"[①]秦始皇不晓得时移势变，只以"诈力"安天下，天下焉能不亡？在这里，贾谊首次明确指出了两种不同的政治局面：取与守。如若从系统整合的角度看，则"取"的政治运作重心在于政治秩序的重建；"守"的政治运作中心是政治系统的整合。前一种局面常常带有鲜明的精英政治的特点；后一种局面往往会演变为庸人体制。

依照有关精英理论的一般理解，政治精英(political elite)指的是具有领导才能和政治控制能力的人才，他们善于开创和驾驭某种政治局面，建构政治体系。在中国古代的历史进程中，通常在改朝换代之际，现行的政治秩序陷于混乱，政治体系濒临崩溃，政治运作难以为继，出现了史家称之为"群雄蜂起，天下大乱"的局面。这时就会有新的政治精英集团异军突起，扫平群雄，重整山河，取代前朝重建政治秩序。在这一过程中，精英流动的趋势一般呈自下而上，或是从边缘汇归中心，即从社会下层或旧体制的边缘向着新崛起的政治中心流动。古人称这种现象为"时势造英雄"，我们可以称之为精英政治。

自从新王称制、帝国再造之后，新一代统治者的着眼点就会从建构帝国规模逐渐转向谋求长治久安，他们更为关注的是"某家天下"的万世一系。这时政治运作的平稳和效率，及政治秩序的稳定常常取决于重组后的政治系统自身的整合程度。君臣上下政治关系的控制与调节，帝国各个部门间的沟通与磨合，中央与地方政治权力的分配与牵制等等成为政务首要，至如开创、驾驭、建构等政治能力则显得失去了用武之地。而且，参与"取天下"的政治精英，由于他们的超强能力和赫赫战功，会受到一心想着"家天下"永葆不失的称制新王的猜忌，以致遭受打击和排斥。古人将这种现象概括为："飞鸟尽，良弓藏；狡兔死，走狗烹。"我们则可以称之为精英体制的自我消解。与这一过程相伴行，在系统整合的作用下，帝国体制自身的强制性和运行惯性得以不断强化，富于个性的政治认识和哪怕是些许特立独行都将会受到无情的拒斥，这时，精英政治便会逐渐让位给庸人体制。

如果说，精英政治的本质是不拘一格地广泛吸纳人才进入政治中心，形成高智能的权力核心；那么庸人体制的根本特点就是吸纳平庸之辈进入政

① 《史记·秦始皇本纪》，引贾子《过秦论》。

治中心,排斥政治精英。前者最典型的例证是汉末曹魏集团。曹操崛起于黄巾之乱,倡言“唯才是举”,多次下令求贤,不拘品行。凡“盗嫂受金”“士有偏短”“或不仁不孝而有治国用兵之术”[①]之士,均不可偏废,有能即用。因之曹操能平定北方,实得益于精英流动,使得智能之士多聚集于他的麾下。甚至其后西晋的遭递和统一,也是从曹魏的班底中衍生出来的。

至于庸人体制,其典型表现多在王朝中、后期,在逐渐形成并定型的政治体制及官场规则的制约下,参与政治者只有按部就班,循规蹈矩。“虽有绝伦之力,高世之智,莫不奔走而服役者,岂非以礼为之纪纲哉!”[②]这里司马光说的以礼为内涵的纪纲,就是体制与官场规则,古人有他们特定的语言,例如明儒吕坤就称之为“官常”。他说:“公卿大夫、百司庶官,各有定法,可使持循,是曰官常。”[③]在权力私有的政治条件下,“官常”与一定的既得利益相通,大凡那些意欲改革者、变法者、惩治腐败者、整顿吏治者以及践行理想者,势必会与“官常”相维系的既得利益相抵牾,与“官常”代表着的体制规则相冲突,他们必然会遭遇来自庸人体制的全面抵制。他们或许偶尔小胜,但终究会败下阵来,因为他们置身其中并面对的是整个体制的平庸和昏庸。他们之中有的人可能够不上精英,但他们毕竟与庸人不同,因为他们面对官场痼弊流露出不满,面对积习惯例表示了异议,他们甚至还想为民请命,致君尧舜,有所作为,由此可知他们受到庸人体制的排斥是极其自然的。

只有那些谨言慎行, 一心混官场的逐利老手或宵小之徒才会在庸人体制中如鱼得水。因为他们从不想破坏规矩、违背惯例或是为了原则和理想跟谁过不去。他们并不想触犯谁的既得利益,只不过是想在体制容许的诸多特权和利益中分一杯羹。当然在利与权的分割面前,他们或是勾结利诱,或是反目成仇,甚或互相坑害、大打出手。政治上的庸庸碌碌并不意味着在利权相争上不精明,有时恰恰相反:平庸者最精明!他们的作为却也无伤大雅,因为围绕着利与权的明争暗斗是在官场规则容许的范围之内的。

从精英政治到庸人体制的往复循环, 正好给我们认识中国历史上的王朝更迭和治乱相继开辟了一个新视角,为解答何以开国君臣多英才,而守成之君非纨绔即昏庸提供了另一种答案。同时,作为一种政治文化的审视,其中亦不无借鉴之处。

---

① 《曹操集》,中华书局,1959年,第41、46、49页。

② 《资治通鉴》卷一。

③ 《呻吟语·伦理》。

庸人体制排斥精英，吸纳平庸，历史上的有关例证不胜枚举，最典型者莫如晚明的方从哲。据《明史》，方从哲万历十一年进士，“授庶吉士，屡迁国子祭酒”。万历四十一年入阁，为首辅，学业功业皆可谓有成。然而他“性柔懦，不能任大事”，史称其诸事多顺从上意，“无所匡正”，又“昵群小”，以致“职业尽弛，上下解体”[①]。就是这么一位庸碌之辈，却得以“独相七年”，较他人秉政执权反而长久。史家一语道出其中奥妙：“从哲独相七年，上（明神宗——引者注）喜其无能而安之。”[②]

政治录用以其特殊功效的政治社会化功能整塑着“准官僚”们，平心而论，其中得以过关斩将入仕为官者亦不乏精英。但是在传统儒家文化的道德重压和政治规范的剪裁下，在政治录用规则的多年整治下，入仕者们经过了全面而彻底的洗刷打磨，他们再也难逃“官常”的约束与整合。当君主政治体制内部的绝大多数成员都在俯首帖耳，一门心思地居官为宦作忠臣的时候，庸人体制的形成就是在劫难逃了。中国传统社会的吏治败坏与官场黑暗除了政治的根源，政治文化的因素及政治录用的作用也是应该考虑的视角之一。

① 《明史·方从哲传》。

② 《明史记事本末》卷六十六。

第十一讲　政治哲学之政治信仰：政治合法性思维与中国化信仰理性

政治哲学是不是政治文化的知识内含？一般研究者常常将政治哲学单列，与政治学理论相衔接。事实上我以为，现代社会科学各个知识领域之间都是相关联的，而且多有重叠之处。政治文化研究人的精神世界，以驱动社会政治主体行为背后的主观因素作为研究对象，这就必然包含人的政治信仰和思维方式。这些论题，又完全可以归入政治哲学。当然，从政治文化的视角解读政治信仰与政治思维定式，与政治哲学的立场略有差异。所谓见仁见智，特备一说耳。

一、合法性理论与中国上古时代政治合法性思维特点

政治合法性理论是具有世界性的，无论古今中外，大概只要存在着政治生活和政治统治，在思想文化的层面，就会形成关于政治合法性的认识。由于不同民族的文化个性相异，有关的认识和理念也有相当的区别。中西方之间就有着明显的差异。

(一)西方文化传统中的合法性理论范式

相对中国文化而言，“合法性”的概念是舶来品。西方文化关于合法性的思考其来有自，有研究者总括其说，以为主要是三种形态。

一是规范主义范式：“在从柏拉图、亚里士多德到启蒙思想家一脉的古典政治哲学传统中，正义、善、公共幸福等规范概念居于核心地位，规范主义是当时合法性思想的基本范式。”

二是经验主义范式：“随着19世纪末以后传统规范哲学的衰落.以及现代政治科学的兴起，合法性概念的提出者韦伯所开创的经验主义就成为合法

性研究的主流范式。”

三是程序主义范式：“20世纪七八十年代以后，西方先后出现了规范政治哲学和审议民主理论复兴的热潮。这两股浪潮为合法性理论开启了一种新的范式图景——程序主义合法性。程序主义合法性模式的特点是既重视传统政治哲学中的价值规范，同时更注重价值规范形成确立的实践过程——公共审议；其实质是主张经由审慎理性的辩论协商程序以达致一种‘辩论的共识’。”①

上述的认识大体上概括了从古希腊到当代的西方文化传统中有关合法性思考的基本状况。这些所谓“范式”其实内含着的是以下三个问题：

其一，规范主义范式提出的问题是：政治合法性应该是什么样的？在人们的理念中，合法的政府应该是什么样子的。这是一种应然的思考，其中具有某种理想性的思绪。如苏格拉底说：“政治秩序的基础乃是正义，而正义乃是老百姓的利益而不是统治者的利益”，“正义是智慧与善”。②洛克认为，政治权力乃是由人民委托以用来谋求其福利和保护其财产的。“这种权力只是起源于契约、协议和构成社会的人们的相互同意”。“只有这样，才创立了或能够创立世界上的任何合法政府。”③

其二，经验主义范式把自己的想象力集中在当下的社会政治生活中，他们关注的是实际存在的实事，追问“事实”是什么？他们向公众展示“在实际社会政治生活中，合法政府是什么样子的”④。例如G.A.阿尔蒙德认为：“如果某一社会中的公民都愿意遵守当权者制定和实施的法规，而且还不仅仅是因为若不遵守就会受到惩处，而是因为他们确信遵守是应该的，那么这个政治权威就是合法的。”⑤ S.M.李普赛特则认为：“合法性是指政治系统使人们产生和坚持现存政治制度是社会的最适宜制度之信仰的能力。”⑥

其三，程序主义范式的认识更加具有现世性。他们不只关注事实，而且进一步考察事实达成的路径。因而在合法性问题上，他们思考的是具体操作

① 张娟：《规范主义、经验主义、程序主义——西方合法性理论的范式演变》，《甘肃理论学刊》，2008年第3期。

② ［古希腊］柏拉图：《理想国》，商务印书馆，1986年，第25、37页。

③ ［英］约翰·洛克：《政府论两篇》，陕西人民出版社，2004年，第228、187页。

④ 以韦伯为代表的经验主义研究范式将合法性与正当性合为一体。从政治文化的视角看，合法性与正当性还是有着明显的区分的，很有必要予以辨析。不过这里就暂且从略了。

⑤ ［美］阿尔蒙德：《比较政治学：体系、过程和政策》，上海译文出版社，1987年，第35~36页。

⑥ ［美］李普塞特：《政治人——政治的社会基础》，上海人民出版社，1997年，第55页。

的步骤与过程，他们的追问是"怎么做即通过怎样的程序，才能够获得政治合法性？"譬如乔舒亚·科恩指出："什么是善只有通过公共审议，通过深思熟虑的自主的判断、包括审议能力的运用来加以确定的，而不是先在于公共审议。"[①]埃米·古特曼则强调："合法性最根本的源泉是人民的集体判断，但这种集体判断不是未经调解的大众意志的表达，而是扎根于按照审议理想来加以组织的各种实践中。"[②]

这些认识的着眼点有所不同，不过在思维方式上，却具有相近之处。也就是说，西方政治文化传统的合法性思维主要基于规范与事实，而这些规范与事实是思想家、政论家们在实际社会政治生活中理性思维的结果，其思维的过程是对于现世的政治事实的认知、想象、推理和确认。

(二)中国上古三代政治合法性认识的思维特点

与西方相较，中国传统社会的政治合法性思维独有特色。总体而言，我们不能说传统中国的合法性认识不具有政治理性，但是，这种合法性认识的初始，却是充满了非理性的原始崇拜的色彩。

据文献载，上古三代时期，中国的先民具有浓重的原始宗教崇拜风尚，《礼记·表记》："殷人尊神，率民以事神。"[③]殷商统治者崇拜的至上神是帝，同时也崇拜逝去的祖先。他们无论战争田猎还是年成，每事必卜，以期从神启中获得吉兆，确认自信。西周时代，统治者以天作为本族的保护神。周公曾多次宣讲"小邦周"之所以灭掉了强大的殷商王朝，是殷纣王倒行逆施，失去了天的眷顾，周族的文王有德，所以拥有了天下。如《酒诰》："故天降丧于殷。罔爱于殷，惟逸。天非虐，惟民自速辜。"《大诰》："已，予唯小子，不敢替上帝命，天休于宁王，兴我小邦周"[④]等。

这些说法，无论是殷人尊神还是周公的说教，都是那个时代中国统治者关于政治合法性的某种表达。这种方式也常常通过祭祀天地神明体现出来。在中国古代社会君主政治条件下，大凡祭祀天地神明的理念、仪式和行为，都不能排除其中的原始崇拜或迷信的成分，但是，作为举国最为重大和隆重

---

① 转引自谈火生编：《审议民主》，江苏人民出版社，2007年，第183页。

② 同上，第8页。

③ 孙希旦：《礼记集解》（下册），中华书局，1989年，第1310页。

④ 孔颖达：《尚书正义》，《十三经注疏》阮元刻本，浙江古籍出版社，1998年，第207、199页。

的政治活动，所谓“国之大事，在祀与戎”①，绝不是人们通常认为的简单的迷信。马克斯·韦伯认为：

> 合法统治有3种纯粹的类型。它们的合法性的适用可能首先具有下列性质：
>
> 1. 合理性的性质：建立在相信统治者的章程所规定的制度和指令权利的合法性之上，他们是合法授命进行统治的（合法型的统治）；
>
> 2. 传统的性质：建立在一般的相信历来适用的传统的神圣性和由传统授命实施权威的统治者的合法性之上（传统型的统治）
>
> 3. 魅力的性质：（建立在）非凡的献身于一个人以及由他所默示和创立的制度的神圣性，或者英雄气概，或者楷模样板之上（魅力型的统治）。②

根据上述韦伯的类分，殷商、西周统治者认定的政治合法性当属于传统型。由此我们可以断言，殷周帝王之所以热衷于崇拜和祭祀天地神明，正是需要通过这样的仪式，对于其政治合法性予以一再的昭示与确认。

这一传统历经时代变迁、王朝更迭而延续下来，后世帝王无不效法前朝，将祭祀天地神明视为国之大事。新君即位，也必定要举行封禅之礼，祭告天地，为的是将继承掌控了最高权力的合法性昭告于天下。时至今日，天坛依然在，成为中国传统社会政治合法性论证方式的重要物证。

与西方的文化传统相较，中国上古三代时期的政治合法性论证方式呈现出鲜明的特点。主要表现为：统治者利用原始崇拜的形式完成了政治合法性的论证，使得这种合法性表述方式从一开始就具有浓重的“信仰”色彩。最高政治权力的正当与合理不是依据理性的逻辑推理、论证和证明，而是依赖于神祇的庇护。殷周时期的帝王对于政治统治的正当性已经具有了清醒认识，譬如盘庚所言：“勉出乃力，听予一人之作猷。”“予迓续乃命于天，予岂汝威，用奉畜汝众”。“明听朕言，无荒失朕命。”③然而他们的政治合法性论证方式却将理性与神性融为一体，从而为嗣后信仰理性的强化与政治信仰泛化留出了宽敞的空间，成为中国化信仰理性形成的原发性起点。

---

① 杨伯峻：《春秋左传注》第二册，中华书局，1981年，第861页。

② ［德］马克斯·韦伯：《经济与社会》，商务印书馆，1997年，第241页。

③ ［唐］孔颖达：《尚书正义》，《十三经注疏》阮元刻本，浙江古籍出版社，1998年，第170、171页。

二、先秦诸子的政治合法性论证方式

春秋战国时代思想巨人辈出,先秦诸子的思维视野很宽广,他们延续着殷周以来的合法性认识,在理论上做了不少精致的文章。约略言之,先秦诸子有关政治合法性的论争主要涉及了以下几个方面的问题。

(一)"圣化"思想

"圣化"是先秦诸子论证君权合法性最普遍的命题形式,简言之,就是在理念上把君主和圣人等同起来。

先秦时代,圣人的内含相当纷杂,略作归纳,可以划分为二种类型。一种是道德型的圣人。这类圣人最根本的特征是道德品行极其高尚[①],本质上与凡人没有什么异样,所谓"圣人,与我同类者"[②]。道德型圣人既包括有德之君,诸如上古帝王尧、舜、禹、汤等,也包括著名的贤臣、学者。孟子就把伊尹、伯夷、柳下惠、孔子列为圣人。

另一种是智慧型的圣人。这类圣人的基本特征有二。一是其聪明才智远超常人之上,既明察秋毫,又高瞻远瞩,具有先知先觉的本领。[③]所谓"圣人上知千岁,下知千岁也",是为大智大慧的化身。[④]二是这类圣人曾经为人类社会的文明进步做出过巨大贡献,立下了不朽功勋。[⑤]包括礼义规范等等也都

---

① 譬如墨子认为,能摒弃喜乐悲爱等情欲,自觉遵行仁义道德规范的人"必为圣人"(《墨子·贵义》);韩非认为圣人是能坚持恭行礼义的非凡人物。他说:"上礼神而众人贰……众人虽贰,圣人之复恭敬手足之礼也不衰"(《韩非子·解老》)。孟子曰:"圣人,人伦之至也"(《孟子·离娄上》)。荀子也说:"圣也者,尽伦者也。"(《荀子·解蔽》)儒家则把这类圣人视为理想道德伦理的终极体现。

② 杨伯峻:《孟子译注》(下册),中华书局,1960年,第261页。

③ 《荀子·礼论》:"祭者,志意思慕之情也,忠信爱敬之至矣……苟非圣人莫之能知也。"《管子·四时》:"唯圣人知四时。"

④ 许维遹著:《吕氏春秋集释》(上册),高诱注,北京市中国书店(据1935年清华大学版影印),1985年,第11卷第14页A。

⑤ 《易传·系辞下》:"上古穴居而野处,后世圣人易之以宫室";"古之葬者,厚衣之以薪,葬之中野……后世圣人易之以棺椁"。《韩非子·五蠹》篇也说:"上古之世",人们忍受着禽兽侵害之苦,"不知熟食","有圣人作",为民"构木为巢","钻燧取火",人们才解脱野蛮愚昧,走向文明。圣人不只给人类创造了物质文明,还带来了精神文明。《易·系辞下》:"上古结绳而治,后世圣人易之以书契,百官以治,万民以察。"

是“圣人之所生也”①。这就是说，人类社会向着文明迈进的每一步都离不开圣人。

智慧型圣人的本质特征决定了他们在人类社会政治生活中的特殊定位。他们“明於治乱之道”②，“审于是非之实，察于治乱之情也”③。于是有人提出，要把智慧型圣人看作君主平治天下的倚仗：“明主之治天下也，必用圣人，而后天下治”；“明主与圣人谋，故其谋得；与之举事，故其事成”④。也有人提出，圣人既然才智非凡，就应当把天下全部交与圣人主宰。荀子说：“天下者，至重也，非至强莫之能任；至大也，非至辨莫之能分；至众也，非至明莫之能和。此三至者，非圣人莫之能尽。故非圣人莫之能王。”⑤

荀子的认识是有一定代表性的。先秦诸子多把智慧型圣人树为人间君主的楷模，倚为能将自己绘制的政治蓝图付诸实施的理想统治者。⑥智慧型圣人作为君主的楷模，有时被诸子明确指为古代杰出的帝王，如尧舜禹汤文王武王等，但更多的时候并无所指，而是与人君、人主混用，成了君主的通称。

先秦诸子把智慧型圣人与君主等同起来，完成了君主在政治理念及意识上的“圣化”过程。根本用意是为了肯定君主的政治权威，为君主政治的统治合法性提供理论依据。他们竭力向社会展示并证明了圣人生性聪慧，开创了人类社会的文明史，能够准确无误地把握政治生活的命脉。那么，由圣人治理天下难道不是理所当然的吗？《慎子·威德》：“圣人之有天下，受之也，非敢取之也。”⑦在圣人光环的笼罩下，君主政治的合法性是毋庸置疑的。

（二）“君天同极”论

春秋战国时代，人们对天的认识在一定程度上冲破了神秘主义的束缚，

① 荀况：《荀子》，《百子全书》（上册），扫叶山房1919年石印缩印本，浙江古籍出版社，1998年，第67页下。

② 赵守正：《管子注译》（下册），广西人民出版社，1987年，第68页。

③ 《韩非子》校注组：《韩非子校注》，江苏人民出版社，1982年，第133页。

④ 赵守正：《管子注译》（下册），广西人民出版社，1987年，第189、188页。

⑤ 荀况：《荀子》，《百子全书》（上册），扫叶山房1919年石印缩印本，浙江古籍出版社，1998年，第61页上。

⑥ 例如孔子就认为，能推行仁政者“必也圣乎！尧舜其犹病诸”（《论语·雍也》）。韩非向往的圣人则是法治的楷模：“其治国也，正明法，陈严刑，将以救群生之乱，去天下之祸”（《韩非子·奸劫弑臣》）。老子也认为，圣人能“处无为之事，行不言之教”（《老子·二章》），是推行“无为之治”的理想人物。

⑦ 慎到：《慎子·威德》，《百子全书》（下册），扫叶山房1919年石印缩印本，浙江古籍出版社，1998年，第762页。

常常被用于涵指自然规律或自然界本身。这样一来，有关的论证便更显得理直气壮。

通常的一种说法是把天视为自然。孔子说："天何言哉？四时行焉，百物生焉，天何言哉？"[①]自然之天广大无垠，世间万物无一不禀受着天的化育之恩，服从天的统辖，唯有理想的圣王堪能与天相匹配。孔子说："大哉，尧之为君也。巍巍乎，唯天为大，唯尧则之。"[②]依孔子之见，由圣王治理天下最具合法性，因为圣王能效法自然，他的权威源于天。

另一种说法是以天作为自然规律。《管子·形势解》说："天，覆万物，制寒暑，行日月，次星辰，天之常也"，与此相应，"主，牧万民，治天下，莅百官，主之常也"[③]。常者恒也，规律也，君主君临天下就如同自然规律的运行，是合情合理的事情。

再有一种说法是通过比较天（地）和君主基本功能的相同或相异，来论证政治合法性。例如，《易·颐·彖传》说："天地养万物，圣人养贤以及万民。"[④]圣人和天（地）的功能都在一个"养"字。天养育万物，就能统属万物；同理，圣人养育万民，当然有资格统属天下。再如荀子说："天能生物，不能辨物也；地能载人，不能治人也；宇中万物、生人之属，待圣人然后分也。"[⑤]他认为圣人与天（地）的功能不一样。天地生育万物，却无能治理，后者是君主独具的功能。对于人类社会来说，天、地、君三位一体，缺一不可，君权的政治合法性是不言而喻的。

也有的人不讲什么功能，直接用天地"比类"君臣，籍以证明政治合法性。例如《管子·任法》："夫君臣者，天地之位也。"[⑥]《吕氏春秋·圜道》："天道圜，地道方。圣王法之，所以立上下。"君法天道，臣拟地道，"主执圜，臣处方，方圜不易，其国乃昌"[⑦]。《圜道》的作者从天地运行的差异来说明君臣统属关系，颇有特色。

---

① 杨伯峻：《论语译注》，中华书局，1980年，第188页。

② 同上，第83页。

③ 赵守正：《管子注译》（下册），广西人民出版社，1987年，第177页。

④ 高亨：《周易大传今注》，齐鲁书社，1979年，第260页。

⑤ 荀况：《荀子》，《百子全书》（上册），扫叶山房1919年石印缩印本，浙江古籍出版社，1998年，第63页下。

⑥ 赵守正：《管子注译》（下册），广西人民出版社，1987年，第57页。

⑦ 许维遹著：《吕氏春秋集释》上册第3卷，高诱注，北京市中国书店（据1935年清华大学版影印），1985年，第16页B~17页A。

以上认识具有共同的特点，天不论表现为自然规律，抑或自然界本身，在诸子看来都是一种强大的超社会权威。“法象莫大乎天地”①，“必者，天之命也”②。天的威力不可抗，无可逃。“君天同极”在逻辑上使人间主宰与自然天道合而为一，成功地论证了君主政治的政治合法性。

（三）“主阳臣阴”说

阴阳的本初含义是人们对于某些自然现象的描述，以太阳照射的一面为阳，相反的一面为阴。③展现了中国先民最初的朴素辩证认识。随着文明的演进，阴阳遂渐被人们用来概括事物的关系，形成了一个认识公式：事物均由对立的两方构成，有阴必有阳，反之亦然。“是故阴阳者天地之大理也”④。同时，人们还归纳出阴阳现象的二个基本特点。一是“阴阳变化，一上一下，合而成章”⑤。阴和阳之间形成不间断的，有规律的交替运动。这就叫作“一阴一阳之谓道”⑥。二是“凡物不并盛，阴阳是也”⑦。阴阳之间等差有序，阳为正、主、尊；阴是负、辅、卑，阳制约着阴。

阴阳学说与天地、五行观念融为一体，可以用来解释自然现象，说明事物之间的关系和秩序，也可以用来比附人事，论证君主政治的政治合法性。

黄老帛书《称》篇是这种论证方式的典型代表。作者用阴阳概括自然现象，诸如“天阳地阴，春阳秋阴，夏阳冬阴，昼阳夜阴”。继而描述各种社会关系，譬如“男阳[女阴]，[父]阳子[阴]，兄阳弟阴”等等。在这样的认识基础上，作者概括出了一些原则性的认识：“贵阳贱阴”，“上阳下阴”，“制人者阳，制于人者阴”。进而以此为基础，提出了论说的主题：“主阳臣阴”⑧。

《称》篇作者精心描绘了一个阴阳构成的世界，阳为主为尊，阴为辅为卑被视为普遍法则，实际社会政治生活中的君臣政治关系当然要受到相应的

---

① 《易·系辞上》，高亨：《周易大传今注》，齐鲁书社，1979年，第539页。

② 王玉哲：《齐黄老书》（齐文化丛书第8册），齐鲁书社，1997年，第475页。

③ 参见庞朴：《阴阳五行探源》，《中国社会科学》，1984年第3期。

④ 赵守正：《管子注译》（下册），广西人民出版社，1987年，第36页。

⑤ 许维通著：《吕氏春秋集释》（上册），高诱注，北京市中国书店（据1935年清华大学版影印），1985年，第5卷第5页A。

⑥ 高亨：《周易大传今注》，齐鲁书社，1979年，第514页。

⑦ 《韩非子》校注组：《韩非子校注》，江苏人民出版社，1982年，第186页。

⑧ 王玉哲：《齐黄老书》（齐文化丛书第8册），齐鲁书社，1997年，第512页。

制约。这样一来,君主的主宰地位及其合法性论证得到了贯穿整个社会与自然的阴阳序列的深层维护。

(四)"君道同体"观

先秦诸子有关道的论述最为繁富,不过总括而论,不外乎三种观点:①道是万物的本原;②道是事物的运动规律或根本法则;③道是诸子理想政治的总纲或总则。不论什么样的道,在诸子手中都可以用来说明君权合理。论证的基本方式是强调君主和道具有同一性,此之谓"君道同体"。

例一,韩非认为"道不同于万物",道是兼及万物本原、政治总则和是非标准的综合体。他说:"道者,万物之所然也,万理之所稽也……万物之所以成也";"道也者,生于所以有国之术"[①];"道者,万物之始,是非之纪也"[②]。君主则是"道之出也",即是道的衍生之物,从而形成了"君道同体"。道的权威是独一无二的,"道无双,故曰一",在实际政治生活中,"明君贵独道之容"[③]。道乃"万物之始",君主就"守始以知万物之原";道为"是非之纪",君主遂"治纪以知善败之端"[④]。君主能凭借着和道的特殊关系,为其政治存在的合法性建立了牢固的逻辑支点。

例二,《管子》中的《心术》《内业》和黄老帛书《道原》等篇都把万物的本原称为道。如《内业》:"万物以生,万物以成,命之曰道。"[⑤]道的特征是摸不着、看不见,如黄老帛书《道原》所说:"恒无之初,迥同太虚。"[⑥]"动不见其形,施不见其德",高深莫测,"莫知其极"。《心术》《内业》等篇认为,道若化作气,就会衍生万物,"下生五谷,上为列星",如果"藏于胸中",便"谓之圣人",圣人是道的化身,从而和道息息相通。道能生物,就能制物,道的得失关乎人之死生,事之成败,同理,"圣人裁物,不为物使"[⑦],圣人的权威和道一样崇高。

《道原》篇认为道的特点是"精微之所不能至,稽极之所不能过",凡夫俗子根本无从把握。唯圣人"能察无刑(形),能听无[声]","知人之所不能知,服人之所不能得",故而能与"万物莫之能令"[⑧]的道相互沟通,取得主宰天下

---

① 《韩非子》校注组:《韩非子校注》,江苏人民出版社,1982年,第199、194页。

②④ 同上,第35页。

③ 同上,第65页。

⑤ 赵守正:《管子注译》(下册),广西人民出版社,1987年,第77页。

⑥⑧ 王玉哲:《齐黄老书》(齐文化丛书第8册),齐鲁书社,1997年,第516页。

⑦ 赵守正:《管子注译》(下册),广西人民出版社,1987年,第3、77、12页。

的资格。

诸子有关"君道同体"的认识特点是,道无论表现为什么,在他们看来都是一种强大的,非人力所能制约的外在权威。基于这样的前提,然后通过各种途径设法使君主与道联为一体。与道相通的君主当然有理由也有资格统治天下。君主政治有了道的依托和庇护,益发显得强大,神圣和崇高。

(五)从君主的产生论证政治合法性

这是先秦诸子论证君权合法性的最后一种理论形式,主要有三种观点。

其一,君主是某种激化的社会矛盾的产物。持这种看法者有墨子、《管子·君臣下》《吕氏春秋》中的《恃君览》《荡兵》等篇。他们认为上古之时,人们处于愚昧野蛮状态,"未有君臣上下之别,未有夫妇妃匹之合,兽处群居,以力相征"①,争夺、诛伐残酷无情。"内者父子兄弟作怨恶,离散不能相和合。天下之百姓,皆以水火毒药相亏害","天下之乱,若禽兽然"②。总之,他们描绘了一幅恐怖的图景,人类陷入了争斗冲突之中不得解脱。正当此时,君主来到人间,给人们带来了秩序和文明。"故为天下长虑,莫如置天子,为一国长虑,莫如置君也"③。君主是人类社会冲突的必然产物。

其二,君主是历史阶段性进化的产物,《商君书》可为代表。《商君书》作者用分期进化的观点说明历史的进程,认为伴随着社会发展,社会冲突的内含及形式相应发生变化,"世事变而行道异也",解决的手段也随之更新。于是,贤者、圣人、君主相继产生。作者描述说,人类社会进入"中世"后,建立了管理制度,但缺少管理者,"不可,故立官。官设而莫之一,不可,故立君"④。可知君主是解决社会矛盾的最高手段,他的产生具有必然性。

其三,君主产生于某些条件。除了君主个人的才智品德等内在条件,更重要的是取决于机遇、时机等外部条件。《吕氏春秋·长攻》:"汤武虽贤,其王遇桀纣也。遇桀纣,天也,非汤武之贤也。"《首时》:"时至,有从布衣而为天子者,有从千乘而得天下者。"⑤这些作者认为机遇或时机对于君主的产生有着

---

① 赵守正:《管子注译》(上册),广西人民出版社,1987年,第291页。

② [清]孙诒让:《墨子閒诂》(上册),中华书局,1986年,第67页。

③ 许维遹著:《吕氏春秋集释》(下册),高诱注,北京市中国书店(据1935年清华大学版影印),1985年,第20卷第2页B。

④ 高亨:《商君书注译》,中华书局,1974年,第73~74页。

⑤ 许维遹著:《吕氏春秋集释》(下册),高诱注,北京市中国书店(据1935年清华大学版影印),1985年,第14卷第21页、第16页。

决定性意义。时机未至,一筹莫展,俟之来也,又不可遏止,意在说明君主的产生是不受人们的主观愿望约束的,而是某种必然趋势。

(六)先秦诸子政治合法性论证的理论特点

从以上五种论证方式来看,无论圣化、君天同极、主阳臣阴、君道同体还是君主起源说,其运思之巧,理论之精,显然已经远远超出以往三代之论,作为合法性论证方式,其特点有二。

1. 政治理性特征明显,极大地提升了合法性论证的说服力

譬如,诸子以圣人作为君主的摹本,而圣人是具有一定理想色彩的。在实际社会政治生活中,理想与现实总是有一定距离的,现实中的君主不一定都是圣人,有时还会出现类同桀、纣的昏庸残暴之君。儒家学派认为,这些君主是"独夫",他们不是合格的统治者,因而与君主政治统治没有必然的联系。[①]只有圣化了的君主才是君主政治合法性自身的证明。圣化了的君主对于在位之君具有一定的批评和约束意义,不过,这种批评和约束并不导致对君主政治的质疑或否定,反而在理念或理论的层面促使"君主"政治角色更为规范化和标准化,从而使得君主政治的合法性证明更加充分。

再如,阴阳学说的核心是一种矛盾观。先秦时代的思想家们运用阴阳二分法对杂乱无章的社会及自然现象进行归纳、抽象,试图发现其中的内在序列结构。这是认识和思维上的理性的提升。先秦诸子运用阴阳学说论证君臣关系,描绘了阳为正、为尊,阴为负、为卑的永恒格局。不仅证明了君主政治的政治合法性,同时,更重要的是,阴阳学说中的理性——合理成分还能极大地增强这一理论自身的生命力,"主阳臣阴"的秩序格局便难以否定。

总之,天、道及君主起源诸说,无不具有一定的理性内含。先秦诸子在论证君主政治合法性过程中,普遍利用了人们对于事物矛盾性、规律性和必然性的认识作支点。这些认识在一定程度上排斥了神秘主义,易之以某些自然力量,或是事物的法规和规律,无不或多或少地体现着当时人们对于事物必然性的某种认识。这里需要我们关注的是,先秦诸子认识事物的必然性并不

① 《孟子·梁惠王下》:"闻诛'一夫'纣矣,未闻弑君也。"《荀子·正论》:"桀纣无天下,而汤武不弑君。"

是为了了解和驾驭自然,探求真理,而是运用此类逻辑[①]把本属风马牛不相及的事物联在一起,使君主政治与天、道、阴阳融为一体,利用人们有关事物必然性的认识,将理性的揣摩与政治荒谬掺杂在一起,给私有化的政治权力贴上了合理的标签。其理性认识越深刻,有关的论证就越显得合情合理。在那个时代,大凡规律性、必然性的事物在一定程度上超出了人的主观驾驭能力,如像春华秋实,除了肯认与顺应而别无选择。因而,理性认识成分的介入,对于君主政治合法性认识而言,具有某种强势的固化作用。

2. 上古三代合法性思维中的政治信仰成分,并没有伴随着天的地位下降而削弱,在诸子的合法性认识中反而愈加强化

正如人们所熟知的,在春秋战国的历史剧变中,权力是统治者们争夺的中心。混乱之中,君权受到来自各方的威胁和挑战。史载当时"弑君三十六,亡国五十二,诸侯奔走不得保其社稷者不可胜数"[②]。时势造英雄,也造就思想,解答时代的课题是思想家的宿命。先秦诸子纷纷"著书言治乱之事,以干世主"[③],前文有关政治合法性的种种思考,正是他们交出的答卷。其中不乏理性认识,同时,也延续着上古三代以来的政治信仰思维特点。

诸子眼中的圣人、天、阴阳和道,无不是超越人自身的外在权威,被他们用来与君主勾连起来,使得君主的政治存在具有了超悬于人类社会之上的权威性。一般社会成员对于君主政治的礼敬、崇拜和信仰,伴随着君主权威的提升而继续强化,政治信仰在这样的过程中而得以不断加强。换言之,春秋战国时代的天、圣人及阴阳与道,本质上不过是上古三代的"上帝"、天神等神秘性外在权威某种再现形式,只是其中的神性信仰因素被更加巧妙地隐匿在了理性论证的背后,突显的则是浓重的政治信仰。因之,三代以来政治合法性论证中的政治信仰成分非但没有稍许削弱,反而凭借着理性认识的包装而愈益加强。

换言之,先秦诸子利用某些认识上的理性积极因素作为立论的支撑点,这种做法较之单纯依仗神秘权威要巧妙得多。理论内含的合理性因素能够

---

① 所谓"比类逻辑"是一种以"类推""类比"为主要论证方式的逻辑思维,它不具有类如西学那样形式严密的抽象逻辑认识,而是表现出鲜明的直观性和具象性,类比的逻辑环节之间常常具有跳跃性,因而显得粗疏而便捷。参阅葛荃:《比类逻辑与中国传统政治文化思维特点析论》,《华侨大学学报》,2004年第2期。

② [汉]司马迁:《史记》,中华书局,1959年,第3297页。

③ 同上,第2346页。

极大地增强理论自身的说服力,造就社会层面的整体崇拜和由衷信服。显而易见,这样的理论对统治者更有利。同一种理论认识在不同领域和不同条件下,其价值判断有时会截然相反。正像神秘主义的宗教迷信会成为农民反抗暴政的批判武器一样,人们有关事物规律性的认识反而成了诸子用以强化政治信仰的理论工具。

先秦诸子的合法性论证增强了理性内含及政治信仰成分,这一特点传续到了汉儒手中则得到了进一步的融合与完善。

三、汉儒的合法性论证方式

汉代学术大势与先秦略有不同,主要特点是驳杂而不纯。所谓"百家余绪",正是诸子学说复兴和相互影响融合的发达迹象。被班固誉为"儒者宗"董仲舒综合阴阳五行与儒学,可以作代表。史载董仲舒治学勤奋如痴,足不出户,"三年不窥园"。历经了多年的潜心琢磨,在理论上为汉帝国成功地解决了政治合法性论证,以及与合法性相关的理论问题。

(一)从天人关系论证政治合法性

与先秦诸子的立论方式相左的是,董仲舒一反春秋战国以来重视人事之风尚,在理论上重新树立了天的神秘性至上权威。

西汉初年的统治者是多神崇拜,天的主宰地位未能突显。董仲舒从《春秋》中总括出一条基本原则:"《春秋》之道,奉天而法古"[①],宣称尊奉天的权威是孔子的教诲,实属圣人之道,这样就可以堂而皇之地把天举奉出来。为此,董仲舒做了三方面的工作。

一是在观念上树立天的至上神地位。他说:"天者,百神之大君也。""王者之所最尊也。"[②]在崇尚多神的西汉时代,董仲舒确立了天是诸神主宰,地位至上。

二是将天与人紧密地联系起来,在理论上为利用天的权威解决人类社会政治问题做好准备。董仲舒创造性地提出了两个论点。一曰"天有十端"。即天之浩大,涵容着整个宇宙和社会,由十项内容构成一个体系,谓之"天地

---

① 董仲舒著:《春秋繁露》,凌曙注,中华书局,1975年,第15页。

② 同上,第502、507页。

阴阳木火土金水，九，与人而十者，天之数毕也”[①]。“十端”有着内在的生成关系。一边是天，一边是人，天人之间，由阴阳五行作为中介，将二者连为一体。二曰“人副天数”，即人的形体构造与“天数”相同。例如人有四肢，天的运作是一年四时(季)。人的四肢共有十二节，天运行一年有十二个月。这就叫“人之形体，化天数而成”。不仅如此，人的内在的道德、情感、意志等都是从天那里演化而来的。[②]这样一来，人和天之间似乎就形成了某种类似宗亲血缘的必然联系，于是董仲舒断言：“为生不能为人，为人者天也……天亦人之曾祖父也，此人之所以上类天也。”天和人外在相同，内在相通，小而为人，大而为天，“以类合之，天人一也”[③]。

董仲舒重新树立天的至上神地位，显然是继承了西周天神崇拜的理念。不过，董仲舒并不是简单地重复历史。在他看来，当年周公提出的“惟命不于常”成功地解决了政治合法性问题，可还是有些粗糙。譬如关于天人联系的中间环节、天的运作行为方式等，周公语焉不详。他则在这些方面做足了文章。

董仲舒提出，天的运动形态是气，人则涵容在天地之中，“天气上，地气下，人气在其间”。天通过阴阳五行的环节与人沟通，于是天不再是单纯的自然物，而是具有人一样的意志感情，“天亦有喜怒之气，哀乐之心”，如“春，爱专也；夏，乐志也；秋，严志也；冬，哀志也”。天的运行规律也含有道德意义，“天道之常，一阴一阳。阳者天之德也，阴者天之刑也”[④]。这样一来，董仲舒重新塑造的天，就成为某种神秘主义的人格化权威。既不同于原始神秘主义的神灵崇拜，更不同于自然天道，而是融自然规律、伦理原则和神秘性权威为一体，成为一种理性与神秘主义的混合物。

在这样的理念建构过程中，政治理性与神秘——迷信权威崇拜被强行融合在一起。天的权威从孔子期许的“不予言说”的自然权威，所谓“天何言哉”？越位精进而成为富于情感、意志和道德属性的人格神。这样的权威凭借着其人格表象，将神秘主义的信仰与崇拜转化为极端强势的政治信仰，而且能被一般社会成员轻易地信奉和接受。

---

① 董仲舒著：《春秋繁露》，凌曙注，中华书局，1975年，第597页。

② 比如《春秋繁露·为人者天》：“人之血气，化天志而仁；人之德行，化天理而义；人之好恶，化天之暖清；人之喜怒，化天之寒暑；人之受命，化天之四时。”

③ 董仲舒著：《春秋繁露》，凌曙注，中华书局，1975年，第385、418页。

④ 同上，第439、410、418、417页。

三是将天的权威与君主结为一体，完成了政治合法性的论证。董仲舒在确立了天人合一的前提下提出，不是什么人都可以与天对话，只有王即君主才有资格表人类与天沟通。他说："圣人何其贵者？起于天至于人而毕。"对于天来说，君主是芸芸众生的总代表，"下至公侯伯子男，海内之心悬于天子"[①]；对民而言，"王者承天意以从事"[②]，君主代表天治理着人间社会。

在上述的天人关系基础上，董仲舒成功地展示了两项政治原则。一是"君人者国之本也，夫为国，其化莫大于崇本"。君主是国家的主宰，帝国的政治核心。二是"《春秋》之法，以人随君，以君随天"。董仲舒搬出了圣人经典，君主的权力是天所赋予的。兹所谓"唯天子受命于天，天下受命于天子"[③]，君主的权力来自天。这样，经过一连串的理论再造，董仲舒成功地将君主与天的权威连接在一起，为君主政治的政治合法性提供了完整的理论论证。

（二）与政治合法性相关的理论问题

政治合法性论证在观念上解决了君主政治的统治合理性与正当性。不过，政治思想的学理特点之一是实践性，君主政治的政治合法性需要在实际社会政治生活中予以确认。为此，董仲舒还要在理论上解决保障君主政治统治得以实现的相关问题，主要有以下三项：

1. 相对政治制约问题

在赋予了君主最高政治权威的同时，董仲舒也意识到，如果君主的权力过于强大而为所欲为，有时也会造成政治混乱，甚至导致帝国倾覆，这是有讳于统治阶级整体利益的。夏桀和殷纣就是最典型的案例。有鉴于此，董仲舒便试图利用天的权威给君主以一定的约束。

董仲舒认为，君主治理天下必须遵循天的法则。假如君主滥用权力，有悖天道，天就会给予责罚，这就是所谓"天谴"说。董仲舒说："灾者，天之谴也；异者，天之威也。"当君主的政策选择或政治行为导致政治动乱，引发某种危机时，天就"先出灾异以谴告之。谴告之而不知变，乃见怪异以惊骇之。惊骇之尚不知畏恐，其殃咎乃至"。君主见到"五行变至，当救之以德，施之天下，则咎除"[④]。否则就会出大乱子。

---

① 董仲舒著：《春秋繁露·尧舜不擅移汤武不专杀》，凌曙注，中华书局，1975年，第597、344页。

② 班固：《汉书》第八册，中华书局，1962年，第2502页。

③ 董仲舒著：《春秋繁露》，凌曙注，中华书局，1975年，第208、28、386页。

④ 同上，第318、483页。

在权力私有的君主政治时代,天谴说不无合理之处。大体上可以视为先秦以来"相对政治制衡"思想的某种延续。据文献记载,政治制衡的理念至迟在西周晚期即已出现,典型者如周幽王时的太史伯阳父论"和同"。伯阳父认为,君主应该善于接受不同意见,"择臣取谏工而讲以多物"[①],有如"土与金、木、水、火杂"而生成天地万物一般。嗣后、晏子、孔子、荀子承续了这种认识。

以"和同论"为基本内含的政治制约理念是以"道义"原则为动力的,可以称之为"道义制衡"[②]。在君权至上的时代,批评君主会招来杀身之祸,董仲舒以天作为批评君主的工具,利用天的权威给君主以一定的制约,在当时不失为一种明智之举。既避免了臣对君的直接冲突,又维护了君主的至上权威。

天谴论通过对君主权力的相对制约,为防范君主因决策不当而对政治合法性形成某种冲击提供了一定的保障。

2. 基本政治秩序问题

董仲舒的天是一个具有内在秩序的运动体系,阴阳之道作为天的运行规律,直接规范着人们的社会政治关系和统治者的政策原则。

首先,董仲舒运用阴阳之道概括人们的社会政治关系,提出了"阴阳合分论":"物莫无合,而合各有阴阳"。"君臣父子夫妇之义,皆与诸阴阳之道"。然后,董仲舒指出阴阳之道的内在秩序是阳制约阴,具体的社会政治关系中,表现为事物的一方对另一方的掌控或统属。基于这样的理论,整个社会就被一分为二,又合二为一,形成了相互区别又相关联的二方:一方是君、父、夫,是天生的主宰;另一方是臣、子、妻,是天生的从属。这三对关系是最基本的社会政治关系,称为"三纲","君为臣纲,父为子纲,夫为妻纲"。"王道之三纲,可求于天"[③]。人类社会就由无数这样的主从关系叠垒而成,君主则居于顶端。

身份等级秩序是君主政治的基本秩序,自先秦以来,礼亦成为儒家学派的基本政治主张。董仲舒将这一基本政治秩序也纳入阴阳之道:"礼者,继天地,体阴阳,而慎主客,序尊卑、贵贱、大小之位,而差外内、远近、新旧之级者也。"[④]如果说身份等级制是君主政治赖以生存的制度原则,董仲舒则为此而

① 上海师范学院古籍整理组:《国语》(下册),上海古籍出版社,1978年,第515页。

② 关于"道义制衡",请参阅葛荃:《中国传统制衡观念与知识阶层的政治心态》,《史学集刊》,1992年第3期。

③ 董仲舒著:《春秋繁露》,凌曙注,中华书局,1975年,第432、434页。

④ 同上,第341页。

提供了较之先秦儒家更具说服力的精巧理论。

从阴阳合分论到三纲说的提出，董仲舒在理念上将纷繁杂乱的社会等级身份约简为三种关系。这三种关系构成了君主政治时代身份等级秩序的基础性结构。无论时代变迁,文明进步,还是改朝换代,只要公权力的私有化状况没有根本性的改变，只要身份等级制度仍然作为最主要的社会政治制度,三纲说就能够给予这种政治秩序以完美的阐释和论证。

董仲舒之所以在政治秩序问题上下这么大的功夫，显然是想着要为维系政治合法性提供制度原则保障。

3. 政策原则问题

德治仁政"先教后杀"等是孔儒倡导的政策主张。董仲舒运用阴阳之道予以再造,基本遵循着德刑兼备,以"德治"为主的思路。在他看来,天道的特点是"任德不任刑",君主遵循天道治国,也要推行德治。德与刑的施用比例是百与一,恰如天之"暖暑居百,而清寒居一。德教之与刑罚,犹此也"。

董仲舒认为的德治主要有两层含义。一是行教化。所谓"圣人之政,不能独以威势成政,必有教化"[①]。二是施仁政。董仲舒秉承了先秦以来"民本"思想最正面的内含,希望经由某种政策上的调整或限制,使得"民财内足以养老尽孝,外足以事上共税,下足以畜妻子极爱"[②],给予民众最起码的生存保障,以维系稳定。

董仲舒通过政策原则的设定给君主政治的实现规定了"下限"。汉代及其以后的历史证明,这一"下限"的突破,便意味着统治者政策调整的努力失效,政治合法性也将受到质疑和颠覆,社会冲突日益加剧,以至酿成"诸侯蜂起,天下大乱"的局面,一代王朝也就走到了末路。

综上,以董仲舒为代表的汉代儒学在政治合法性论证方面特色独具,既承续先秦,也有所"创新"。董仲舒从天人关系入手,重新编织了君主政治合法性理论;同时又从相对制约、秩序原则和政策原则的角度,为加固理论围栏打下了三个桩,提升了合法性理论的操作性。相对制约与秩序及政策原则相互照应,在社会政治实际过程中相互补充,使得汉代以及后世帝王得以从容应对实际政治运作中可能出现的各种状况，能够在比较长的时间内保持政治调节的相对有效,以及统治秩序的相对稳定。

---

① 董仲舒著:《春秋繁露》,凌曙注,中华书局,1975年,第387、434页。

② 班固:《汉书》(第四册),中华书局,1962年,第1137页。

在思维方式上，董仲舒将神秘主义的信仰崇拜与政治理性成功地糅合在一起，水乳交融，传统政治文化的"政治信仰模式"基本形成。

四、传统中国的信仰理性与恩宠政治文化性格

概括而言，政治合法性思维是人类社会的政治生活发展到了一定阶段，人们在反思和寻求政治定位中形成的。其中内含着的政治理性既有经验的成分，也有思辨的内容。不过，民族文化的个性导致了中西方在合法性思维上的差异，这种差异在政治文化层面的体现即是思维理性的倾向有所不同。简言之，西方即欧美政治文化传统的合法性思维主要受到希腊式思辨理性传统的影响，虽然宗教信仰的积淀不可谓不深厚，然而在政治文化的层面上，则表现出了相对强势的理性思维倾向。中国的状况恰好与之相左。先秦诸子的理性思维几达登峰造极之势，然而在此后的王权"大一统"皈依过程中，被浓重的政治信仰所笼罩，于是在政治文化层面上，则呈现出明显的"中国化信仰理性"思维倾向。

（一）思辨理性与中国化信仰理性的规定性分析

所谓思辨理性，一般是相对经验而言，指的是人的理性认知的高层形态。这种理性特点与一般意义上实践或经验的认知不同，人们获取知识不是通过实际感受、经验或感性，等等，而是通过理性认识，通过逻辑的认知与思考，诸如推理、归纳等获得确切的知识。黑格尔说："思辨的真理不是别的，只是经过思想的理性法则（不用说，这是指肯定理性的法则）。"[①]也就是说，思辨理性是崇尚理性思维的，并且肯认人是认识的主体。思辨理性认为单纯从感性经验是不能获得可靠和普遍的知识的，而是必须经过思考即逻辑推理。这种理性思维特征突显了人作为认识主体的判断力的展现，以及在认识事物和获取知识方面的主体地位，确认了人的逻辑推理能力。[②]

如果说，人的认识自然而然地包含着理性、感性和信仰的层面，那么西方主流文化的发展与接续，则始终保持着思辨理性的主导性影响，形成了西方政治文化的传统特性。这种理性特征在政治合法性思维领域，走过了一条

① ［德］黑格尔：《小逻辑》，贺麟译，商务印书馆，1980年，第183页。

② 参见顾肃：《自由主义基本理念》，中央编译出版社，2003年，第15页。关于"唯理主义"的论述，对于进一步理解思辨理性的认知特点很有助益。

从应然到实然的发展路径。本书前述"规范主义范式"到"程序主义范式",以及20世纪80年代以来的审议民主理论等,显然都是这一思维传统的延续与发展。

所谓信仰,严格地说,不只是主观或情感的表达方式,也是一种认知方式,而且是一种哲学意义上的认识方式。不过与理性认识不同的是,信仰不是认识主体对于事物的认知、思考与判断;而是人作为认识的受体,接受并相信"被给予"的信念或观念。也就是说,这些信念或观念之所以被接受,是基于事先已经形成的,对于"给予方"的"确切和绝对的相信"。显然,这些信念或观念往往来自"神启"。

在西方经院哲学中,长期以来始终存在着调和信仰与理性的努力,比如被"有些人"视为"奠定了经院哲学的基础"的安瑟尔谟及阿柏拉尔等,而圣托马斯·阿奎那于此用功尤著。正如黑格尔所言:"经院哲学家进一步的努力在于:第一,把基督教会的教义建筑在形而上学的基础上。其次是对教会的全部教义加以系统的研究。"[①] 20世纪以降的科学发展,并没有令这种努力减弱,在科学统领的时代,上帝的存在更需要理性的证明。因而我们不能不看到这样一种现象,即在"神启"的信念的背后,在确定的信仰的内里,长期存在着对于既定的信念或观念的理性认知与逻辑论证。固然,信仰的根基在于"确信",但是人类的认识史足以表明,信仰并不能完全脱离理性而单独存在,否定了理性的信仰将成为无本之木,简约为单纯而狂热的迷信。所以,安瑟尔谟认为"理性从属于信仰。继奥古斯丁之后他说:'为了理解我相信'"[②]。对于这种认识方式或曰思想观念现象,本书以为可以概括为"信仰理性"。当然,这里说的理性是特指的和有限定的。

进而言之,本书所界定的"信仰理性"可以做两层理解。其一,如果说信仰是确切、坚定的信奉与敬仰,那么信仰理性是在确信地前提下所接受的理性化了的系统的知识。作为一种认识方式,信仰理性内含着的是经由逻辑思维而达成信念和意识,人们的思维活动只是在给定的信念和知识框架中进行。所谓"思不出其位",说的正是这样的情形。亦如罗素概括经院哲学的"鲜明特征":"它被各该作者局限于自己视为正统教义的范围之内。"[③]信仰理性的认知过程包含着理性的逻辑推理,但是无论是归纳、演绎还是类比,这种

① [德]黑格尔:《哲学史讲演录》(第三卷),贺麟、王太庆译,商务印书馆,1959年,第289页。

② [英]罗素:《西方哲学史》(上卷),何兆武、李约瑟译,商务印书馆,1963年,第438页。

③ 同上,第529页。

逻辑思维不能超越已然给定的认知边界，被限定为对于既定权威和价值准则的阐释与论证,兹所谓“代圣贤立言”,因而其基本排斥了认识主体的创造性思维与判断。其二,信仰与理性交融为一体,共存于人的认识之中。在信仰的非理性意识表达中涵容着理性的认识及逻辑推理的结果。正如前述先秦诸子从天、道、圣人等多个层面论证君权合法性那样,他们恰恰是用逻辑论证的方式证明了政治信仰的正当性。

在中国传统的政治合法性论证中,从先秦以至汉代,我们真切地看到了其中的理性思维,也觉察到了浓重的信仰气息。依据这种状况所提示的思维特点,我们可以将其概括为“中国化信仰理性”,这一思维特点的理论规定性含有以下三个层面:

其一,信仰的前提是“信”。这是一种“绝对的相信或信奉”。上古三代的统治者对于这层内含已经有了比较清楚的意识,曾经专门在这方面下功夫。譬如周公就不辞劳苦,一再宣讲,“小邦周”之所以拥有天下是得到了天的眷顾。天看到了殷纣王“失德”“少德”,而周文王“有德”,遂将天下交给了“小邦周”。西周统治者利用天的权威,树立对于“天意”的绝对相信,以此为前提阐述合法性,取得了成功。

春秋战国战乱频仍,天的权威伴随着周天子的式微而衰弱。诸子便在力所能及的范围内,举出了他们能够找到的任何一种权威。诸如圣人、天、道、阴阳等,以之与君主相比类,强化“相信”前提的绝对性,以促使一般社会成员确信君主政治的合法与正当。

进入汉代,董仲舒有意再造“天”的至上权威性,为汉统治者的政治合法性提供更为牢靠的理论论证。然而,西汉初年的学风是对秦朝“别黑白而定一尊”思想文化专制政策的“反动”,汉惠帝四年(公元前191年)废“挟书律”,百家之学复兴,史称“百家余绪”。在汉初诸子讦辩融合、新论迭出的文化氛围中,怎样才能压倒各方而把握住最高“话语权”呢?董仲舒在推出天人合一政治论的时候,将其立论的判断方式设定为“异同判断”。

董仲舒提出,构造人类社会有三个基本要素:“曰天、地、人,万物之本也。”为什么这样说呢?他认为,“天生之以孝悌”,人若“无孝悌则亡其所以生”;“地养之以衣食”,人“无衣食则亡其所以养”;“人成之以礼乐”,“无礼乐则亡其所以成”。这三方面是构成人类社会不可或缺的内容。倘若“三者皆亡”,人类社会将不复存在,“民如麋鹿,各从其欲,家自为俗”。国家政治行将覆灭,“父不能使子,君不能使臣,虽有城郭,名曰虚邑。如此者,其君枕块而僵”[①]。在这一番论述中，董仲舒判定天、地、人是“万物之本”，涉及了人存在的基本条件和生存事实。这不是一般性的“是非对错”问题，而是说，如果不能以此为本，则人类无法生存。这里表达的是“异同性”的否定。

本书所说的“异同性”否定是“是非判断”的绝对化方式，对事物的评判不是普通意义上的优劣中差，选择的方式也不是“是则可，非则否”。“异同性”否定的评判标准是人类社会或本民族的基本价值准则，诸如上文的“万物之本”云云，涉及人们存在于社会的根本条件，亦即所谓“大是大非”问题，选择方式是“同则接纳，异则排斥”，非此即彼。基于这种判断方式，人们倘若不能相信董仲舒举奉的天是至上权威，就会被视为“异己分子”而被剥夺了自身的正当性，被排斥并驱逐出其赖以置身的社会群体。当人们习惯于群体的存在，并将社会或群体的认可与评价作为其存在的正当性依据的时候，一旦被评定为“异类”，对于当事人而言，不啻“精神放逐”，使得其人难以继续生存。这就是说，当信与不信关系到人的生存事实的时候，要求“确信”就具有了必然性意义上的强制性！[②]

其二，构成信仰的基本信念是“被给予”的。信仰作为一种认识方式，是人们在相信的前提下，接受被给予的信念、观念或理念。固然，从人类社会的认识发展过程来看，基于相信而“接受”，也是一种认识事物的方式。不过这种认知方式的主动性、逻辑推理、思考及理性判断，等等，均与思辨理性不同。当然我们认定在“接受”的过程中，思维活动是依然存在着的。但我们可以断言的是，人们在接受“给予”的过程中，获得的是他人的信念或理念，而不是通过思考与判断所得出的自己的认识。既然是在相信中接受的信念与理念，那么就不再需要质疑和设问。信仰理性内含着的信念和理念只需接受和相信，无须思考或再认识。

董仲舒在论证政治合法性的时候，充分表达了这一点。譬如，他提出“人副天数”，说“为生不能为人，为人者天也”。自殷商以来，就有了对于天的崇拜。西周初年，周公强化天的权威，在论证上也只是认可天的至上性和无所不能，指出天能根据王的德行来决断“大命”的归属，谓之“惟命不于常”。董仲舒却编造了天人之间的血缘关系：“天者万物之祖”，“天亦人之曾祖父也，

① 董仲舒著：《春秋繁露》，凌曙注，中华书局，1975年，第209页。

② 中国历史上也有胆敢坚持独立思考，向神圣权威质疑和挑战的特立独行之士，如三国时的嵇康，明代的李贽，结果当然是均无“好下场”。

此人之所以上类天也。”[①]这种说法逻辑荒诞，本来经不起推敲。可是，其时天神崇拜的传统已然形成，董仲舒重申天是所有神灵的最高主宰，人们对于这一点确信无疑。在这样的认识前提下，天与人的血缘关联、天有情感有意志、天随时关注着人间的活动与行为等说法，就都能够被人们欣然接受。如前所述，人们对天的至上权威的确信将为所有的具体论断构建了前提——被给予的信念、理念和理论无论多么荒唐，都会备受众接纳。在“相信”的前提下，面对“被给予”的信念、观念和理念，受众可以顺向论证，丰富其说，却不会逆向质疑，显然这里是不需要自由思维的。

其三，“迷信—信仰”与理性的高度融合：中国化信仰理性的关键处。中国传统政治文化语境中的信仰理性，其最显著的特点是迷信—信仰与理性巧妙地融合在一起，我们从两个层面略作分析。

层面一：在信仰理性的思维视域内，信仰的信念话语只能来自有如神启的最高权威。上古三代的最高权威是“帝”“祖”和“天”，神灵和逝去的祖先显示了至上的神秘性权威。进入春秋战国，政治格局呈多元化状态，诸子之论的主要目的是“干世主”，说服君主以介入政治。他们寻找到的最高权威是圣人、道、阴阳等，其思绪的现世理性压倒了神秘性。所以春秋子产有“天道远，人道迩”之论，孔子则“不语怪力乱神”。

汉儒董仲舒设计的最高权威则是神性、人性与自然性的集合体。如前所述，天是最高的神，又有意志和情感，同时，又是自然规律的体现：“若暖清寒暑，当其时不可不出也”。与天相对应的是君主。既然是“君权天予”，“故曰王者配天”[②]，那么君主也就同天一样，具有了某种神性。

汉代以后，不论是天还是帝王，都是神性与人性的聚合体。帝国首脑借助于天的权威而神圣化，他们口含天宪，金口玉言。他们的意志和话语，被称为“圣旨”“上谕”“口谕”，实际就是“神启”，以至于“放之四海而皆准”，一句顶一万句，容不得丝毫的疑虑。

如果说，完全意义上的神灵掌控着人的精神世界与过去未来之世；那么神圣与世俗结合，理性与信仰交融，其掌控的领域便没有了边界，无论精神世界还是日常琐细，全都处在其主宰和掌控之中。自先秦以至汉代，终于达成了神秘权威与理性认识高度完美的交融合一。

---

① 董仲舒著：《春秋繁露》，凌曙注，中华书局，1975年，第518、385页。

② 董仲舒著：《春秋繁露·尧舜不擅移汤武不专杀》，凌曙注，中华书局，1975年，第438页。

层面二：无条件的话语转换。理性与信仰地融合在理论的表述上很有特点，表现为讲述者经常并擅长运用话语转换的方式，将理性认识与迷信盲从融合起来。这种话语转换的特点是，在讲述的起始，是实事或实践经验，往往是真实可信的。然后，笔锋一转，以想象替换了事实，以编造取代了经验，甚而诉诸权威，从而将理性与迷信——信仰糅合为一体。

譬如，董仲舒论证君主在天人体系中的特殊地位的时候举例说："古之造文者，三画而连其中谓之王。三画者，天、地与人也……取天、地与人之中以为贯而参通之，非王者孰能当然当是。"[①]这里的第一句话接近事实，接下来用"天、地与人"来作为三画的象征就是编造了。可是，由于王字确是三画一竖的笔画结构，董氏的编造经由这样的事实托衬反而具有了说服力。

再如，董仲舒讲论"阴阳合分论"，用"合"来概括事物的普遍关系，显然是有事实依据的[②]，这里含有理性认识。随后，董仲舒迅速将话语纳入"阴阳之道"，用来解释社会政治关系，概括出"王道之三纲，可求于天"的身份等级秩序原则。从初始的事实到其后的编造，其间的话语转换几乎不露痕迹。

董仲舒在政治理念上秉承了孔儒以来最正面的表达，主张实行德治仁政，向往某种程度的公正与均衡。但是，所有这些具有正当性的政治理念无不与天道阴阳混合在一起。譬如董仲舒清楚地认识到，贫富严重分化蕴含着极大的政治危机。"大富则骄，大贫则忧，忧则为盗，骄则为暴"，为此统治者要予以调整，"使富者足以示贵而不至于骄；贫者足以养生而不至于忧。以此为度，而调均之，是以财不匮而上下相安，故易治也"[③]。同时，他还提出了诸多政策主张。[④]所有这一切，在他的话语中，皆与天道连为一体，理性与迷信的话语转换无须条件。如："夫天亦有分予。予其齿者去其角，傅共翼者两其足。"圣明君主依天施政，"使诸有大奉禄亦皆不得兼小利，与民争利业，乃天理也"。"天志仁，其道也义，为人主者，予夺生杀，各当其义，若四时；列官置吏，必以其能，若五行；好仁恶戾，任德远刑，若阴阳；此之谓能配天"[⑤]。

---

① 董仲舒著：《春秋繁露》，凌曙注，中华书局，1975年，第401页。

② 《春秋繁露·基义》："凡物必有合；合必有上，必有下，必有左，必有右，必有前，必有后，必有表，必有里，有美必有恶，有顺必有逆，有喜必有怒，有寒必有暑，有昼必有夜，此皆其合也。"

③ 董仲舒著：《春秋繁露》，凌曙注，中华书局，1975年，第282页。

④ 《汉书·食货志》："限民名田，以赡不足，塞并兼之路"；"簿赋敛，省徭役，以宽民力"；"盐铁皆归于民"；"去奴婢"；"除专杀之威"等等。

⑤ 董仲舒著：《春秋繁露》，凌曙注，中华书局，1975年，第600页。

这些话语用意象取代了逻辑，理性与信仰的"话语转换"收发自如，讲论者的表达已然达到了浑然一体的境界。当这种状况形成了惯常的话语模式，那么在思维上，理性与迷信—信仰便会混为一体，"你泥有我，我泥有你"，达成了高度融合。

理性内含增强了信念的正当性，信仰成分则强化了"相信"的威势，信仰理性的强势覆盖借此显现，对中国传统政治文化形成了深刻的影响。

(二)恩宠政治文化性格：权力崇拜与"造神"情结

如果说，自先秦至汉以来的政治合法性思维促成了政治信仰与政治理性的"天作之合"，那么此后的历史和文化传承过程中，受到这种具有原发性的信仰理性的影响，在社会政治生活层面，政治权力日益彰显；在思想和精神层面，则形成了极度泛化的政治信仰。此二者相互作用，形成"叠加状态"，促成了传统中国的恩宠政治文化性格。这里的"性格"一词，指的是传统政治文化在发展过程中形成的某种特性，具有"后天性"和相对稳定性。

1. 以儒家思想为主体的中国传统政治文化具有浓厚的信仰色彩，但儒学不是宗教

如果我们以世界三大宗教作为摹本，那么以儒家思想为主体的传统政治文化没有产生严格意义上的宗教。儒学特色独具的是浓厚的政治信仰，却并不是类如基督教、佛教那样的宗教信仰。儒学与宗教在信仰层面上有着明显的不同。

简言之，宗教信仰崇拜的至上神是唯一的和亘古不变的。无论是上帝、佛陀还是真主，概莫能外。政治信仰崇拜的却是实际社会政治生活中的最高统治者，伴随着权力更迭，政治信仰的崇拜物是常常替换的。当然，换言之，正是由于经常性的改朝换代，中国古代的帝王们才需要一再地确认其权力的合法性，有关的政治合法性理论丰富，仪式庄严。

再有，宗教信仰期待和向往的前生来世是难以印证的，为了使受众坚信，讲论者便会诉诸神学的话语，以叙述故事，讲述并展示神迹来说服听众。宗教信仰的印证依据无非就是"坚信"。政治信仰期盼和向往的是当下有序政治和未来理想政治——譬如中国传统政治文化的"内圣外王"。作为某种政治局面的向往，基本是现世的和可印证的。一方面，讲论者举出有如神启的至上权威使受众"确信"。在政治权力的强制操控下，有关的信念、理念及其内含着的价值观念被灌输给受众。另一方面，政治权力所具有的强制力足

以进行广泛的社会动员和政绩营造,通过建设、推动和制造,能生产出足够的政绩和"奇迹",给当下及未来的期盼、向往以充足的印证。这就是说,现世政治权力作为政治信仰的崇拜物,其自身就可以成为政治信仰的印证手段。君主政治通过政绩和仪式,以印证"真命天子"与"明君"。

另外,儒学没有严整的教阶系统和膜拜仪式。《周礼》《仪礼》所记述的以及后世帝王举行的封禅等祭礼,则是典型的政治崇拜仪式。

在传统中国,有多种域外宗教长期浸入,并广泛传播。有的宗教——如佛教,信众甚广。但宗教信仰并不能压倒或取代政治信仰。以至于时至今日,有研究者还将没有宗教信仰作为阻碍中国发展现代经济与文明的"拒马"。[①]

浓重的政治信仰促成了强势的政治权力崇拜,这是恩宠政治文化性格的第一层规定性。

2. 在传统政治文化浓重政治信仰的笼罩下,世俗王权相应地急剧强化

以君主为首的特殊政治利益集团不仅掌控了全部社会政治资源,而且其政治触角深入到家庭姻亲生活的私密空间,父家长作为君权的实际代理人,将专权与强制"代入"了日常生活中。

与浓重政治信仰及强势政治权力相伴而行的是极端化的权力崇拜和身份等级观念。一般社会成员习惯于服从和礼敬权威,同时人们也确认政治权力是评定或提升其身份地位、获取利益,并主宰其一生的最高权威。于是在社会政治心态方面,"介入体制,获得君王恩宠,以谋得恩泽与利益"的政治理念得到一般社会成员的肯认。读圣贤书,做明主臣,以光宗耀祖成为普遍观念。如蒙学读物《神童诗》的教诲:"少小须勤学,文章可立身;满朝朱紫贵,尽是读书人。""一举登科日,双亲未老时;锦衣归故里,端的是男儿"。

再如异史氏蒲松龄,一部《聊斋志异》,独步文坛。加之诗文、戏剧、俚曲及农、医等,著述颇丰。然而异史氏一生热衷举业,自19岁考童生,屡试不第。以教授家馆为生,度日艰难。他五十余年如一日,直到71岁时,才补为贡生。

此即谓"习得屠龙术,货与帝王家"。只要有可能,实现孔儒的"学而优则仕",作为理想人生的首选在某种程度上得到社会的共识。

---

① 马克斯·韦伯就认为:"中国人没有优秀的清教徒的那种受宗教制约的、中心的、内在的、理性的生活方法论","儒家君子只顾虑表面的"自制",对别人普遍不信任,这种不信任阻碍了一切信贷和商业活动的发展;与此相对的是清教徒对教友的信任,特别是从经济上信任教友的无条件的、不可动摇的正当性,因为它是受宗教制约的"。参见[德]马克斯·韦伯:《儒教与道教》,王容芬译,商务印书馆,1995年,第296页。

千方百计地介入体制，以得到君权的恩宠，分享权力与利益——成为人们的最佳生涯规划。这是恩宠政治文化性格的第二层规定性。

3. 中国传统政治文化内含的浓重政治信仰如同宗教信仰一样，需要权威崇拜

这种权威崇拜的禀性孔儒们已然具有了。如孟子引"《传》曰：'孔子三月无君，则皇皇如也。出疆必载质。'公明仪曰：'古之人三月无君则吊'"[①]。然而芸芸众生多是凡夫俗子，未必就有孔儒们的"思想觉悟"。巩固政治信仰需要持续提升权威崇拜的强度，而权威的神化则最能激发庶民政治信仰的虔诚。

秦汉以及后世，君主的最高政治权威被符号化，凡是与君主有关联的事物，包括颜色、图形、器物，等等，都成为君主权威的象征，亦成为人们礼敬和崇拜的对象。就连帝王的诞生也有如神迹。如《汉书·高祖纪》："高祖，沛丰邑中阳里人也，姓刘氏。母媪尝息大泽之陂，梦与神遇。是时雷电晦冥，父太公往视，则见交龙于上。已而有娠，遂产高祖。"又如《宋史·太祖纪》："后唐天成二年，(赵匡胤——作者注)生于洛阳夹马营，赤光绕室，异香经宿不散。体有金色，三日不变。既长，容貌雄伟，器度豁如，识者知其非常人。"

现世的帝王被神化，载入了正史，在社会观念层面则形成了具有迷信色彩的帝王传说，流传广泛。这时的君主便被赋予了全知全能的神力，按照信仰理性的思路整塑形象，以满足政治信仰的需要。

据此可知，何以传统政治文化总是要赋予政治权威以神性。如果崇拜的权威老化或是过于陈旧，讲论者与倡导者们就会重塑一个政治权威。这样一来，在社会层面的政治情感和政治文化深层结构中，即形成了遍在的"造神"情结。这是恩宠政治文化性格的第三层规定性。

综上，在恩宠政治文化性格的影响下，渴望得到体制的肯认，获取最高政治权威的恩宠就成了人们最大的政治期盼和最高层次的人生理想。这种政治文化特点的积淀与延传一直影响到今天。20世纪60年代政治运动中的个人崇拜与造神运动就是明证。毋庸讳言，在中华民族20世纪的历史上，确乎曾经出现过这样的情景："革命群众"人人佩戴领袖像章，手握"小红书"，集体跳"忠字舞"。政治信仰的浓烈程度几达极致——虽然，不排除当时也有人并不真的相信。换言之，何以中国历来多"造神"？当与政治合法性思维特点——信仰理性的张扬与泛化有着深刻的关联。

---

① 杨伯峻：《孟子译注》(上册)，中华书局，1960年，第142页。

恩宠政治文化性格顺随着文化的积淀而延传下来,其影响所及,表现在很多方面。譬如关注政绩营造,官场风行“避邪”迷信观念等。其中影响至为深远的一点是,恩宠政治文化性格化解了人的独立思维与创造性。

如前所述,信仰理性的认识方式是相信和接受,基本排斥质疑和独立判断。在浓烈的政治信仰氛围中养成的恩宠政治文化性格,致使人们着力于权威崇拜、介入体制以获得政治恩宠。在这样的政治文化性格影响下,自汉以降,以相信和接受知识,严守师承,信守“代圣贤立言”为基本特点的“注疏之学”渐次形成。如果说先秦子学的突出特征是争鸣与创新,那么汉唐以来经学的学风平实,注重注解、解释和传承,或有发挥,却很少创新。其所谓发挥,其实也是在整体框架允许范围内的阐释。在注疏之学成为文化传承主流形式的条件下,人们原本应有的独立思维与创造性思维逐渐被弱化、软化,以至被化解。

因而统观传统中国,大凡具有某种独立人格和思辨能力的士人,要么归隐山林,“不求闻达于诸侯”,有所著述,也要”藏之名山,传诸后世”。要么就会名噪一时,惊世骇俗,最终受到体制的严厉制裁。其实中华民族不乏才智,只是,具有原发性特点并一脉相承的信仰理性思维桎梏了原本即有的创新精神。而独立思维与创新,则是当代中国现代化发展的关键性“驱力”。

第十二讲　政治哲学之思维定式(一)：善恶两分与政治主体思维的缺失

中国传统政治文化的长期延续，不断强化着人们的政治理念和认知方式。特别是汉代以后，儒家文化整体上升为政治意识形态，经由一代代统治集团的极力倡导，全社会的思想意识和文化形态在儒家文化的桎梏下而渐至模式化和教条化。以“士人—士大夫”为主体的知识阶层在致思逻辑和思维方式上也形成了某种模式化状态。这里说的“模式化”，指的是认识主体的认识逻辑过程和判断标准是固定不变的，不论认识的对象或认识的具体条件具有什么样的特点，发生了什么样的变化，认识主体的思绪仍然沿顺着固有的价值格局和一成不变的致思逻辑完成思维过程，形成认识结论。在这一思维过程中，认识对象及条件的特点或变化要么被认识主体忽略或不计，视而不见；要么被固有的致思逻辑强行改变，纳入既定的认识框架之中。这种固定不变的僵化的认知和思维方式可以称之为“思维定式”。

本章以晚明东林党人为典型案例，就中国传统政治文化的“善恶两分的绝对化政治思维定式”略作辨析。

一、善恶两分的绝对化政治思维定式

善恶两分的绝对化政治思维定式源于先秦儒学的人性讨论。当孔子宣告“唯上知与下愚不移”之时，就已经显露出将人性善恶绝对两分的端倪。汉、唐流行“性品说”，是孔子性说的延续和发展。例如董仲舒，他秉承了先秦儒家的德治教化思想，把教化作为治理黎庶百姓的根本手段。他说：“天生民，性有善质，而未能为善”[①]，必待“王教之化也”。如何教化？教化何人？这

① 《春秋繁露·深察名号》。

就涉及人性问题。董仲舒否定了孟子力主“人皆可以为尧舜”的“性善”说，提出性有三品。其中，上品之性是“圣人之性”。由于圣人的德行已臻至善之境，因而无须教化。下品之性是“斗筲之性”，即小人之性。鉴于天下的小人无不汲汲于谋利，溺于贪恶，故而不可教化。所以说“圣人之性不可以名性，斗筲之性又不可以名性，名性者，中民之性”[①]。“中民之性”排除了小人和圣人，既非至善，也非不可救药，而是处于中间状态。董仲舒认为，这才是教化的对象：“中民之性如茧如卵。卵待复二十日而后能为雏，茧待缫以涫汤而后能为丝，性待渐于教训而后能为善。”[②]在董仲舒看来，“善过性，圣人过善”，圣人及君主的本性是完美无缺的。一般民众“受未能善之性于天”，又畏作斗筲小人，只有“退受成性之教于王”[③]。在这里，上智与下愚始终处于善恶的两极，这显然是孔子“上智下愚”说的发展。

至宋代，理学兴起，理学诸子利用佛说改造传统性论，将“上善之性”本体化，通过所谓“气质之性”，“生之谓性”，扩大了善性的涵盖面，改变了性品三分的传统格局。不过，性之善恶绝对两分的认知模式却没有变化，而是延传了下来的，并且渐至演化成为一种思维定式，影响至深。晚明东林党人在这方面表现得最为典型。

(一)东林士人群体的“非此即彼”认知模式

晚明聚讲东林诸君的治学指要以宗极孔子、调合朱王、抨击佛老、修正王学末流之弊为特色。他们以儒家道统的护卫者自居，代表了儒家文化的主流及正宗传统，很具有典型性。东林一派的核心人物，如顾宪成、高攀龙、邹元标[④]、顾允成、赵南星等，均学有所成，领袖士林。他们从政能忠君爱民，清廉刚正，是士人之中“积极求道”的代表，展现的是士大夫的正面形象。总的来看，东林学旨具有追求价值合理性的绝对化特征。这一学旨特征经由多种媒体或中介环节的沟通，被东林人士们所认同，逐渐内化为他们政治人格的结构成分，在心理上则形成了强烈的“君子自我意识”。他们惺惺相惜，相互援引，彼此接纳，互为支持，甚而联成“党与”，谓之“论道而不论地”，致使东

①② 《春秋繁露·实性》。

③ 《春秋繁露·深察名号》。

④ 邹元标(1551—1624)，字尔瞻，江西吉水人。万历五年进士，官至左都御史。为东林首领之一。天启初受魏党攻击，辞官还乡，旋病故。著有《愿学集》等。

林士人群体带有明显的“文化整合”的表征。

文化整合(culture integration)通常可以理解为基于价值观、信仰和道德观等而形成的社会成员之间的有序或冲突关系。一般而言,每个社会系统或民族社群都有自己的主流文化及亚文化层次,社会成员通过不同的渠道和方式,在其个人的“社会化”(socialization)过程中,将主流文化或亚文化所内蕴的价值观、道德观及信仰等内化为自己的观念或信仰,从而形成了某种归属感,并且影响着其个人的社会定位、集团认同以及人我关系的协调,甚而影响着社会秩序。文化整合的范围可以扩大到整个社会,形成普遍的国民观念、民族意识;也可以局限于某一阶层,某个集团,形成小众的群体观念。

以东林人士的群体表现来看,他们彼此之间以道义相交结,以君子相标榜,以学以致用相劝勉,以君父百姓和实现道德理想相激励,显而易见,他们是文化整合程度很高的特殊士大夫群体。高攀龙指出:“东林人行辈不一。”如他与洪平仲、丁元荐、刘元珍、陈嘉训等为同辈,彼此间“决不相类,而相欢。何也?朋友,同乎道也”①。

在实际政治生活中,正是基于文化整合而形成的坚定不移的价值观念构成了东林人士进行政治选择的驱动力,对于价值准则的认同是激发和支配行为的力量之源。因而,当东林人士在政治实践中遭受挫折,或是在参与政治运作的过程中,由于理想和现实的冲突而深感困惑之时,他们一般不会做这样的选择:根据实际利害而调整,直至放弃原则,而是一下子回到文化整合的核心价值寻求支持,重申理想和原则,借以调节利害,渡过难关。于是正像我们所看到的,东林人士确实觉察到了在实际政治运作过程中,君子、小人的人格表现是多样化的,为此他们大呼君子有品,小人难辨。然而他们并没有因为政治现实的复杂性而调整认识,没有根据政治运作的实际需要而在思维方式上形成认识的多角度、多层面,推进其政治思维的深化,反而在认识上退回到儒学的价值原点,在认知形式上表现出典型的“善恶两分”的绝对化政治思维定式,这是东林人士文化整合之强化程度的具体表现。

东林诸子自命学秉程朱,在人性善恶上坚持“善恶两分”,坚持一种“非

---

① 《东林书院志·东林轶事》。

此即彼”的认知模式,包括下述三层内含。

1. 讲论人性,非善即恶,再没有任何其他表现形式

这个认识源于东林学旨的心性善恶辨。东林诸子力讵王学末流的性无善恶说,强调人性本善,弃善即恶。其中尤以冯从吾的讲述最明确。冯从吾说:“义利只有两途,人心原无二用。出于义即入于利,出于善即入于恶。岂有无义无利无善无恶,一切总归于无心之理乎!”[①]他以尧、舜、桀、跖为例,以说明出善入恶之谕:“尧之隔壁就是桀,舜之隔壁就是跖,中间再不隔一家。此孟子所以并谈无别。世之学者,既不敢为尧为舜,又不甘为桀为跖,只是错认以为中间尚隔许多人家耳。”[②]冯子认为,这是由于“孔子论人,有圣人、君子、善人、有恒之别”,遂使世人以为其中“路径甚多”,以为纵然做不了尧、舜,也不至于就是桀、跖。能做善人、“有恒”也未尝不可,大可以“自宽自便”。冯从吾对于最后这种“第三条道路”极为不满,他辩驳道:“孔子以圣人、君子、善人、有恒列为四等,正所以示入舜之阶基,恐学者躐等而进耳”。世人“不知发端之初,一念而善,便是舜;一念而利,便是跖。出此入彼,间不容发,非舜与跖之间复有此三条路也”[③]。为了申明他的主张,冯子特地绘制了《善利图》一幅,又作“图说”以解之。图中“舜之善”与“跖之利”分向两侧,示为两途,正中大字标明:“中间无路”!又题图诗曰:

圣狂分足处,善念是吾真。
若须中间立,终为跖路人。

冯从吾所表达的认知方式很有代表性,东林人士中有很多人都具有这种“非此即彼”的思维特征。例如高攀龙论“天理”曰:“天理既明,如权衡设,而不可欺以轻重;如度量设,而不可欺以长短。合此则是,不合此则非。以此好恶,以此用舍,以此行赏”[④]。高攀龙将天理树为绝对标准,用来判定是非,衡量善恶,决定取舍。无论是政治实践还是在认识上,高子都杜绝了“第三条道路”。

① 《冯少墟集·辨学录》。

② 《冯少墟集·宝庆语录》。

③ 《冯少墟集·善利图说》。

④ 《高子遗书·语》。

再如顾允成。有人认为，议论是与非不可以自以为是，或自以为非，“不当以同己者为是，而不复察其非；不当以异己者为非，而不复取其是”。顾允成认为此说不妥，反驳道：“今有人于此，且为杨朱，且为墨翟，乃欲于无父无君之人，而节取其有父有君之是，正恐是未必得取，而反陷于非也。岂不惑之甚哉！”[①]显然，顾允成坚持在是非判断上不应含糊，不可模棱，欲取“非中之是”，反倒陷溺于非，不如截然两分反而明快。

2. 辨别是非善恶取决于辨别者自身的好恶之分，只有君子仁人才会有好恶。而且，人的好与恶也要推到极致，旗帜鲜明

高攀龙说：“君子经事宰物，好恶两者而已”。君子的好恶理应关乎天下，以社会政治的是非善恶作为自己的好恶。假如是非关己，如果“善非身有之弗好也，恶非身无之弗恶也。视天下之治乱，朝廷之利害非如得失之切于身”，这叫作“好而弗纯，恶而弗决也”[②]。为了进一步阐明观点，高攀龙又作有《好恶说》一文。他说：“近见世局纷纭，此一是非，彼一是非。因而推其故，原来只在好恶两字。”然而再进一步推衍，问题似乎又不在好恶本身，而是在于由“谁”来论好恶。“世间那一个人是没好恶的，但各人等第不同”，众人以为，好恶相同就是“公好”“公恶”，“不知圣人说，唯仁者能好人，能恶人”[③]。东林诸子自认为是仁人君子，故而唯他们才有资格论好恶。高攀龙突出了“仁人”在辨别是非善恶上的权威性，认为如果德行不足，与圣人之所教所学不符，则“未可自谓仁者，自谓能好恶也”[④]。这是将分辨是非善恶的主导权推向了善的一方，除了少数仁人君子，其他人包括不仁的一方根本没有分辨是非善恶的资格，这是将“非此即彼”认知主体也推向了绝对化。

刘永澄认为，仁人君子的爱与恶不能模糊含混，要明见分晓。他说：“爱人则加诸膝，恶人则陨诸渊，此讥刺语。”其实“爱恶之道”正是这样。《大学》中如有“好好色”“恶恶臭”等语。“好好色之心何啻加膝乎，恶恶臭之心何啻陨渊乎？圣贤只在好恶前讨分晓，不在好恶时持两端。如虑好恶未必的当，好不敢到十分好，恶不敢到十分恶，则子莫之中，乡愿之善耳”[⑤]。刘永澄将好与恶推到十分，认为未到十分便是调和折中，如乡愿然。平心而论，爱与恶虽然

① 《小辨斋偶存·答罗布衣》。

② 《高子遗书·题三太宰书》。

③④ 《高子遗书·好恶说》。

⑤ 《明儒学案·东林学案三》。

不到十分,毕竟与无好无恶可好可恶的乡愿不同,可见刘永澄是在认知方式上将分辨善恶是非推向了绝对化,非此即彼,不留余地。

3. 君子与小人在认知标准上泾渭分明,在是非善恶上处于绝对的对立状态。君子一切善,小人一切恶

东林人士在这一问题上的认识是极为坚定的。例如左光斗论"国是",说:"唯君子之别于小人者,清与浊而已矣。君子之不能容小人,犹小人之不能容君子也。其清浊异,则其好恶不得不异也。"左氏认为君子小人清浊相分,有如"鹊终不可以为乌,凫终不可以为鹤",君子与小人"以其好恶殊,其面目终不能易也。此国是也"[1]。这一认识强调了君子小人的本质区别,彼此不能相容,不可转化,是绝对对立的两种人格类型。

再如顾宪成论"治乱"说:"夫何以治也?君子正也。正则所言皆正言,所行皆正行,所与皆正类,凡皆治象也。虽欲从而乱之,不可得而乱也。"顾宪成认为"君子之正"带来的都是"治象",虽欲求乱亦不可得。反之,"夫何以乱也?小人邪也。邪则所言皆邪言,所行皆邪行,所与皆邪类,凡皆乱象也。虽欲从而治之,不可得而治也"[2]。君子皆正,小人皆邪,君子皆治,小人皆乱,是非善恶如此相对,如此绝对化,这是典型的"非此即彼"认知模式。

(二)"善恶两分"的致思逻辑

据前述,东林人士的认知模式即表现为非常典型的"善恶两分的绝对化政治思维定式"。构成这一思维定式的致思逻辑要点有三。

第一,价值判断取决于本原性价值认定。即从"源头"看主流,源头即决定了事物的主体及其流变过程,本根为善,则一切为善,反之亦然。在认知逻辑上则表现为,只要把握住事物的核心价值,则枝节末梢洞然而解。

冯从吾有一段关于人性的议论,典型地表达了这一思维特点。他说:

> 圣贤学问全在知性,有义理之性,有气质之性。如以义理之性为主,则源头一是,无所不是。情也是好的,故曰:乃若真情则可以为善矣。才也是好的,故曰:若夫为不善,非其才之罪也。若以气质之性为主,则源

① 《左忠毅公集·科臣挟逞私心倒翻国是疏》。

② 《泾皋藏稿·上相国瑶翁申老师书》。

头一差，无所不差。情也是不好的，为恣情纵欲之情。才也是不好的，为恃才妄作之才。①

冯从吾认为人性难解，不过只要勘定源头，人性疑难即可迎刃而解。他批评世人不知寻源："今不在性体源头上辨别"，只在性、情、才等末流上辨别，"纷拏盈庭，何有了期"②。

冯从吾将事物的差别归本于核心价值，谓之"源头"，认为在源头与流干整体之间形成了直接的逻辑推导，其间既没有什么演化过程，也不存在任何偏斜，这是典型的绝对化思维。

第二，善恶两分的价值对立是必然的、绝对的。善的对立面必然是恶，恶的反面必然是善。因而，对事物性质或价值的判断，只需看到对立着的一方，即可明了，无须"两造备具"。

高攀龙作过一个很精妙的说明："君子不幸为小人所荐，终身之羞也。若小人骂斥君子，乃君子之荣也。小人不知，以此害君子，不知其为爱君子也。"③在高子的价值天平上，小人对君子的攻击排斥，正是君子本身价值的确证，倘若混淆，反而界限不清，有口难辩，竟为"终身之羞"。缪昌期也有同感。他"偶简《宋史》"，读至熙(宁)(元)丰、元祐、绍圣之际党争而感叹不已："古之君子宁身受同人之累，而必不肯借君子之异，求小人之同以自解免"④。在缪子的是非坐标上，君子之间虽然有"异"，却并不因此而转向小人，而是坚持与小人对立。君子与小人之间或许有"同"，却决不会背弃君子而与小人沟通。缪昌期与高攀龙一样，认为君子小人是善与恶绝对对立的人格表征。

正是在上述致思逻辑的引导下，李应升把天下所有祸患全都归之于小人。他说："盖天下有三患，一曰夷狄吭背之患，二曰盗贼肘腋之患，三曰小人腹心之患"。三患相较，小人是祸根：夷狄和盗贼之患，"实胚胎于小人"⑤。在李应升的观念中，小人是恶的表征，既然善恶价值绝对对立，小人当然是一切祸患的根源。

第三，善恶两分的价值合理性判定具有绝对的权威性。判定只要成立，

①② 《冯少墟集·大华书院会语》。

③ 《东林书院志·高景逸先生东林论学语下》。

④ 《从野堂存稿·答熊坛石公祖》。

⑤ 《落落斋遗集·以备圣时采择疏》。

就决定了该项事物的主导方向。如果用于人格审议,则价值判定决定着人性的本质及其道德归属。

东林人士中不乏有争议的人物,例如李三才。据王天有《晚明东林党议》,"从万历三十七年(1609年)十二月到三十九年(1611年)二月,党议围绕李三才问题争论了一年零三个月"[①]。是知李三才曾经一度成为晚明党争的焦点人物。又据《明史》,李三才于万历二十七年(1599年)以右佥都御史总督漕运,巡抚凤阳诸府。他在任上惩治矿监税使等害民之官最力,曾几次上疏,言辞激烈,谏请神宗皇帝"尽撤天下税使"。对于这样一位封疆大吏,史传的评价是毁誉各半。一方面认为"三才在淮久,以折税监得民心。及淮、徐岁侵,又请振恤,蠲马价,淮人深德之";另一方面又不讳言:"三才才大而好用机权,善笼络朝士","性不能持廉,以故为众所毁"。[②]关于李三才不能持廉和"用机权",《东林列传》亦有评述:

> (三才)又性豪华,疑不为清流所喜,而结客满天下。(顾)宪成之前,誉言日至,信其才真足办国家矣。
>
> 或言,宪成过淮上,三才宴之,常蔬而已。厥明,盛陈百味。宪成骇问,对曰:"皆偶然尔。昨偶乏,故寥寥;今偶有,即罗列。"以此不疑其奢。其操纵类如此。[③]

如若《东林列传》及《明史》等记述不谬,则李三才之城府与机权,应不让于民间传说版本的"奸雄"曹操。对于这样一位颇招物议的风云人物,顾宪成或许是囿于闻见,因而不明就里,总之是深引以为同道的。他说:

> 吾闻之,凡论人当观其趋向之大体。趋向苟正,即小节出入,不失为君子。趋向苟差,即小节可观,终归于小人。
>
> 又闻为国家者,莫要于扶阳抑阴。君子即不幸有诖误,当保护爱惜成就之。小人即小过乎,当早排绝,无令为后患。
>
> 又闻古来豪杰,种种不同。或谨严、或阔大、或悃愊、或挥霍,其品人

① 王天有:《晚明东林党议》,上海古籍出版社,1991年,第65页。

② 《明史·李三才传》。

③ 《东林列传·李三才传》。

人殊矣。总之各成一局，各不害其为豪杰也。

合此三言，可以定漕抚（指三才——引者注）之案。①

看来顾宪成并不是没有闻见，或囿于闻见，而是闻见与众不同。他的致思逻辑正是以善恶两分的价值判定作为最高权威。一旦判定为君子，则小节可以不计，诖误予以保护。因之李三才的"不能持廉"在他看来"只是交际往来局面稍阔耳"，无非是有点"讲排场"，何足为虑？反之，既已判定为小人，即使"小节可观"也不可取，要尽早摈弃。

从形式上看，顾宪成的认识到也合乎"大德不逾闲，小德出入可也"②的儒家祖训，可其中蕴含的致思逻辑却是绝对化思维定式的构成要点。

东林人士所表达出来的善恶两分的绝对化政治思维定式是政治思维的简单化，在这一思维定式的制约下，他们根本无法面对复杂纷繁的人生，也无法应对尔虞我诈的极权政治。

（三）"童稚思维"的文化遗患

从人类社会的认识发展来看，理论概括和抽象认识的形成，意味着人的认识的深化，作为认识主体的人正是通过概括和抽象，才得以从芜杂纷乱的表象世界中透视特质，综括规律，寻求意义。从思维的形式看，认识的概括和抽象具有"简约"的特征，但这绝不是把原本复杂多样的认识对象"简单化"，也不是把变动不居的事物表象"僵固化"。而是从具体到抽象，从零杂到概括，从繁复到"简约"，人们的认识正是经由了这样的过程而逐渐形成了对事物内在规定性的洞察，形成了对于事物多样性的广泛涵盖和多元把握，从而为人们切实地理解生命本身及其外部环境提供了致思捷径。人们的认识如此往复不已，不断深化，正是在这样的过程中，人的无限创造力才得以逐一展示；同时，人们也在不断地创造着人自身。所以西哲康德断言，"人具有一种自己创造自己的特性"，人"可以作为天赋有理性能力的动物而自己把自己创造成为一个理性的动物"③。

不言而喻，传统中国的士人应当属于最具有"理性能力"的文化群体。譬

① 《顾端文公遗书·自反录》。

② 《论语·子张》。

③ 康德：《实用人类学》，重庆出版社，1987年，第232页。

如东林人士,他们似乎已经感悟到了这种由繁复而至简约的致思过程。有人问高攀龙:"看来天下道理若非易简,便不是。"高子深以为然,答曰:"是。便是天下至难者惟易简。不历尽险阻,不到易简处。"[①]然而遗憾的是,令高子击节赞叹的"易简",并不是认识升华而形成的理论概括,也不是思维深入而形成的抽象洞察,而是摆脱了复杂琐屑的纠缠而返璞归真的简单化选择。根据前面关于东林人士致思逻辑的分析,我们完全可以认定,善恶两分的绝对化思维定式营造的是"好人","坏人"的思维"童稚"状态。在认识上将善恶两分推向极端,其结果只能是在政治理性上"拒绝成熟",在行为选择上作茧自缚,以至于举步维艰。

从关于人性的认识发展看,儒家文化早就意识到了人性具有复杂的一面。虽然不曾深入,但孟子至少指出了人性中既有礼义道德的"大性",也包括饮食男女等"小性"。晚明东林人士从人性讨论树立学旨,他们在实际政治生活中,对于人性表现的多样化是有所认识的,因而有诸如"君子有品""小人难辨"的感叹。可是一触及人的本质,他们便会身不由已地在思绪上陷于绝对两分。他们以本源性价值认定作为认识的出发点,以价值对立的必然性来囊括社会政治生活中的人性表现,同时,又以强调价值合理性判断的绝对性来维系人之本质的一成不变。这种思维定式完全忽视了实际人性的多层次、多样性和多变化,因而它无法对应现实社会政治中,人际关系、政治关系以及人格自我的分合与冲突,也没有能力去理解和捕捉影响人性和人际关系的多种因素,故而很难针对人性的复杂和多变作出认识上的调整。事实上,这种绝对两分的思维定式是用一个僵化了的公式去裁量鲜活多样的实际人生,这不仅迫使政治人格的认识陷于模式化和绝对化,而且人性内蕴的生命力和创造力也将受到致命的阻遏并被消解,结果必然在思维和行为上陷入困境。

其中,思维的困境主要表现为,善恶两分的绝对化思维定式促成了传统政治思维中简单化的趋势,致使儒家文化在认识层次上始终徘徊在类比和循环逻辑的思维迷宫里,无法脱身。传统文化的政治理性长期停滞在非忠良即奸佞、非君子即小人、非好人即坏人的童稚阶段,从而阻碍了政治理性思维的近代跃升,并且直接影响着中国传统政治文化的近代化转型。

不仅如此,这种思维定式使得君子、小人的称谓成了一种"陈述"(statement)。

---

① 《东林书院志·高景逸先生东林论学语下》。

表现为对于既定真理的权威性指示和认识限定。因之在君子、小人的称谓面前,人们无须思考,无须争辩,只需遵照这种陈述所暗示的规定性价值判断去视、听、言、动。事实上,在儒家文化长期建构的政治文化传统中,君子小人已经构成了"霸权性"的"话语",人们在接受并使用这种"话语"时,有意无意地在认可一种"词的暴政"。这就是说,不论何人,亦无论其资质才学,只要被冠以君子之名,便可以流芳,可以传世;反之,如果被列为小人之属,他便再难翻身。有道是"自古奸佞多文才",但后世唯知其奸,不传其才。这类事例有很多,典型者如唐代李义府。据《旧唐书》,"义府貌状温恭,与人语必嬉怡微笑,而褊忌阴贼。既处权要,欲人附己,微忤意者,辄加倾轧"。人们以其"柔而害物",笑中有刀而称之"李猫"。然而在另一方面,李义府"善属文",被马周、刘洎等直谏名臣举荐入仕,历任中书舍人、弘文馆学士,曾预撰《晋书》,又"兼修国史"[①],是知他确有文才。可是既然跻于奸佞,则文名湮没,后世唯知"李猫"而已。

这种思维定式连同"词的暴政"作为民族文化的积淀一直延传下来,其影响力至今未衰。今天,当我们再度反思和检索中华民族的近代化历程,我们看到,在中华民族摆脱帝制,步入共和,走向现代社会的进程中,我们仍然可以从"老子英雄儿好汉,老子反动儿混蛋","非左即右,形左实右"和"完美苍蝇论"中清晰地找寻到它的踪迹,感受到"话语的霸权"的威力。而且在一定条件下,我们还曾经在此起彼伏的政治运动中真实地感受到这种"童稚思维"带给我们的伤害、尴尬和遗憾。

至于行为的困境,则主要表现为,由于认识的绝对两分而引发的行为上的对抗。本来,人性的内蕴极丰富,人性之中有特质,有弱点,亦有优长,因之人性的实际表现可谓异彩纷呈。一般而言,只有在全面深入地理解人性的基础上,才有可能促成人我之间的谅解和沟通,造就人我交往和人的群体和谐。然而,善恶两分的绝对化非但在认识上阻隔了人我之间的谅解和沟通,而且在行为上极易促成人我对立。加上各种条件及利害关系的计虑,人我之间的对抗几乎是不可避免的。如果说,民族、群体或个人为了生存和根本利益而形成的对抗具有某种道义上的合理性;那么,由于认识偏狭而难以沟通而形成的行为对抗则不能不说是一种文化的尴尬。

通过上述分析,我们将得到这样的启示:中华民族只有彻底摆脱童稚思

① 《旧唐书·李义府传》。

维才会真的走向成熟和文明，因为历史可以证明，在一个民族的成长过程中,人们选择的每一步都需要伴以深入的理解和全面的阐释。

二、中国传统政治主体思维的缺失

一项成功的研究可能并不在于研究者解决了什么问题，而是通过研究提出了哪些问题。对于善恶两分的绝对化政治思维定式的思考,让我进一步提问,中国传统文化之博大精深,古人之智慧、之才气,实在令今人望尘莫及,唯有膜拜耳。可是,如果前文的判断得以成立,那么如此智慧的古人为什么会形成了如此遍在的“童稚思维”现象？我以为,一个重要的文化缘由就是政治主体性思维的严重缺失。

关于政治主体意识和政治主体思维的分析,既属于政治文化研究,同时又涉及政治哲学问题。因而有关这一问题的探讨,我们将从政治哲学的层面起笔。

(一)政治主体两层次说

一般而言,关于主、客体的认识属于哲学思维,政治主、客体问题则是政治哲学讨论的核心问题之一。现代政治学理论认为，政治主体(political subject)即是政治行为者。由于人的政治行为的多样与复杂,以及人类社会发展过程的阶段性和层次性,因而关于政治主体的认识也不能是简单划一的。至少,政治主体可以分为两个层面,一是“社会政治主体”,另一是“政治权力主体”。

前者是从广泛意义上对于政治主体的一种理解。相对政治环境而言,一般社会成员都是主体,也就是具有一定的政治认知、具备政治人格和政治参与意识的人;从现代法制社会的角度看,社会政治主体对于自身的权利和义务应当具有相当明确的自觉。这种意义上的政治主体的具体表现形式是多种多样的,包括个体的公民、群体的社会政治组织,诸如政党或利益集团组织等。概言之,社会政治主体指的是政治系统中的人,正是由于人在政治系统中的主体地位,以及基于人而形成的政治关系,我们所理解的政治,诸如阶级、政体、政治行为和政治运作等才是有意义的。

后者是对政治主体的一种狭义的理解。相对运作中的政治权力以及政治权力宰制范围内的一般社会成员而言，执掌和操作政治权力的成员构成政治主体。这类政治主体基于其特殊的政治角色规定,而在政治过程中处于主导地位,对于其政治行为所涉及的对象具有支配力。这种意义上的政治主体主要包括国家统治集团和政府官员, 以及在政治权力运作中处于执政主导地位的政党或政治集团。换言之,政治权力主体指的是政治系统中的掌权者,相对政治制度、政治设施和政治输入输出过程而言,他们的主体地位和支配作用是显而易见的。

需要注意的是,在实际社会政治生活中,在人类社会的演进过程中,社会政治主体与政治权力主体的关系是相互影响和辩证发展的。正如当代中国政治学家李景鹏教授所言:

> 在现实的政治过程中,各种政治关系是交错的,因而政治主体与政治客体的地位也是交错地存在着的。同一政治主体在这一政治关系中是主体,而在同时存在的另一种政治关系中又是客体。而且在实际政治过程中,同一政治关系模式中主体和客体也是可逆的。[①]

在现代社会,社会政治主体的理念和实际政治行为的彰显与强化,使得相对于政治权力主体的政治客体即其支配的对象物的存在境况具有了不容漠视的相对性,因而使得社会政治主体在其主、客体重叠运作的过程中,对于政治权力主体的制约或限制明显增强, 于是政治体制的现代化民主性质才会有所保障,政治民主化的程度也将会不断提升。

(二)传统政治主体思维的缺失

如前所述,在中国先民的哲思觉醒过程中,儒家文化没有给个体人留下位置。[②]在道德作为人的基本规定性的认识基础上,传统政治文化将人分解为各种角色,嵌入各种社会政治关系。作为独立的“个体人意识”,在儒家思想为主体的传统政治文化中是不存在的。

然而,在涉及实际政治关系和政治运作的主体建构时,又不能不推出权威,否则难以构建任何形式的秩序。于是传统政治文化便祈灵于“圣人”。例如汉儒董仲舒建构天人合一政治学说,就以圣人作为人类社会的代表,与天

---

① 李景鹏:《权力政治学》,黑龙江教育出版社,1995年,第22页。

② 请参见本书第二讲。

对话。在儒家文化中,圣人是"理想化共性人格"的表征,能够与圣人认同和沟通的只有君主。这样一来,在以儒家思想为主体的中国传统政治文化中,关于政治主体的认识就走向了偏狭一路,有关"政治权力主体"的论证占据了政治哲学主体思维的全部,本应作为"社会政治主体"的一般社会成员,则被合乎逻辑地置放于君主统治集团的对面,处于恒定的政治客体地位。以君主为核心的特殊政治利益集团无论在实践中还是在理论上,都理所当然地成为政治的主宰。政治主、客体的定位基于政治权力而被确认和模式化。这一切,又得到了传统政治文化及政治哲学的深层论证。

"政治权力主体"的独大与全面覆盖,"社会政治主体"认知的缺位,导致了中国传统政治文化关于政治主体思维的缺失。这一传统政治哲学的思维缺陷,使得传统政治文化中的政治理性显得似是而非。

由于"社会政治主体"认识的缺席,在传统政治文化的覆盖下,在"政治权力主体"思维的强势挤压与桎梏下,一般社会成员的政治认知、政治人格及政治参与意识先天不足,残缺羸弱,所谓政治权利意识等更是无从谈起。正是在这个意义上,许多至今令"新儒家"们艳羡向往不已的政治理念,如"重民""诛一夫""大丈夫""仁政""为民请命""替天行道",等等,在其合理的表述背后,无非是对于专制王权的补充、调节和从政治根基上的维护。基于传统政治哲学的思维缺陷,在传统政治理论的建构和实际政治操作中,政治的主角始终是君主及其麾下的官贵臣僚集团,一般社会成员则被视为"群氓",他们只有应役当差、输赋纳捐和尽忠尽孝的义务,不具有任何意义上的"权利"。这种政治主体认识上的缺失,不仅仅覆盖了古代社会,而且影响到近代及当代中国的政治文化转型。

在近代中国的社会转型过程中,西学东渐开启了思想启蒙之路。从当时的思想文化界来看,先进的志士仁人对于舶来的民主、民权等概念进行介绍和讨论,并且运用近代民主政治的政治理念和政治价值标准来批判君主政治,设计理想的政治蓝图。例如,梁启超就明确地提出了"国民"的概念,他说:"国民者,以国为人民公产之称也……以一国之民,治一国之事,定一国之法,谋一国之利,捍一国之患,其民不可得而侮,其国不可得而亡,是之谓国民。"①同时,梁启超还就国民的权利义务做了解释:"义务与权利对待者

① 梁启超:《论近世国民竞争之大势及中国前途》,《梁启超全集》第二卷《瓜分危言》,北京出版社,1999年,第309页。

也，人人生而有应得之权利，即人人生而有应尽之义务……苟世界渐趋于文明，则断无无权利之义务，亦断无无义务之权利。"[①]

显而易见，这时的先进人士对于人在社会政治生活中的主体地位已经有了相应的认识，在政治理念上，也已经表达了对于传统政治文化的"道德人本质"的超越。时人已经宣称："凡人所以为人者有二大要件：一曰生命，二曰权利，二者缺一，时乃非人。"[②]我们可以感知，这里蕴含者关于个人即一般社会成员的"社会政治主体"意识的觉醒。

然而随之而来愈演愈烈的民族危机没有给传统政治思维的转换和超越提供条件，反而由于民族生存的需要，政治精英的绝对支配和政治权力主体思维得到了一定程度的强化。在民族解放的历史进程中，建立政权成为最主要的政治目标，群体性的社会动员使得集体主义、民族利益和国家利益得到了政治思维的普遍关注与论证，至于个人的政治主体认识在理念上是被忽略不计的。在具体操作中，不断强化的政治权力主体思维则演化成为"精英替代民众"的行为模式。此后的历史演进过程中，这一模式得以一直延续下来。

现代民主政治的经验事实表明，没有一般社会成员广泛介入的政治参与和政治监督，实现对于政治权力的有效制衡是不可能的。在现代法制社会条件下，一般社会成员即每一个个体人的政治主体意识的自觉程度，是实现现代民主政治的必要条件。因之，中国传统政治文化在政治主体思维上的缺失，导致了"社会政治主体"思维的极度弱化，政治舞台上始终上演着"政治权力主体"思维观照下的独角戏。如果从中国传统政治文化的深层结构及其演进过程着眼，20世纪50年代以后一幕幕的时代悲剧，甚至20世纪80年代改革开放之后的步履坎坷和事倍功半，均可以溯源于此。

据上，我认为，当代中国政治文化的现代化转型，应当从重构政治主体思维起始。也就是说，与政治权力主体认识相对应，一般社会成员的社会政治主体意识需要经由政治哲学层面的深层论证，达成政治理念层面的确认与强化。而且伴随着这一政治理念的普遍化，要使得每一个个体人的政治认知、政治参与和权利义务理念形成普遍的政治意识，能够成功扮演其权力监督、民主问责与积极政治参与的社会政治主体角色，并将其角色与相应的观

① 梁启超：《新民说·论义务思想》，《梁启超全集》第三卷《新民说》，北京出版社，1999年，第706页。

② 张枬、王忍之：《辛亥革命前十年间时论选集》（第一卷）上，生活·读书·新知三联书店，1960年，第10页。

念意识融入他们的实际社会政治生活,甚而成为人们的生活方式。这时,合乎逻辑与历史相统一的政治思维才会具有其立足之本。使得当代中国的现代政治文化构建具有了可行的合理进路,现代化民主政治构建也才会具有了科学性与可能性。

第十三讲　政治哲学之思维定式(二):托古改制与归返原典政治思维

中外学界关于中国人思维方式的研究,主要是从哲学的视角入手,成果丰富。比较著名的有20世纪50年代出版的日本学者中村元著《东方民族的思维方法》。该书从政治文化的视角切入,与哲学的视角有所区别,不只关注思维逻辑、过程和特质,更关注一个民族文化的思维方式与其社会政治运作的关联,以及这种思维方式与政治主体“人”的政治行为的关系。为此,我们把这种研究的视域设定为“政治思维定式”。既然称为“定式”,那么这种政治思维便不同于一般方式,而是具有极为强势的认知惯性,对于人们的认知与行为有着深刻的影响,形成社会学所说的“刻板印象”。本节论析的“托古改制”政治思维定式正是这样, 我们可以深切地感受到这种政治思维定式对于近代中国社会政治的影响。甚而波及当下。

一、“托古改制”政治思维定式

大凡治中国古史者,都听闻过“托古改制”一语。其含义无非是论者假托上古圣人之言,或假借古代圣人之名,以推行当世的政治改革或政策调整,传统说法谓之“变法”“改制”。这一说法由来久远,但多年来少有深究者。我以为,如若从政治文化的视角看,托古改制实是一种政治思维定式,其对国人认识方式和思维路向的桎梏,影响深远,流弊至今。

(一)托古思维的源流

托古改制政治思维定式肇源于先秦,春秋战国时期托古之风甚盛。诸子之中大多惯于托古,其中以孔孟儒学最为典型,所谓“祖述尧舜,宪章汤武”

者是。孔子本人曾经明确表示"述而不作,信而好古。窃比于我老彭"[①]。诸如德治仁政等政治主张都能在上古圣人身上找到根源。例如《论语·尧曰》:

尧曰:"咨!尔舜!天之历数在尔躬,允执其中。回海困穷,天禄永终。"

舜亦命禹。曰:"予小子履,敢用玄牡,敢昭告于皇皇后帝,有罪恶不敢赦。帝且不蔽,简在帝心,朕躬有罪,无以万方;万方有罪,罪在朕躬"。

周有大赉,善人是富。"虽有周亲,不如仁人。百姓有过,在予一人。"

《礼记·中庸》:

舜其大知也与!舜好问而好察迩言,隐恶而扬善,执其两端,用其中于民,其斯以为舜乎!

武王、周公其达孝矣乎!夫孝者,善继人之志,善述人之事者也。

再如,孟子也是"言必称尧、舜"的。如说:

尧舜之道,不以仁政,不能平治天下。[②]

人皆有不忍人之心。先王有不忍人之心,斯有不忍人之政矣。

以力假仁者霸,霸必有大国;以德行仁者王,王不待大——汤以七十里,文王以百里。以力服人者,非心服也,力不赡也;以德服人者,中心悦而诚服也,如七十子之服孔子也。[③]

孔孟儒家的政治主张无外乎强化等级身份与德治、教化、仁政,等等,他们在表述自家主张的时候总是要以尧、舜、禹、汤等圣人以及"先王"为旗帜,为号召。正如韩非的批评:"今世儒者之说,不善言今之所以为治,而语已治之功;不审官法之事,不察奸邪之情,而皆道上古之传,誉先王之成功。"[④]

不过,韩非批评儒家的同时,自己也没能摆脱托古思维,儒家崇拜的圣人也是法家一派的立论依据。例如法家讲求法治,以强化君威政令作为致治

① 《论语·述而》。
② 《孟子·离娄上》。
③ 《孟子·公孙丑上》。
④ 《韩非子·显学》。

之方。韩非说：

> 昔者舜使吏决鸿水，先令有功而舜杀之；禹朝诸侯之君会稽之上，防风之君后至而禹斩之。以此观之，先令者杀，后令者斩，则古者先贵如令矣。①

与儒家有异的是，法家除了尧舜禹汤等圣人，还特别崇拜黄帝。如《商君书·画策》："黄帝作为君臣上下之仪……内行刀锯，外用甲兵。"《韩非子·杨权》："黄帝有言曰：'上下一日百战。'……故度量之立，主之宝也。"

关于先秦诸子的托古之风，特别是儒家学派的托古思维，一种传统的解释是曰"复古"。在阶级论盛行的时代，复古在价值判定上已然否定了其思想的正当性。我以为，将孔儒的政治主张及其论说方式判定为复古者，无疑是将问题表面化了。固然，孔子向往西周，曾经表明立场曰："周监于二代，郁郁乎文哉！吾从周。"②但是孔子立论的出发点是十分清楚的。他所身处其中的时代是"天下无道"的乱世，因而他竭力提倡礼与仁，用以建构等级秩序，调节统治关系，实现"有道"的政治局面。之所以要"祖述尧舜，宪章汤武"，一方面以示礼治德政渊源有自，并非自家杜撰，因而有凭有据。另一方面也是要"高远其所从来"，博得帝王的肯认。复古倾向只是思想的表象，孔子及其后学一脉无不以当下之现世作为其思虑的焦点与终点，这一点亦成为孔孟儒学的基本理论特征。

事实上，先秦诸子的托古思维具有普遍性，圣人、先王常见于各个学派的论述之中，所谓"孔子、墨子俱道尧、舜，而取舍不同"。这种思维方式对于后世有着极为深刻的影响。据《史记·日者列传》载，西汉长安卜者司马季主对贾谊、宋忠说道："公见夫谈士辩人乎？虑事定计，必是人也，然不能以一言说人主意，故言必称先王，语必道上古。虑事定计，饰先王之成功，语其败害，以恐喜人主之志，以求其欲。多言夸严，莫大于此矣。"又见《淮南子·修务训》载："世俗之人，多尊古而贱今，故为道者必托之于神农、黄帝而后能入说。乱世暗主，高远其所从来，因而贵之。"

上述两段引文相互参照，可知在古人看来，托古思维是在当时的政治条

---

① 《韩非子·饰邪》。

② 《论语·八佾》。

件下,思想家、政论家们为了将自家学术售卖于帝王而普遍采用的一种“言说方式”。他们“虑事定计”,论说当今之事,却托言于上古圣王,为的是得到君主的重视和赏识。中国历史学界一般以《淮南子·修务训》的表述作为关于托古思维的最完整的解读:

> 世俗之人,多尊古而贱今,故为道者必托之于神农、黄帝而后能入说。乱世暗主,高远其所从来,因而贵之。

据此,本书认为,作为政治思维定式的“托古改制”指的是,认识主体的在认识和思维的过程中,以传统即历史的权威、规制、标准和模式作为理论预设,并以这样的权威和标准作为其立论、建构制度和行为选择的依据。认识主体的认识目标和关注的问题是当下的和现世的,但是在认识的表述方式和立论的形式及框架上则是传统和历史的,其认识合法性的依据全部建立在传统之上。在中国传统社会,常常是那些变法者、改革者或改良者以托古作为其制造舆论、动员社会和设定方案的基本手法,他们关注现世,需要解决当下的危机,选择的参照系却是传统模式。因而立论者托古是表象,改制是实质和目的。

(二)托古改制政治思维定式的致思逻辑

如前节所述,政治思维定式是一种“模式化”的思维方式,指的是认识主体在认识过程中,执守着僵固的认知逻辑过程和判断标准,并不关注处于运动或变化中的认识对象或认识的具体条件,其思绪则沿顺着一成不变的致思逻辑完成思维过程,并形成判断。我认为,这种因模式化而愈显僵硬的认知和思维方式即可以称之为“思维定式”。

作为政治思维定式的“托古改制”指的是,认识主体的在认识和思维的过程中,以传统即历史的权威、规制、标准和模式作为理论预设,并以这样的权威和标准作为其学理立论、建构制度和行为选择的依据。认识主体的思维视域与关注的问题无疑是当下的和现世的,但是在认识的表述方式、立论的形式和框架上则是传统和历史的,其认识和立论的合法性依据全部建立在传统之上。这里说的传统,借用了爱德华·希尔斯的解释:“它的含义仅只是世代相传的东西(traditum),即任何从过去延传至今或相传至今的东西。”“决定性的标准是，它是人类行为、思想和想象的产物，并且被代代相传”。[①]这样解读传统显得有些宽泛，却比较符合本文对于作为政治思维定式的“托古”内含的考量。

概括而言，托古改制政治思维定式的“致思逻辑”含有以下三个要点：

1. 立论者总要选择古代或往昔的权威作为立论的依据

这种古代的权威一旦确立，就会成为真理的化身，是不容置疑和颠覆的。对于这一点可以从两个方面来分析。

一方面，不论这种权威是何种形态，其内在价值构成的理路是与当下的政治价值体系和基本规则相沟通的，从而能够被当政的统治集团所接受，为下一步的渐进政治调整开通道路。如前引孔孟“祖述尧舜”，或是混而言之的“先王”，在孔儒一脉的阐释下，其内含的正是儒家倡导的德治仁政礼治教化，孔孟先师的理论创建既给自家立论提供了依据，同时也为后世儒家准备了理论根基。因之，从汉代以后的文化传承看，尧、舜、禹、汤、文、武、周公成为德治教化等儒家政治价值的人格形象，随时可以被立论者举出作为立论、建言的依据。遵循或服从所谓“先王之道”亦成为历代帝王及其统治集团的共识。

另一方面，立论者可以根据实际需要而对于选用的权威随意塑造，如前文列举的尧、舜、汤、武与黄帝等等，无不是先秦时代人们公认的圣王。他们被神圣化和理想化，成为传说，其本身的真实存在则被忽略。人们主要关注的是圣王的权威能够给予当下立论者的合法性支持。正如孔、孟礼敬尧、舜，韩非也要礼敬，但他们的取舍却全然不同。孔、孟的选择是德治仁政，所谓“尧舜之道，不以仁政，不能平治天下”。韩非却是通过比照尧、舜，概括出了“古者先贵如令矣”的政治判断。其文曰：

> 昔者舜使吏决鸿水，先令有功而舜杀之；禹朝诸侯之君于会稽之上，防风之君后至而禹斩之。以此观之，先令者杀，后令者斩，则古者先贵如令矣。故镜执清而无事，美恶从而比焉；衡执正而无事，轻重从而载焉。[②]

可知韩非“祖述”舜、禹等圣王的用意与孔、孟完全不同，其立意在于强化君主的政治威权，为他的绝对化君主集权政治主张提供依据。这就是说，作为

① ［美］E.希尔斯著：《论传统》，傅铿、吕乐译，上海人民出版社，1991年，第15页。

② 《韩非子·饰邪》。

立论依据的古代权威常常是立论者当下塑造的结果，无不被注入了立论者的价值理念,成为立论者的理论工具。

2. 倡言者有意以传统权威为其表,为依托,目的在于推行革新内容

在中国古代社会,常常是那些变法者、改革者或改良者以“托古”作为其制造舆论、动员社会和设定方案的主要方式。他们关注现世,需要解决当下的危机,选用的参照系却是传统模式。因而在这些立论者看来,托古作为表象,不过是一种手段,改制才是实质和目的。

如前述,托古之风始于先秦,作为一种政治思维定式则是汉代以后才渐次形成。主要表现在政治危机和变革时期,变法、改制的主倡者常常会自觉不自觉地进入这样的政治思维定式。或者说,中国历史上的一些改制与变法正是这种政治思维定式的社会政治实践。典型者众所周知的王莽改制,即以《周礼》为蓝本。其后有宋代的王安石变法,以编定《三经新义》作为理论先导,用为推行新法的舆论前提和依据。再后,清末的“百日维新”,康有为著《新学伪经考》《孔子改制考》,亦可视为托古改制的代表性事例。清人纪昀对于王安石托古用意的点评颇为精到。他说:

> 安石以周礼乱宋,学者类能言之。然周礼之不可行于后世,徵特人人知之,安石亦未尝不知也。安石之意,本以宋当积弱之后,而欲济之以富强,又惧富强之说,必为儒者所排击。于是附会经义,以钳儒者之口,实非真信周礼为可行。①

纪昀所见,殊为的论。其中关键的一句就是“附会经义,以钳儒者之口”。纪晓岚对前人托古之用意的解读，揭示出这一政治思维定式的得以形成并传承延续的必然缘由。

除了上述后人解读前人托古本意的,还有托古者本人主动和盘托出的。例如晚清的康有为既是思想家,又是政治改革的践行者,他就曾明白道出了自家以托古而行改良的初衷。他说:

> 人情多安旧习,难与图始,骤与变革,鲜不惊疑。虽以帝王之力,变

① 永瑢等:《四库全书总目》(上册),卷19,经部,礼类一,中华书局,1965年,第150页。

法之初，固莫不衔橛惊蹷者，况以一士之力，依托古先，创立新法者哉。[①]

再者，梁启超评价康氏托古的真实用意也说道：

> 孔子改制，恒托于古；尧舜者，孔子所托也；其人有无不可知，即有，亦至寻常，经典中尧舜之盛德大业，皆孔子理想上所构成也。又不惟孔子而已，周秦诸子罔不改制，罔不托古；老子之托黄帝，墨子之托大禹，许行之托神农是也。近人祖述何休以治《公羊》者，若刘逢禄、龚自珍、陈立辈，皆言改制，而有为之说，实与彼异；有为所谓改制者，则一种政治革命、社会改造的意味也。

梁氏指出康有为喜欢讲论"通三统""张三世"，为的是"随地因革"和"愈演愈进"。"有为政治上'变法维新'之主张，实本于此。"[②]

无论是他人评说，还是自家表明，我们都可以明显看出，这种思维定式涉及理论的形式与内含的关系，表现为传统的论说形式与当下理论内含的"附会性"结合。

3. 站在新旧势力的对垒处，在认识上进行调和与嫁接

进入托古改制政治思维定式的立论者，其历史及社会政治定位往往是处于进步与落后、传统与当下、传统势力与创新努力相互冲突的纠结点上。甚至，立论者本人的思想认识中，也在一定程度上存在着传统思想与新思维的冲突与纠结。

具体言之，或许是改革创新一派的力量没有强大到足以压制保守一派的反对或阻碍，出于调和新旧势力即保守与改革势力的需要，从而在立论的表象上选择"托古"。诚如殷海光所言："即令存心改变制度的人，也不敢和所要改变的制度正面去碰，而在战术上必须抄到这一制度的后面，利用这个制度来打击这个制度。这就是为什么康有为要'托古改制'。在康有为以后闹'革命'的许多人利用'自古有之'来赚起一般中国文化分子的信服这例子是很多的。"[③]

---

① 康有为：《孔子改制考》卷13，《康有为全集》第3集，上海古籍出版社，1992年，第354页。

② 梁启超：《清代学术概论》，刘梦溪主编：《中国现代学术经典·梁启超卷》，石家庄，河北教育出版社，1996年，第189页。

③ 殷海光：《中国文化的展望》，中国和平出版社，1988年，第139页。

或许,立论者自身的思想状况即处于传统意识与新思维的冲突中,因而在其努力表达创新和改革理念的同时,仍然保留着传统的外衣,实际依然沿顺着传统价值理念而穿行。例如孙中山用儒家大同思想解读苏俄新政,即是如此。他说:

> 新世界国家,与以前国家不同,通常国家仅能保民,而不能教民、养民、真能教民、养民者,莫如三代……今日所抱改造新世界之希望,则非徒保民而已,举凡教民养民,亦当引为国家之责任。试观俄国新政府,彼之革命发生,尚在我后,其成绩较我为优。因其目的不在谋取一人生活与一家生活,而在谋取公众生活。如牛乳等精良食品,先给幼者,老病者次之,军人又次之,再后始及于普通人。又如贫民之无力入学者,国家须设法扶助,使得入学。此即所谓人人不独亲其亲,人人不独子其子,以教以养,责在国家。大同世界,所以异于小康者,俄国新政府之计划,庶几近之。①

孙中山将"十月革命"后的苏俄状况直接与儒家倡导的上古三代、井田、仁政、教化等混而为一,新旧思维通过事物现象的嫁接找到了平衡。

如若立论者有意或无意地调和传统与当下,其在认识上一般会拘泥于表象的勾连,有意无意地回避事物的本质和深层分析。以这样的立论方式应对处于政治权力巅峰的保守势力,便有可能得到"可以一试"的默许,甚或得到模糊的认可与有限的支持。以这样的方式面对处在新旧变革纠结中的民众,则比较容易争取到多数人的拥护,形成最大公约数,有助于将社会上的激进、保守、中间派等最大限度地汇集起来,成为变革的拥戴者或追随者。出于政治谋略或实施策略的考虑,如此立论自有其苦衷,却不无合理之处。

然而从认识的视角看,回避问题的实质,放弃政治价值的深层思维,其立论注定是肤浅和难以隽永的。

(三)托古改制政治思维定式的"历史合理"与当下流弊

综观中国古史,凡改制,除战国时代的商鞅变法外,几乎无一成功者。但倘若只是某项政策的调整,而且是由君主首推的,则往往可行。如唐德宗之

---

① 孟庆鹏编:《孙中山文集》(下册),团结出版社,1997年,第766页。

诏行"两税法",清康熙五十一年(1712年)的"摊丁入亩"等。这就是说,在传统中国的君主政治条件下,政治上的变法、改革和调整,并非绝对不能成功,而是取决于某些条件。

例如商鞅的成功,依赖的是多种条件。一是统治者"本人"的需求,即诸侯国君的利益需求。商鞅生活的战国时代,虽然周王室还在,但政治中心呈多极化分布。为了天下一统,诸侯国君纷纷进行政策调整,以期能富国强兵,剿灭诸侯,实现一统。这就是史学界常说的"战国变法运动"。商鞅变法符合诸侯国君及其统治集团的切身利益,得到了秦孝公的支持而成功。二是时代特点的促成,即历史条件——"语境"的限定。战国时代战乱频仍,战争则是实力与智力的较量。当时的政治条件给商鞅为代表的理论家和政治家提供了舞台。商鞅变法应运势而行,遂能成功。三是秦族文化、秦孝公、商鞅本人等个体或偶然因素的聚合,所谓"君臣遇合",方能使得商鞅被融入秦统治集团,实现了变法主张。当然在秦统治集团权力与利益的较量中,商鞅本人最终还是败下阵来。不过他的变法改制成果保留了下来,到底是成功了的。

这就是说,在全国最高政治权力的归属尚未确定的态势下,诸侯国君为了实现其政治系统的组织目标,需要进行政策调整,以期最大限度地提升国力,"富国强兵",统一天下。直白地说,秦统治者为了获得全国最高权力,"需要帮助"。商鞅恰逢其时与其人。

其后,在秦汉帝国体制的覆盖下,帝王们最关注的仍然是权力的归属。不过秦汉帝国的体制模式与先秦有所不同。其最关键的一点是,在中央集权"一元化体制"下,君主的政治权威需要得到绝对的遵从。在"人迹所至,无不臣者"的政治格局中,卿士大夫官僚集团完全依附于王权,形成并构建的是"单向度"政治秩序。这时的君主不再需要"帮助",而是需要效忠。一方面是帝王绝对权威的一言九鼎,另一方面是卿士大夫各个利益集团的利、权相争。在这样的态势下,除非帝王本人坚持调整,一般臣僚政策调整的意愿往往会在争得君主恩宠和各个卿士大夫利益集团的利、权相争中消耗殆尽。

正是在这样的历史语境中,托古衍化成为政治思维定式,先秦以来的托古思维成为中央集权官僚制君主政治最为适用的政策调整表述方式。典型者如王安石推行新法。作为变法的主倡者,王安石的立论倾向与政策调整,关注的是政治上的实效性。意在改除北宋的"积弱积贫""冗兵冗官"局面,缓解财政困境,提升国力。新法的政策调整涉及利益分配,必然会与某些既得利益集团形成冲突。为了在政治上争得主动,提升权威性,以获得更多的舆情支持或是顺从,王安石先行理论铺垫。他编撰《三经新义》,尊崇孔孟儒宗,讲求"道德性命",号称"荆公新学"。以此颁行天下,"一时学者,无敢不传习,主司纯用以取士,士莫得自名一说,先儒传注,一切废不用"[①]。王安石由此而获得先机,掌握了政治主导权威。也就是说,他凭借着传统权威的包装而提高了变法的安全系数,为政策调整的顺利推行提供了政治保障。借此我们也可以认定,在公共权力家族集团私有化的君主政治时代,托古改制政治思维定式的传续有其历史的必要性与合理性。

如果从学理[②]的视角看,托古改制政治思维定式运用既有的或陈旧的概念、命题表述新的思想与理念,立论者将新的理念、思路、政策选择等并入传统的言说方式,兹所谓"旧瓶装新酒"。这种政治思维定式不可避免地会约束新思想和新理念的展示与发挥。人的思维的逻辑一般会受到其知识积累、知识结构的限制,实际体现着立论者拥有和掌握的知识的学理逻辑。而任何意义上的一种新思想新理念,都会有其作为背景知识或知识基础的特定的价值结构、认知逻辑和知识体系。新思想和新理念的表述与其内在的价值和知识系统应该是逻辑畅通的。如果,立论者将新思想新理念的表述强行纳入既有的言说方式,实则已经认可并踅入了传统的既有理论框架,在他们完成立论的同时,新思想新理念其实已经支离。看起来,也带有新的气息,好像是某种认识创新,但实际上却是对新思想新理念的某种曲解,甚或削足适履、断章取义。例如康有为讲论"平等"曰:

> 《谷梁传》述孔子之大义,曰人非天不生,非父不生,非母不生,故谓天之子也可,谓之母之子也可,尊者取尊称焉,卑者取卑称焉。故王者称为天子,不过取尊称云尔,实则凡人皆天之子也。[③]

这里康氏将源于西学的平等思想强行纳入传统儒学的论说框架,基本上背离了西学平等理念的人权内涵和法制的规定性。

---

① 《王安石传》,《宋史》(卷327),中华书局,1977年,第10550页。

② 所谓"学理"指的是一个学科自身的知识特点及其独特的逻辑结构,一般可以从价值结构、认知逻辑和知识体系等方面进行分析。参见葛荃:《认识与沉思的积淀——中国政治思想史研究历程》,河南人民出版社,2007年,第6页。

③ 康有为:《请尊孔圣为国教立教部教会以孔子纪年而废淫祀折》,汤志钧编,《康有为政论集》,中华书局,1981年,第281页。

再如，康有为讲论西方议会制度：

吾国行专制政体，一君与大臣数人共治其国，国安得不弱。盖千百万之人，胜于数人者，自然之数矣。其在吾国之义，则曰天视自我民视，天听自我民听。古民之所好好之，民之所恶恶之。是故皇帝清问下民，则有合官；尧舜询于刍尧，则有总章。盘庚命众至庭，《周礼》询国危疑，《洪范》称谋及卿士，谋及庶人；《孟子》称大夫皆曰，国人皆曰。盖比国会之前型，而分上下议院之意焉。①

显而易见，康氏以儒学传统的民本理念解读西方议会，很有些牵强附会，兹毋庸赘言。

严复已经察觉出这种表述及其思维的弊病，认为这种“西学中源”说“于西洋格致诸学，仅得诸耳剽之余，于其实际、从未讨论。意欲扬已抑人，夸张博雅，则于古书中猎取近似陈言。谓西学皆中土所已有。羌无新奇”②。这种论说显然无益于弘扬中学，反而正如严复所言，徒使国人蒙受“诟弥甚耳”之辱。

当然我们也可以推断，康梁的时代，西学进入中土未久，时人对于西方政治理念的了解和解读未能深入，故而有诸多剥离之论。不过，如若从政治文化的层面分析，严氏的所谓“西学中源”正是托古改制政治思维定式覆盖下的典型表现，论者恰恰是在运用传统论说形式和理论框架，肢解了新的理念，甚而至于面目全非。

托古改制政治思维定式具有鲜明的历史思维特点，而人类社会获取思想资源最为便捷的方式就是从本民族的历史传承和文化积淀中找寻。在自由思维极度匮乏的君主政治时代，历史积淀的经验性知识是最为可靠、便于多数接受和易于操作的。指出这一点，并不意味着我们赞许绝对的历史主义或历史虚无，而是表达了两方面的考虑。一是从人类文明史的视角看，历史思维具有合理性，这在世界各民族的文化进步和社会发展中具有普遍性。二是走出历史的限定和吸纳其他民族的文化精粹则意味着某种认识创新——这其中必然包含着一定程度的颠覆与否定。从人类认识发展的历程看，没有否定就没有认识的创新和发展。

---

① 康有为：《请定立宪开国会折》，汤志钧编：《康有为政论集》，中华书局，1981年，第338页。

② 严复：《救亡决论》，《严复诗文选注》，江苏人民出版社，1975年，第157页。

君主政治体制的“语境”下,自由思维原本匮乏,当“托古”成为中国传统政治思维的僵固公式,并且作为传统政治文化的历史积淀而延传下来,就给人们可能具有的自由思维、创新思想加上了双重锁链。从而形成了本文所说的“托古改制政治思维定式的当代流弊”。

我的意思是说,在当代中国,我们会看到或体认到这样一种状况:明明是对传统的批判、挑战和否定,明明是对于当代中国社会政治经济等痼陋弊端的针砭,并为此而提出并张扬着某些新的理念、观点和理论。然而在表述上,却偏要加上传统的包装,或是附着在政治意识形态的主干上,立论者所有的言说都刻意地不去碰触既定的思维边界。这样一来,作为立论者便置身于深深的纠结:既有表达现代化新理念新观点的积极意愿,又潜在地畏惧雷池的限定,于是其语言的技巧至为高超,但其思想的表述也难免打了折扣。欲言又止,意犹未尽。久而久之,立论者的纠结逐渐淡去,变得习以为常。

在托古思维的覆盖下,人们习惯于曲折地表达,隐晦地表述,用模棱两可包裹真知,用虚实相济遮掩实情。立论者的主体人格长期纠缠在陈旧、僵固与创新及超越之间。这样,往往会在不知不觉中养成了人格的多面与虚伪。立论者原本的清醒伴随着违心话语重复频率的加密而逐渐衰减,以至于会习惯并真的相信托古的虚说变身为真实。

如果说形式与内容相较,内容是主因,那么相对内容而言,形式的约束仍然具有反制的作用。事物的发展与进步需要新旧衔接,传统因循与当下进步的衔接是一个自然而然的历史过程。在“形式”僵固为“定式”的思维框架下,在认识的层面,立论者对于新理念、新思想的完整表述,以及认识的创新与发展,必然会受到制约,或是被削减。认识主体的自由思维被桎梏,托古改制政治思维定式的积弊便显而易见了。这即是我对这一传统政治文化遗存之当下流弊的忧虑。

二、“归返原典”政治思维特点

值得关注的是,托古改制政治思维定式在立论形式上的陈旧保守对于理论内含的表述和发挥具有比较强势的制约作用,这种思维定式的制约性涵容在传统政治文化体系中,积淀为文化传统,对于传统政治文化的思维特点有着深层的影响,表现为某种“归返原典”的政治思维倾向。关于这一问题,我们以清代汉学作为典型个案来予以分析。

(一)清代汉学的“求是”治学宗旨

清代汉学的治学特点是离弃宋明理学“空谈义理”,崇尚汉儒经说,讲究名物训诂、音韵、考据。旧说汉学分吴、皖两派。吴派以惠栋为首,皖派由戴震掌纛。两派治学特点及裁断标准或有不同,不过,在治学的基本思路上却有着一致性,他们并不是绝对的“为学术而学术”。在他们闭关柴扉,埋首经籍,不厌其烦地辨伪、辑佚、校勘、训诂的操劳背后,始终贯穿着深刻的政治价值思考,蕴含着某种深层次的政治期盼。如以一言蔽之,就是要冲出宋学奢谈空论之迷津,重树思想文化上的政治权威,表现出典型的“归返原典”思维倾向。

清末今文学家皮锡瑞总论清代经学,以为“专门汉学”始自乾隆以后,特点是“说经皆主实证,不空谈义理”[①]。其说不谬。汉学家们认为:“魏、晋而降,儒生好异求新,注解日多而经益晦……古学之不讲久矣。”[②]尤其是“宋元以来,士大夫高谈性命,声音训诂未及讲求。王荆公固作《字说》,而霸字从‘西’从‘雨’,茫然不知……然则小学之衰久矣。如之里塾之师,乌焉莫辨。好奇之士,乡壁虚造”[③]。致使经学落到了鱼目混珠、真伪莫辨的地步,使圣人之道真面目如堕五里雾中。于是他们抨击宋学,推崇汉儒经说。理由主要有三。

其一,汉代经学去圣未远,最为纯正可信:“两汉经学,所以当遵行者,为其去圣贤最近,而二氏(指释、道)之说尚未起也。”[④]

其二,汉儒家法严谨,有章可循:“汉儒通经有家法,故有《五经》师。训诂之学,皆师所口授,其后乃著竹帛。”[⑤]

其三,“汉世褒显儒术”,自有完整的教习制度:“建立《五经》,为置博士,一经之学,数家竟爽。凡别名家者,皆增置博士,各以家法教授;所以扶进微学,遵广道艺也。”[⑥]故而承传有道,学有宗主。为此,只有以汉儒经说为舟棹,才能走出宋学迷津。

不过清世汉学家们尊崇汉儒经说, 并非以致力于音训考据等小学之道为满足,其为学的鹄的是以小学见大道,小学是手段,明见义理才是目标。钱

---

① 皮锡瑞:《经学复盛时代》,《经学历史》,中华书局,1959年,第341页。

② 《潜研堂全书》卷二四《左氏传古注辑存序》。

③ 《春在堂集》卷七《重刻小学考序》。

④ 《汉学师承记序》,《汉学师承记》,商务印书馆,1935年,第1页。

⑤ 《九经古义》卷首《首说》。

⑥ 《韩诗遗说考》卷首《自序》。

大昕说:"《六经》者圣人之言,因其言以求其义,则必自训诂始。"[①]王鸣盛说:"经以明道,而求道者不必空执义理以求之也。但当正文字,辨音读,释训诂,通传注,则义理自见,而道在其中矣。"[②]戴震也说:"经之至者道也,所以明道者其词也,所以成词者字也。由字以通其词,由词以通其道,必有渐。"[③]戴震与惠栋等人在明辨经说的具体标准上并不统一,但在治学宗旨上并无二致。戴氏总括诸家之说,归纳出一条治学规律:"治经先考字义,次通文理,志存闻道";"凡学始乎离词,中乎辨言,终乎闻道"[④]。这些认识再清楚不过地表明,清人汉学并非简单地以考据为学术,亦非单纯地为学术而学术,他们从一开始就有着鲜明的政治追求。"闻道"是儒学千百年来一以贯之的政治价值之所在,在这一点上,汉学家们是传统儒学即传统政治文化的忠实传人,虽然闻道的具体途径或环节别有特色。

然而问题是:"闻道"的具体内含是什么?汉学家们的"闻道"在政治思维上可有独到之处?

约略言之,他们的认识主要有两类,一类主张笃信汉人传注、固守汉代经说即是闻道。王鸣盛说:"经文艰奥难通,但当墨守汉人家法。"[⑤]惠栋也强调:"汉经师之说,立于学官,与经平行。"[⑥]故而通晓汉儒经说即是通经,所谓"舍古亦无以为是",道在其中矣。另一类则对汉人传注提出疑问,对笃信汉代经说的做法深表疑虑。如姚文田认为汉人说经,"其弊胶于古训,牵于师说,往往支离破碎,而词义反隐"。他承认"汉去古未远,其说典礼名物,虽亦依仿推测,而终胜于后世",但不应因此而完全排斥后学者,宋学并非一无是处。譬如朱熹注《诗》就"胜于古人者亦多矣"[⑦]。俞樾从治学方法的区分上,提出一味地是汉非宋并不合理:"世谓汉儒专攻训诂,宋儒偏主义理,此犹影响之谈,门户之见。其实汉儒于义理亦有精胜之处;宋儒于训诂未必无可取也。"[⑧]

戴震则从治学目的着眼,坚决反对株守汉儒。他说:"今之博雅能文章善考核者,皆未志乎闻道,徒株守先儒而信之笃,如南北朝人所讥,'宁言周、孔

① 《潜研堂文集》卷二四《臧玉林经义杂记·序》。

②⑤ 《十七史商榷》卷首《序》。

③ 戴震:《与是仲明论学书》,《戴震集》,上海古籍出版社,1980年,第183页。

④ 戴震:《沈学子文集序》,《戴震集》,上海古籍出版社,1980年,第210页。

⑥ 《九经古义》卷首《首说》。

⑦ 《邃雅堂集》卷一《诗经匡说序》。

⑧ 《论语集注旁证》卷首《论语旁证序》。

误，莫道郑、服非'，亦未志乎闻道者也。"[①]于是，这一派在质疑汉儒的基础上，提出了另一个判断标准："求是"方为闻道。汪中说："及为考古之学，惟实事求是，不尚墨守。"[②]臧庸说："学问之道、贵平心以求其是非，而无取乎苟焉好异。"[③]俞樾也说："余治经不专主一家之学，意在博采众说，择善而从。"[④]

平心而论，"实事求是，惟善是从"作为认识标准的一种价值选择代表着清代经学理性思维的最高峰，很有些冲出传统思想之藩篱，拨云见日，独抒己见的气魄。正如戴震言："其得于学，不以人蔽己，不以己自蔽，不为一时之名，亦不期后世之名。"[⑤]与惠栋之"笃于尊信，缀次古义，鲜下己见"[⑥]相比较，这里确乎蕴含着某种学术自由或独立思维的味道。

如若进一步追询：何为"是"，何为"善"，"求是""从善"与明义理见大道又是何种关系？焦循释曰：

> 学者述孔子而持汉人之言，唯汉是求，而不求其是，于是拘于传注，往往扞格于经文。是所述者，汉儒也，非孔子也。[⑦]

在焦循看来，唯汉是求固不足取，所谓"求是"乃求孔子之是，"是"即孔子。戴震释曰：

> 凡仆所以寻求于遗经，惧圣人之绪言，暗汶于后世也。然寻求而获，有十分之见，有未至十分之见。所谓十分之见，必徵之古而靡不条贯，合诸道而不留余议，钜细毕究，本末兼察。若夫依于传闻以拟其是，择于众说以裁其优，出于空言以定其论，据于孤证以信其通。虽溯流可以知源，不目睹渊泉所导，循根可以达杪，不手披枝肆所歧，皆未至十分之见也。[⑧]

可知在戴震眼中，"是"即"十分之见"，是通过"钜细毕究，本末兼察"，"既深

---

①⑤ 《答郑丈用牧书》，《戴震集》，上海古籍出版社，1980年，第186页。

② 《述学·别录》卷一《与巡抚毕侍郎书》。

③ 《拜经堂文集》卷二《题蜀石经毛诗考证》。

④ 《春在堂全书文续》卷二《沈肖岩田间诗学补注序》。

⑥ 《检论》卷四《清儒》，《章太炎全集》（三），上海人民出版社，1984年，第474页。

⑦ 《雕菰楼集》卷七《述难》四。

⑧ 《与姚孝廉姬传书》，《戴震集》，上海古籍出版社，1980年，第185页。

思自得而近之矣”。求是不可道听途说,空言孤证,而是追根溯源,循根达杪,以求其真正“合诸道”者。

焦、戴的认识很有代表性,他们告诉世人,所谓“求是”内蕴的价值选择并不是彻底地超越传统,而是积极崇圣。他们认为,孔孟以后,思想学术无正统,包括汉儒在内的历代经师皆以自家为真传,实则似是而非。歪曲、讹误、臆度、伪说充斥其间。于是他们以孔孟圣学作为最终和最高的标准,用来检验、甄别历代经说,以期达于“十分之见”。他们认为这才是孔孟之学的真实面目。正如戴震所说,他们的终极追求是“通乎古圣贤之心志”。因之,求是的本意是崇圣,是圣圣相传的圣人之道溺于混乱而后的拨乱反正。

(二)理学批判与归返原典政治思维

清代汉学与宋学的疏离有一个由浅至深的过程。最初只是表现出对宋学真理性的怀疑,批评大多限于“凿空”“虚造”“支离”“空论”,等等,鲜及理学要旨。至于皖派戴震、凌廷堪等人则异军突起,其锋芒所至,不仅批评宋学的学风与方法,而且触及其理论内核,赫然斥之曰“以理杀人”。这一点最为后人称颂不已,誉之曰思想解放。

有清一代,理学依然尊为官学,其思想文化的权威地位并无撼移。斥曰杀人,殊非易事,需要有一个细密的理论引导过程。

第一步,重新诠释理(天理)的内含。理本是宋明理学的理论基石,戴震等人偏要釜底抽薪,斥为宋儒杜撰。例如戴震批评张载“太虚说”:“《六经》、孔、孟无是言也。”①又说:“《六经》、孔、孟之书不闻理气之辨,而后儒创言之,遂以阴阳属形而下,实失道之名义也。”②凌廷堪干脆全盘否定:“考《论语》及《大学》皆未尝有理字”③,理是宋儒援引释、道,窜改孔、孟之学虚构而成的。戴震的剖析更为透彻,说:“宋以前,孔、孟自孔、孟,老、释自老、释,谈老、释者高妙其言,不依附孔、孟。宋以来,孔、孟之书尽失其解,儒者杂袭老、释之言以解之。”④具体言之,理学诸子“由考之《六经》、孔、孟,茫然不得所谓性与天道者,及从事老庄、释氏有年,觉彼之所指,独遗夫理义而不言,是以触于形而上下之云,太极两仪之称,顿然有悟,遂创为理气之辨,不复能详审文

① 《孟子字义疏证》卷上《理》。

② 《孟子字义疏证》卷中《天道》。

③ 《校礼堂文集》卷十六《好恶说下》。

④ 戴震:《答彭进士允初书》,《戴震集》,上海古籍出版社,1980年,第166页。

义……学者转相传述,适所以诬圣乱经。善夫韩退之氏曰:'学者必慎所道。道于杨、墨、老、庄、佛之学而欲之圣人之道,犹航断港绝潢以望至于海也。'此宋儒之谓也。"[①]即便退一步讲,理学诸子并非有意,而是"误以释氏之言杂入于儒耳",理的理论合法性依然难以成立。释、儒混杂现象"惑人也易而破之也难,数百年于兹矣"[②]。于是戴震等人重新诠释理的内含,其说有三。

其一,理的客观存在形式乃事物之条理。戴震认为仁、礼、义三者合之曰善,乃"天下之大本也。显之为天明(原注:明上疑脱'之'字)谓之命,实之为化之顺谓之道,循之而分治有常谓之理。"[③]又说:"生生而条理者,化之流。"所谓"循之而分治有常","生生而条理者"就是具体地存在于每一事物之中的"物则"。"'有物必有则',以其则正其物,如是而已矣"。戴震坚信"未有生生而不条理者"[④]。事物总是依照一定的条理或规则而存在,形成秩序,谓之礼。故而理是对于事物之客观存在方式的概括。

其二,理的主观存在形式是人们对事物的共同认识或公论。戴震说:"心之所同然始谓之理。"即"凡一人以为然,天下万世皆曰:'是不可易也',此之谓同然"。反之,个人的认识或判断谓之"意见":"未至于同然,存乎其人之意见,非理也,非义也。""同然"是人们对于"物则"的领悟,是对于事物之理的共识。其中内含着必然性,亦即蕴含着万物之理。"如直者之中悬,平者之中水,圆者之中规,方者之中矩,然后推诸天下万世而准……夫如是,是为得理,是本心之所同然"。因之,能真切体察并感知体现着事物必然合理性的永恒法则,即所谓"心之神明,故事物咸足以知其不易之则",即是理的主观存在形式。"故理义非他,所照所察者之不谬也。"[⑤]

其三,理论的社会存在形式是"人伦日用",这也体现了理的本质特征。戴震说:"'民之质矣,日用饮食。'自古及今,以为道之经也。""尽乎人之理非他,人伦日用尽乎其必然而已矣"。[⑥]在戴震看来,理即道,人之理即人之道是"道之径",即为道的本质或主要形式,"故语 道于人,人伦日用,咸道之实事"。这样的认识与古贤圣是相通的,宋儒恰好反其道而行。他们"以人伦日

① 《孟子字义疏证》卷中《天道》。

② 《孟子字义疏证》卷下《权》。

③ 戴震:《原善上》,《戴震集》,上海古籍出版社,1980年,第156页。

④ 戴震:《读(易·系辞)论性》,《戴震集》,上海古籍出版社,1980年,第162页。

⑤⑥ 《孟子字义疏证》卷上《理》。

用之事不得谓之道。《六经》、孔、孟之言,无与之合者也”[①]。

戴震等人重新诠释理的普遍合理性和世俗价值，为进一步抨击宋学提供依据。

第二步,辨析“存天理,灭人欲”,阐明理学的不合理。在宋儒眼中,理欲之辨凝聚着理学实践的社会政治价值。戴震却竭力抨击,指出性是人或物的自然属性,谓之“血气心知”,乃是人之道德、情、欲之源,并不存在什么天地之性或生之谓性。“孟子言性,曷尝自歧为二哉！二之者,宋儒也”。他认为,“人生而后有欲,有情,有知,三者,血气心知之自然也”[②]。其中“欲者,有生则愿遂其生而备其休嘉者也”[③],自有其存在的必然性,只能节制,不可去除。他反对宋儒的“惩忿窒欲说”:“孟子曰:‘养心莫善于寡欲。’明乎欲不可无也。寡之而已。人之生也,莫病于无以遂其生。欲遂其生,亦遂人之生,仁也。”[④]“无欲”违背了儒家文化仁道遂生的宗旨,极不合理。

戴震又分析“欲”和“私”,指出“君子亦无私而已矣,不贵无欲”。宋儒“其辨乎理欲,犹之执中无权”,违背人的合理欲求而奢言“存理”,使“理”陷于空泛,后果恶劣。若从人格修养看,理欲之辨造成了普遍的人格虚伪:“今之言理也,离人之情欲求之,使之忍而不顾之为理。此理欲之辨,适以穷天下之人尽转移为欺伪之人,为祸何可胜言也哉！”若从社会发展看,否定人的合理欲求会阻滞社会发展的动力:“凡事为皆有于欲，无欲则无为矣；有欲而后有为,有为而归于至当不可易之谓理;无欲无为又焉有理”！[⑤]这些认识不仅深刻,而且更接近历史的真实。戴震的理想是:“圣人务在有欲有为之咸得理”,这一点正是他抨击宋学“以理杀人”的认识基础。

最后,戴震明确提出宋儒“以理杀人”,总括其论,计有三层。

第一层,宋以来,人们常常以个人偏见为理,有势位者更是以私见为理,欺压弱者,为祸于民。戴震说:“宋以来儒者,以己之见,硬坐为古贤圣立言之意,而语言文字实未之知。其于天下之事也,以己所谓理,强断行之……是以大道失而行事乖。”[⑥]由于人们以“心之意见”当作理,“于是负其气,挟其势

① 《孟子字义疏证》卷下《道》。

② 《孟子字义疏证》卷中《性》。

③ 戴震:《答彭进士允初书》,《戴震集》,上海古籍出版社,1980年,第166页。

④ 《孟子字义疏证》卷上《理》。

⑤ 《孟了字义疏证》卷下《权》。

⑥ 戴震:《与某书》,《戴震集》,上海古籍出版社,1980年,第187页。

位，加以口给者，理伸；力弱气慑，口不能道词者，理屈”。[①]即便其人“廉洁自持，心无私慝”，以“意见”为理也会失之于偏，“往往人受其祸，己且终身不寤”。何况“天下智者少而愚者多”，结果“其所谓理，无非意见也。未有任其意见而不祸斯民者”。

第二层，尊贵者用理“责制”卑贱者，理成了治民的工具。戴震揭示说：“尊者以理责卑，长者以理责幼，贵者以理责贱，虽失，谓之顺；卑者、幼者、贱者以理争之，虽得，谓之逆。于是下之人不能以天下之同情、天下所同欲达之于上；上以理责其下，而在下之罪，人人不胜指数。人死于法，犹有怜之者；死于理，其谁怜之？”[②]在这里，戴震说出了传统中国的一个重要政治现象：理与尊位即权势相结合，就成了当然合理的是非标准，尊贵者在理的名义下任其所为，似是而非，以非为是。“其谁怜之”一句倍受后世称颂。与法相较，理作为治民之具，有极强的隐匿性。

第三层，后儒以理为法，以理杀人。依戴震之见，既然情和欲是合理的，圣人之道即寓情于理，使下情上达，遂民之欲，于是仁民爱物，“放学成而民赖以生”。宋儒却将情欲与理对立起来，儒生有学而无情，“故学成而民情不知，天下自此多迂儒”。这样的理只能戕害生灵。如戴震说：“后儒不知情之至于纤微无憾，是谓理。而其所谓理者，同于酷吏之所谓法。酷吏以法杀人，后儒以理杀人，浸浸乎舍法而论理死矣，更无可救矣！”[③]后儒以理责民，“民莫能辨，彼方自以为理得，而天下受其害者众也”[④]。

自元代起始树为国是的理学，其学术权威与政治权威之高，自不待言。迄于乾嘉时代，理学流传了数百年。戴震一派公然指责理学“杀人”，实前无古人，在当时一片崇汉抑宋的呼声中，算得上是独树一帜，令人瞠目。后世学术界对此称许甚多，兹不赘述。我们关心的问题是，“以理杀人”在政治文化意义上应当怎样评估？

清朝统治者之尊崇儒学有一个基本倾向，就是极力抬高程朱理学。康熙皇帝明确宣称，朱子之学乃“集大成而继千百年绝传之学，开愚蒙而立亿万世一定之规”。朱学“皆内圣外王之心传”，关乎世道人心、治乱兴衰，“非此不能知天人相与之奥，非此不能治万邦于衽席，非此不能仁心仁政施于天下，非此不能外内为一家”[⑤]。当时主导性的认识是视朱学为“孔、孟之门户也。学

①②③ 《孟子字义疏证》卷上《理》。

④ 戴震：《与某书》，《戴震集》，上海古籍出版社，1980年，第188页。

⑤ 《御制文四集》卷二十一《朱子全书序》。

孔、孟而不由朱子,是入室而不由户也”[①]。“不悟《集注》之妙,亦不可与言《四书》”[②]。朱子的领袖身份几与孔子无别。如陆陇其就宣称“非孔子之道者皆当绝,则非朱子之道者亦皆当绝”[③]。清统治者树立程朱为思想正统,为的是促进治统和道统的合一,所谓“天其殆将复启尧舜之运,而道与治之统复合”[④],从而强化了王权对政治社会及思想文化全方位的掌控。

戴震之论似有意将程朱剔出道统,贬作异端,这简直是与朝廷对垒。然而,若深忖之,戴氏虽言辞激烈,但本意只是“离经”而不“叛道”。这一点,焦循的理解最贴切。他说:

> 读东原戴氏之书,最心服者,《孟子字义疏证》。学者分别汉学、宋学,以义理归之宋。宋之义理诚详于汉,然故训明乃能识羲、文、周、孔之义理。宋之义理仍当以孔之义理衡之,未容以宋之义理即定为孔学之义理也。[⑤]

显然,在焦氏看来,戴氏抨击理学并未离开义理二字,只是要求树立“孔学之义理”在思想文化上的绝对主导地位。因之,就政治文化层面来看,戴氏之论有两层含义。一是从理论的表象看,戴震在学术归属上偏离了朝廷高举的思想正统旗帜,被目为“异端”,并不为过。难怪诋者认为“其离经叛道过于杨、墨、佛、老”[⑥]。二是从其思想发展的内在逻辑看,抨击理学“杀人”不过是其“以小学见大道”的必然结果。既然宋学空论,字目不识,其所谓义理相距圣学远矣。故而以戴震为代表,重订“理”之内含,重申理欲之辨,重树“孔学之义理”,意在恢复数百年来被扭曲淹没的真权威。戴氏并非真心反对官学,他并无意与帝国的政治意识形态相对抗。在他的政治价值依据上,仍然是中国传统政治文化的主体结构,被斥曰“杀人”的理学不过是违背了圣道正统的异端,故而偏颇同于酷法,必欲贬损之、痛责之而后快。

清代汉学在治学方法上沿顺着以小学见大道的思维逻辑,在价值选择

① 《三鱼堂文集》卷五《答嘉善李子乔书》。

② (潜室札记)卷下。

③ 《三鱼堂文集》卷八《四书集义序》。

④ 《榕村全集》卷一〇《进读书笔录及论说序记杂文序》。

⑤ 《雕菰楼集》卷一二《寄朱休承学士书》。

⑥ 《仪卫轩集》卷一《辨道论》。

上遂从抑宋尊汉发展到抨击理学和重塑孔孟政治权威，戴震之论似乎突如其来，实则正是清人汉学之学术与政治思维的必然轨迹，戴震不过是以更具有权威性的思想权威取代另一种权威。与“每非汤武而薄周孔”的嵇康、或“敢倡乱道、惑世诬民”的李贽相比较，戴震既非异端，也非叛逆，而是实实在在的“卫道士”。凡以戴氏为“启蒙”论者，不可不察焉。

需要我们特别关注的是，清代汉学正是在抨击宋学、追寻圣道、重树政治权威的过程中，明晰地表现出一种“归返原典”的思维特点，这种特点与托古改制政治思维定式是密切相关的。

戴震说：“圣人之道，在《六经》。”[①]“《六经》者，道义之宗而神明之府也”。[②]崔述说：“古之异端，在儒之外，后世之异端，则在儒之内。在外者，拒之、排之而已；在内者，非疏而剔之不可……故居今日而欲考唐虞三代之事，是非必折中于孔、孟，而真伪必取信于《诗》《书》。然后圣人之真可见，而圣人之道可明也。”[③]就实质看，这种认识是汉代《六经》崇拜的延续。汉代士人以孔门《六经》为正统、为神圣，用作唯一的价值准则，以衡量天下之是非。延至清代，这种对儒学经典的崇拜表现为舍注求经、重新树立儒学经典“原教旨”的权威地位，在认识上表现为“归返原典”的政治思维倾向。

余英时曾指出，归返原典(return to sources)是思想史上的普遍现象，“并不仅中国儒家为然”。他征引汤用彤所言“大凡世界圣教演进，如至于烦琐失真，则常生复古之要求”等论断为据。[④]据此，这里指出的“归返原典”思维特征亦并非清代汉学所独具，而是在中国历史上曾经几度出现过。譬如受到汉学家们非议的宋学，在其形成之初，也经历过类似的思路历程。概言之，鉴于汉唐儒学笺注训诂及固守师说家法而日益烦琐、僵化，自唐朝中期始，即生“疑古”之风，至宋愈炽。《五经正义》一统天下的局面被打破，宋儒纷纷以己意阐释经典，渐次由“舍传求经”而至“疑经”“易经”。例如，欧阳修否认《十翼》出自孔子手笔，朱熹认为“诗序”非圣人之言，他作的《诗集传》尽删《小序》。疑经惑古之风促使解经“新义”迭出[⑤]，从而为理学的形成创造了条件。正是在这一过程中，我们看到宋儒提升孟子之学，追溯尧、禹、文、武，以“道

① 戴震：《与方希厚书》，《戴震集》，上海古籍出版社，1980年，第189页。

② 戴震：《古经解钩沈序》，《戴震集》，上海古籍出版社，1980年，第191页。

③ 《崔东壁遗书》附录《考信录自序》。

④ 余英时：《中国思想传统的现代诠释》，(台)联经出版事业公司，1987年，第413页。

⑤ 如王安石《三经新义》，世称“荆公新学”。

统”自固。他们在儒学原典的旗帜下抵斥汉唐儒说,宋儒的所谓“疑经”,也不是怀疑孔孟之道的真理性和权威性,而是质疑后世儒生的篡改之嫌。

与汉学相较,宋儒是以道统和孟学抵制汉唐儒说,以己意取代前人传注。清代汉学诸儒则是以《六经》、孔、孟权威抵制理学诸子,以汉儒经说或依照“求是”的标准取代宋学义理。虽然时代不同,学派并学说迥异,但是他们在其“思路历程”上颇有相通之处。从认识的过程及其表象看,他们都是在对“时尚”之学的批评与否定中形成了新的学派,在对儒学原典政治权威的认同过程中,自圆其说。就其认识的深层结构看,这种认识的特点正是托古改制政治思维定式的一般表现。

一般说来,人类文明的每一发展都伴随着认识上的飞跃,而认识的更新则需要以否定成说和固有观念为起点。从这个意义上说,无论汉学、宋学,就其时代而言都是学术和认识的某种发展,兹毋庸置疑。可是,如前所析,汉学、宋学在批判成说发展自身的过程中,又不约而同地在思维上表现出向着儒学原典归复的倾向,在致思逻辑上逡巡于托古改制的思维定式。这是中国传统政治文化特有的现象。在君主政治时代,学术领域与政治领域一样,极度缺乏严格意义上的自由思维,学术的生存、传播和发展首先要取得政治上的合法性,否则极有可能被目为异端,难以存续。

自汉武帝崇儒术、立学官、祀圣人,孔孟儒学同时兼具最高思想文化权威和最高政治权威的双重身份,以《六经》为象征的孔孟儒学原典遂成为一切学术之政治合法性的本原,并且构成了传统政治文化的轴心。后世儒学的每一发展总也离不开这条主干。所谓“发展”,说到底也无非是“代圣贤立言”,即在原典圈定的价值范围内进行阐释、补充和发挥,亦谓之“我注《六经》”。这是托古改制政治思维定式及“归返原典”思维倾向的主要表现形式之一。相比之下,所谓“《六经》注我”似乎显得富于学术个性,突出了认识主体的学术自主性。然而,在以儒家文化为主体的传统政治文化的覆盖下,“《六经》注我”在其政治分野和政治价值的判定上难以斩断与主体政治价值体系及原典价值体系的天然联系;同时,在其认识和表述的过程中,其立论即理性的表达亦难以脱出托古改制的思维逻辑形式。于是便形成了这样的思维现象:形式拖住内容,死的拉住活的,学术个性难以冲破原典权威的束缚。倘若真的出现了学术个性与传统政治价值体系及原典权威的对峙,表现出某种意欲彻底摆脱的倾向,在通常情况下,就会受到来自王权的政治暴力的毁灭性打击。历史上,这样的事例并非鲜见。

然而另一方面，认识的发展与创新又是学术思维固有的品性，思想文化本应具有的生命力只能孕育在学术认识的发展创新之中。同义反复的老生常谈必然导致学术思维僵化、枯萎，直至衰竭和消亡。于是，学术固有的发展需求与专制权力对学术的桎梏不可避免地形成冲突。在中国传统社会，这种冲突常常以一方压倒另一方的形式暂告平息，例如，春秋战国时代的总体趋势是学术发展占据了上风，秦汉帝国以后则是政治权力始终处于主控地位。有时候，这种冲突又会以特定的形式达成妥协，托古改制政治思维定式及"归返原典"思维倾向就是学术发展与政治桎梏形成妥协的特殊形式之一。于是我们会看到，在某一历史时期，当一种新学说形成之时，或明显或隐晦，总是要沿顺着托古改制的政治思维定式，伴随着归返原典的思维循环。这是在政治权力支配社会的条件下，没有学术自由思维而学术仍要发展所付出的代价。

第十四讲　政治哲学之思维定式(三)：比类逻辑与“大跃进”政治思维定式

中国传统思想与文化最富于辩证性，20世纪80年代初，庞朴著《中庸平议》(《中国社会科学》1980年第1期)有详尽论说。不过学界普遍认为，中国传统文化没有类如西学的形式逻辑。或言“墨辨”[1]有所论及，惜乎汉以后湮没不传。于是又有论者指出，缺乏严密的形式逻辑思维是中国传统文化的缺陷，故而近代中国自然科学的发展被严重局限。所论似乎有理，却也不尽然。这里提出的问题是，中国传统文化除了丰富多彩的辩证逻辑思维，还有比类逻辑思维特点，为此略作辨析，以就教于方家。

一、比类逻辑与中国传统政治文化思维特点

现代逻辑学的学科分类和知识规范是西方文化的产物，我们今天用以研究中国逻辑思想的基本方法也是西学的。然而，中国文化自有其文化个性，逻辑思维不可谓不发达，譬如先秦诸子学中的墨辨与名家等。迄今研究者对于中国传统的逻辑思维已经有了诸多论断，凡演绎、归纳、循环、比附等等、均有倡言者。我认为，从“政治性”的角度看，比类逻辑[2]对于中国传统政治文化及政治思维的影响至为深远，作为民族文化之遗存，其余波至今绵延而未绝。

---

① 墨辨：《墨子》中的《经上》《经下》《经说上》《经说下》四篇，作者为墨翟及其后学，讲论墨家的名辩与逻辑思想。

② 本书初稿使用的是“比附逻辑”，经南开大学崔清田教授的指导、提示，改为“比类逻辑”。特予说明，并向崔先生诚致谢意！

（一）比类逻辑思维三要点

所谓“比类逻辑”是一种以“类推”“类比”为主要论证方式的逻辑思维，它不具有类如西学那样形式严密的抽象逻辑认识，而是表现出鲜明的直观性和具象性，类比的逻辑环节之间常常具有跳跃性，因而显得粗疏而便捷。不过在一定的历史条件下和文化语境内，这种逻辑思维也是颇有说服力的。

比类逻辑的思维特征是十分明显的，概括言之，其要点有三。

其一，这种逻辑思维惯常在思维的起始建立一个参照点，不论被论证的事物与这一参照点之间有没有实在的逻辑关联，而径直拿来相与比照；只要起始的参照点具有权威性与合理性，那么事物间的逻辑关系即得以建立，论证就可以形成。

传统文化以这种方式论证政治关系，典型的表述如《易传》。等级原则是孔孟儒学的首要政治规则，儒学经典《易传》运用比类逻辑，将等级原则与阴阳、天地相比照，论证了政治等级的绝对合理。其文曰：“天尊地卑，乾坤定矣。卑高以（同‘已’）陈，贵贱位矣。”[①]乾是阳，是天，坤是阴，是地。在儒学宗师们看来，天地阴阳是人间等级的参照点，具有绝对的真理性，天与地之间的尊卑关系正是人间政治等级上下贵贱关系的合理性根源。这种思维方式成为孔孟儒学最为重要的逻辑论证方式，得到了极为普遍的运用，影响至为广泛。《易》中的阴阳符号和各个卦象就是这种比类思维的全面表达，据《易·说卦》，乾象征“天”“父”“君”“金”“玉”等；“坤”代表“地”“母”“众”（臣民）“布”等。很明显，前者贵，后者贱。《文言》则以“地道”“妻道”“臣道”均属阴，它们的特征是顺天从阳。另外如《易·泰卦·象传》：“内阳而外阴，内健而外顺，内君子而外小人。”这里的内外之分显然指的是贵贱高下之分。比类逻辑把君臣、父子、夫妇之间的尊卑、主从关系与天道阴阳相比照，从而使得天道阴阳独有的超社会权威及其绝对合理性贯注到人间的社会政治等级关系中，这样一来，作为君主政治坚实基础的等级原则和等级制度也就具有至上的权威性和绝对的真理性。

同样，比类逻辑也可以论证君主个人的至上权威性。《易·文言》说：“夫‘大人’者与天地合其德，与日月合其明，与四时合其序，与鬼神合其吉凶，先天而天弗违，后天而奉天时。天且弗违，而况于人乎，况于鬼神乎！”这里说的

---

① 《易·系辞上》。

“大人”显然指的是君主,其道德、智慧、行为和气运等径直与天地、日月、鬼神相通,超越凡俗。《易·系辞上》说:“天生神物,圣人则之;天地变化,圣人效之;天垂象,见吉凶,圣人象之;河出图,洛出书,圣人则之。”《易·贲卦·彖传》也说:“观乎天文,以察时变,观乎人文,以化成天下。”圣人是传统文化的理想君主,他可以效法天象、神物,观天象、察时变而宰制天下。同时臣之于君,好比地之事天,“臣之义比于地。故为人臣下者,视地之事天也”[①]。经过这样的比附类推,君主的政治权威性便具有了绝对的至上性。

其二,比类逻辑思维的推论具有循环性,论者常常是把握住一点而往复论证,循环推论,比类论证的双方则可以互为论据。

这一特点在传统政治文化中的表现是很普遍的,典型者如孔孟儒学的修身治国论。《大学》首章:“古之欲明明德于天下者,先治其国,欲治其国者,先齐其家,欲齐其家者,先修其身……身修而后家齐,家齐而后国治,国治而后天下平。”又《中庸》说:“知所以修身,则知所以治人;知所以治人,则知所以治天下国家矣。”这里孔孟儒家以道德修身与治理家、国和天下相比照,在推论形式上则循环往复。他们没有做具体的分析说明,没有讲述或论证何以“身修”而后“家齐”。修身作为道德政治实践的中心环节,得到了历代儒家思想家们的重视,但是他们没有梳理此一环节与彼一环节之间的逻辑过程,而是以类推的方式排列了此与彼的位置。他们只是在推论“既然由此及彼”,就“必然会由彼及此”,身与家、国、天下相互类比、类推,从修身到治国的道德政治实践也就具有了必然性和真理性。

再如,汉儒董仲舒将阴阳五行学说与儒学融合,大讲天人合一,他以人事和天道相类比,其推论即有循环性的特点。譬如他说,天有“十端”,人在其中,故而“天者,百神之大君也”,“王者之所最尊也。”[②];又说天通过阴阳五行的环节与人沟通,天就具有了人一样的意志和感情,“天亦有喜怒之气,哀乐之心”,如“春,爱志也;夏,乐志也;秋,严志也;冬,哀志也”[③]。天的运行规律也含有道德意义,“天道之常,一阴一阳。阳者天之德也,阴者天之刑也”[④]。天还“与人相副”,人的形体和内在的道德、情感、意志都是从天那里演化而来的。董仲舒说:“为生不能为人,为人者天也……天亦人之曾祖父也,此人之

① 《春秋繁露·王道通三》。

② 《春秋繁露·郊议》。

③ 《春秋繁露·天辨在人》。

④ 《春秋繁露·阴阳义》。

所以上类天也。”比如“人之形体，化天数而成；人之血气，化天志而仁；人之德行，化天理而义；人之好恶，化天之暖清；人之喜怒，化天之寒暑；人之受命，化天之四时”①。天和人外在相同，内在相通，小而为人，大而为天，“以类合之，天人一也”②。

董仲舒的比类逻辑和循环推论是浅显和表面化的，但是在公元前2世纪（西汉中叶）的历史和文化条件下，阴阳五行学说是最具有体系性和最有说服力的认知方式。董仲舒以阴阳五行学说为依据，在天道与人事之间建构逻辑框架，经过他的一番比类推论，从理论上为汉代统治者解决了政治权力合法性和统治的规范性问题。一方面，“唯天子受命于天，天下受命于天子”。君主的权力来自天。另一方面，君主治理天下必须遵循天的法则，“圣人副天之所行以为政”。“天有四时，王有四政”。“庆赏罚刑，当其处不可不发，若暖清寒暑，当其时不可不出也”③。假如君主滥用权力，有背天道，天就会给予责罚，这就是所谓“天谴”说。董仲舒的比类循环推论从正反两个方面为君主政治的统治合法性建构了坚固的理论基础。

其三，比类逻辑思维的推导具有无限性，在这种思维方式下，任何事物都可以相互比照，类比的推论亦可以达于极点，使得这种直观性的逻辑思维过程具有明显的跳跃性和认知结论的必然性。

例如，王朝更迭、改朝换代是历史的过程，所谓“高岸为谷，深谷为陵”，人们面对历史运作的巨大震荡，常常显得无奈。那么如何判定这些现象的必然性与合理性呢？依照比类逻辑思维，这个问题不难解答，只要将王朝更迭与天道运行勾连在一起，类比相推，就会顺理成章。《易·革卦·彖传》曰：“天地革而四时成。汤武革命，顺乎天而应乎人。‘革’之时，大矣哉。”在孔孟儒学看来，上古三代权力更迭就如同天道的四时流转，“变革天之大命”不过是顺天应人之举。这样，本来一个复杂的历史哲学和政治哲学问题，在传统文化的比类附逻辑思维下，变的简明而直观易解。而且更为重要的是，天道的运作是不可逆转的，于是政治上的朝代更替也就具有了必然性。

又如，孔儒一脉讲求德治教化，极为关注政治生活中的“榜样效应”，谓之“上行下效”。《论语》载：“季康子问政于孔子曰：‘如杀无道，以就有道，何如？’孔子对曰：‘子为政，焉用杀？子欲善而民善矣。君子之德风，小人之德

① 《春秋繁露·为人者天》。

② 《春秋繁露·阴阳义》。

③ 《春秋繁露·四时之副》。

草,草上之风,必偃。'"[1]这里孔子以"草上之风"为喻,以风与草类比君子和小人,相与类推,政治的过程可以如此单纯和明快,实则将类比推导至极致——"必偃"即表明了比类逻辑推论的绝对性。

再如,孔孟儒家的政治伦理最讲求修身,于是儒学宗师们便规定了某种道德境界作为达标的路径,譬如"诚"。《中庸》说:"唯天下至诚为能尽其性。能尽其性,则能尽人之性;能尽人之性,则能尽物之性;能尽物之性,则可以赞天地之化育;可以赞天地之化育,则可以与天地参矣。"孟子也提出了"尽心,知性,知天"的道德修习公式,在这里儒家文化以"至诚"作为中介环节,将心、性、天作为类比的不同层面,然后在人性与天道的比类推论中,将人性的内含无限扩展,于是至诚之人性便得以涵盖了万物与天地。这样的人性方能与天道合一,得以协助天道来化育天下。基于这样的推论,统治者便是至诚至大之性的具体化,因而其主宰天下的权威便不是外力的强加,而是其内在力量的自然达成,是理所当然的。

(二)比类逻辑与君主政治的认知和运作

综前所述,比类逻辑思维作为中国传统政治文化的一种思维方式已经深深地嵌入政治文化与政治思维之中,对于古代社会君主政治的政治意识形态的形成与传播具有直接的深广的影响。也就是说,这种认知方式与传统政治文化有着内在的联系,在君主政治的建构、发展及其运作过程中具有特殊的作用。

其一,传统的比类逻辑思维以具直观性论证将复杂的真理论证过程简约化,从而易于为人们所接受,如像"天行健,君子以自强不息"这样的认识至今仍在感召世人。不过,作为政治思维的一种主要方式,比类逻辑思维的粗疏、或然和绝对化,使得君主政治权威得以未经深思熟虑的理性审视而能获得为所欲为的理论依据。

例如关于人性的认识是人类社会发展过程中的自我反思,严格而论,属于哲学思维领域。中国传统文化中关于人性的反思始于春秋战国时代,就像人类的认识发展总是由浅近而至深邃,中国先民最初的觉醒也是粗浅的。孔子作为那个时代的思想巨人之一,也不过只是指出了人性具有共同性,"性相近,习相远"。其后,战国诸子对人性进行了广泛的讨论,提出的观点各式

① 《论语·颜渊》。

各样,如孟子的性善说、荀子的性恶说、庄子的人性自然说、法家学派如商君、韩非的人性好利说,等等。诸子的人性理论虽然有别,但是在认识的归结点上却是相似的:他们都要用人性理论来论证政治,以人性学说作为他们的政治主张的理论基础。我们看到,正是在这样的论证过程中,比类逻辑将丰富的论证简约化了。限于篇幅,这里我们只以儒家的孟子为例。

孟子道性善,认为人们天生就有"四心",表现为仁义礼智"四德"。作为普通人,其人生的意义就是修习道德,完善本心。对于君主来说,则是要发扬自身固有的善的本性,实现一种"善政"。他说:"有不忍人之心,斯有不忍人之政矣。以不忍人之心,行不忍人之政,治天下可运之掌上"[①]。这真是再简易不过了,只要统治者将固有的善心发挥出来,外化为"置民以恒产"等仁政政策,于是乎天下大治。孟子从善性到仁政的论证过程不过是一"转念之间",在这一过程中,比类逻辑将复杂的政治方针与政策问题简约化了。

应该承认,从一般意义来看,人性与善政有一定的关系,但这必然要取决于某些特定的条件。按照普列汉诺夫的观点,当历史的发展处于某一"十字路口"的时候,处于权力核心的特殊人物的个人因素有可能推动或延缓历史的发展。这时,这个特殊人物的善性或恶性,甚或性格等,都有可能对政策的制定、推行或政治运作起到某种明显的影响。然而,毫无疑问的是,对于政策制定、政治运作及历史发展来说,所谓善性或恶性并不是唯一的影响因素,甚至更不是主要的或决定性的条件。"善政"的形成受到多种条件和因素的制约,从现象来看,应该是一个复杂的历史过程,包括社会政治制度、社会经济结构、生产方式、生活方式、思维方式、民族文化的价值体系、法律以及全社会的文明程度,等等。

孟子的论证过程只是在君主的善性与王朝的善政之间划了一个等号,而且认为对于统治者而言这不过是举手之劳:

> 曰:"挟太山以超北海",语人曰"我不能"。是诚不能也。为长者折枝,语人曰"我不能。"是不为也,非不能也。故王之不王,非挟太山以超北海之类也;王之不王,是折枝之类也。[②]

① 《孟子·公孙丑上》。

② 《孟子·梁惠王上》。

这样的论证方式简约而明快，因而易于为人们理解和接受，由善性到善政"由内及外"的实施过程似乎也是言之有理、顺理成章的。基于这样的思维逻辑，统治者的善性被逻辑地规定为善政的起点，于是在实际社会政治生活中，拥有绝对权力的统治者以人们向往中的"善政"相招徕，便当然地将"善性"的桂冠戴在自己的头上，这在政治意识形态上便形成了"统治阶级性善论"。这种政治文化现象贯穿于汉代以后的整个政治发展过程中。

"统治阶级性善论"是儒家文化"圣人、君子"政治理念的政治意识形态化，在比类逻辑的论证参照下，为天子者必"圣明"，为大臣者必"忠贤"，所有的政治弊端都理所当然地归罪于"奸佞小人"。君主政治本身以及君主统治集团在善性与善政的逻辑过程中得到简明而完美的证明，因而是毋庸置疑的。换言之，正是基于比类逻辑的论证，君主政治得以在其合法性论证中永远立于不败之地。

比类逻辑的简约化论证方式使得"统治阶级性善论"回避了政治权力私有条件下必然存在的滥用权力和利益剥夺问题，在实际政治生活和历史过程中，其结果只能是导致了政治文化上的伪善与政治实践中暴政的并存！

其二，由于比类逻辑推论的随意和论证环节的跳跃性，从而助长了传统政治思维中的主观随意性，这种"想当然"的思维方式的极端化与绝对化，就会将传统政治思维中本来具有的那些理性内涵催化为政治信仰，进而演化为政治迷信。

在传统政治文化中，关于随意推论与跳跃论证的事例可谓俯拾即是。例如，西汉大儒董仲舒的天人政治论。其理论的基础是天的体系。他说："天地阴阳木火土金水，与人而十者，天之数毕也。"[①]这里说的"天之数"是如何概括出来的？天地与阴阳五行以及人的关系是如何建构起来的呢？董仲舒没有进行细致的逻辑推导，而是归之于"道"的原则。他说："《春秋》之道，奉天而法古。"[②]既然道里规定了"奉天"，那么用"天之数"来概括天地阴阳五行和人也就是合理的了。这种认识逻辑的"想当然"色彩是显而易见的。例如前引"人副天数"，董仲舒将人的形体特点、精神、道德、情感等想当然地与天相类比，将天与人生硬地连为一体，成为同一类事物。事实上是很荒谬的，但是在比类逻辑的演绎下，似乎又言之成理。这样的论证本身充满了想象力和随意

① 《春秋繁露·天地阴阳》。

② 《春秋繁露·楚庄王》。

性。董仲舒的主观随意性在无限提升的天的权威的庇护下，得到最大的发挥,并且据此而具有了真理性。

既然董仲舒通过比类逻辑将天与人紧紧地纽结在一起，而且规定了天的权威具有绝对性,诚如董仲舒所言,“天者,百神之大君也”[①];“王者之所最尊也”[②]。那么人对天的认识就很容易从一般的相信转化为绝对地信奉——人们并不需要思考人与天何以结成紧密的联系，或是天人之间具有怎样的逻辑关联,既然天“与人相副”,那么天的一切表象与本质就都是无须再论证的,而是可以绝对相信的。

事实上,在比类逻辑思维方式的作用下,推论的随意性和论证环节的跳跃性在中国传统政治文化中几乎是无处不在的。我们下面随手举出三例,即可说明。

例一,《大学》有言:“一家仁,一国兴仁;一家让,一国兴让;一人贪戾,一国作乱。其机如此,此谓一言偾事,一人定国。”这里讲的是道德与政治的关系。《大学》的作者认为,在家与国之间,个人与国之间,都具有一种必然的和绝对的道德联系,作者描述了这种联系的结果,却省略了形成这种必然结果的中间环节与逻辑过程,因而这样的推论就不可避免地带有了主观随意性,在“想当然”的比类逻辑推论过程中完成了必然性的肯认。

例二,《礼记·乐记》说:“礼者,天地之序也。”《礼记·礼器》也说,礼“合于天时,设于地财,顺于鬼神,合于人心”。礼是儒家思想的核心概念,这里的表述则把礼所内含的道德法规无限扩张,使之涵盖了整个自然与社会,以至于具有了无限的适用性和极高的权威性。礼的规定本来是人类社会的某种规范或法则,《礼记》的作者将其无限提升,却没有试图说明或论证这种提升的论证过程和逻辑环节,这里的随意性是十分明显的。

例三,孟子说:“尽其心者,知其性也,知其性,则知天矣。”[③]这是孟子的修身论,被后世宋明理学家们所竭力弘扬。孟子认为在心、性、天之间有着必然的沟通,表现在认知上就是一种递进式的提升和发展。然而,心、性、天之间存在着什么样的沟通或联系,这种认识上的递进升华是如何形成的,其间的勾连路径和逻辑环节是怎样的?这些问题孟子全然省略,代之以不容置疑的断语式的陈述。

---

① 《春秋繁露·郊语》。
② 《春秋繁露·郊议》。
③ 《孟子·尽心上》。

上述三例在认识上的随意推论并不影响其结论的权威性,事实上,由于论者从问题的起点一端直接跳向结论的一端,其结论本身反而被赋予了具有必然色彩的权威性。这就是说,恰恰由于逻辑推论的中间环节的缺省,于是在论者和听者看来,这正好表明了问题本身是毋庸置疑而无须讨论的,“想当然”在这里被视同为“理所当然”,其中蕴含的必然性色彩被论者及听众看作是真理性的体现。

正是基于这样的认识特点,比类逻辑非常容易将人们认识中可能存有的理性分析转化为绝对信奉,而这种“绝对信奉”的进一步强化和庸俗化就是“政治迷信”。

人类的文明史已经证明,一般而言,在既定的政治价值准则的制约下,凡是未经论证或无需论证的政治观念、信念和理念,都会无可避免地经由“绝对信奉”导向政治信仰,进而庸俗化为政治迷信。中国传统社会的思想家和政治家们可谓聪明绝顶,他们已经悟出了这一点,《易传》作者就明确指出:“圣人以神道设教,而天下服矣”[①],兹正如荀子所说的“君子以为文,而百姓以为神”[②]。在这样的思维特点的笼罩下,人们对传统政治文化所维护的政治原则、权威和规制的基本态度是绝对地信奉,所谓“百姓日用而不知”[③],他们不需要任何形式的思考、思辨或辨析,而是年复一年习以为常地沉浸在对于圣人与真龙天子的期盼和顶礼膜拜之中,这时,基于“比类逻辑”而建构的政治信仰就演化为遍在的政治迷信,而这种政治文化现象所导致的实际功效正是那些将公共权力攫为己有的专制统治者们所需要的。

(三)“死的”何以拖住“活的”?

马克思在《路易·波拿巴的雾月十八日》一文中说道:

> 人们自己创造自己的历史,但是他们并不是随心所欲地创造,并不是在他们自己选定的条件下创造,而是在直接碰到的、既定的、从过去继承下来的条件下创造。一切已死的先辈们的传统,象梦魇一样纠缠着活人的头脑。[④]

---

① 《易·观卦·彖传》。

② 《荀子·天论》。

③ 《易·系辞上》。

④ 《马克思恩格斯选集》(第一卷),人民出版社,1972年,第603页。

在马克思看来，对于一个民族来说，传统文化非但不会简单地割断，反而会通过各种形式在不同程度上影响着当今的文化、政治与社会。这个认识是很有道理的。从文化发展的角度看，一般说来，世事变迁，移风易俗，文化的表层和形式化的内容是比较容易调整或予以变革的；反之，越是深层的文化内含越富于韧性，其文化的生命力往往越强劲，对于当代社会的影响就越深刻，以至于形成某种对于"活人的头脑"的"梦魇"般的纠缠，这在文化现象上便形成了通常说的——"死的拖住活的"。

比类逻辑作为一种"致思方式"无疑是中国传统政治文化的深层结构，其凭借着文化的历史积淀仍然在某种程度上活在当代中国的政治文化之中。换言之，基于比类逻辑思维而演成的政治迷信伴随着文化传承而以某种形式延传下来，所谓"谬种流传，演为故智"，诸如前面提到的简约、随意、跳跃及"想当然"等特点均以各种形式而不同程度地体现在人们的认知和致思等方面，这些传统文化的传承不仅仅"曾经影响"了20世纪的中国，而且"还在影响"着21世纪的中国。这里做简单列举：

其一，正如人们所熟知的，20世纪50至60年代的中国学术界，阶级斗争理论成为指导思想，其时中国的学者们轻易地相信并接受了绝对化和教条化了的阶级理论，阶级性成为学术研究的主要评估指标。在"以阶级斗争为纲"，以及"世上没有无缘无故的爱，也没有无缘无故的恨"的思想指导下，资产阶级受到彻底的否定，无产阶级得到绝对的肯认。而且在理论上，以"阶级性"论证取代了"人性"讨论，人性问题被划归为资产阶级思想。在当时的政治与文化条件下，任何事物、人和思想，只要被认定是资产阶级的，就会受到批判，被打倒、否定；反之，只要认为是无产阶级的，就会得到肯定、赞许，予以褒扬。这种认识可以概括称之为"无产阶级性善论"。

从致思逻辑来看，"无产阶级性善论"与传统政治文化的"统治阶级性善论"是有相通之处的。虽说在理论的本质以及界定善恶的具体甄别标准上，此二者不宜同日而语："无产阶级性善论"以阶级出身和阶级立场作为善恶的区分标准，而阶级的划分则主要地取决于人的社会存在特点。"统治阶级性善论"的区分标准则主要是儒家文化倡导的政治道德，所谓"君子喻于义，小人喻于利"。而传统政治道德的本质主要是政治权力私有者集团的根本利益。

不过在逻辑内涵或曰论证的逻辑环节上，这两种"性善论"却如出一辙，它们都是将复杂的人类社会及社会政治问题简约化，前者以阶级，后者以道德,将社会划分为对立着的两个阵营,立论者全然没有考虑人作为社会政治的主体,其本身的复杂、丰富与多变。这种绝对化认识在20世纪的极端表达方式就是:"老子英雄儿好汉,老子反动儿混蛋"。正是在长期积淀的比类逻辑致思方式的影响下,"无产阶级性善论"被奉为神圣而绝对化,阶级的对垒与阶级斗争成为必然,而且是无处不在,从而排除了所有其他选择的可能性。这种教条化认识的形成固然有其时代的诸种因素的作用,但作为致思方式的比类逻辑的潜在影响不可忽视。于是我们看到,正如传统政治文化中君子与小人之水火不容一般,阶级之间的斗争也是你死我活的。而且在一定的历史时期,我们确实在这样的致思逻辑的制约下而出现了全社会的头脑发昏,中华民族则为此付出了血的代价。

这里当然不是将历史现象作简单的类比,而是试想指出,我们至少可以认定的一点是:正是由于中国传统政治文化的比类逻辑致思方式的长期积淀与延传,在20世纪50年代的中国,教条化了的阶级斗争理论才会那么容易被社会一般成员所普遍接受,而且被中国的知识界与学术界所发扬光大。

其二,20世纪50至60年代的中国社会,沉浸在一种口号式的理论境况中。伴随着一个接一个的政治运动,政治口号的实际作用逐渐从一种宣传鼓动的方式,转化成为指导社会政治发展的方针性理念。这种政治现象的形成固然有其时代的特点,不过从政治文化的层面看,隐含在政治口号内里的致思逻辑恰恰表明了这种政治思维过程的简约性与跳跃性,其中"比类逻辑"的传统印痕是十分清晰的。

事实上我们可以这样概括:1949年以后中国社会政治的发展始终与一系列的口号相伴随。对这个过程已经有人进行了研究。[①]需要我们关注的是,政治性的口号在实际社会政治的发展过程中往往替代了系统的理论和规范性的理念,由于其形式上的简约和思想上的高度概括,因而非常容易被社会一般成员所接受,从而形成广泛的社会动员。例如众所周知的20世纪50年代的"大跃进",社会主义经济建设和社会发展被凝聚为一条"总路线":"鼓足干劲,力争上游,多快好省地建设社会主义"。据张文和等编著的《口号与中国》梳理,这个总路线的形成有一个过程,大体上是从1955年至1958年。不过,这个口号一旦提出,就替代了理应广泛论证和深入研究的经济、社会及政治发展理论,成为人们绝对信奉的真理。"总路线"与稍后的"大跃进"、人

① 张文和、李艳编著:《口号与中国》,中共党史出版社,1998年,第195~200页。

民公社等不仅被作为实现社会动员的主要手段，而且成为国家的基本政策。

从大众传播的角度看，政治性口号是有其合理性与必要性的，但是用政治性口号取代了严肃和系统的理论思维，这种现象不能不令人深思。一般而言，口号式的理论境况意味着人们关注的是现时或当下的具体目标，抽象的深邃哲思与社会批判精神在这里没有存身的空间，反思、提问在这里全然被排除，一般不再有认识上的深思熟虑和追根溯源。于是理论被简约，思想被僵固，真理被神化，人们逐渐习惯甚或满足于教条化的政治公式。人类的文明史已经证明，一旦真理被诠释为“放之四海而皆准”的政治公式，严密的逻辑与深刻的反思和思辨不仅受到排斥，而且会被视为异端，取而代之的必将是政治迷信与政治狂热，社会政治危机常常借此而发生，结局则是灾难性的。

“比类逻辑”的现代性存活无疑是深埋在政治文化的底层内里的，然而却影响着民族文化在思维方式上的成熟。这从20世纪80年代以来中国理论界的极度虚弱即可得到明证：我们的理论家们竭力从教条主义的泥淖中挣脱出来，却还没有来得及在思维方式上走出传统，以实现富于学术主体色彩的现代化建构。其中的佼佼者要么兜售西学时尚，要么重整国故传统，以致于具有中国特色的现代性理论建构远远滞后于其他方面。迄今而言，中国的理论领域普遍贫瘠，而有些领域，如政治哲学、历史哲学、中国政治文化则极度荒凉。

比类逻辑作为传统文化之遗存，使我们的政治思维在某些层面或某种程度上还滞留在中世纪，因而之所以延至21世纪的中国大地上仍然出现了对于政治权力普遍崇拜和挥之不去“个人迷信”，比类逻辑思维当是其深层的政治文化根源之一。考察19世纪60年代以降中国社会的近代化进程，比类逻辑思维特点在政治主体思维的层面时有展现。这一思维特点在政治思维定式层面上的集中表达谓之“大跃进”政治思维定式。

二、斗争哲学与“大跃进”政治思维定式

如前所述，比类逻辑促成了政治思维的简约和跳跃，这种思维逻辑在实际社会政治生活中的典型表现就是口号式的社会动员。近代以来可以列举的案例很多，其中最具有代表性的案例就是1958年的“大跃进”运动。

“大跃进”是个历史概念。一般认为，1957年9月20日召开的党的第八届

三中全会是"大跃进"的开端。这次会议通过了《1956年到1967年全国农业发展纲要(修正草案)》(简称"四十条"),这即是农业"大跃进"的纲领。10月27日,《人民日报》刊发了《建设社会主义农村的伟大纲领》的社论,提出"为了克服各种各样的保守思想,最有效的方法,就是在农村中以四十条纲要为中心,进行一次生产建设问题的大鸣、大放、大争"。要求"按照必要和可能,实现一个巨大的跃进"。论者认为这是"大跃进"运动的正式号召。1958年2月2日《人民日报》发表社论:《我们的行动口号——反对浪费,勤俭建国》。提出"我们国家现在正面临着一个全国大跃进的新形势,工业建设和工业生产要大跃进,农业生产要大跃进,文教卫生事业也要大跃进。"规划了国民经济"全面大跃进"的三个主要方面。1958年2月3日,《人民日报》发表了"鼓足干劲,力争上游"的社论,明确地提出国民经济要全面大跃进。1958年5月,中共八大二次会议,正式通过了"鼓足干劲、力争上游、多快好省地建设社会主义"的总路线。此后,"大跃进"运动正式发动,至1960年冬季运动结束。

作为一场全国性的政治运动,"大跃进"提出了高指标和高速度,导致工农业比例严重失调、各种资源严重浪费, 在政治风气上则是公开的弄虚作假。这不只是在国民经济发展方面造成了巨大损失。按照现代政治文化理论,影响一个民族一个时期政治文化状况有多种因素,其中之一是重大政治事件。"大跃进"正是这样。作为一个重大政治事件,"大跃进"已经成为历史。然而,从政治文化的层面看,"大跃进"政治思维定式"对于我们的政治选择和政治运作形成了深刻的影响,余韵至今。

(一)斗争哲学:"大跃进"政治思维定式的理念之源

任何一种思维定式的形成都有其思想文化根源,"大跃进" 政治思维定式得以达成的政治理念之源则是近代中国革命时期的"斗争哲学"。

20世纪上半叶,中国共产党作为革命党,为实现其建立人民共和国的政治目标,需要以政治斗争和武装斗争作为手段。于是斗争哲学构成了这一时期的政治精神,具体表现为革命党的基本政治方针和政策原则,对于以革命党为核心的政治群体的政治思想和思维方式有着直接和深刻的影响。

综观人类社会的文明发展,实是一个长期而普遍的斗争的过程。不管我们愿不愿意,斗争毕竟是人类社会文明进程中的一种推力。也许,没有战争和政治斗争,人类的历史便会显得毫无生气。然而冲突、抗争总是要伴随着妥协与平衡,人类社会正是在冲突所带来的巨大破坏和损失中明白了调节、协调与均衡的意义，懂得了斗争是一个需要深思和慎重对待的问题。相较而言，我们的斗争思维却很有其特色。

首先表现在这种思维的一贯性和连续性。20世纪中叶以降，伴随着中华人民共和国的成立，革命党已经成为执政党。然而在党政一体的管理模式下，革命党的"斗争哲学"非但没有得到调整，反而扩展为普遍的治理理念。以至在相当长的一段时间内，"以阶级斗争为纲" 成为国家政治纲领性的口号，并且作为基本政治方略和政策原则得到确认和执行。

其次，"斗争哲学"作为一种政治理念，其规定性主要有以下三点。

一是斗争思维的绝对化。这种绝对化体现在很多方面。例如在阶级论的覆盖下，社会的结构就是敌友双方，截然分成两个阵营。正如毛泽东的教导，一切勾结帝国主义的军阀、官僚、买办和大地主阶级，以及一部分"反动知识界"是我们的敌人。无产阶级是革命的领导力量，而半无产阶级及小资产阶级"是我们最接近的朋友"。①

既然社会的结构是截然两分的，那么一般社会成员的选择只能是非此即彼。站在革命人民立场上的就是革命派，反之，站在官僚地主和帝国主义资本主义方面的就是反革命派。②而且这种敌我双方的对立是绝对的，没有调和的空间。所以毛泽东认为被敌人反对是件好事，"那就证明我们同敌人划清界线了"。倘若不被敌人反对，"那就不好了。那一定是同敌人同流合污了"。③他的名言是：

> 凡是敌人反对的，我们就要拥护；凡是敌人拥护的，我们就要反对。④

需要特别关注的是，斗争哲学的绝对化并不是领袖个人的认识，而是在执政党的领导层内具有一定的普遍性，已经形成了一种认识论和方法论。在这样的认识基础上，作为一种思维方式，阶级之间的斗争必然是毅然决然和

---

① 毛泽东：《中国社会各阶级的分析》（1926年3月），《毛泽东选集》（第一卷），人民出版社，1952年，第8、9页。

② 毛泽东：《在中国人民政治协商会议第一届全国委员会第二次会议上的闭幕词》，（1950年6月23日），《人民日报》1950年6月24日，第1版。

③ 毛泽东：《被敌人反对是好事而不是坏事》（1939年5月26日），《毛泽东选集》（第二卷），人民出版社，1952年，第2页。

④ 毛泽东：《和中央社、扫荡报、新民报三记者的谈话》（1939年9月16日），《毛泽东选集》（第二卷），人民出版社，1952年，第556页。

你死我活的。

二是斗争延展的无限性:无尽头,无边界。如果说武装、暴力作为革命手段具有其历史的合理性,并且在近代中国的社会政治发展中得到了验证,那么这种合理性便促成了斗争思维的延展,形成了一个具有普遍性的基本政治评估:斗争是长期延续和没有边界的。毛泽东指出:

> 在拿枪的敌人被消灭以后,不拿枪的敌人依然存在,他们必然地要和我们作拼死的斗争,我们决不可以轻视这些敌人。①

这是一个著名的论断。将敌人的类别划分为“拿枪的”和“不拿枪的”,这就在理论上合逻辑地将斗争的范围从革命时期延展到政权建立和政治秩序建构时期,斗争的对象也将从硝烟弥漫战争对垒的双方扩展到了和平时期的全社会层面上。毛泽东指出,形成这一延展的依据是帝国主义及其反动派对于他们的失败绝对不会甘心,他们必然要挣扎,要捣乱破坏,要企图复辟。所以“我们务必不要松懈自己的警惕性”。②

在执政党的领导层来看,延展以后的斗争范围较之革命战争时期要宽广得多,思想即意识形态领域成为一个重要的“战场”。如毛泽东所概括的,阶级斗争包括三个层面:无产阶级与资产阶级之间,各派政治力量之间,无产阶级与资产阶级在意识形态方面。这样的阶级斗争是长期的、曲折的,“有时甚至是很激烈的”。③再如刘少奇也认为:“在社会主义改造完成以后,社会主义和资本主义的立场、观点和方法之间的斗争,还会继续一个很长的时间。”④

在这样的认识基础上,斗争思维伴随着政治运动的推波助澜而一发不可收拾,终于汇聚成几个著名的口号:“阶级斗争要年年讲,月月讲,天天讲。”“与天斗,与地斗,与人斗,其乐无穷。”“阶级斗争,一抓就灵。”绝对化的斗争思维将斗争的时空无限扩展,蔓延遍及天地人,没有终结。

---

① 毛泽东:《在中国共产党第七届中央委员会第二次全体会议上的报告》(1949年3月5日),《毛泽东选集》(第四卷),人民出版社,1960年,第1428页。

② 毛泽东:《在中国人民政治协商会议第一届全体会议上的开幕词》(1949年9月21日),《人民日报》第一版,1949年9月22日。

③ 毛泽东:《关于正确处理人民内部矛盾的问题》(1957年2月27日),《毛泽东选集》(第五卷),人民出版社,1977年,第393~432页。

④ 刘少奇:《在中国共产党第八次全国代表大会上的政治报告》(1956年9月15日),《刘少奇选集》(下卷),人民出版社,1985年,第246页。

三是斗争目的的虚化。依照斗争哲学的思维逻辑，斗争的目的可以分为二层。其一是在敌我双方对垒之际，当然只能是克敌制胜，一斗到底，斗争思维的指向是胜利。其二是如果情况有所变化，或是斗争双方即矛盾的性质有所不同，这时，斗争思维的指向是团结。至少在理性认识上是这样的。毛泽东在讲述抗日统一战线问题的时候，明确地意识到了这一点。[①]在他的政治理念中，斗争和团结是相互关联的两个方面，不能截然分开。作为一种斗争的政策或策略，他讲得十分清楚，绝不是选择一方，否定另一方，“而是综合联合和斗争两个方面的政策”。[②]

在争取民族解放和建立政权的政治斗争中，这当然是十分高明的手段。对待不同的敌人，斗争的方式或手段是不一样的。对阶级敌人，要坚决打击；肉体上消灭，在思想上批判。在革命时期，武装斗争是主要形式。政权建立后，思想批判则成为基本手段。“但是，这种批判，应该是充分说理的，有分析的，有说服力的，而不应该是粗暴的、官僚主义的，或者是形而上学的、教条主义的”。[③]

“说理”和“有分析”意味着批判的理论性和理性特点；既然要“有说服力”，那么在论据方面，似乎也应该是严谨的。这种斗争的公式被诠释为：“团结—斗争—团结”。即从团结的愿望出发，通过斗争的方式，达到团结的目的。也就是说，至少在针对敌人的思想批判和对“人民内部矛盾”的斗争中，团结是斗争的目的。

然而斗争思维的“真理性验证”只能在社会政治的实践中体现，于是正如我们所看到的，政治运动伴随着20世纪50年代以前的整个革命过程。在20世纪50年代以后的社会发展中，政治运动此起彼伏，斗争思维的理性内涵在政治运动的惯常运作过程中被弱化，以至于翻转为非理性。关于这方面的依据，“史无前例的文化大革命”就是最典型的例证。在“继续革命”的名义下实现了全方位的社会动员，斗争的方式则是污辱、欺凌、暴力和消灭。斗争的对象不再区分“敌我”和“人民内部”，而是伴随着斗争的行进而不断推出各种

---

① 毛泽东：“在抗日统一战线时期中，斗争是团结的手段，团结是斗争的目的。以斗争求团结则团结存，以退让求团结则团结亡，这一真理，已经逐渐为党内同志们所了解。”《目前抗日统一战线中的策略问题》，《毛泽东选集》（第二卷），人民出版社，1991年，第745页。

② 毛泽东：《论政策》，《毛泽东选集》（第二卷），人民出版社，1991年，第763页。

③ 毛泽东：《在中国共产党全国宣传工作会议上的讲话》（1957年3月12日），《毛泽东选集》（第五卷），人民出版社，1977年，第417页。

名目的敌人。从“扫四旧”的“黑五类”到“党内走资本主义道路的当权派”“揪军内一小撮”“批林批孔”,等等,层出不穷。在这一运动过程中,“革命”作为理想性的憧憬,既是驱力也是目的。这一憧憬内含着的则是极力夸张的革命理想价值。正在这样的过程中,斗争的目的被还原成自身,实则是“为斗争而斗争”,结果是原本设定的理性目的被虚化。

综上,斗争思维由来已久,经由历史的淘选和积淀,亦经由了政治运动的一再加固和确认,进而在思维方式上形成了传统。上述三层特点在思维方式上表现为一种僵固的和绝对化的思维过程,逐渐衍化成为“大跃进政治思维定式”。

(二)“大跃进”政治思维定式的致思逻辑

一般而言,致思逻辑指的是形成思维的逻辑过程。作为一种公式化的僵固性思维,其致思逻辑是我们分析的要点。约略言之,大跃进政治思维定式的致思逻辑要点有三。

一是具有明确的政治价值目标,这个目标是当然的真理,无须论证,不容怀疑。这一思维要点具有典型的价值理性特征。一般是以宏大的政治目标为号召,以“实现”某一理想作为社会政治动员的口号。

中华人民共和国成立以来,在不同时期,往往伴随着政治运动会提出相应的理想性口号。典型者如1958年提出的“三面红旗”。即:总路线、“大跃进”、人民公社化运动。这些口号指明了阶段性的奋斗目标,合情合理,鼓舞人心,具有鲜明的正面激励效应。

然而正是在这样的具有真理性的价值目标面前,人们的思维停滞了,在真理的绝对权威面前,全社会集体失语,不假思索的诚恳的确信取代了疑问与思忖。也就是说,在价值理性无限张扬的态势下,人们只看动机,不计后果,不惜代价,不问是非。行为不再有什么选择性,人们只是一股脑儿地蜂拥而上。价值目标因无限提升和广泛颂扬而变得金光四射,令人眩目。“共产主义是天堂,人民公社是桥梁”,人们理应具有的理性思维正是在这些惊天动地的口号声中被遮蔽并且被湮没了,比类逻辑的思维特点得以尽情展现。

在如此强势的价值理想覆盖下,谎言不再羞耻,荒唐衍化奇迹。为此我们只要看看“大跃进”运动中放的那些亩产数万斤乃至十几万斤的“卫星”,

就可以洞然。①

二是确信认识主体的绝对化主导地位，思维过程具有极度强势的主观性。“大跃进”政治思维定式的致思逻辑具有简化和跳跃性的特征，本质上排斥严密论证。在思维过程中表现为认识主体的极度张扬。在强势的主观性面前，客观事实是可以忽略不计的。

执政党基于历史唯物论而相信“人定胜天”，“人民是创造历史的动力”；又基于革命时期依靠人民群众和一整套政治思想工作而取得的军事及政治成功的经验，于是，在思维的过程中，基于理性认识与实践经验相结合的绝对自信而将人的主体地位及其主观能动力量发挥到了极致。这种状况在1958年的“大跃进”运动中有着充分的表现，一般谓之“浮夸风”。

浮夸的基本含义是虚假夸张、不切实际、自吹自擂。而“浮夸风”内含的批评指向不过是一种态度或方式，似乎并没有涉及问题的深层症结。事实上，“人定胜天”的认识自古就有，先秦儒家学派的集大成者荀子就不认为天是神灵，而是把天视为可知晓和可操作的对象。②与这种理性认识相伴随的是先秦时代的人性觉醒过程和中国先民“群体主体意识”的张扬，以及关于人的社会主体地位的反思，由此而形成了中国传统儒家文化的一个最积极和正面的观点：“天地之性人为贵”。这里涵容着人与自然世界在理念上的剥离而达成的人类群体对于自身的社会政治主体定位的确认。人的主体性的自觉为中华传统文明的创建和延传提供了认识基础与主观推力。

可是如若将人的主体性极度夸大，认为人的精神和主观能力是无所不能的，这在认识上实际已经溢出了“浮夸”本身，其内含着的是如同崇拜、迷信天命神灵一样的，对于人自身的迷信。这是精神上的自我崇拜和自我神话。与迷信天命相较，其崇拜的对象有所不同，但是在思维方式和迷信的特质上别无二致。

因之，“人有多大胆，地有多大产”当然是虚假和夸张，但这不只是方式或方法的不当，也不是由于“高指标，瞎指挥”而造成的决策失误——这些无非是我们所能看到的事情的表象。我以为，这类口号体现的正是“‘大跃进’

---

① 1958年10月1日《天津日报》报道，天津东郊新立村水稻试验田，亩产12万斤，并称在田间的稻谷上可以坐人，让群众参观。10月8日、10日，《天津日报》分别报道天津市双林农场“试验田”，亩产稻谷126339斤的特大消息，一时轰动全国。最著名的是河北徐水县，其高产“卫星”是一亩地产山药120万斤、小麦12万斤、皮棉5000斤、全县粮食亩产2000斤。号称一年收获粮食12亿斤。因而闻名全国。

② 《荀子·天论》：“大天而思之，孰与物畜而制之！”

政治思维定式”引导下的非理性极端狂热，其深层症结则是主观意志的极端化所导致的社会性整体迷信与理直气壮的集体行为失常。

迷信者，盲目信仰、崇拜，深信不疑。迷信的全民化或曰民族化会导致排山倒海般的社会运动，其激发的震荡和冲击力除非亲身经历，否则简直难以想象。人类的社会政治实践证明，任何形式的主观意志的极端化、思维的强势主观性、大众集体性迷信和狂热所付出的社会和政治代价都是巨大的。

三是肯认“行为方式与过程”的绝对一致性，不能容忍例外，不容许任何异样的行为选择。

在价值理想目标的绝对正确和主观认定绝对合理的状况下，一般社会成员形成了典型的“同质化的大众”，“他们压垮并摧毁每一个反对派……他们并不想与那些异己阵营中的人共享生活，他们极度仇视、憎恨非我族类者”。[①]“大跃进”政治思维定式正是这样。

在这一思维定式的框架里，人们的行为选择具有高度的一致性，不能容忍异见和异行。对于任何形式任何程度的怀疑、异议或是游离、退出的态度与行为，都会被认定是背叛。而对待背叛的思想和行为，当然只有一种方法，就是坚决彻底地否定和消灭。作为“大跃进”政治思维定式理念概源的斗争哲学在这里得到了充分的体现。与“天、地、人”进行斗争的自豪感融入了人们的意识与心态，在一定条件下会得到更为巨大的爆发，由此导致的社会冲击与破坏更为严重。

当然，依照辩证唯物论的认知，极端化的事物最终会走向自己的反面，历史展现给我们的是随之而来的“拨乱反正”“解放思想”和改革开放的巨大成就。兹有目共睹，亦毋需赘言。

(三)“大跃进”政治思维定式的流弊与反思

政治文化的发展与实际社会政治运作有着密切的关联，同时也有明显的差异。社会变迁和政治变革会促成社会政治体制与制度的改变，在社会结构、政治权力的组织与运作形式、以及生活方式等方面都会出现极大的改观。与之相应，在政治意识、政治价值观念、政治心态和信仰等政治文化层面上，有时却没有明显的变化。也就是说，政治文化与实际政治运作常常不同步，有时超前，也会滞后。“大跃进”政治思维定式的流弊正是这样一种状况。

---

① ［西班牙］奥尔特加·加塞特著:《大众的反叛》，刘训练等译，吉林人民出版社，2004年，第71页。

20世纪80年代改革开放以后,邓小平意识到了思想滞后的危害。他说:

> 多少年来我们吃了一个大亏,社会主义改造基本完成了,还是"以阶级斗争为纲",忽视发展生产力。"文化大革命"更走到了极端……不彻底纠正"左"的错误,坚决转移工作重点,就不会有今天的好形势。①

邓小平对我们吃的这个"大亏"的警惕和对于"以阶级斗争为纲"的批判与反省,表明了他对于政治上的激进主义和理论上绝对化简单化的危害是有所觉察的。同时对于"大跃进"运动的集体迷信狂热与排斥异见,他也有所认识。1980 年,邓小平在谈到"大跃进"的责任问题时曾经说过:

> 毛泽东同志头脑发热,我们不发热?刘少奇同志、周恩来同志和我都没有反对,陈云同志没有说话。在这些问题上要公正,不要造成一种印象,别的人都正确,只有一个人犯错误。这不符合事实。②

事实上,"大跃进"作为一场轰然壮烈的政治运动已经成为历史,留给后人的教训在理论上或理性上都已经有所反思与剖析。然而正如邓小平的警觉,贯穿这场运动的"大跃进政治思维定式"却没有自动消失,反而以各种各样的形式仍然存留在国人的头脑中,遗留在当代中国政治文化的土壤里,并且时时有所表现和发作。其流弊要之有二。

其一,强化了思想理论及认识上的教条主义。当代中国政治意识形态的教条主义思维的形成是一个复杂的过程。毋庸置疑的是,大跃进政治思维定式的达成和强化,使得教条主义进一步加固和世俗化,成为一种遍在的思维特点。简言之,由于"大跃进"政治思维定式的强势主观性,在公式化致思逻辑的固化作用下,实际形成了一种不以人们的主观意志为转移的客观化了的控制力,形成了"思想和行为的强制机制"。在这一思维定式的控制下,人的意志和思想被僵固成认识公式,结果是导致了教条主义思维的极度泛化。凡是在理论上被认定是真理者,就必然和永远是真理,不容思考和再认识,

① 邓小平:《在中国共产党全国代表会议上的讲话》(1985年9月23日),《邓小平文选》(第三卷),人民出版社,1993年,第141页。

② 施亚利:《朱德与大跃进》,《党史文苑》,2006年第11期。资料来源:http://wyh169.blog.hexun.com/7532657_d.html。

更不许质疑和修改。这样一来,历史唯物论和辩证唯物论就再难逃脱被僵固化为意识形态理论教条的命运。

基于“大跃进”政治思维定式而强化的教条主义不只表现为“马教条”。20世纪80年代改革开放以后,当代西学涌入中土。在“与国际接轨”的口号引领下,为数不少学成归来的“洋博士”们言必称希腊。他们大体上没有什么国学的功底,也不能洞悉中国国情,主观上只是将其他发达国家在积累了数百年的文化经济政治土壤上生成的成功经验和理论搬到中国来。在他们看来,只要是西方学者的观点,就一定是真理;既然是真理,就容不得怀疑。这实在是一种“洋教条”。再加上他们对中国的无知,以致会出现“门修斯”这样的学界笑谈。“洋教条”的致思逻辑与大跃进政治思维定式如出一辙。

其二,社会性的假话空话仍旧存在。在价值理性思维惯性的推动下,有时会出现罔顾实际生态条件与状况而弄虚作假的现象。假话空话的现象其实并非鲜见。同时,“大跃进”政治思维定式的迷信与狂热,在近40年来仍然有所表露。例如20世纪80年代的特异功能和气功狂热,恰恰是在高知界及某些势力的推动下,一时风行全国。至如主观意志的无限夸张、虚报等现象依然大量存在。在政治行为上“一哄而起”“一拥而上”的场景还不时出现。个别劳民伤财的“政绩工程”在相当程度上正是“大跃进”政治思维定式的当代展示。

然而,如何走出“大跃进”政治思维定式?我以为当以“宽容”取代“斗争”[①],以多元、共赢、共存、调节、协调、改革与和谐来书写我们的当代史,走出政治激进主义和斗争哲学的缠绕,以宽容理念整合当代中国政治文化,我们的现代化建设才会绕开荆棘,步入坦途。

---

① 请参阅葛荃:《中国化的宽容与和谐——从传统到当代的政治文化整合》,《华侨大学学报》,2006年第4期。

第十五讲　传统中国的公共性探析

有专家提出，真正的思想家就像列宁说的启蒙思想那样，他们都是真诚为国家、人民、天下来考虑政治问题的，否则就不能称其为思想家。在中国传统社会，思想家们也是一样，他们拥护君主统治，是因为当时不可能实行民主或其他更好的体制，只能是在现有的体制下让统治者能更好地治理国家。然而，在我的价值判断中，中国古代的政治思想家们，除了极个别，如道家杨朱、农家许行等，都是拥护君主政治和赞许君主专制的。他们的思想主张都是为统治者的利益服务的。那么，孔子、孟子等儒学宗师有没有可能为了人民和国家的利益来思考问题，以实现更为有效的国家治理呢？

一、传统中国的社会性认知与实践

如果从政治现象上看，除了思想家们提出的政治主张和理想，诸如德治、教化、仁政，等等，就连君主政治治下的国家政策和官府行为，如治理水患、赈济灾民、兴修水利、指导农桑、缉拿盗贼、修桥补路等，是不是也具有某种为了人民和国家的性质呢？

对于这样的思想和政治现象，我以为，可以通过社会性与公共性的比照予以辨析。也就是说，传统中国的政治思想与官府的政策选择及其政治行为，都会具有一定的社会性特征和表现，但，这类思想与行为并不具有现代社会意义上的思想与行为的公共性。因而，对于那些“为了国家、人民和天下而思考”传统政治思想及其政治行为的评估不宜过高。

在传统中国的君主政治时代，思想家的政治理念、政治主张或理论，往往含有某种程度的理想成分。如儒家经典《礼记·礼运》之“大同”说，如老聃向往的“小国寡民”，如韩非追求的“事在四方，要在中央，圣人执要，四方来效"式样的中央集权政体模式等。我们从中能清晰地看到,这些社会政治理想的表述一般均带有明显的政治指导性,其无非是思想家们为当下的统治者开出的一剂药方,其中恰恰体现了政治思想的"现世性"特点。当然在思想家的表述中也不乏抽象认知的成分,主要地表现为某种社会性关怀,体现着思想家们背负的社会责任和时代使命感。这种思绪特点即是中国传统政治思想的社会性而非公共性体现。

与之相应,地方官府作为分解的或曰分担的王权,具有缉捕盗贼、治理水患、赈济灾民等职责。这些并非如有些研究者认为的那样,是官员的政治权利。恰恰相反,作为官员分享的王权,只是表现为官员的政治责任、职权要求或是为臣的忠君义务,其间体现的无非也是国家即官府的社会性职能罢了。

从政治文化的视角看,以儒家思想为主体的中国传统政治思想与政治文化,及其相应的统治集团的政策与政治行为,其内含的核心政治理念是"治国、平天下",其依据的政治价值准则是"君权至上"。他们在政策选择上不乏德治仁政教化的呼吁,虽说归根到底是为了执掌公权力的特殊政治利益集团的根本利益,亦即为了一代王朝的万世一系而恤民、安民。但这里面也确乎体现了某种程度的社会性。换言之,儒家思想家们的社会性思想表达,无非是私有化的君主政治为了"维护稳定"亦即维系政权的稳固而做出的政策选择和行为选择,与构成现代社会政治理念的公共性相距遥远。前面提出的中国传统政治思想家"真诚为国家、人民、天下来考虑政治问题"所指称的政治目标之中并不内含现代意义上的公共性。

进而言之,传统政治思想家的政治主张和政策选择里面也确乎观照到某些民众利益,其表现形式及其效果都是指向黎民众庶的。这并不奇怪,因为儒家思想家们早就懂得了"得乎丘民而为天子"的道理。他们深知"得道多助,失道寡助"。多助之至,天下顺之,寡助之至,亲戚叛之。得到民的拥戴是获取天下拥有最高政治权力的必要条件。这些认识作为中国先民的政治智慧或政治理性,很值得后人敬佩和赞许,但也仅此而已。

在先秦儒家及至汉以后儒家们的"问题意识"中,他们最为关注的是统治者与被统治者的关系,以及如何才能够达成一代王朝的长治久安。正是围绕着这样的重大政治问题,自孔孟起始,一代代儒家思想家们持续探讨着终极答案。由此可知,儒家思想家观照黎民的终极目标和直接目的并非为了黎民众庶本身,虽说客观上并无不益,但儒家思想家们关注问题的焦点及其全部政治设计和主要政策选择是解决一代王朝的长期稳固。他们在思想表达和行为的表象上与现代政治的政治参与、意见表达和政治批评或有相像之处，但其价值构成和国家组织目标却全然相异。因之我们断言，从传统政治文化中没有办法生成现代意识或现代性认知。

对于这个问题的认知和判断涉及研究中国传统政治思想与政治文化的"方法论"问题——对于这一点，将放在最后讨论。

二、传统中国的社会性与现代公共性辨析

关于社会性与公共性，理论上并不容易说清楚。这类概念被不同学科广泛使用，鉴于论说和使用的场域、范围有异，往往产生歧义。本书是从政治哲学的一般意义上讲论这一问题的，为的是从这个视角出发，能够对中国传统社会的文化与政治作出相对合理的判断。

一般而言，"社会性"涵指人的存在状态。经典作家即断言人既有自然性也有社会性，"个人是社会存在物。因此，他的生命表现，即使不采取共同的，同其他人一起完成的生命表现这种直接形式，也是社会生活的表现和确证"[①]。另外像费尔巴哈即曾明确指出："孤立的、个别的人，不管是作为道德实体或作为思维实体，都未具备人的本质。人的本质只是包含在团体中，包含在人与人的统一之中。"[②]再者如德国法哲学家古斯塔夫·拉德布鲁赫也认为："根本不存在什么个别化的人，个人从其所有关系和特征上看都是社会化的人。"[③]

由此可以看出，所谓社会性指的是人的存在状况，人是群体的相互依赖地生存在一起的。正是经由这样的过程，构成了人的社会属性，同时也组成了人类社会。可以认为，人的社会性与人类社会本身一样古老和悠长。

公共性的概念，从西学源流看，当源自古希腊，可谓源远流长。作为一个社会科学概念，则具有明显的现代性。事实上，不同学科领域对于公共性的理解是不一样的。讲得比较集中的如公共行政学。乔治·弗雷德里克森可以视为西方公共行政学的领军人物，他所认定的"公共性"实是公共行政的根本属性，表现为广泛的公民参与和相对成熟的公民社会。从某种意义而言，公共行政视角下的公共性是在传统社会向着公民社会转型和进步的过程中

① 《马克思恩格斯全集》(第 42 卷)，人民出版社，1979 年，第 122 页。

② 路·费尔巴哈著：《费尔巴哈哲学著作选集》(上卷)，荣震华等译，商务印书馆，1984年，第185页。

③ [德]古斯塔夫·拉德布鲁赫著：《社会主义文化论》，米健译，法律出版社，2006年，第55页。

逐渐凸显出来的。

事实上,正如有研究者指出的那样,政治哲学意义上的"公共性讨论"是汉娜·阿伦特的首倡:"哲学意义上的'公共性'是阿伦特所揭示和赋予的,阿伦特需要对现代社会中出现的极权主义进行哲学思考,而'公共性'便是这一思考的结果"①。哈贝马斯继汉娜·阿伦特之后,对公共领域、私人领域等论题进一步丰富。在他们的视阈中,公共性是公共领域的属性即公共性原则,表现为公民个人即公众对于当下的政治权力、政治事务或涉及公众的任何问题的理性批判,表现为公众之间的平等对话,对于公共事务的广泛参与和意见表达,从而构成政治统治的合法性依据。

一般而言,在一个政治系统之内,政治统治一般都具有公共性——统治者执掌和行使的是国家权力即公共权力,所以有学者从政治学原理的视角指出:"政治管理是政治权力主体通过承担社会公共职能、实现社会公共利益来实现自身利益的途径和方式,因此,政治管理具有公共性的特征。"②这一判断是有道理的。不过中国具有特殊性。我以为,不能简单地认为中国仅仅是个国家或国度,而是要承认,中国是一种文明,她是延续至今的人类五大文明发祥地之一的久远而深厚的文明。中华文明古老而独特,"孤独而有之",在历史选定的自家轨迹上行进至今。现代学术研究已经表明,一些以西方社会和历史为经验的理论或规律性认识,并不适用于中国。③因之本文认为,这种特殊性的表现之一就是,在中国漫长的传统社会,其可能具有的政治层面的公共性主要地表现为社会性。

为此,需要做三层分析。

(一)价值内涵

社会性或公共性作为思想、理念和行为的规定性判断当然包含着作为其文化内涵的价值准则。从这个视角予以比照,此二者确有区分。

---

① 谭清华:《哲学语境中的公共性:概念、问题与理论》,《学海》,2013年第2期。

② 王浦劬:《政治学基础》,北京大学出版社,2006年,第137页。

③ 例如,考古学家严文明就认为,"母系—父系"社会曾经存在过,但并非普遍存在过。中国的仰韶文化并不是典型的母系社会,纳西族的母系社会不是"史前社会"。这就是说,中国可能没有经历过被奉为普遍规律的从母系社会到父系社会的发展过程。参见《"母系—父系"社会说经不起考古学实践检验》,《中国社会科学报》,2013年5月8日A04版。

1. 传统中国社会性

传统中国是权力私有的君主政治体制，呈现的历史走向是从上古三代相对松散的“天下共主”君主政治发展到以秦为开端的官僚制中央集权君主政治。在这样的政治体制下，以君主为首的特殊政治利益集团掌控全社会的所有资源，无论在政治理念上还是在实际社会政治生活中，君主理所当然地拥有天下和享用天下。官僚贵族集团附庸于王权，分享权力与利益。实际形成的“权贵阶层”作为社会精英，掌控着政治、经济和文化资源，成为社会的主宰和当然的统治者。在这样的社会政治条件下，政治文化的核心价值是“权力本位”亦即“官本位”。政治权力成为评价和判断是非善恶尊卑优劣的价值准则。以这样的价值准则为基准，社会性理念和行为实践的价值表现主要为两点，一是公，二是礼。也就是说，传统中国以权力为本位的社会政治体制，其社会性的价值体现的是“公”和“礼”。

关于“公”，传统政治文化有不同释义。[①]一是用以指称君主或国君一族[②]，这种指称的公不在本文讨论的主题之列。

二是用以指称社会一般标准，诸如法规、律法或其他行为规范等。例如《慎子·威德》说：“法制礼籍，所以立公义也。凡立公所以弃私也。”《韩非子·有度》：“古者世治之民，奉公法，废私术，专意一行，具以待任。”这里说的公，应该指的是政治的或法律的规定。

与这种认识相近，公又指称社会公认的事物一般标准。如《慎子·威德》言：“蓍龟所以立公识也，权衡所以立公正也，书契所以立公信也，度量所以立公审也。”这样的公是面向全社会的，成为人们的一般行为规范。人的行为能遵行公的标准，在道德理念上也就是达到了公正。也就是说，当公被视为社会政治的普遍行为标准的时候，公就具有了一般道德规范的意义，约束的对象是一般社会成员。[③]

基于上述意义的公，有时被称为“公法”，与君主之私相对。如汉末王符说：“夫国君之所以致治者公也，公法行则轨乱绝。佞臣之所以便身者私也，

① 参见葛荃：《公私观三境界析论》，《天津社会科学》，2003年第5期。该文与张长虹合著。

② 如《诗·周颂·臣工》：“嗟嗟臣工，敬尔在公。”毛亨传：“公，君也。”至迟在春秋时代，诸侯国的君主及君王一族通称为“公室”“公门”，与之相对，卿大夫等臣僚则称为“私家”。

③ 日本学者沟口雄三认为，先秦的公，有三层含义，一是公门、朝廷、官府；二是共同；三是平分、公平、公正。本文在这一点上的见解与之相类，略有不同。请参见（日）沟口雄三：《中国思想史における公と私》，载于《公と私の思想史》，东京大学出版会，2001年，第37页。

私术用则公法夺。”[①]司马光说：“爵禄者，天下之爵禄，非以厚人君之所喜也；刑罚者，天下之刑罚，非以快人君之所怒也。”[②]唐太宗李世民认可了这一点，认为“法者非朕一人之法，乃天下之法”[③]。这种意义上的公，显而易见是具有某种“公平”的含义的。

如果前述，既然传统政治文化中的“公”具有公正、公平的含义，那么其中是不是体现了某种公共性？抑或仍然是社会性的价值体现？

从现代政治学的角度看，基于政治权力主体的自身利益和政治系统内部利益分配，都需要设定相应的政治规范，并以此为基础在政治系统之内建构具有普遍权威意义的社会政治秩序。这就是说，在君主政治时代，君主及其权贵集团作为政治权力的主体，当然要建立符合其自身利益的政治规范，并以此为基准建构统治秩序。于是正如我们所看到的，所谓公或公法体现的普遍权威意义，正是维护符合政治权力主体之根本利益的秩序诉求。兹所谓：“私不去则公道亡。公道亡则礼教无所立，礼教无所立则刑罚不用情。刑罚不用情而下从之者，未之有也。”[④]很明显，在这里，“公道”的作用对象是全社会所有成员。

以儒家为主体的传统政治文化在价值理念上认可人的群体性，荀子的论述最为典型。他说：“(人)力不若牛，走不若马，而牛马为用，何也？曰：人能群，彼不能群也。人何以能群？曰：分。分何以能行？曰：义。故义以分则和，和则一，一则多力，多力则强，强则胜物。”荀子认为，群居是人得以形成人类社会并得以生存的必要条件：“故人生不能无群，群而无分则争，争则乱，乱则离，离则弱，弱则不能胜物。”

不过人的这种属性是当人作为被统治者的存在才有是意义的。因为在荀子看来，“君者，善群也”。君主是社会的主宰，有能力统领人类社会，故而谓之“善群”。前述公或公法。正是君主“善群”的治道体现。所以荀子又说：“群道当，则万物皆得其宜，六畜皆得其长，群生皆得其命。故养长时，则六畜育；杀生时，则草木殖；政令时，则百姓一，贤良服。”[⑤]通过这段表述，我们可以认定，在荀子的政治理念中，“公道”所面对的全社会所有成员之中，唯有

---

① 《潜夫论·潜叹》。

② 《司马温公文集·言为治所先上殿札子》。

③ 《贞观政要·公平》。

④ 《傅子·问政篇》。

⑤ 以上引文均见《荀子·王制》。

君主是例外！

由此可知，为天下臣民设立规则，视为公道，以维护统治集团的整体利益。这里体现的正是君主政治统治内涵的社会性而非公共性。换言之，公是传统社会的文化精英与政治精英站在君主政治的立场上，以调整统治与被统治关系为根本问题，以君主统治集团的整体利益和根本利益为标的，而倡导的一种政治道德规范。儒家思想家们考虑的是如何形成社会政治秩序与形成什么样的秩序问题。其中，否定的是具体的个别君主的个人之私，维护和坚持的是政治权力主体的全部利益！其内涵的价值表达是以特殊政治利益集团的整体利益作为标定、衡量的唯一尺度，其中从来就没有对于一般社会成员利益或权益诉求的认定。显而易见，这里与现代公共性无干。

关于礼，从周公"制礼做乐"，到孔子提倡礼治，礼的根本规定没有什么变化，始终是作为身份等级原则被人们认知和践行的。不过，先秦以来儒家思想家在讲论礼的时候，其身份等级的涵盖范围不断扩展。孔子说的"君君，臣臣，父父，子子"，等级关系主要是政治与家庭（族）关系。到了战国晚期，荀子的表述就有所扩大。他讲论"礼之别"说："贵贱有等，长幼有差，贫富轻重皆有称者也。"[①]将身份等级关系扩展到社会财富占有和商贸经济领域。

到了西汉，贾谊认为礼是治国之本[②]，体现着事物之理，"故仁人行其礼，则天下安而万理得矣"。同时，礼又是道德、风俗和日常行为的标准与规范。他说："道德仁义，非礼不成；教训正俗，非礼不备；分争辩讼，非礼不决；君臣、上下、父子、兄弟，非礼不定"[③]。贾谊认为，礼的功能是"别贵贱，明尊卑"。这种功能需要通过"名号""等级""势力""衣服""号令"等具体规定来体现和保证。所谓贵贱上下各有规定，不得混淆。"高下异，则名号异"[④]，人的社会存在表现为鲜明的身份等级差别，这些差别要在权力、事势、旗章、符瑞、礼宠、秩序、冠履、衣带、环佩、车马、妻妾、宫室、床席、器皿、饮食、祭祀、死丧等方面都有表现。身份等级的标志化和符号化，贾谊将孔儒以来的身份等级原则发挥到了极致。

传统政治文化认为，遵守礼（即身份等级原则）是人最重要的道德之一，

---

① 《荀子·礼论》。

② 《新书·礼》："礼者，所以固国家，定社稷，使君无失其民者也，主主臣臣，礼之正也；威德在君，礼之分也；尊卑大小，强弱有位，礼之数也。"

③ 《新书·礼》。

④ 《新书·服疑》。

因为礼义道德是人的本质规定，遵礼则是人自身本性的回归。诚如《礼记·冠义》所言："凡人之所以为人者，礼义也。"荀子也说："水火有气而无生，草木有生而无知，禽兽有知而无义，人有气、有生、有知，亦且有义，故最为天下贵也。"[①]传统政治文化以荀子之论为典型，肯认了人的社会存在群体价值，"天地之性人为贵"。然后，把弥散到全社会并且制度化符号化了的礼作为人的本质规定。这样一来，礼所内涵的身份等级就注入了人的精神、心理和生活方式。礼的规定造就的是有序政治，"夫礼者禁于将然之前"，能有效防范动乱，事关"纲纪"、国之大体，故最为统治者们所重视。儒家礼的思想为君主政治提供了"理性秩序的普遍法则"，着重点在规范人的社会存在形式和行为规范，这恰恰是其社会性的价值体现。

鉴于中国传统社会家族和宗法制的实际存在状况，人的社会政治存在必然要依附和固着于某种关系，因而，参照汉娜·阿伦特的论断，以公和礼作为基本价值依据的社会性体现实际展示的是家族本位的私领域状态。

2. 现代公共性

如前所述，本书是从政治哲学意义上探讨这个问题。有关公共性的思想出现很早，可以追溯到古希腊的雅典城邦国家。不过作为政治哲学的话题予以探讨则是相对晚近的事情。

1958年，汉娜·阿伦特出版了《人的境况》一书。[②]她从劳动、工作、行动的辨析出发，提出私人领域、公共领域（政治领域）和社会领域的划分，认为"社会领域"是一个特殊的"存在于政治生活和私人生活之间的雌雄同体的领域"。不过，汉娜·阿伦特关于公共领域和政治领域的讲论没能更好地发挥，虽说她关于公共性的理念是很清楚的。

嗣后，哈贝马斯重新界定社会政治领域，他对于公共领域的解释很明确。哈贝马斯认为，公共领域是市民社会和国家之间进行调节的一个领域，具有开放性，公民自愿介入，就有关一般利益问题进行批判性的公共讨论，由此形成公共意见（public opinion），以监督国家权力，影响国家公共政策。哈氏认定的公共领域实际是一个对于公共事务进行平等讨论的社会空间。在他的设计中，政治是其中的一个层面，当公众的讨论涉及政治问题亦即国家政治操作问题时，即被称为政治的公共领域。国家权力并不是公共领域的组

---

① 《荀子·王制》。

② *The Human Condition*，德文版名为《积极生活》（*Vita Activa*）。

成部分，而是与公共领域相对的政治存在。

可见，现代公共性的价值内涵是公平与正义，这种公共性的认定是“以权利为本位”的。通过阿伦特和哈贝马斯关于公共领域的讲论，我们可以清晰地认识到公共性的内涵。构成公共性的基本社会政治条件是日渐成熟的公民社会，一般社会成员的政治参与、利益诉求、政治批评等公民权利受到法律的绝对保护，公民的人格和尊严得到法律的绝对维护，基于这样的条件而介入社会政治生活，影响国家政策，在这样的过程中实际兑现公平与正义，这时，方才构成本文认定的公共性体现。

哈贝马斯意义上的公共领域则是现代公共性的场域展现。

（二）关注的问题与国家组织目标

如果前述立论得以成立，那么这个层面的问题就是比较清楚的了。

1. 传统中国社会性

国家即政府的政策与行为选择当然都是有其关注的核心问题与特定目的的。在传统中国，国家即官府的社会性表达背后关注的焦点问题是达成稳定的社会政治秩序，设定的组织目标则是维护统治集团亦即以君主为首的特殊政治利益集团的根本政治利益。

如果我们将这种社会性的目标表达分为理论和实践两个层面，那么理论层面也包含有思想家们放眼于社会整体的社会政治理想表述，如前引“大同社会”“博施于民而能济众”等。这类认识诚如孔子的忠恕之道，具有某种游离于王权社会之外的抽象意味。体现着思想家的超越性认知与思虑，但也仅此而已。

政治思想的特质是操作性，理想表达一旦付诸社会政治实践，政治目的即十分明确。无论大同、小康，还是民本、仁政，无非是要解决统治与被统治的冲突或对立，为了调节和维系社会各个阶层和利益集团的相互关系，实则成为“平天下”亦即延续某家天下万世一系的策略或手段。正像孔儒所言，“大道既隐，天下为家”，“未有不谨于礼者也”①。

社会性表达的国家政策和官府行为，表象上是面向黎民众庶的。但是，由于这种社会性表达内涵的组织规定是极度的权力私化，因而国家政策与官府行为必然受到组织目标的牵引而偏斜，以至在相当程度上转化为权贵

① 《礼记·礼运》。

们用以分割和享用资源的政策手段，黎民众庶反而成了被剥夺和受损害的一方。于是，一方面是汉以后历朝都有循吏良臣站出来呼吁实施重民、德治、仁政、轻徭薄赋，也能看到个别不怕死的清官为民请命；另一方面，则是层出不穷的官商勾结，欺压百姓，卖官鬻爵，草菅人命，胡作非为，倒行逆施。最终是官逼民反，社会陷入剧烈振荡。

2. 现代公共性

如前所析，现代公共性的展现是以日渐成熟的公民社会作为其既定场域的，基于这样的条件，国家政策和政府行为背后关注的焦点问题是公民权利的实现与人的幸福指数，其设定的组织目标只能是约束权力，保护权利，即维系并兑现每一个公民亦即每一个社会成员的权益，提升生活幸福指数，达成社会理想状态。

人类社会的文明史可以告诉我们，迄今为止，还没有一个国家能够达到这样的理想状态，不过确乎有国家和公众在向着这个方向努力。限制国家权力，保护公民权利，这是实现理想社会状态的通途。当国家的问题交集不是为了维护那些占有大量资源与财富的少数权贵们的利益，不是为了保护以获取权力占有财富剥夺公众为其存在方式的特殊政治利益集团的利益，于是无论在理论上还是在社会实践中，政治权力都必将得到有效制约，公众权利也当然能够得到实际保障，罪恶和暴行得以遏止，公平与正义得以兑现，追求幸福成为人们的生活方式。这时，公共性的价值内涵就会在实际社会政治生活中体现出来，可望可及。

（三）操作方式亦即实现路径

既然社会性问题涉及国家政策与官府行为，那也就必然会论及操作方式问题。作为社会性或公共性的社会承载，其操作方式亦即实现路径也是大相径庭的。

1. 传统中国社会性

传统中国君主政治条件下，政治操作方式可以归为典型的“统治行政”。就是通过行政手段实现对全国的治理，实现政治统治。由于传统社会行政手段的低水平和低效率，中国古代的统治者遂利用儒家思想，利用上升为国家政治意识形态的儒家思想培育出士人阶层，将儒家思想与文化覆盖到全社会，用以教化民众，掌控精神，规范行为。这一“强化思想控制”的特点使得传统中国的君主政治具有了汉娜·阿伦特笔下“极权主义”政治的特征。

有反对者指出，中国古代社会有着成熟的法治思想、法典与法律体系，从中央到地方的官府也都具备实施法治的建制与功能，而且积累了丰富的判例。但我以为，中国从来不存在现代法治国家意义上的法治思想与法治功能。

先秦法家的鼎盛时期，法家理论成为统治者政治实践的指导，变法和富国强兵一时成为战国诸雄的政治主题。秦的统一也可以视为法家学派在百家争鸣中的最终胜利。不过，我们从中国历史上第一部成文法的篇名[①]就可以看出，法律在中国，从其起始就是作为统治者的统治手段，法律是权力的附庸。法制的权威性取决于行使法律的人，而非法制本身。中国传统社会的治理方式是人治，所谓人在政举，人亡政息。21世纪的中国，法治状况较之传统社会当然变化巨大，但是，作为传统政治文化遗存的人治影响似乎也不能小觑。近年来，有诸多案例可以令世人真切地感觉到权力、特权与法律权威的冲突与胶着，但这恰恰是社会发展行进中的步履铿锵。达成现代法治社会我们还有曲折的路要走，因之，就当下实际状况而言，行政手段仍然是达成社会性政策覆盖的基本路径。

2. 现代公共性

与传统中国相反，现代公民社会达成的前提就是法治。实际过程则是法治的实现与公民社会的成长相伴行。如果说现代公民社会以法治为基础，那么宪法是现代法制的根基。亚里士多德早就指出："法治应包含两重意义：已成立的法律获得普遍的服从，而大家所服从的法律又应该本身是制订得良好的法律。"[②]这就是说，宪法本身应该是"制定得良好的法律"，不仅是政治文件，更是法律文件，进入法治程序，形成以宪法为基础的法制体系，以此树立的法治权威具有绝对意义，以"获得普遍的服从"作为社会管理的重要出发点。

宪法的绝对权威性是公共性政策实施与行为选择的保障，"违宪诉讼"则是维护公平与正义的最后屏障。简言之，现代公共性的操作方式即路径承载是实际有效的法治。

综上，两个层次的分析表明，中国传统社会的社会性政策与行为没有改变有关的政治评估和对于传统政治思想的价值判断。那么，需要我们进一步思考的是，传统中国难道没有任何公共性的表达吗？中国古代社会是否存在着公共领域呢？为此则需要对中国社会状况做进一步考察。

① 《法经》，篇名有六：盗法、贼法、捕法、囚法、具法、杂法。

② ［古希腊］亚里士多德：《政治学》，北京商务印书馆，1965年，第199页。

三、传统中国社会领域三层次说

基于对中国传统社会及其当代转型与发展的思考，中国人的“社会存在”可以划分为三个领域：私人领域、社会领域和政治领域。私人领域是个人私自生活、家庭生活的领域；社会领域是人们私领域之外的社会生活范围，包括社会行为、活动、市场和对于公共事务的议论（譬如网络）；政治领域是政治权力系统覆盖的区域，包括执掌和行使政治权力的人，及其行使权力涉及和覆盖的区域范围。

这一理论预设参照了汉娜·阿伦特及哈贝马斯关于公私领域的表述，却又与他们不同。

本书主要是基于中国政治文化的视角而做出这样的解读或预设。

先订正两个事实。

一是，中国传统政治文化的延续从上古三代直至今日，其间没有中断过。因此，在传统社会君主政治时代长期积淀形成的政治文化的全部内涵，经由历史的淘选，绵延到当代。其内涵的政治价值系统、政治认知与理念、政治观念与意识、政治心态与政治信仰等，对于当代中国社会转型与政治发展仍然有着深刻的影响。

二是，由于上述状况，中国当代社会转型与发展，以及国家与社会的关系，亦呈现出与其他民族不同的状态，特别是与我们借鉴为真知的欧美社会有着巨大的差异。事实上，一个民族成功的经验，植入另外一个民族常常并不适用，如若拿到中国来，则往往变形。于是本文坚持认为，讨论中国当下的所有社会政治问题，不能脱离“中国特色”——亦即需要放在中国传统政治文化延续至今的“语境”下考量。

基于上述的判断，我之所以提出私人、社会和政治三领域的划分，是出于下面的思路：

其一，在传统中国，官僚制中央集权君主政治成功地实施了长期统治，王权始终处于强势，政治领域基本覆盖了社会领域和私人领域，臣民社会所有成员与资源全面受到王权的宰制。吾泽华师提出的权力支配社会，所谓王权主义的概括，指的就是这种状况。[①]在王权主义的掌控下，这三个领域之间

---

① 参见李振宏：《中国政治思想史研究中的王权主义学派》，《文史哲》，2013年第4期。

没有边界与界说，王权及其制度化的官府权力可以任意伸延到任何领域。也就是说，在王权覆盖的政治之茧中，基本没有隐私，也没有公共性的言说与选择。

其二，在传统中国，宗法制的长期存在并延续，个人的实际社会存在是被网罗在各种“关系”中，表现为种种身份。因而在传统社会，事实是个人被包容在以血缘关系为纽带家族（庭）中，从社会政治意识的层面看，传统中国没有个人的位置。[①]私人领域呈现为家族化与集团化的特点，十分明显。

这种性质的“（家族）私领域”与“（王权垄断）政治领域”之间的关系颇吊诡。一方面，王权覆盖社会，家族地方集团势力并没有安全感，会轻易或经常受到王权及其延伸势力的压制和剥夺。另一方面，地方家族集团势力凭借各种途径介入体制，分享权力并分割资源与利益。虽然，儒家设计的最佳生涯规划“修齐治平”的阶段性步骤分布挺分明，然而在实际社会政治生活中，却是家国一体，公私混淆难辨。从而在政治意识上形成了“家国一体”的政治理念，促成了传统中国特有的豪族政治文化。[②]于是历史便呈现出这样的景象：在传统中国，地方豪强要“交通王侯”，巨商大贾要做“红顶商人”，文人不能入仕，则抱憾终生，以至有以“终南”为捷径者。家族化的私领域是传统中国的特色之一，与现代社会意义上的私人领域不可同日而语。

其三，传统中国的社会领域是人们聚集和交往的空间，诚如汉娜·阿伦特的叙说，在这一领域中人们之间是以生产、经营为纽带形成的相互关系，本质上仍然是一种私人活动，这里面不包含公共性。

综上，传统政治文化给出的政治理念是天人合一、家国一体。王权的绝对化并不体现为没有社会生活和人们的家庭私生活，而是说王权对于其治下的国土、臣民和财富，可以随意占有与剥夺。而且，在理论上、观念中和实际操作中，这种权力不受有效制约。

这就是说，传统中国的政治领域极为强势，社会领域与私人领域主要处于政治领域的覆盖和掌控之下。政治领域与私人领域、社会领域与私人领域处于某种“叠加状态”，边界含混，常常难以区分。这种状况及其近代以来的延续发展，直接影响着当代中国。

---

① 请参见葛荃与刘泽华教授的早期文章：《论儒家文化的“人”》，《社会科学战线》，1988年第1期。

② 中国传统社会基本没有欧洲意义上的贵族政治和贵族文化，有的只是豪族政治和权贵文化。这个问题说来话长，当另著文矣。

四、转型中国对传统政治文化的承续

1949年以后，共和制国家体制的特点是中央集权和计划经济，表现为政治对社会的整体覆盖。在革命理想的号召引领下，通过此起彼伏的政治运动，执政党把政治对社会的掌控伸延的城乡各地，直至深山老林、穷乡僻壤。进入21世纪出版的两部著作《单位中国》和《口号中国》[①]大体上能描述这一时期的社会与政治特点。

从政治文化的视角看，这种状况倒是比较简单，无非是传统格局的现代延续，虽说政治体制、社会组织和生产方式都发生了相应的变化。在这种情况下，社会领域和私人领域均受到政治的挤压甚或吞没。十年"文革"几达登峰造极。[②]

20世纪80年代改革开放，逻辑上是1860年以来中国近代化的继续。

以1860年的洋务运动为标志，中国开启了近代化的帷幕。域外文化的东渐，启发了先进人士对社会政治的重新解读。办报纸杂志、新学堂、政治结社组织、乃至走出家庭羁绊和婚姻束缚的女人，等等，都是这种解读的展现。1915年的新文化运动则是精英阶层对于传统政治文化的反思。总的来说，这一反思过程短暂、范围狭窄，程度不深。不过，我们也应该看到，从19世纪60年代到20世纪40年代末，伴随着启蒙与救亡的双重变奏，一般社会成员的个体人格、主体意识、政治参与意识与行为选择等都有所变化，可以视为私人领域与公共领域试图蜕出政治之茧的努力尝试。当然，从某种意义上看，这种尝试仍然局限在社会精英的层面。

20世纪80年代以降的改革开放继续着百多年前的社会政治诉求。伴随的市场经济的艰难成长、全球化过程的逐渐逼近、计划经济的有计划退却、社会流动的加剧，政治对全社会的覆盖有所松动。从政治文化的层面看，私人领域的蜕出有所展现，公共领域的蜕出则举步维艰，主体上仍然表现为"社会领域"。

在这种状况下，国家与社会胶着而不清，私人领域中的精英层面与政治

---

① 刘建军著：《单位中国》，天津人民出版社，2000年；纪陶然著：《口号中国》，经济日报出版社，2008年。

② 典型案例见：《一名红卫兵的忏悔：举报母亲"反革命"致其被枪决》，http://shehui.daqi.com/article/3487086_1.html（2013年8月7日阅读）。

领域内涵的权力和资源行进了三十年的重新整合，逐渐蜕变成为新的利益集团或曰阶层。这一整合的全过程,以及其权力、利益、资源、财富的交换、占有、攫取与重新分配,从政治文化的视角看,在政治实质上并没有走出传统社会的基本定位及其规定性。

于是,正如我们看到的,当代中国政治领域的持续强势,私人领域的分化与畸形发展(所谓分化是说,一般社会成员——尤其是社会下层成员还没有形成普遍的"私权意识",对于公民权益、纳税人权利与义务的自觉等等基本处于朦胧状态。然而另一方面,精英阶层却利用特权极力扩张个人利益,他们不是基于公民或公众的意义上讲论私人权益，而是竭力将私人权益介入体制,以分享政治资源和社会资源,实现重新分配与占有。这种状况可以视为当代社会"家国一体化"的畸形发展。此议题不小,待我著文再论。),公共领域则依然羸弱不堪。公共领域的极度羸弱和私人领域的畸形发展,导致社会成熟程度极弱,社会自组织能力极度欠缺。公民参与、公共意见、NGO组织和社区自治大都存活在硕、博生们的学位论文中,或是成为茶余饭后侃大山的某些话题。

那么怎样才能促成公共领域的成长和私人领域的合理发展？愚以为以下三点至关重要。一是期待私人领域的成熟。公民、纳税人、公众意识的明晰与普遍化,全社会公共参与的强化与政治文明程度的提升。二是期望政治讨论和政治批评作为公民权利的实际兑现,人们得以畅所欲言,其言说不再伴随着思想犯罪的恐惧。以此为基础形成公共领域,社会场所和所有公共空间的公共化。三是企望有效制约公共权力。政治权力从殿堂、官府走进囚笼。问题的关键是,由谁来掌控笼子的钥匙？这关涉到权力制约的真实性和有效性。

五、作为中国政治思想与政治文化研究的方法论意义

关于社会性与公共性的辨析，以及社会领域三层次的判断是本文作者作为认识主体,站在当下反思传统,体现了研究中国政治思想与政治文化的基本立场:反思传统是为了解读当下,对当代中国社会政治的关注是我们形成问题意识的着眼点。

为此需要深刻认识中国社会和中国人，需要对中国传统的政治思想与政治文化做出判断。在认知和判断的过程中,就涉及方法论的问题。

简言之,本讲的方法论体验有如下三点：

(一)历史认知与历史感

中国政治思想史和中国政治文化的学科归属不应是历史学，而是归属于政治学。这种学科归属的混乱源于1952年的院系调整,这里不赘言。[①]我的意思是说,研究中国政治思想与政治文化,首先要运用政治学理论作为方法论,同时,研究者需要具有历史认知能力,具备历史感,以确切把握传统中国的社会政治实际状况。这里说的"历史感"指的是认识主体对人类历史进程内涵的文明、丑恶、荣誉和罪恶的感知程度,是当下的个体生命对逝去的生命的对话与交融，是在领悟当下的同时感受那古往今来厚重而又绚丽的日月千年。

具体来说,作为方法论感知的历史感,体现为我们考察思想的历史所使用的概念和命题,都是所谓"历史概念"。任何一种当下的社会政治现象,都有其深远的历史渊源。能够从人类社会的文化积淀中追根溯源,能够在追逐历史脚步的因循中,把握当下的脉搏和关节点,这是视野,是胸怀,也是智慧,借此而造就或促成认识主体的睿智与洞见。

历史感的缺失,往往令认识主体逡巡于表象,就现象说问题,结果难免浅显。历史感是思想研究的必须凭借,不可或缺。

(二)主观投射与主观投射过度

平心而论,在我们面对传统,陈述以往的时候,不论是事实辨析还是价值判断,都必然含有认识主体的认识主观性。这里面也有所区分:一是这种认识的主观性是基于认识主体的独立精神,体现着研究者的学术个性;二是其主观性基于某种政治意识形态特征的认识前提，研究者的认识无非是这种既定价值前提的投射。

英国历史哲学家阿诺德·汤因比(Arnold Toynbee)认为:"从某种意义上,历史的事实是人为的——它是人们从原始材料中选择出来的结果。即使是一块砖头,也是人们从这个世界的泥土中选择出来的东西。"[②]意大利哲学家、历史学家本尼戴托·克罗齐(Benedetto Croce)提出著名论断:"每一部真

---

① 请参见葛荃:《认识与沉思的积淀——中国政治思想史研究历程》一书的"导论"部分,河南人民出版社,2007年。

② [英]汤因比、厄本著:《汤因比论汤因比》,王少如、沈晓红译,上海三联书店,1997年,第13页。

正的历史都是当代的历史”，意在指明历史的本质，并一再申明，“当代性”并不是“某一类历史”的特征，“而是全部历史的本质特征”。[①]汤因比对克氏的论断深表理解，认为“他的意思是说，每个人都处在时间的某一点上，而且他只能从其非常短暂的生命的这个移动点上观察宇宙万物……一个人不可能摆脱他在时间和空间中所处的位置，而用一个假设的上帝的眼睛在宇宙和时间之外看待事物”。[②]

汤因比在这里表达的认识可以理解为：凡是得以成为历史的，便离不开人的主体作用，凡是成为历史遗迹和历史文献的，都可以看作是主、客体相互作用的结果。因此历史认识的主观性实际体现在两个层面上。一是在历史遗迹和文献中遗存着当时的研究者对历史事实的记述，二是前代及当今的研究者对于记述着历史事实的遗迹与文献的认识和判断。在这些记述和表述中都包含着行为主体即研究者当下的认识主观性，表现为研究者的判断、选择、逻辑分析和想象。从这个意义上说，任何强调历史研究的绝对客观都是没有实际意义的。

这里需要强调的是，作为中国政治思想与政治文化研究的方法论体验，我们恰恰要关注这种认识的主观性是否适宜，是否表现为认识主体的“主观投射过度”。所谓“过度”指的是认识主体用现代性的认知替代传统认知，把自已的观点，甚至是当下流行的现代理念或观念，投射到古人身上。譬如现在学界有一种观点就很典型：认为传统儒学即有公民观念，甚至认为君子就是公民。可事实是，公民是现代西方的社会政治现象和相应的政治概念，与中国传统社会的儒家思想并君子人格确乎风马牛不相及耶。

对于研究者来说，可能其研究深入而且严肃，但主观投射过度是在不知不觉中形成的，导致其结论似是而非，难以服人。为此，需要坚持认识主体的学术独立性，尽力排除某些功利性目标的强力引导；同时，务必要坚持研究思想史的第一法则：尽可能分清楚，哪些是自己的思想，哪些是古人的思想。

（三）学术研究的“非唯一功利性”

学术研究的目的性往往具有功利性，可以说，关注现实和注重传统政治思想与政治文化研究的现实价值也体现了一种功利性。换言之，学术探讨提

① 《现代西方历史哲学译文集》，上海译文出版社，1984年，第293、294页。

② ［英］汤因比、厄本著：《汤因比论汤因比》，王少如、沈晓红译，上海三联书店，1997年，第18页。

出问题,总是有其研究目的和理论预设的。那么,在我看来,研究的目的和预设理应是与人类社会文明进程相应合的正面价值取向,特别是在涉及中国传统思想文化研究时,需要防范陷入"唯一功利性"。

这里说的"唯一功利性",指的是在历史认识和研究过程中,当下的现实政治利益和政治价值准则成为研究者唯一的认识方式和判断标准。研究者的全部事实辨析,价值判断和合理性分析都要以这个唯一标准为尺度。在这一过程中,当政统治集团的政治理论取代了知识的学理性,政治规范制约着认知过程与思维逻辑,政治利益左右着事实辨析与学术判断。结果是,历史认识被纳入了当政集团的政治意识形态,学术研究成为统治集团维护其特殊权力和特别利益的思想工具。

这种状况在古代中国已是不争的事实。虽然司马迁说过治史要"原始察终,见盛观衰",史家要"究天人之际,通古今之变,成一家之言"。但自班固以后,史家治史的全部目的只是在"资治"。诚如唐太宗李世民所言:"以古为鉴,可以知兴替"。在学术研究中对于现实政治功利性的渴求,在一定程度上阻碍并限制了研究者对于人类历史无限丰富性的逻辑追循,以至于"总结历史的经验"成为全部历史理性和知识学理性的归结点。作为一种研究方法,这种历史认识与研究的唯一功利性在20世纪的中国学术界并没有绝迹,曾经风行一时又遭到批判的"影射史学"便是这种研究方法的当代演示,"儒法斗争"则是"影射史学"的极端化展现。

因之,"非唯一功利性" 无疑成了我们全面展示学术研究之魅力的最合理方式。这就是说,认识和研究中国传统政治思想与政治文化的意义在当代现实社会,这一学术视阈覆盖政治学与历史学,极为开阔,涵盖着整个民族、整个社会,乃至全人类的价值关注与命运。研究者作为当下的认识主体,当然不具备"上帝的眼睛",但这并不妨碍其高瞻远瞩,不是为了某一特殊利益集团的利益,而是站在社会公众或是人类社会的立场上考察传统,认识当下。通过对一个民族的思想与文化悠久积淀的反思,对当今时代的社会进步、人的尊严和生命的意义给出合理人文阐释。也正是在这样的更为舒展的学术视野中,知识分子的天职——质疑、颠覆和构建方能得到真实的体现。

第十六讲　走出王权主义藩篱(代结语)

中国传统思想文化源远流长,从政治文化的角度看,中国传统文化带有鲜明的政治性。那么如何给这样的文化定位,从怎样的层面概括和把握中国传统思想文化的本质特征？吾师刘泽华教授历经二十余年潜心研究,提出了"王权主义"的命题,并以此来概括和解读中国传统政治思想与政治文化。其全部思考凝聚为《中国的王权主义》一书,以下简称"刘著"。

刘著的核心思想是:中国传统社会的最大特点是"王权支配社会"。这种王权作为一种特殊的存在,是靠武力为基础而形成的。因而在王权统治的社会中,"就总体而言,不是经济力量决定着权力分配,而是权力分配决定着社会经济的分配,社会经济的主体是权力分配的产物"。①这里讲得很清楚,王权主义是对于中国传统社会政治经济以及思想文化的总体把握，于是在他看来,所谓王权主义"既不是指社会形态,也不限于通常所说的权力系统,而是指社会的一种控制和运行机制。大致说来又可分为三个层次:一是以王权为中心的权力系统;二是以这种权力系统为骨架形成的社会结构;三是与上述状况相应的观念体系。"②

以上的界定把握住了中国古代社会的基本特征，不仅有助于深入理解中国传统社会政治的状况与发展,对于研究中国政治思想史具有重大价值;而且尤为重要的是,对于研究中国传统政治文化更是深有启迪。

---

①②　刘泽华:《中国的王权主义》,上海人民出版社,2000年,第2页。

一、王权主义提出的政治学价值

用王权主义的概念来概括中国传统社会的政治特征，使得从学理的视角深入分析中国古代社会的唯一政体形式——君主政治成为可能。

刘著以“权力系统”作为王权主义的第一个层面，然后剖析了这种“以王权为中心的权力系统”，概括出其特点有四。

> 其一，一切权力机构都是王的办事机构或派出机构。其二，王的权力是至上的，没有任何有效的、有程序的制衡力量，王的权位是终生的和世袭的。其三，王的权力是无限的，在时间上是永久的，在空间上是无边的……或者说，王权的无限并不是说它包揽一切，而是说，王权恢恢，疏而不漏，它要管什么，就可以管什么；就某些人事而言，可以同它拉开一定的距离，所谓“不事王事”，但不能逃脱它。其四，王是全能的，统天、地、人为一体，所谓的大一统是也。[①]

这里的分析实可谓鞭辟入里。

从历史的表象看，中国古代的君主政治是多姿多彩的，有让世人敬仰万分令后世怀念不已的“文景之治”“贞观之治”；有为数不少至今还活跃在舞台上的、传布民间流为口碑的明君贤臣。于是有不少研究者一提起“传统”便会宏发思古之幽情，以至于数千年来伴随着“五刑”“族诛”和“文字狱”的君主专制变成了“开明君主制”。他们从中国传统文化里面、从君主政治中找出了“现代社会的因素”和“民主政治的因素”。显而易见，这样的认识大体上停留在政治现象的层面，而没有深入到君主政治的权力结构和价值层面进行学理探寻。

刘著从“王权主义”的理论视角剖析了君主政治的权力系统，指出这种以王权为中心的权力构成，其本质特征是至上的、唯一的、无限的和全能的，因而王权主义内含的政治权力是不受制约的私有化了的公权力。这一学理判定使得那些流于历史表象的“学术臆想”黯然失色，推动中国传统政治研究走出了单一的历史学认识模式，转向了历史研究与政治学理论思维交叉

---

① 刘泽华：《中国的王权主义》，上海人民出版社，2000年，第2~3页。

勾连的学术论阈。

二、王权主义提出的政治文化研究价值

用王权主义分析和考量先秦学术,通过对诸子百家之学的历史定位,从源头上指明了中国传统政治文化的性质与基本特征。

王权主义作为"社会的一种控制和运行机制",为我们相对准确地把捉中国传统思想文化的基本历史定位提供了视角。事实上,刘著正是在上述概括的前提下指出:"在观念上,王权主义是整个思想文化的核心。"他针对新儒家学派的观点,对春秋战国时期百家争鸣的思想论争做了分析,提出了两点认识。其一,诸子百家思想的主流和归宿是政治。他征引司马谈《论六家要旨》:"《易大传》:'天下一致而百虑,同归而殊途。'夫阴阳、儒、墨、名、法、道德,此务为治者也,直所从言之异路,有省不省耳。"①他认为司马谈的概括很有道理,"诸子百家之论,可以说是上穷碧落下至黄泉,无所不及,但最终归于一个'治'字,这应是一个无可怀疑的事实"。作为现代人的研究,当然要借助现代学科的分类来审视传统思想,"但不能忽视当时的思想是一个整体,它有自己的特定的逻辑和结构,而政治思想则是其核心或主流部分,忽视这个基本事实,就很难贴近历史"。②其二,政治的中心是王权和王制。刘著断言:"在中国的历史上,除为数不多的人主张无君论以外,都是有君论者,在维护王权和王制这一点上大体是共同的,而政治理想几乎都是王道与圣王之治。""作为观念的王权主义最主要的就是王尊和臣卑的理论与社会意识"。③

如何判断和评价中国传统文化,实际上是一个见仁见智的事情。一般而论,作为一个民族的数千年的文化蕴积,其中的优秀和精华是不言而喻的!然而,对于中国传统文化的一味弘扬,则是肤浅的一厢情愿;希望从中找出现代化因素,发现能使中国在21世纪崛起的生长点,更是研究者或发论者在认识过程中付出了过多的主观投射的结果,他们混淆了古人与今人的思想,或是以自己的急切愿望取代了古人。这些学术研究的忌讳本来不难杜绝,可是我们看到20 世纪80年代以来, 越来越多的学人心甘情愿地一再重复着这

① 《史记·太史公自序》。

② 刘泽华:《中国的王权主义》,上海人民出版社,2000年,第4页。

③ 同上、第3页。

种不应有的谬误。①

刘著从政治思维的层面,从思想文化与政治的关系,以及传统政治文化的主体构成入手,指出了王权主义涵盖下的思想文化,其品质是政治,其特性是维护王权即君主专制。这就是说,春秋战国的百家争鸣在认识的形式上是"思想解放",内含着某种程度的自由思维。然而这场在中国历史上绝无仅有的思想争鸣带来的并不是认识主体的肆意张扬与自由思维的充分延展,而是伴随着政治一统的过程,思想家们曾经一度自由驰骋的理性思维回落于君主的庭院,他们无不在为君主政治大做文章,正如刘著的判定:"我们的最伟大、最杰出的思想家几乎都在为王编织各种各样的理论,并把历史命运和开太平的使命托付给王"。②这种研究的路径恰恰是从源头来"剥落"一个民族文化的本质与特性,王权主义从学理上讲明了中国传统文化的政治本质与君主专制的特性,以这样的认识为前提,我们关于中国政治思想与政治文化的历史定位和现代命运的理解就会相对地更贴近事实,更接近历史的本来面目。

三、走出王权主义即走出中世纪

在王权主义理论架构内,梳理出中国传统政治思想的主题,指明了在政治理念层面从传统向着近代转型的基本路径。这种理论概括对于我们从整体上把握中国传统政治文化及其现代命运很有启迪意义。

刘师在另一部著作的"小序"中提出:

> 中国古代政治思想的主题是什么?千头万绪,可归纳为如下三点:君主专制主义;臣民意识;崇圣观念。由古代政治观念向近代政治观念的转变,主要是对上述三者的超越,即:由君主专制主义向民主主义的转变;由臣民意识向公民意识的转变;由崇圣观念向自由观念的转变。③

这个认识很是耐人寻味的。中国传统思想文化源远流长,从文献资料

① 这个问题涉及到中国的现代化转型过程中,知识分子与体制的关系、社会定位、自身的价值构成等问题,当另著文论之。

② 刘泽华:《中国的王权主义》,上海人民出版社,2000年,第4页。

③ 刘泽华:《中国政治思想史》(先秦卷),浙江人民出版社,1996年,"小序",第1页。

看，有关的著述可谓汗牛充栋；从思想流派、思想家和思想理论本身来看，更是流派众多、智者云集而理论、学说丰富深厚，异彩纷呈。那么如何整理其中的脉络，择其大要？在王权主义理论框架的前提下，刘著清理出了中国传统政治思想的主题，前述引文归纳的三点极为凝重，颇有分量。

在中国文化的近代觉醒过程中，先进的知识分子清楚地意识到超越传统的重要性，于是有1915年的新文化运动，有“打倒孔家店”的世纪呼唤。时隔80年之后，中国的学术界反思传统，试想清理曾经走过的近代化路程，以至于有相当一批人士否定“新文化运动”，认为“打倒孔家店”带来了严重的负面影响，甚而一直影响到今天。且不说这些人士面对历史而妄谈“该与不该”的荒唐——愚以为人类的历史理应再认识，评头品足固无可非议，但却说不得“该与不该”。显然，历史认识的主体不是全知全能的上帝，历史学也不是经济学，不能以主观假设作为研究的前提——这些全都另当别论。仅就这些人士对于中国传统文化的认识而言，他们实际上就没有走出20世纪初叶。批判封建主义和“打倒孔家店”的口号当然具有强烈的政治意识形态性，这是20世纪初期的中国，在内忧外患交攻和社会政治的剧烈变革过程中，所引发的对于变革思想文化的历史要求的客观展现。在当时人们的认识中，重要的是改变传统陈腐观念，以适应时代发展的步伐和民族存续的需要，这里没有更多的学理性的深思。

为此我们可以说，在王权主义理论认识的涵盖下，总括出三点主题与三点超越，这是将行进了几乎一个世纪的现代化转型问题，置放在思想文化的层面重整思路，而后做出的精炼的理论概括，梳理出了从传统走向现代的基本路径。这里当然不是一味地否定传统文化，更不是简单地批判孔孟儒学，而是说，中国思想文化的现代化并非单纯地引进西方文化就能成功，也不是不分青红皂白一股脑儿地弘扬传统文化就会实现；而是要否定和摆脱那些至今还阻碍着我们的现代化进程的思想重负。民主主义、公民意识和自由观念需要在传统政治文化的痼疾消肿之后，才会在当代中国先进政治文化的建构中生根发芽。这一认识的理论价值是不言自明的。

综上所述，在王权主义的覆盖下，正如我们所看到的，尽管一个民族历经了二千多年的沧桑之旅而创建、积累了悠久的文明，但是在文明的美丽外衣下面，遮掩不住的正是其深入到肌理的非现代化的政治品性。这就是为什么鲁迅先生反思中国历史的结果是将其简约地概括为“吃人”二字。以君主为首脑的特殊利益集团拥有的超强权力宰制着整个社会，一般社会成员从始至终蜷缩在王权的掌控和威慑之下求生存，他们不具有现代社会意义上的人的尊严，因而权利、平等、自由等现代概念更是无从谈起。由是我们断言，中国传统政治文化本身并不含有现代化的因子。

走出中世纪，走向现代化，不仅仅是科技进步和市场经济发展，也不仅仅是社会政治形态的变革和生活方式的改变，与其相伴随的还有文化层面的更新。这种文化的更新是全方位和整体性的，表现为一个民族整体的道德水准、文明程度和民族精神的升华。如若具体言之，从政治文化建构的角度看，其中的关键有三个方面：一是与公共领域的建构同步行进的公共道德和公共意识的成长，二是与法制社会相辅相成的公民观念的成熟，三是与经济发展和科技进步相伴而行的民主政治理念的日益明晰而深入人心。

当代中国社会与中华文化的现代化需要一个从传统到现代的转型过程，其中的枢纽部位则是传统政治文化的现代转型，而这正是我辈学人的历史使命。

参考文献

古籍类

1.《十三经注疏》(上、下册),浙江古籍出版社,1998年。

2.《百子全书》(上、下册),浙江古籍出版社,1998年。

3.《二十五史》(十册),浙江古籍出版社,1998年。

4.[宋]司马光:《资治通鉴》,中华书局,2015年。

5.[宋]朱熹:《四书章句集注》,中华书局,1983年。

6.[宋]叶适:《习学记言序目》,中华书局,1977年。

7.[宋]陆九渊:《陆九渊集》,中华书局,1980年。

8.[明]王守仁:《王阳明全集》,吴光等编校整理,上海古籍出版社,1992年。

9.[明]朱元璋:《明太祖集》,黄山书社,1991年。

10.[明]张居正:《张太岳集》,上海古籍出版社,1984年。

11.[明]张居正:《张居正奏疏集》,华东师范大学出版社,2014年。

12.[明]罗钦顺:《困知记》,四库全书本。

13.[明]李贽:《续藏书》,中华书局,1959年。

14.[明]李贽:《焚书、续焚书》,中华书局,1975年。

15.[明]高攀龙:《高子遗书》,四库全书本。

16.[明]邹元标:《愿学集》,四库全书本。

17.[明]刘宗周:《刘蕺山集》,四库全书本。

18.[明]黄宗羲:《明儒学案》,中华书局,1985年。

专著类

1.白钢:《中国政治制度史》(共10卷),人民出版社,1996年。

2.陈来:《有无之境》,人民出版社,1991年。

3.陈时龙:《明代中晚期讲学运动(1522—1626)》,复旦大学出版社,2007年。

4.陈苏镇:《中国古代政治文化研究》,北京大学出版社,2009年。

5.成中英:《新觉醒时代——论中国文化之再创造》,中央编译出版社,2014年。

6.丛日云:《在上帝与凯撒之间——基督教二元政治观与近代自由主义》,读书·生活·新知三联书店,2003年。

7.董平:《中国传统文化与现代化》,中国政法大学出版社,2001年。

8.方克立:《现代新儒学与中国现代化》,长春出版社,2008年。

9.高洪涛:《政治文化论》,中国广播电视出版社,1990年。

10.高瑞泉:《平等观念史论略》,上海人民出版社,2011年。

11.葛荃:《立命与忠诚——士人政治精神的典型分析》,浙江人民出版社,2000年。

12.葛荃:《认识与沉思的积淀——中国政治思想史研究历程》,河南人民出版社,2007年。

13.葛兆光:《中国思想史》,复旦大学出版社,2001年。

14.侯外庐、邱汉生、张岂之:《宋明理学史》,人民出版社,1987年。

15.侯外庐:《侯外庐史学论文选集》,人民出版社,1988年。

16.侯外庐:《中国思想通史》(第4卷),人民出版社,1960年。

17.胡伟等:《论政治:中国发展的政治学思考》,江西人民出版社,1996年。

18.黄勇军:《儒家政治思维传统及其现代转化》,岳麓书社,2010年。

19.金诤:《科举制度与中国文化》,上海人民出版社,1990年。

20.金观涛、刘青峰:《中国现代思想的起源:超稳定结构与中国政治文化的演变》,法律出版社,2011年。

21.李铁:《中国文官制度》,中国政法大学出版社,1990年。

22.李景鹏:《权力政治学》,黑龙江教育出版社,1995年。

23.李筠:《论西方中世纪王权观——现代国家权力观念的中世纪起源》,社会科学文献出版社,2013年。

24.李明辉:《儒家视野下的政治思想》,北京大学出版社,2005年。

25.李明辉:《儒家视野下的政治思想》,北京大学出版社,2005年。

26.李泽厚:《中国古代思想史论》,安徽文艺出版社,1999年。

27.梁漱溟:《中国文化要义》,上海人民出版社,2005年。

28.刘述先:《文化与哲学的探索》,吉林出版集团有限责任公司,2012年。

29.刘泽华:《中国传统政治思想反思》,三联书店,1987年。

30.刘泽华:《中国的王权主义》,上海人民出版社,2000年。

31.刘泽华:《中国政治思想史集》(三卷本),人民出版社,2008年。

32.刘泽华:《中国政治思想通史》(九卷本),中国人民大学出版社,2014年。

33.吕思勉:《中国政治思想史》,中华书局,2012年。

34.吕元礼:《政治文化——转型与整合》,江西人出版社,1999年。

35.罗宗强:《明代后期士人心态研究》,南开大学出版社,2006年。

36.马德普:《中西政治文化论丛》(1—4辑),天津人民出版社,2001—2004年。

37.闵琦:《中国政治文化:民主政治文化难产的社会心理因素》,云南人民出版社,1989年。

38.启良:《神圣之间:中西政治哲学比较研究》,湘潭大学出版社,2010年。

39.启良:《新儒学批判》,生活·读书·新知上海三联书店,1995年。

40.钱明:《阳明学的形成与发展》,江苏古籍出版社,2002年。

41.石之瑜:《政治文化与政治人格》,杨智文化事业股份有限公司,2003年。

42.孙正甲:《政治文化:心态、观念、价值及其演进》,北方文艺出版社,1992年。

43.谭安奎:《公共理性与民主理想》, 生活·读书·新知三联书店,2016。

44.唐士其:《国家与社会的关系》,北京大学出版社,1998年。

45.佟德志:《比较政治文化导论——民主多样性的理论思考》,高等教育出版社,2011年。

46.王海洲:《政治仪式:权力生产和再生产的政治文化分析》,江苏人民出版社,2016年。

47.王沪宁:《比较政治分析》,上海人民出版社,1987年。

48.王乐理:《政治文化导论》,中国人民大学出版社,2000年。

49.王浦劬:《政治学基础》(第2版),北京大学出版社,2006年。

50.王亚南:《中国官僚政治研究》,中国社会科学出版社,1981年。

51.王震中:《中国古代国家的起源与王权的形成》,中国社会科学出版社,2013年。

52.吴震:《阳明后学研究》,上海人民出版社,2003年。

53.萧公权:《中国政治思想史》,商务印书馆,2011年。

54.萧萐父、许苏民:《明清启蒙学术流变》,辽宁教育出版社,1995年。

55.谢天佑:《反思专制主义统治下的臣民心理》,吉林文史出版社,1990年。

56.徐大同:《中国传统政治文化讲录》,江苏人民出版社,2015年。

57.徐大同:《中国传统政治文化讲论》,江苏人民出版社,2015年。

58.徐复观:《两汉思想史》,九州出版社,2014年。

59.徐复观:《学术与政治之间》,学生书局,1980年。

60.徐洪兴、小岛毅、陶德民编著:《东亚的王权与政治思想:儒学文化研究的回顾与展望》,复旦大学出版社,2009年。

61.徐永文:《明代地方儒学研究》,中国社会科学出版社,2012年。

62.杨阳:《王权的图腾化——政教合一与中国社会》,浙江人民出版社,2000年。

63.杨国荣:《王学通论——从王阳明到熊十力》,华东师范大学出版社,2003年。

64.杨向奎:《大一统与儒家思想》,中国友谊出版公司,1989年。

65.尤西林:《阐释并守护世界意义的人》,陕西人民出版社,2006年。

66.余英时:《宋明理学与政治文化》,吉林出版集团有限责任公司,2008年。

67.余英时:《中国思想传统的现代诠释》,江苏人民出版社,2003年。

68.詹石窗:《身国共治:政治与中国传统文化》,厦门大学出版社,2003年。

69.张岱年、程宜山:《中国文化精神》,北京大学出版社,2015年。

70.张明澍:《中国"政治人"——中国公民政治素质调查报告》,中国社会科学出版社,1994年。

71.张千帆:《为了人的尊严——中国古典政治哲学批判与重构》,中国民主法制出版社,2012年。

72.张学智:《明代哲学史》,北京大学出版社,2000年。

73.周振鹤撰集、顾美华点校:《圣谕广训集解与研究》,上海书店出版社,2006年。

74.朱承:《治心与治世——王阳明哲学的政治向度》,上海人民出版社,2008年。

中译海外学者著作

1.[美]W.菲利普斯·夏夫利:《权力与选择:政治科学导论》,孟维瞻译,世界图书出版公司北京公司,2015年。

2.[英]安德鲁·海伍德:《政治学核心概念》,吴勇译,天津人民出版社,2008年。

3.[美]保罗·S.芮恩施:《平民政治的基本原理》,罗家伦译,吉林出版集团有限责任公司,2010年。

4.[英]伯特兰·罗素:《权力论》,吴友三译,商务印书馆,2012年。

5.[美]大卫·科泽:《仪式、政治与权力》,王海洲译,江苏人民出版社,2015年。

6.[美]戴维·伊斯顿:《政治生活的系统分析》,王浦劬译,人民出版社,2012年。

7.[日]岛田虔次:《中国近代思维的挫折》,甘万萍译,江苏人民出版社,2005年。

8.[日]岛田虔次:《中国思想史研究》,邓红译,上海古籍出版社,2009年。

9.[美]狄百瑞:《儒家的困境》,黄水婴译,北京大学出版社,2009年。

10.[美]杜赞奇:《文化、权力与国家(1900—1942年的华北农村)》,王福明译,江苏人民出版社,2010年。

11.[日]渡边浩:《东亚的王权与思想》,区建英译,上海古籍出版社,2016年。

12.[日]渡边信一郎:《中国古代的王权与天下秩序:从日中比较史的视角出发》,徐冲译,中华书局,2008年。

13.[美]弗兰西斯·福山:《政治秩序与政治衰败:从工业革命到民主全球化》,毛俊杰译,广西师范大学出版社,2015年。

14.[日]沟口雄三:《中国的思想》,修订版,赵士林译,中国财富出版社,2012年。

15.[法]古斯塔夫·勒庞:《乌合之众》,冯克利译,广西师范大学出版社,2010年。

16.[美]哈罗德·拉斯维尔:《权力与人格》,胡勇译,中央编译出版社,2013年。

17.[美]郝大维、安乐哲:《先贤的民主》,何刚强译,江苏人民出版社,2004年。

18.[英]基思·福克斯:《政治社会学》,陈崎等译,华夏出版社,2008年。

19.[美]加布里埃尔·A.阿尔蒙德、西德尼·维巴:《重访公民文化》,李国强译,东方出版社,2014年。

20.[美]加布里埃尔·A.阿尔蒙德:《当代比较政治学:世界视野》,上海人民出版社,2010年。

21.[英]肯尼思·E.博尔丁:《权力的三张面孔》,张岩译,经济科学出版社,2012年。

22.[英]肯尼斯·戴森:《西欧的国家传统:观念与制度的研究》,康子兴译,译林出版社,2015年。

23.[美]莱斯利·里普森:《政治学的重大问题》,华夏出版社,2001年。

24.[美]露丝·本尼迪克特:《文化模式》,王炜等译,三联书店,1988年。

25.[比利时]马可·马尔蒂尼埃罗:《多元文化与民主:公民身份、多样性与社会公正》,尹明明、王鸣凤译,北京:社会科学文献出版社,2015年。

26.[美]迈克尔·布林特:《政治文化的谱系》,卢春龙、袁倩译,社会科学文献出版社,2013年。

27.[英]迈克尔·曼:《社会权力的来源》,刘北成、李少军译,上海世纪出版股份有限公司,2015年。

28.[美] 墨子刻:《摆脱困境——新儒学与中国政治文化的演进》,颜世安、高华、黄东兰译,江苏人民出版社,1996年。

29.[英]佩里·安德森:《绝对主义国家的系谱》,刘北成译,上海人民出版社,2016年。

30.[英]乔纳森·沃尔夫:《政治哲学导论》,王涛、赵荣华、陈任博译,吉林出版有限责任公司,2009年。

31.[英]塞缪尔·芬纳:《统治史》,王震、马百亮译,华中师范大学出版社,2014年。

32.[美]塞缪尔·亨廷顿:《变化社会中的政治秩序》,三联书店,1988年。

33.[美]塞缪尔·亨廷顿:《文明的冲突与世界秩序的重建》,新华出版社,2002年。

34.[美] 魏定熙:《权力源自地位: 北京大学、知识分子与中国政治文化,1898—1929》,张蒙译,江苏人民出版社,2015年。

35.[美]西摩·马丁·李普塞特:《政治人——政治的社会基础》,上海人民出版社,1997年。

36.[美]约瑟夫·奈:《论权力》(第2版),王吉美译,中信出版集团,2015年。

37.[英]詹姆斯·布赖斯:《现代民治政体》(上、下册),吉林人民出版社,2001年。

后 记

这部书稿是在《中国政治文化教程》(高等教育出版社,2006年版)的基础上重新编纂而成的。

自1985年起始，我开始学习和研究中国政治文化，陆续发表了一些习作,间或有所收获。2006年初,将二十年来研究心得集结成集并付梓。本来我是按照学术研究的路数做的,可当时正好赶上申报教育部“十五规划教材”。余厕身高校凡廿载矣,历经风吹雨打,自忖何必免俗,获取项目是当代中国高校教师的谋生之术,名利之本,无不孜孜以求,唯恐失之。故而为了获得项目,占个教育部规划教材的名头儿,就把这部专著当作教材报了上去。结果是作为高校专业用书出版了,却不能浅近易懂,深感面赧于莘莘学子,从而纠结至今。

以现代美国政治学的政治文化理论作为方法论专门研究中国古代社会的政治与文化，在当代中国学术界并不多见，我的研究竟也坚持了三十余年。此次重新出版,增加了有关中国化政治信仰、政治思维定式等诸多心得与体会。迄今我依然坚持着这样的信念——诚如在“教程”的后记里所言:“本书中的每一个专题都是经过了认真的选择和思考,或多或少都有一点儿学术创新性,记录着些许学术个性。这里非但没有谄媚和虚假,而且敢说有不少观点硬是‘自家体贴出来’的呢”。

余生也晚,却也有幸赶上了20世纪80年代初期的大学时光。那时没有互联网,没有笔记本电脑,没有“爱疯”、华为、微信和淘宝。无论教书的读书的——至少南开的学风是这样,都能亦步亦趋,笃学如斯。感恩母校的学风熏陶,感恩泽华吾师的耳提面命,使我沿顺着一个方向走了下来,亦能再接再厉,又有心得与读者分享。

在这里,我要再一次说明:书中有几个专题是与泽华师合作的。经先生首肯，得以纳入，以壮行色。

当然，我有计划重作一本适合高校专业使用的中国政治文化教材，吾当继续操练。

诚挚感谢天津人民出版社副总编辑王康女士为拙作出版付出的心血和多方努力，感谢特约编辑王倩女士为书稿审定付出的辛勤劳动，感谢她们为本书问世所做的一切！

葛荃于巢舍

2016年4月23日